公共政策

吳定 著

二版序

　　根據筆者多年研習公共政策理論及觀察實務所得，發現公共政策的運作，可說是科學（science）、藝術（art）、政治（politics）三者相互激盪的過程。說它具有科學性，是因公共政策的運作，必須以理論、原則、數據作為論證的基礎；說它具有藝術性，是因政策議題不同，涉及的層面就不同，處理方式就必須因人、因時、因地、因事而制宜，亦即「運用之妙存乎一心」；說它具有政治性，是因它的運作結果深受政治氛圍的影響，也就是常取決於行政機關、立法機關、政黨實力與民意取向的消長狀況，其中政治面向的角色愈來愈重要。正因為公共政策牽涉這三者的斟酌考量，所以論者可從各種不同的角度切入，探討各相關的議題。本書第一版所收錄的專文，及第二版所增補的短論，即是如此做法。

　　本書第一版自問世以來，承蒙讀者厚愛，已刷印數次。茲因存書即將售罄，乃決定修正全書錯別字、統一年代數字表達方式、增補內容後，印行增訂第二版，以答謝讀者。第二版所增補的二十九篇短文，係著者應國立空中大學之邀，於 2011 年 6 月至 2012 年 1 月在台灣新生報空大專版開設「吳定開講」每週專欄所撰述的文章三萬多字。由於二十九篇短文的主題及內容均與政策、行政、政治密切相關，故均列入「公共政策與行政短論篇」內，全書共約三十萬字。正如前所述，政策議題人言言殊、見仁見智、難有定論，是以此些短論不過是個人結合理論與實務，對公共議題論述的淺見而已，尚請方家不吝指教是幸！

吳　定
2017 年 6 月謹序
於台北木柵

序言

　　如果我們將公共政策界定為「政府機關為解決公共問題或滿足公眾需求，決定作為或不作為，及如何作為的相關活動。」那麼，公共政策的實務就與人類政府組織的歷史一樣久遠。不過，一般人認為，對公共政策理論與實務作系統性、科學性及學術性研究的里程碑，可能是由 Daniel Lerner 與 H. D. Lasswell 所合編的《政策科學：範圍與方法的最近發展》（*The Policy Sciences: Recent Developments in Scope and Method*）一書，因為自此之後，有關公共政策、政策分析、政策制定、政策執行、政策評估等科目，才陸續排進各大學的課程中。至於台灣則在 1975 年後，各大學才興起研究公共政策的熱潮，在大家共同努力下，迄今可謂漸入佳境，研究成果也不斷的累積中。

　　公共政策的內容非常廣泛，兼以又是一門科際性的專科（inter-disciplinary profession），所以涉及的議題相當繁雜，導致研究者從不同的角度探討不同的議題，本書即是在此種情況下的一項產物。本書共收集了最近幾年來，著者在各種期刊上所發表的四十二篇文章，共約二十六萬字。此四十二篇文章涉及公共政策運作過程的每一個階段及系絡環境，爰按照「階段論」的觀點，將此些文章分別編入七大主題之下：公共政策總論、政策問題形成、政策規劃、政策合法化、政策執行、政策評估、政策相關議題。也就因為它們涵蓋了公共政策的各層面，因此本書決定取名「公共政策」。本書並非是一本正統的教科書，但卻是一本補強一般公共政策教科書的有價值讀物。

　　本書各章中，一部分是完整的學術性專文，而大部分的文章則是選擇公共政策運作過程各階段的若干「名著」，加以研讀後，摘述要點或內涵，並略加評論。但是不論其型態如何，各章文字均力求淺顯易懂，以增

加可讀性。是以本書可供大學部、研究所、進修班修習公共政策者研讀，以擴充政策知識領域，甚至對準備參加研究所入學考試及國家考試者而言，均具有極大的參考價值。

　　最後，著者非常感謝五南圖書出版公司協助出版本書。同時，也要感謝政大公共行政系碩士生施安鍾、盧逸彬及曾嘉怡三位同學幫忙處理資料及校對事宜。至於全書內容若有不妥之處，則由著者自行負責。

吳　定
2008 年 1 月謹序
於國立政治大學公共行政學系

目 錄

政策執行篇

政策評估篇

政策相關議題篇

公共政策與行政短論篇

公共政策總論篇

1

公共政策研究宜探「階段途徑」或「反階段途徑」評議

壹、緒言

自從 1951 年 Daniel Lerner 與 H. D. Lasswell 合編《政策科學：範圍與方法的最近發展》（*The Policy Science: Recent Developments in Scope and Methods*）一書以來，公共政策相關議題的研究，就普遍受到學術界及實務界共同的關注與努力，目前已累積成一項系統性的知識，並已發展成為一門科際性的專科。但是，長久以來，對公共政策具有興趣並想進行分析研究的專業人士或一般社會大眾，經常會面臨採取何種觀點、從何種角度切入、採用何種方法去分析、了解及處理政策議題，並使議題獲得圓滿解決的研究途徑（approach）問題。此處研究途徑係指研究人員為探討問題癥結、了解問題本質及處理問題各面向所使用的分析架構與操作性工具（吳定，2003：5）。

一般來說，政策研究者可依不同目的或需要，從不同層面去考慮並選擇不同的研究途徑。例如就量化與否的層面而言，可在定量或定性研究途徑中進行選擇；就使用何種操作性工具的層面而言，可在制度、行為、個案及比較等研究途徑中進行選擇。本文擬從了解政策運作內涵的層面，探討目前爭論中的究竟應採「階段途徑」（或稱階段論）與「反階段途徑」（或稱反階段論）問題，說明兩者的內涵，並歸結到如何採取權變觀點以整合兩種途徑的運用。

貳、「階段途徑」的主要內涵

　　國內外公共政策研究者在過去數十年一直存在著「階段途徑」與「反階段途徑」的「路線」之爭。根據筆者觀察，在 1990 年代以前，「階段途徑」獨領風騷，且主張者一直堅持到現在。而自 1990 年代以來，「反階段途徑」的主張者，分從不同角度攻城掠地，進行論述。首先，讓我們看看階段途徑的意義及主張者的看法如何。

一、階段途徑的意義

　　依據丘昌泰教授（2000：60）的說法，階段途徑指：「將公共政策過程劃分為若干昭然若揭、步驟分明的階段，從問題的出現、問題的界定、議程的設立、政策的規劃、方案的合法化、政策的執行與評估等，然後再繼續重新循環，在該循環圈中的每一個階段都有其先後次序，乃是相當傳統且具主流地位的『教科書途徑』。」此項說法已非常清楚的點出「階段途徑」的精髓。不過，我們可以對「階段途徑」做更詳細的界定：它指政策研究者從政策運作的觀點，研究某項公共議題在政府機關的全程處理狀況；為便於研究分析，將全程處理狀況分成若干階段，就各階段所涉及各項相關要素與活動深入探討，並強調各階段的順序性及回饋性。關於政策運作應分成多少個階段為宜，則無定論，少者三個階段（政策制訂、執行與評估），多者可達十幾個階段。

二、「階段途徑」主張者的分段方式

　　茲舉述若干採「階段途徑」的外國公共政策學者之分段方式，即可推知一般：

　　（一）Charles O. Jones（1984: 29）在《公共政策研究導論》（*An Introduction to the Study of Public Policy*）一書中，將政策運作過程分成以下十一項活動（階段）進行研究：1. 察覺／界定（perception/

definition）；2. 匯聚（aggregation）；3. 組織 （organization）；
4. 代表 （representation）；5. 議程設定 （agenda setting）；6. 規劃
（formulation）；7. 合法化 （legitimation）；8. 預算（budgeting）；
9. 執行 （implementation）；10. 評估（evaluation）；11. 調整／終止
（adjustment/termination）。

　　(二) William N. Dunn（2004: 45）在《公共政策分析：導論》（*Public Policy Analysis*: *An Introduction*）一書中，將政策制訂過程（實即政策運作過程）分成以下八個階段進行研究：1. 議程設定（agenda setting）；2. 政策規劃（policy formulation）；3. 政策採納（policy adoption）；4. 政策執行（policy implementation）；5. 政策評量（policy assessment）；6. 政策調適（policy adaptation）；7. 政策賡續（policy succession）；8. 政策終止（policy termination）。

　　(三) James E. Anderson（2000: 31）在《公共政策制訂》（*Public Policymaking*）一書中，也將政策運作過程分成五個階段研究：1. 政策議程（policy agenda）；2. 政策規劃（policy formulation）；3. 政策採納（policy adoption）；4. 政策執行（（policy implementation）；5. 政策評估（policy evaluation）。

　　(四) Thomas R. Dye（2002: 32-33）在《了解公共政策》（*Understanding Public Policy*）一書中，則將政策運作過程分成以下六個階段研究：1. 問題認定（problem identification）；2. 議程設定（agenda setting）；3. 政策規劃（policy formulation）；4. 政策合法化（policy legitimation）；5. 政策執行（policy implementation）；6. 政策評估（Policy evaluation）。

　　在國內，林水波與張世賢教授（1984: 56）於合著的《公共政策》一書中，將政策運作過程分成以下五個階段研究：政策問題認定、政策規劃、政策合法化、政策執行、政策評估。而筆者自 1991 年以來所出版的各版《公共政策》（包括 1991 年、1994 年、1999 年及 2004 年版），也一直將政策運作過程分成五個階段進行分析論述：政策問題形成、政策規劃、政策合法化、政策執行及政策評估。

綜合言之，對於「階段途徑」可做以下幾點說明：第一，基本上，「階段途徑」自 1960 年代以後，就為政策研究者所普遍採用，尤其是政治學領域的學者。第二，有關政策運作過程的分段，雖然多寡不一，但似乎以五個階段為多。第三，採取「階段途徑」研究政策運作狀況，較能從宏觀角度了解參與者及各項活動的全貌，但較難深入探討分析個別面向的真實面貌。第四，此途徑較有助於公共政策入門者或所謂「外行人」（laymen）了解公共議題處理的全盤概況。

參、「反階段途徑」的主要內涵

自 1990 年代以來，許多政策研究者不再拘泥於「階段途徑」的思考模式，認為現實政治環境非常複雜，公共問題也不容易界定，「階段途徑」的思考並不符合實際的政策現象，容易將政策過程予以簡化（丘昌泰，2000：60）。所以，有些人就採取「反階段途徑」來研究公共議題在政府機關的處理狀況。簡言之，「反階段途徑」指政策研究者在研究公共議題於政府機關處理狀況時，並不主張將政策運作過程分成若干階段研究各項活動，而是從政治因素及其互動的角度切入，探討這些政治因素及互動狀況對公共議題處理的影響情形。至於哪些是關鍵性的政治因素及互動狀況，則視研究者個人的觀點與問題的本質而有不同。茲將主張採「反階段途徑」者中，較具代表性的幾項觀點簡略說明如下：

一、Paul A. Sabatier 的「倡導聯盟」觀點

Sabatier 等人認為，政策乃是公共議題之不同利害關係者結成不同聯盟，進行各種遊說、協商、交換取捨等互動行為之後的結果。美國著名的「鐵三角」（iron triangle）就是一個例子，它是由利益團體、行政機關與國會委員會或小組，基於互利共生所結合而成的倡導聯盟（advocacy coalition）。台灣在 2002 年，農民與漁民也結合成倡導聯盟，成功的阻止

政府對基層農漁會的改革。此外，在環保議題、社會福利及衛生醫療議題方面的處理過程，倡導聯盟的觀點，均具相當的洞察力及解釋力。

二、John W. Kingdon 的「政策窗」觀點

Kingdon 在《議程、替選方案與公共政策》（*Agendas, Alternatives, and Public Policies*）一書中，以「政策窗」（Policy window）的觀點，討論並解釋政策的運作狀況。他認為，政策之能夠制訂成功，乃是「政策窗」正好打開的緣故。而政策窗之所以會打開，則是「問題流」（problem stream）、「政策流」（policy stream）及「政治流」（political stream）三者正好會合的結果。三者是獨立發展的，各有不同的參與者及互動狀況。其中以「政治流」最重要，它指國家政治氣候如何、民意取向如何、選舉結果如何、行政變革如何、立法機關黨派勢力如何等。

三、R. A. W. Rhodes 等人的「政策網路」觀點

Rhodes 於 1988 年在 *Beyond Westminister and Whitehall* 一書中，認為由於政策議題的所有利害關係者在各種面向上有所差異，所以會形成各種不同的政策網路，而影響議題的處理情況，例如形成議題網路、專業社群網路、府際網路、地域性社群網路及經濟性生產者網路等。政策網路（Policy network）指政府機關與各種不同的政策社群（policy community）對於某特定政策議題所形成的不同政策領域間的互動關係。政府機關本身會形成政策網路，而各政策社群也會形成不同的政策網路，公私部門合起來又會形成整體的政策網路（吳定，2005：213）。是以採取政策網路的觀點，也可對政策議題的處理經過，具有深入且細膩的了解。

綜合言之，「反階段途徑」有以下幾點值得說明：第一，主張採取「反階段途徑」者，無論從何種觀點進行政策研究，幾乎均聚焦於政策參與者特性及互動方式的分析，與各種政治因素對政策議題處理的影響分

析。第二，主張採「反階段途徑」者，大多認為他們的觀點可應用於政策
運作過程的任何一個階段，故採取跳躍式的思考模式，而非如「階段途
徑」者採直線式的思考模式。第三，就微觀層面而言，採取「反階段途
徑」可對政策議題處理過程中的特殊參與者、特殊互動方式及特殊影響結
果，從事較周詳縝密的探究及了解。第四，「反階段途徑」因為僅做局部
性的觀察與論述，未能做整體性的評析，恐難免除「以偏概全」與「見
樹不見林」之弊。

肆、整合的途徑——權變的觀點

在了解「階段途徑」與「反階段途徑」的主要內涵之後，爭論之
處在於何者較佳？我們應採何者為宜？或如何整合兩者做權變的運用？
持平而論，任何理論、途徑、原則等，均沒有絕對的「對」或「錯」問
題，社會科學尤其是如此。每一項理論、途徑或原則，在應用上均有它的
優點，也有它的限制，端視應用於何種議題及基於何種研究目的而定，
「階段途徑」與「反階段途徑」的情形亦然。明白的說，「階段途徑」
與「反階段途徑」各有其優缺點，各可符合特殊的研究目的，因此均具有
實用價值。兩者具互補性，而非互斥性。所以，我們在進行政策研究時，
應當採取整合的途徑，也就是以權變的觀點，視情況採用「階段途徑」或
「反階段途徑」，或同時兼採兩者。

權變者，乃通權達變之謂也。亦即是說，研究途徑之選擇，必須因
人、因時、因事、因地而制宜，視不同情況採取不同的研究途徑。那麼，
我們如何權變的選擇「階段途徑」或「反階段途徑」呢？原則上，可依
以下情況考慮：第一，對剛開始研究公共政策者或一般社會大眾來說，
宜採「階段途徑」；對已多年學習並研究公共政策者而言，可著重「反
階段途徑」。第二，如欲了解政策議題從頭到尾的處理狀況，可採「階
段途徑」；如欲仔細探討處理過程中某一特殊現象或活動時，可採「反
階段途徑」。第三，如政策議題已處理完畢，欲了解其全貌及來龍去脈，

以供「前車之鑑」時，可採「階段途徑」；如政策議題尚在處理當中，欲探知其實況並做預測時，可採「反階段途徑」。第四，如欲對某一政策議題的處理過程進行既廣泛又深入的研究，應同時兼採兩者，並以「階段途徑」為主，以「反階段途徑」為輔。第五，若欲對公共政策相關理論、知識、議題、方法等，具有較廣博性的了解，宜採取「階段途徑」；如欲探討特殊理論、模式或方法，在某政策領域的應用狀況，則可著重「反階段途徑」。惟須說明者，以上所提原則性建議，僅屬例示性質，不具窮盡性，且僅供參酌，尚無定論。

伍、結語

由於公共政策與我們每天的生活形影不離，所以不論是市井小民或是知識份子，都應透過各種方式去了解它、去研究它，進而積極參與政策的運作過程。但是，如何進行研究呢？就研習公共政策專業者而言，任何理論與途徑，只要對你有用、只要符合你的研究需要，都可以考慮採用，而不必顧慮什麼「階段途徑」或「反階段途徑」的問題。不過。既然筆者已在本文中建議大家採取整合的途徑，以權變的觀點，視情況應用「階段途徑」或「反階段途徑」，或兼採兩者，則除非你以前已經修習過公共政策，或對公共政策的相關理論與運作過程已相當了解，否則筆者建議不妨先採取「階段途徑」進行政策議題探討；如有必要，再採取「反階段途徑」去探尋特定的相關面向，則庶幾可免「雖入寶山空手回」之憾也。

參考書目

1. 丘昌泰（2000），公共政策——基礎篇，台北：巨流圖書公司。
2. 吳定（2003），政策管理，台北：聯經出版社。
3. 吳定（2005），公共政策辭典，台北：五南圖書出版公司。

4. 林水波、張世賢（1984），公共政策，台北：五南圖書出版公司。

5. Anderson, James E. (2000), *Public Policymaking*, New York: Houghton Miffliin Company.

6. Dunn, William N. (2004), *Public Policy Analysis: An Introduction*, Englewood liffs, NJ: Prentice-Hall, Inc.

7. Dye, Thomas R. (2002), *Understanding Public Policy*, Upper Saddle River, N J: Pearson Education, Inc.

8. Jones, Charles O. (1984), *An Introduction to the Study of Public Policy*, Belmont, CA: Wadsworth, Inc.

9. Kingdon, John W. (1995), *Agendas, Alternatives, and Public Policies*, Harper Collins College Publishers.

10. Sabatier, Paul A. (1993), "Policy Change over a Decade or More," in Paul A. Sabatier and Hank Jenkins-Smith, ed., *Policy Change and Learning: The Advocacy Coalition Approach*, Boulder, Colo.: Westview, Chapter 2.

2

政策研究的理論基礎

壹、政策研究的演進概況

　　論者嘗謂：公共政策的研究與柏拉圖（Plato）所著的《共和國》（*The Republic*）一樣久遠。不過，對政府的「產出」做有系統的分析，則是相當晚近才興起的。公共政策的研究並非是在 1950 及 1960 年代才忽然雨後春筍般湧現的。1921 年時，芝加哥大學教授 Charles Merriam 就主張政治應透過科學方法使其成為沃土，亦即應用研究與調查的現代方法。兩年以後，Merriam 又協助設立了「社會科學研究會」（Social Science Research）推動對社會政治問題，進行科際性的研究。

　　第二次世界大戰期間及緊隨其後應用研究的需要性更為明顯。作業研究（operations research）的發展，及經濟學與社會心理學研究的進步，有助於指出以更系統化及經驗調查的方式來研究政策制訂過程。但是，直到 1951 年，「政策科學」（policy science）一詞才為 Harold Lasswell 明確的界定。Lasswell 在〈政策取向〉（The Policy Orientation）一文中（In *The Policy Sciences*, pp. 3-15, Edited by Daniel Lerner and Harold Lasswell, Stanford, CA: Stanford University Press），曾對正興起的研究有關解釋政策制訂與政策執行過程之領域，確認了六項基本特性：

1. **科際性（interdisciplinary）**：Lasswell 受到老師 Charles Merriam 的啟示，主張政策科學應包括社會學、心理學及自然科學等學科；對某

一段時期之政策需求回應的結果。

2. **實證性（empirical）**：同樣依循 Merriam 的看法，Lasswell 強調適當計量方法論的必要，它們可產生「可靠的資訊與負責的詮釋」。Lasswell 為「實證邏輯論」（logical positivism）所迷，但仍能對「粗暴的實證主義」（brute empiricism）保持健全的懷疑態度。他了解當時政策測量方法應用於政策時會有其限制：有關人際關係研究之系絡的富饒性，在於它僅能部分的以計量詞彙加以表示。

3. **大型政策（megapolicy）**：Lasswell 認為，政策科學應聚焦於巨大的問題。他說，基本的重點是要放在社會中人們的基本問題，而非一時性的小議題。他覺得，此項聚焦於較大關心事項的做法，有助政策學家提升問題研究的層次，勿聚焦於較低層次政府機關所發生的不重要的及細微的問題。

4. **理論複雜性（theoretical complexity）**：Lasswell 深切了解將簡單的模式，科際性的應用於糾纏不清之人類行為所產生的各種問題。他指出，最有利的假設往往來自於「相當複雜的模式」。

5. **應用的（applied）**：政策科學著重於研究決策者的直接與立即的價值問題。Lasswell希望政策科學可以改善決策者可獲得之資訊的具體內容及資訊的詮釋。

6. **規範性或診治性（normative/prescriptive）**：Lasswell 希望政策科學可應用來強化民主政府。在美蘇冷戰時期形成之前，他就預料，政策研究終將演化為「民主政治的政策科學」（the policy sciences of democracy）。不過，此並非意謂他促銷某種親民主政治宣傳的努力，而是將政策科學視為保護民主政治，避免資訊政治化（politicization of information）的一種方法。此工作可經由發展一些致力於「研究調查」的社會機構而達成，這些機構有助於對抗意識型態的奧妙影響，以及對抗政策領域中掌權者之明顯威脅與偏好。

Lasswell 對政策科學的呼籲，在政策科學上，乃是一項重要的里程碑，但是在當時響應者並不多，其理由有以下數端：第一，基本上缺乏經

過政策分析訓練的專家。截至當時為止，所有這方面的努力都是屬於先驅性的，在需要的時候，學者們才創用一些方法及概念。第二，處理複雜資料所需要的電腦，當時還未發展出來，在 1960 年代以前，處理大規模實證調查資料的科技能力並不存在。第三，1950 年代初期享有盛譽的「行為學者革命」（behavioralist revolution），拒絕了應用性的實質研究，尤其是在診治性研究（prescriptive studies）方面。第四，政策科學違反了當時學科領域的界線（因為它是科際性的），所以成為所謂管轄範圍爭論下的犧牲品。第五，當時的學術風氣導致若干方法論的或理論的發展限制，即使那些有興趣追尋 Lasswell 之目標的學者亦然。

這些學術的限制性傳統，對政策科學發展的影響特別的大，因為政策科學悖離了以往科學性努力的方向。在整個 1950 年代的傳統限制情況下，政策科學一直居於邊緣地位，正如同 Hugh Heclo 所說的：那是政策研究在歷史上一段貧瘠的時期。

到了 1960 年代後期，公共政策研究開始開花結果，聲名大噪。詹森政府的「大社會計畫」（The Great Society）創造了了解擴充政府活動的必要。David Roberson 及 Dennis Judd 指出，由於 1960 年代後期及 1970 年代初期，政府各項方案所衍生的各種問題，使得政策過程及政策結果的研究向前邁進一大步，這不只是因為要處理許多新方案的問題，同時也為解決史無前例之巨大挑戰所發生的各種問題。

改善政策分析的需要，證明傳統的社會科學學術研究工作已不適合於應用性的政策研究。Brian Hogwood 及 Lewis Gunn 解釋說：「在過去二十五年，許多人對學術圈中某些以社會科學解決問題所做的有限貢獻表示強烈的不滿。研究與教學常被認為『過於學術性』（over-academic）、由內部看問題、關心方法論而非實質，以及與真正的社會問題無關。」

此項對既有學術研究途徑的不滿，也對繼踵 Lasswell 的忠告及建構新途徑（各學科本身及科際性的新途徑）產生了額外的動力。

當政策研究的潛在性應用獲得承認時，公私部門的研究經費就變得較易取得。此種情形導致理論、方法論與政策設計的大幅改進。於是政策科學成為一項「成長的產業」（growth industry）。此項政策研究的成長與

成熟也反映在相關的文獻上。1960 年代後期，兩本編輯而成的書，幫助 Randall Ripley 所說的「政策分析與評估選項」新時期之來臨，此新時期緊跟著所謂「行為學派」（behavioralist）或「新左派」（new left）時期而來到。第一本是由 Raymond A. Bauer 及 Kenmeth J. Gergen 兩人於1968 年所編的《政策形成研究》（*The Study of Policy Formation*），該書是有關理論的、方法論的及實質的政策研究論著的彙集。在緒論一章中，Bauer 解釋說，政策研究由於具有「開放系統」與「交流的」（transactional）本質，故先天上就有其困難處。他說：我們的主要目的之一是去思考以下的問題：任何事情的含意可能與其他任何事情有關這件事，可藉由實證研究者加以處理。換言之，政策並非以分立的單位方式存在，而是缺乏明確界線之複雜系統的一部分。我們怎麼能夠研究一個沒有起頭、沒有終點或沒有「參數」（parameters）的主題呢？第二本同樣具有影響力的書也在 1968 年出版，書名為《政治學與公共政策》（*Political Science and Public Policy*），係由 Austin Ranney 所編（受到社會科學研究會部分的資助）。Ranney 問道：政治學者是否在他們的研究及教學方面，應比最近幾年更實質性的注意政策的內容呢？為了回應當時政治學者不重視政策內容研究，及響應 Lasswell 經由政策研究以改善大眾政府的呼籲，Ranney 肯定的說，政策內容的研究可增進我們對政策運作過程與政策結果的了解；能更客觀的評估過去與目前的政策；能以更高的技術技能與可靠性，就手段的效能與目標的互依性，向決策者提供建議。

　　其他劃時代的政策研究出現在 1960 年代後期及 1970 年代的初期。以色列希伯萊大學教授 Yehezkel Dror（於 1980 年12月底曾來台灣訪問）在 1968 年所著的《再檢視公共政策制訂》（*Public Policymaking Reexamined*）一書，提供我們一個結合當時使用中的最佳政策概念而成的政策制度「最適模式」（optimal model）。接著，他在 1971 年又出版了《政策科學設計》（*Design for Policy Sciences*）一書，他認為既有的科學性典範（scientific paradigms），完全不適於政策的研究，因此提出了一項新的政策科學的典範。同一年 Lasswell 也出版了《政策科學預覽》（*A*

Pre-View of Policy Sciences），該書對他的政治科學概念加以合時化與精緻化。差不多在同時（1970 年），Ira Sharkansky 編印《政治學的政策分析》（*Policy Analysis in Political Science*）一書，乃是確認以實證研究為基礎之政策分析的適當角色與應用之先驅性文獻。兩年以後，Thomas Dye 出版了家喻戶曉的《了解公共政策》（*Understanding Public Policy*, 1972）教科書第一版（Dye 於 2004 年去世）。

到了 1970 年代後期，各種教科書、無數的個案研究、概念性論著及實證研究等，可說隨處可得。另者。許多專門研究政策問題的期刊也不斷的湧現，例如《政策研究期刊》（*Policy Studies Journal*）與《政策研究評論》（*Policy Studies Review*）〔兩者均由政策研究組織（Policy Studies Organization）所出版〕、《政策科學》（*Policy Science*）及《政策分析與管理期刊》（*Journal of Policy Analysis and Management*）等。到了 1980 年代，政策科學已經走向自己的道路：政策科學並非是任何一項標準的學科性或專業性途徑之簡單的及漸進的修正；它是一項在觀點、取向、方法、程序及態度方面的根本改變。Ripley 將政策分析與評估的發展，視為與早年之行為主義完全不同的新時期。他說：政策分析家所關心的是，如何達成以規範性為基礎的結論及提出解決問題的處方，並以縱貫性資料適當的量化，及方法論上的嚴謹為基礎的，從事堅實的實證研究。他們否認對嚴謹性與科學性的要求，會妨礙解決問題處方的提出。

在此段成長與成熟時期，作為一門專業性的研究領域，政策科學發現受到若干限制：許多政府方案無法實現其諾言、方案預算制度（program budgeting）的起落、對政府以分析方式進行集權規劃的反對，及大規模進行政策分析對民主政治有礙等。

其他的問題發生在有關政策研究的品質方面，相關文獻雖然很多，但顯然不夠充實。1960 年代及 1970 年代的政策文獻大致上可分成兩類：一個極端是，許多政策研究屬於描述性及非理論的，在許多情況下，它反映了作者的意識型態偏見。此與 Lasswell 主張應擴充政策科學視野的看法相去甚遠，這些文獻大多出現在政治學或歷史學的領域中。另一個極端是，非常技術性的政策文獻，它們專注於政策分析領域所發展出來的實證研究

方法論方面。此兩者均有所偏，前者太廣泛及未明確界定相關事項；而後者則太狹隘及太專業化。因此，兩者對政策理論的貢獻均不大。儘管如此，一項無形的理論傳統正在形成中。在概念上，這些文獻隨著時間更形精緻化，不過直到最近，才有足夠的理論文獻，支持一本公共政策理論書本的出版。

貳、政策理論現況

　　雖然建立政策的理論困難重重，但一項初步的基礎正開始成形。William Dunn 於 1988 年說：「在過去的二十年，有關公共政策分析之新的及更適當的理論、模式與方法的發展，已經有了相當的進展。」（Dunn 曾於 2007 年 6 月來過台灣）然而，此項進展並不意味已經到達某種科學性的門檻。

　　政策理論的精緻化，必須要認清理論建立所面臨的特殊挑戰。Peter House 曾說，在發展政策模式的階段，我們的理論基礎正變得更好，因為我們現在了解在我們的社會系統中，行動會產生次級影響，並了解到大家對將此些影響公諸於世具有極高的興趣。Duncan MacRae, Jr. 也是對政策學者所面臨之獨特挑戰認識極深者，他說：「在面臨政治化的危險、方法的多元性及證據薄弱等問題時，我們需要特別的保障，以便在技術社群發展政策模式時，能夠維持共同關心的事項與共同的標準。」

　　這些有關政策科學之理論與模式建立的觀點，是屬於比較樂觀的一部分。其實，當時也存在著一些質疑的看法，例如 1983 年時 Dennis Dresang 說道：「政策研究被許多政治學者、經濟學者及社會學者視為次佳的研究領域。該項研究領域太廣泛且太具變動性，以致不適合整合成為一個單一的理論架構，或一套方法論，因此政策科學不被認為是一項科學。」

　　無疑的，一項主導性的理論傳統仍未發展出來。但另一方面，可能沒有必要普遍性的嘗試將所有的政策科學相關事項強迫變成為一個單一的理論架構。

W. I. Jenkins 在 1978 年就說：「世界上沒有唯一最佳方法存在，就政策問題本質而論，必須使用各種途徑以處理運作過程的複雜。」另外，也有若干人批評目前存在著太多的理論。Daniel Mazmanian 及 Paul Sabatier 兩人就如此說：「今天，研究人員正面臨理論豐富的窘境，他們必須選擇採用何種理論觀點，以及選擇哪些特殊的假設去驗證。」簡言之，問題不在缺乏政策理論，而是缺乏政策理論的「廣博性」（comprehensiveness）及「可類推性」（generalizability）。

此種情況有兩項可能的解釋：第一，嘗試建構一個普遍適用的政策理論，可能是不適當的；因為政策論題實在是太多元化，變數的數目實在太多，及欲解釋的關係實在太複雜，很難使用一個單一的理論途徑加以解釋。因此，Davis Bobrow 及 John Dryzek 兩人在 1987 年指出，二十年來的研究已證明，欲將一門統一的社會科學，置於一個單一的理論旗幟下之「化約主義者的夢想」（reductionist dream），已經宣告死亡。

第二，政策學者具有將他們自己侷限在某一單一的理論或實質專業領域內的習性。其結果是，很少人想要發現各種理論貢獻的「共同性」（commonalities）及「組合性」（combinations）。開始解決此項問題的方法之一是一起檢視主要的理論、模式及概念，並彙集在一起，以激起整合性的分析，並設法找尋是否存在著有效的理論類推性。

參、政策科學相關名詞界定

一、公共政策 （public policy）

(一) Austin Ranney：公共政策具有以下要素：1. 一項特殊的目的或目標；2. 一項可欲的事件方向；3. 一項經選擇的行動路線；4. 一項意圖的聲明；5. 一項意圖的執行。

(二) Thomas Dye：政府選擇作為或不作為的任何事項。

二、政策科學（policy science）

(一) Yehezkel Dror：應用知識與理性以解決被察覺到的社會問題。

(二) Harold Lasswell：對政策如何制訂及如何實現，進行系統性及實證性的研究。

(三) Peter deLeon：描述應用於檢視社會重大問題之廣泛知識途徑的包含性名詞。

三、政策研究（policy studies）

(一) Dennis Palumbo：任何有關或促進公共利益的研究。

(二) Stuart S. Nagel：對政府處理社會問題所做決定之本質、原因與結果的研究。

四、政策評估（policy evaluation）

(一) Hofferbert：思考政策過程要素間關係的方式重於使用一套分析性的技術。

(二) Martin Greenberger、Matthew Crenson 與 Brian Crissey：政策評估者組織其對某一既有方案之研究成果，並檢視該方案達成意圖目的之程度如何。

(三) Mel Dubnick 與 Barbara Bardes：判斷政府所做與所說事項之結果的廣義名稱。

五、政策分析（policy analysis）

(一) Edward Quade：獲取社會技術議題之深度了解，及產生較佳方案的一種應用研究形式。

(二) William Dunn：使用多種調查與論證方法以產生並轉換政策相關資訊，俾應用於政治環境以解決政策問題的一門應用社會科學學科。

(三) Clarke Cochran 等人：基本上其關心描述與研究某些特殊政策如何及為何被提出、採納及執行，其聚焦於解釋而非診治、科學性的尋找政策的原因與結果及一般性的解釋命題。

(四) Hank Jenkins-Smith：評估公共政策選擇方案及從中進行選擇的一套技術與標準。

由以上各學者對各名詞的不同界定，可見各名詞在概念上難以明確的釐清。正如同 Hogwood 及 Gunn 所說的，這些名詞被不同學者以不同方式使用著，有時候則互用，及有時候企圖對某一特殊名詞賦予特殊的意義。

事實上，關於專門術語的混淆，並非是政策科學的獨特現象。在科學方面的某些一般性名詞，也時常難做明確的區分，例如理論（theory）、模式（model）及概念（concept）即然。由於政策科學涉及理論及模式的使用，因此必須對該三項名詞加以界定。

一、理論（theory）

(一) Webster's New World Dictionary：某些已在某種程度被確證之現象的明顯關係或基本原則之有系統陳述。

(二) Robert Dobin：一個可產生有關人類世界本質之預測的封閉系統，此項預測做成後，理論學者同意必須予以公開，接受某種的實證驗證。

(三) Richard Rudner：理論是一組系統性相關的陳述，包括某些可經由實證方式驗證的通則。

(四) Herbert Simon 與 Allen Newell：所有的理論都是相似物（analogies），而所有的相似物都是理論。

二、模式（model）

(一) Chava Frankfort-Nachimias 與 David Nachimias：模式是真實世界的代表物，它指明真實世界的某些層面與研究中的問題有關，它使各層面

間的關係明示化，它可以形成有關此些關係之可經驗性驗證的命題。

（二）Michael Hayes：模式，簡單的指藉由對某些混亂的事件或觀察現象，將其基本要素予以抽象化，而代表真實的世界，並對何者有關、何者無關，及事物如何妥適置於一起，做初步的猜測。

（三）Duncan MacRae, Jr.：政策模式顯示公共政策方案如何造成結果，及結果產生到何種程度，且結果可藉由一項或多項的價值概念予以描述。

三、概念（concept）

（一）Royce Singleton、Bruce Straits 與 Margaret Miller Straits：概念乃是藉由文字或其他信號溝通的抽象物，它指涉現象中的共同特質。

（二）Duncan MacRae, Jr.：概念指不一定要以操作性形式進入理論、模式或公共討論的一項基本變數。

（三）Thomas Dye：概念或一系列相關的概念（即模式），應能提出可加驗證或證明之真實世界的關係。

專門術語的困惑更因此這些名詞意義的改變而加劇。1956 年時，Simon 及 Newell 就認為，模式這個字被認為與數學理論同義。在 1960 年代，Dobin 認為理論與模式二詞可以並用，但是 Rudner 卻認為，模式常被用來指涉任何理論性的陳述，而非理論本身。Dennis Forcese 及 Stephen Richer 將理論界定為「已被驗證的模式」。幾乎在同時，Charles Lave 及 James March 則將模式界定為「任何有關真實世界觀察現象之系統性臆測的一個通用名詞」。

進一步言之，了解這些名詞之彼此特殊關係是很重要的：在較大的科學架構下，彼此均有相關性。例如 Neil Smelser 在 1968 年就三個重要的科學名詞之關係做了以下的解釋：第一，「假設」（hypotheses）指依變項預期以某種方式變動之情況的陳述。第二，「模式」（model）指若干假設經合併與組織而成的一個系統。第三，「理論」（theory）指將定義、假定與假說（postulates）嵌入於內的若干模式。

就某種程度而言，以上各種名詞的定義都是系絡性的，以理論本身

來說，此專門術語必須維持足夠的彈性，以調適此項主題令人驚異之分歧性。這使得研究與理論建立更為困難，但是這對於公共政策多樣化的本質，乃是一項必要的犧牲。

肆、良好理論的標準

　　為檢視各種理論性的思考，我們需要一項可評估各項文獻貢獻及其實用性（優點與缺點）的量尺（yardstick），亦即需要設定評估一項理論是否良好的標準。以下即簡述此些標準的大要，其中以「效度」最重要，其次是「因果解釋」，再其次是「預測性」的標準。不過，並非說其他的標準不重要，而是說，一項理論如果具有效度、可解釋因果關係及可進行預測，將較有可能滿足某些其他的標準。最後應注意者，在各標準間彼此存在著重要的關係。

一、效度（validity）

　　一項理論如果能夠準確的代表它所要解釋的實際狀況，此項理論就是有效的。就技術層面而言，「絕對效度」是不可能的，因為我們永遠無法驗證所有可能的「反證」（disproofs）。

二、經濟（economy）

　　一項理論或模式應較所研究的現象為單純。Dubnick 與 Bardes 兩人說：模式應為問題解決者，將複雜的問題變得可加管理，故最終目的是希望能發展一個以最簡單的形式達成目的的模式。簡單化的過程涉及兩項工作：第一，設法平衡「複雜性」與「包含性」，另一端要平衡「單純化」與「清晰性」。第二，由於欲達此平衡，只有某些相關的變項會被包括在內，所以理論學者必須設定此些變項之重要性的優先順序，並決定哪些變

項可以安全的省略。

三、可驗證性（testability）

　　一項理論如無法經由驗證方式了解其準確與否，則在科學的意義上來說，並沒有什麼用處。可以被驗證的公共政策理論，可允許我們檢視該理論的結果，了解理論是否有效，是否要修改或拒絕該理論等。此類驗證的方法可以是「定量的」（quantitative）或是「定性的」（qualitative）。

四、組織／了解（organization/understanding）

　　科學的目的在協助我們了解周遭的世界。良好的理論能將混亂的狀況帶向次序化，它可以解釋用其他方法不能解釋的東西。

五、啟發性（heuristic）

　　良好的理論應扮演誘發及指導進一步研究的「觸媒」（catalyst）角色。科學是具有累積性的，知識是經由小幅度逐步漸進方式取得的，而每一步都是基於先前工作而做的。牛頓（Newton）的名言廣為人知，他說：如果我能夠看得更遠的話，乃是因為我站在巨人肩膀上的緣故。他的意思是說，以前學者的努力成果，導致他的發明成就。因此，理論或模式應能使其他相關理論或模式更為精緻化，或加以修改，或予以拋棄。

六、因果解釋性（causal explanation）

　　Randall Ripley 曾寫道：不論何種特殊性的主題，因果問題都是核心問題，政策分析永遠都要考慮「為什麼」這個問題，並且要尋求解釋。良好的理論應能發現我們在其他地方可能忽略的因果關係。

七、預測性（predictive）

預測是一項冒險的工作，特別是在社會科學方面。但無論如何，最佳的理論乃是能夠確認因果關係，並據以對未來做預估的理論。Lave 與 March 指出，模式之好壞乃是以它們有無能力正確預測其他新事實而評估之。Goodin 也認為，一項理論如果能將理論模式的預測與實證資料緊密結合，它就是有用的理論。

八、相關性／實用性（relevance/usefulness）

最佳的政策理論應有助於我們解決重要的問題。Dubnick 與 Bardes 寫道：模式必須以能否提供我們對世界的有用了解而加以評量。有用的理論應能提供以其他方式無法獲得的洞察力及了解。

九、有力性（powerful）

一項有力的理論可以解釋許多的事項。Lave 與 March 指出：模式藉其意涵而變得富饒，因此有必要設計能夠獲得重要推演事項的模式。Goodin 持平的說：理論愈能擴大解釋現象的範圍，該理論愈佳。理論如能應用於許多不同的案例，即具有類推性，則該理論最為有用。

十、信度（reliability）

信度也稱為複製性（replication），它指透過同樣的研究程序重複測試，能否得出類似的結果。Kenneth Hoover 對複製性如何有助於我們維持準確性及客觀性做了以下的解釋：複製是對一項研究是否良好的強有力的檢驗。因為它可以發現原先主要研究之研究過程與評估性判斷是否有錯誤之處。Forcese 與 Richer 也宣稱，對研究發現連續檢視與再檢視的複製性，對研究者不僅可搜尋到研究的錯誤之處，還可發現研究的偏見。

十一、客觀性（objectivity）

在建立理論過程中，價值（values）應扮演的角色，一直是一個爭論的領域。實證邏輯者（positivist）的理想是希望獲得「客觀性」——即以理論為基礎的研究，可避免研究者個人偏見的侵入而達成。不過，有若干人辯稱，偏見是不可避免的，尤其是在社會科學方面。良好的理論並不能決定價值為何，但是它可以澄清特殊價值與實際狀況間的關係。我們可能擁有一套我們很清楚的價值，然而仍不能確定這些價值及相關行為如何影響我們周遭的世界，而政策科學就有助於解釋此種關係。

十二、誠實的理論（honest theory）

不幸的，科學很有可能被誤用，所以良好的理論應能讓我們精明知曉：理論學者的價值如何影響理論的形成；理論不應作為掩飾曖昧目標的計謀。科學性理論也不應被利用來合法化某些政策方案，以遂現政治上的意圖，例如為了獲取民眾的支持等。

總結來說，只要多一點想像力及做某些修正，以上這些良好理論的標準，均可應用於大部分的政策理論。我們常發現，在政策科學領域中的許多研究工作，常距離理論的理想甚遠。就某種程度來說，這是因為社會科學本質所造成的。它也可以歸因於這個學門還是相當年輕的緣故。就滿懷熱望的政策學者而言，未來的發展空間是無限寬廣的，其發展潛力及可能提供的貢獻是無窮的。因此政策領域同好們有必要努力鑽研相關的課題，使政策科學具有更璀璨的明天（本文取材自 Daniel C. McCool, *Public Policy Theories, Models, and Concepts: An Anthology*, Prentice-Hall, Englewood Cliffs, NJ, 1995, pp. 1-18）。

公共政策與民主政治

壹、公共政策研究的目的

在許多先進的工業國家，對於政府、社區組織及民眾在公共政策運作過程中的角色問題，正在進行根本性的重新思考工作。1990年代初期，對於西方民主政治國家無法解決社會問題，進行排山倒海的批判之後，現在許多學者專家及政策分析家已經從此類批判移向思考政策、策略及行動等問題，俾使民主政治更有效的運作。

此項公共政策新途徑的一個佳例是，美國柯林頓政府（Clinton administration）的「積極性議程」（activist agenda）。柯林頓總統（President Bill Clinton）自從第一任開始，就非常支持透過社區組織、政府與志願性團體同心協力及以社區為基礎之發展方案的方式，執行全國性的服務計畫。這些措施反映了柯林頓政府努力要重構政府，以強化公共政策的效能，並使政策能更回應民眾的需求。

許多諸如此類的理念已經被容納在一本先驅性的著作中，此書提出頗多有關變革的積極性建議，並且成為全美國中央、州及地方政府層次的行政官員之標準參考書，它就是由 David Osborne 及 Ted Gaebler 所寫的《新政府運動》（*Reinventing Government*, 1992）。這些先驅性著作的作者們主張，公共服務必須重新建構，以使政府能夠將焦點置於私人、非營利組織及營利組織實際進行服務傳輸時的管理與協調事項。

由於政府改革與找尋新方法以迎合民眾需求，已引起大家廣泛

的興趣，因此吾人有必要檢視政策對「公民精神」（或稱公民資格）（citizenship）及「民主政治」（democracy）的影響。學者專家將民主政治的視野予以擴張，在此類民主政治國家中，政策扮演了新的角色：即對於自治政府運作過程中的公民予以授權賦能（empower）、啟蒙（enlighten）與參與。希望透過這些做法，有助於政府、社區組織與公民在公共政策運作過程中，適當的設定議程。

對於公共政策的研究，應當確認何為有效的公共政策？及如何促進有效公共政策的達成？尤其是應致力採取新的及不同的方法，平衡或整合公共部門與私人部門。另外，公共政策研究應設法達成以下的目的：

第一，公共政策研究必須將注意力重新聚焦於公民精神與民主政治的政策分析。政策分析已趨向於將重點集中於關心效率與成本利益相關考慮事項。雖然在此方面的若干研究，已經很有用的指向政府效率的改善方面，但大致上仍忽略了公共政策的影響性，即忽略了公民參與的改革及民主價值的提倡。因此，目前許多政策分析人員已將他們的研究清晰的轉向新的社區參與及公私協力的措施方面。

第二，公共政策研究必須提供洞察力，以了解公共政策的社會建構如何影響政策的標的人口或事物，以及了解政策方案是否執行成功。舉例言之，有時候接受政策方案服務的標的人口（團體）會變得具有疏離感，因而降低對政策方案的參與率，進而使政策方案無法有效的執行。

第三，公共政策研究必須設法提供洞察力，以了解公共政策在長時間幅度內的影響狀況。在過去，有關政府重組及社區方案方面的研究，較欠缺從縱貫性觀點（longitudinal perspective）探討公共政策的效果。未來必須在此方面致力改善，使政策研究能夠為決策者在政策設計與改革方面提供有用的指南。

第四，公共政策研究必須能夠提供具體的建議，以強化民主過程中的公民角色，而不致犧牲方案的效能。許多專家學者及決策者均相當關心，有關促進公民更大幅度參與的改革，例如將方案管理分權給社區團體或公共服務外包制度等，可能會對公共政策具有非意圖性及負面的影響。故公共政策研究人員應當對此方面的論題予以討論，並為決策者從事公共服務

改革時，提供主要的考慮建議。

貳、公民精神、民主政治與公共政策

　　政府重組的理念，即由公私部門同心協力從事公共服務的新形式，並非是最近的發展。1960 年代的許多重大方案，例如社區行動方案、社區心理衛生中心、鄰里衛生中心及啟智方案等，基本上是社區取向的，並且結合政府經費與私部門執行的方式進行的。這些方案主要是由私部門的非營利組織、公民志工組織所推動的，至少在一開始時，非常依賴志願工作者。其主要目的在提供民眾參與公共服務治理及參與政策制訂過程的機會。不過，這些方案的原先期望是要推動公民在設計及執行公共服務時的更大參與，卻因地方政治人物及社會福利專家插手干預去控制方案的執行，以致遭受重大挫折。某些此類方案，如模範城市方案，也被批評為「不可行」及決策過程粗糙。

　　然而，對於採取新形式以傳輸公共服務的興趣，仍然持續著。此種情況反映在整個 1980 年代對志願主義（voluntarism）與社區取向的訴求上，包括美國布希總統（President George Bush）為回應美國社會問題所提出的著名的「一千盞燈」（1,000 points of light）。

　　與此相關者是，許多學者與一般人非常有興趣於將重建「公民社會」（civil society）作為強化民主政治的方法。「公民社會」這個名詞具有多重意義，並具有長時期的學術歷史，不過，它通常指涉致力於建構社會與政治組織，使其在同時面對現代國家與資本經濟時，能夠代表社會自主性的價值與利益。在此種觀點下，對於提供個人參與社會生活的機會，志願性組織與政治性組織可說居於關鍵性的地位。

　　一般言之，主張建構強而有力的公民社會者，建議必須對社會福利國家做重要的再定位。在過去數十年，社會福利國家之成長乃是基於如下的假定：公部門應當逐漸擴張對社會福利事務之經費提供及執行工作，而同時志願性部門（非營利組織）則逐漸縮減其角色。此種國家角色擴張論，

目前已同時受到左派及右派人士的質疑。相反的，目前許多決策者與一般民眾，均將志願性組織、自助性團體（self-help groups）、社會運動團體及其他中介性組織，視為可以提供公民重要授權賦能角色的一種替選方案，而不必全部依賴國家機關提供。

最近許多對「社群主義」（communitarianism）有興趣的學者，也將上述的訴求與社區及志願性組織結合在一起，視為延伸個人主義與國家權力的替代方案。的確，社群主義學者常常將對社區服務與志願性組織的參與和更多的民主連結在一起論述。他們相信，社區組織可以促進更積極的公民精神，進而就長時期而言，有助於民主政治的蓬勃發展，並糾正投票率降低與對政治系統日趨疏離的缺陷。理想上來說，社區組織也可以促進個人對自己的行為及處理社區問題的責任感。基於此項理由，很多社群主義者提出「鄰里守望相助」（Neighborhood Watch）方案，及由社區致力消除毒品濫用的建議。

民眾對國家的疏離及對社區的向心，乃是重構政府以增加社區組織在提供公共服務方面角色的主要理由。此項重構是推動民營化政府的一部分，其做法為將公共服務經費與傳輸的責任授權給私人組織。民營化（privatization）涵蓋各種政策，包括減少公共服務的經費提供、政府與營利及非營利組織簽約外包、使用者付費、採用公共教育抵用券及增加社區組織解決公共問題的角色等。

這些民營化策略至少一部分是基於以下的信念：民主政治會產生僵硬的、無效率的官僚體制。民營化提供如下的好處：私人組織與市場競爭可對民眾授權賦能（empowerment）、增加公共服務的效率及降低特殊利益團體在政策制訂過程中的影響力。大部分有關民營化的研究都將關心的重點置於「效率」（efficiency）：簽約外包的確可以省錢嗎？政府如何能夠改善對簽約機構的監督？在政府財政壓力下，民營化研究的此項聚焦是可以理解的。截至目前為止，在研究者中受到較少注意的一項主題是民營化對公民精神的影響問題。

擴大政策制訂的公民參與之主張者，常遭受政治人物或學者的反對或懷疑。此項對擴大公民參與的疑慮反映在以下的三項觀點中：第一，某

些學術界人士憂慮美國實際上已因太多的民主而受到極大的損失，其結果是，政府已被過多的需求、無力提供足夠服務及政策不佳所壓垮。此種觀點反映在 Micheal Crozier、Samuel Huntington 及 Joji Watanuki 三人所著的《民主政治的危機》（*The Crisis of Democracy*, 1975）一書，及許多不同的提議，呼籲參考歐洲議會民主制度，而重構美國的政府。這些提議的理由是，美國政府允許利益團體擁有太多的接近門路，以致無法適當的制訂政策。議會民主制度透過降低利益團體影響力的機會，將決策者與公眾的壓力予以隔離。在議會民主制度下的政黨比美國制度下的政黨要強而有力，並可使政府官員更能負起責任。

第二，害怕社區組織難以承擔強化政治參與重責大任的學者們批評經由社區組織以加強公民參與的主張。Karen Paget 認為，社區組織天生的就難以維繫政治參與。確實，公民參與社區組織會對公共政策問題產生分裂的、無效的回應。她認為，唯有政黨才有能力監督政府政策的制訂，並對政府官員予以課責。

第三，有些決策者擔心致力重構政府的工作，例如主張分權與提倡社區聯盟（community coalitions），可能會對不當的人予以授權賦能，而導致產生退化或無效的政策。

重構政府隱含著一項有關當代社會公民權的新觀點，在 1970 年代以前，在先進工業社會有關公民精神的觀點，主要是由 T. H. Marshall 的著作所形塑的。他認為，公民精神有賴受政府保障之公民權、政治權與社會權的擴充。在他的看法中，公民精神乃是指所有公民具有同等機會，完全參與社會中所有面向的事務。為達此目標，政府必須漸增其主導的角色。

然而，Marshall 的著作低估或忽視了政府給予個人及團體自由所受的嚴重限制。同時，Marshall 的焦點放在「權利」（rights），而非置於作為社會成員所應負的「任務」（duties）及義務（obligations）。Marc Landy 辯稱，強調權利的一項後果是會削弱決策的精緻化過程。權利的強調會為討論預設立場，使它成為一項絕對性的主張，而不是一項可加以協商的議題。Landy 因此建議，我們有必要修正公民精神的理念，以促進政策制訂過程中更多的對話及更大的參與，尤其在地方層級更須如此。

　　另一項對 Marshall 的批評是，他認為公民權利的應用，是不會有什麼問題的。但事實不然，公民權利常常具有高度爭議性，並且是很難執行的。在過去幾十年，大都假定執行的問題可以經由使用國家權力予以解決，但此項做法已受到以下原因的限制：政府預算困窘、反對使用國家的權威及民眾希望擴大參與影響其生活的服務及方案。

　　解決此類公民精神問題的一個主導性方案是透過公私部門同心協力的方式進行，國家保留管理權，而私人組織則負責方案的執行工作。雖然有些學者認為此種公私部門協力關係，可能會模糊國家的界限，並使方案課責與公民精神，產生麻煩的兩難狀況。不過，也有若干學者為決策者提出克服這些政策難題的潛在性策略。另外有些學者明確指出，在某些情況下，志願性組織乃是增加公民參與及增進公共服務績效的有價值工具。

　　T. H. Marshall 懷疑透過市場機制可以達成次社會政策的目標，因為他認為依賴市場機制將在公民精神方面產生不平等的現象。Kenneth Godwin 則挑戰此種論點，他在對開發中國家的節育政策做過研究後，認為市場誘因可以改善貧窮者或弱勢族群接受服務的狀況，並可強化對民眾的授權賦能。在他的觀點中，美國的教育券制度，就是市場原則的一項極有價值的應用。

　　藉由重新思考公民精神與公共政策的連結關係，政策分析的領域也獲得了擴充。在傳統上，政策分析主要是關心「效率」的問題。政策分析人員檢視決策者所面臨的選擇，並推薦最有效的行動方案。政策透過理性運作過程的結果加以判斷，而此項結果是可加以實驗且必要時可加以修正的。此種做法顯然低估或忽視了公共政策對民眾的影響性，它也只代表了在某一時間點上的政策面貌而已。此種途徑當然對評估替選方案極有幫助，然而，公共政策某些最重要的效果可能是長期性的或是非預期性的。

　　因此，縱貫性的研究途徑是極有價值的，因為它將注意力置於從長期影響觀點，討論政策成功或失敗的概念。許多社區行動方案經過評估的結果，被認為是失敗的，因為它們未按照方案支持者或負責推動者的期望去執行。不過，Sallie A. Marston 卻對在美國 Tucson 市新執行的社區行動方案給予高度的肯定，認為在經過數年的實施後，此方案對市民的政治參與

具有明顯的正面影響，其結果是，政策制訂已朝向更公正及更進步的方向轉型。

　　某些政策分析人員認為，上述縱貫性研究途徑的核心概念是，政策乃是一系列的互動，而非一種靜態的實體。Helen Ingram 與 Anne Schneider 兩人就將政策視為一種動態的概念，而思考政策分類的方式及不同類型政策對公民精神的影響。她們認為，政策設計反映了許多不同的人常常在不同系絡與地點運作之後的決定，而不必然是在合理的、理性的或甚至一致的情況下所做的決定。民眾乃因此被政策類型所傳遞的訊息，有系統的受到影響。

參、政策設計與美國政治

　　公共政策學者對公共政策相關問題的研究，已經擴充了若干政治學者研究成果的看法。這些政治學者認為，政策對於政治動員及參與具有重要的且獨立的影響性。在 1960 年代，美國政治學界所流行的看法是相當不同的。在政治學者 David Easton 著作的影響下，當時對政策的共同看法是政治系統乃是一個「系統」（system）：利益團體在需求方面的投入，會被政治制度的「黑箱」（blackbox）予以處理；而產出就是政策。此項觀點在 1960 年代經由對州與地方層級政策之廣泛研究而獲得強化，研究者將政策視為某些政治與經濟因素互動的結果。

　　即使在將焦點置於研究州與地方層級之政策產出的高峰期，仍然有若干新的途徑被發展出來，以解決某些嚴重的解釋上的缺陷。首先是，有些學者建議將政策視為影響政治過程的獨立變項。Theodore J. Lowi 主張，政策基本上可分成三種類型：分配性（distributive）、管制性（regulatory）及重分配型（redistributive）。分配性政策就是一般人所說的「肉桶方案」（pork barrel projects），例如農業性補貼或水庫補貼方案等。管制性政策則聚焦於以直接強制的措施，對個人行為予以管制。重分配性政策則是要求政治人員將某一團體的資源，重分配給另一個團體享

用。綜合所得稅的累進稅率及社會安全方案的做法，就是典型的例子。Lowi 的分類架構已被廣泛的應用，並在有關何以某一領域之政策會與另一領域之政策有所差異方面，激發了大量的洞察力。例如，Randall Ripley 及 Grace Franklin 就對某些機關執行其特殊類型政策時，所產生的困境加以追尋探究。另外，James Q. Wilson 也建立了一個政策分類的模式，他依據標的人口接受利益及負擔成本的組合狀況，將政策分成四種不同類型，此四種類型政策會產生不同的「政治」（politics）狀況。

　　有一套相關的研究成果是由 Murray Edelman 所進行的。他認為，公共政策的象徵性層面會直接影響標的團體動員及維持政治活動的意願。後來 Michael Lipsky 將 Edelman 強調政策符號（policy symbols）角色的看法，與他對抗議運動（protest movements）的研究結合在一起。他的研究結果與其他學者的研究結果是相當一致的：各種公共方案所包含的政策符號會奧妙的影響政治參與。

　　1970 年代及 1980 年代早期對於政策執行的各項研究，也對政策設計與政治參與的連結，具有極大的貢獻。Jeffrey Pressman 認為，美國聯邦的貧窮與就業方案創造了政治行動的新領域，此舉促進了先前被低度代表的團體，尤其是少數民族團體的政治動員（political mobilization）。Daniel Mazmanian 及 Paul Sabatier 也主張，法規的特性，包括清晰的目標等，會藉由限制官僚機構的裁量權與提供立法監督機會的方式，大大的影響政策執行的「政治」。政策運作過程中極為大家熟知的一項特徵就是漸進主義（incrementalism），它也呼籲大家要把注意力置於政策與政治之間的連結關係。Charles Lindblom 及 Aaron Wildavsky 下結論說，政策制訂乃是漸進性的：決策者從去年的預算或過去的一套方案開始檢視，然後漸進的向上調整，很少費力的且根本的去重估政策方案的優先順序。在此種意義下，先前的政策就形塑了政府各種方案的「政治」。其後，Hugh Heclo 也觀察到，「政治」乃是一種社會學習的形式，在此情況下，決策者對「應該做些什麼」（what to do），從事集體的「解謎」。此種學習過程深受先前政策的影響，它有助於為潛在的新政策設立考慮的要項。

　　在同樣的傳統下，Lawrence D. Brown 認為，政府成長的結果已經產

生了許多新的政策，諸如擴充衛生醫療的服務範圍，或其他新的都市援助方案等。這些新方案固然獲得了許多成就（例如提供較佳的健康照護），但卻也產生許多新問題，例如病人逃亡所造成的成本問題，此種情形導致一項新的「政治」，其特徵是「合理化政策」（rationalizing policies），如政府施予較大的管制或給予更多的市場競爭等。當「合理化政策」走向舞台中央而政府又繼續成長時，政治制度就會發生基本的改變，例如作為決策者的總統與國會將傾向於改變公共政策及其結果。

最近以來，由 James March、Johan Olson、Suzanne Berger 與 Theda Skocpol 等人之著作所代表，對政治進行研究的「新制度途徑」（the new institutional approach），已經要求大家把注意力放在政治制度在建構政治的重要性方面，包括政治互動與政治參與等。這些學者們顯然已注意到，象徵性政策（symbolic policies）在影響公民對政治的興趣及參與方面，扮演主要的角色。

肆、商議、政策設計與政策研究

一項運作良好的民主制度，其主要層面之一是應具有「商議」（deliberation）及「討論」（discussion）的能力。有許多學者強調，政治機構與志願性組織的商議功能，乃是民主政治的根本，應予以強化。原因之一是，商議具有教育的功能，有助於對民眾授權賦能，並增加民眾對公共政策制訂的投資。基於此項理由，許多人建議將中央的服務方案交由地方的志願性組織執行，作為一種促進民眾更加了解方案，並培養更大政策商議的策略。

Marc Landy 在〈公共政策與公民精神〉（Public Policy and Citizenship）一文中，認為在分權式的政治系統中，商議比較可能獲得實質上的利益。Susan Gonzalez Baker 及 Sallie A. Marston 認為，志願性組織可以促進大眾對重要政策問題更大的公開辯論。Steven Rathgeb Smith 呼籲大家注意政府資助與管制非營利組織之政治角色的可能有害影響。其中一

項可能的結果是，微弱的、受到箝制的政治聲音，使志願性組織很難對國家提供替選性的政治觀點。

　　「公共對話」（public discourse）的重要性，早就是學者們關心的話題。Alexis de Tocqueville 認為，在 19 世紀初期，美國的志願性組織對於民主生活方式的培養及維持，居於關鍵性的地位，因為它們獨立於國家之外，提供人民對政治議題進行自由與公開討論的機會。Deborah A. Stone 曾在〈建構公民精神的臨床權威〉（Clinical Authority in the Construction of Citizenship）一文中，敘述「臨床推理」（clinical reasoning）已經如何從健康照護的領域，擴充到教育及刑事司法的政策，及有關性別角色的管制方面。此項重要的發展，已將這些政策領域的政治內容予以拆除，而擋住了若干分配性的問題。Helen Ingram 及 Anne Schneider 強調，公共政策的社會建構會影響某些團體進行政治動員的可能性，因而影響公共對話。其主張見諸於〈建構公民精神：政策設計的微妙訊息〉（Constructing Citizenship: The Subtle Message of Policy Design）一文中。

　　主張進行更大幅度商議的學者，所認同的與公民精神連結有關的修正理論，並非是 T. H. Marshall 所提由政府保證的「文明的」政治的與社會的權利概念，而是認同自由乃是政治社區之一部分的概念，其特徵是民眾對於政治議題可進行自由的與公開的討論。Marc Landy 指出，政治社區的成員關係，使其成員認為具有參與討論政治議題的義務，而由志願性組織所培養的公共辯論，將有助於促進此種義務感，並使之更為成熟。

　　從目前發展趨勢來看，未來數年對決策者的主要挑戰之一將是如何調和以下兩個問題：一為希望在決策過程中培養更多的公共辯論及公民參與；另一為許多學者與決策者對由社區控制及負責的公共政策，可能會產生負面結果的疑慮。舉例言之，由於對於政策不充分的經費提供，或某些社會服務支出型態遭受政治上的反對，以致原先的許多政策承諾，可能會減低了社會的利益。

　　我們相信，政策分析與公共政策研究，對於分析及詮釋公共政策對政治參與及民眾應享社會權利之影響，可以扮演有用的角色。藉由聚焦於政治及社會公民精神的相關問題，政策分析有助於擴充判斷的標準，以判

斷公共政策的優劣。我們要明確的說，我們並不認為公民精神問題應當成為判斷公共政策的唯一標準。其他的標準，例如效率，也是重要的考慮因素。但無論如何，相關的研究已經指出，公民精神的標準應當受到比現在所受的還要更多的注意。

公民精神議題的漸增角色尤其具有合時性的意義，因為此時學者及評論家們，都在憂慮一般民眾對美國國內的公民事務，顯然已經漸漸失去了興趣。儘管民主政治已受到全球性的重視，但是好幾年來，政治學者對於美國選民投票率的降低，及對政治興趣的減低，卻感到十分的迷惑。最近的許多研究發現，此種民眾減少參與政治的現象，可能與許多公共政策未能提供公民參與政治所造成的「非意圖性結果」（inintended consequences）有關。當美國柯林頓政府致力推動許多計畫，以活化社區組織、支持公私部門的協力關係及提升民眾在公民生活中的志願主義層次時，政府也必須明確認知：政策設計對政治參與的影響如何；政府可採取哪些做法，與私人組織及個人共同努力，使民眾對他們自己治理的事務及公共服務項目，能夠擴大參與，但又不至於減低公共政策的效率與效能（本文主要取材自 Steven Rathgeb Smith and Helen Ingram, "Public Policy and Democracy," in Helen Ingram and Steven Rathgeb Smith, eds., *Public Policy For Democracy*, The Brookings Institution, 1993, pp. 1-14）。

民主政治菁英理論的批判

壹、前言

在過去二十多年，有許多人嘗試要修正（revise）或重構（reconstitute）民主政治的「古典」（classical）理論。眾所熟悉的「公民統治」的信條，師法美國新英格蘭地區之市鎮會議（town meeting），主張公共政策應經由廣泛的、消息靈通的討論及辯論而制訂。古典理論學者希望藉由擴大一般民眾參與政策制訂，而增進對本身道德及社會責任的認知，降低專制政治的危險性，及改善政府的品質。而政府官員作為一般大眾的代理人，因此將實現由民意機關以多數決方式所決定的廣泛公共政策。

雖然大家並未明確指出誰是民主政治的古典理論學者，不過當代的批判多將焦點置於批評理論的描述性要素、公民精神（citizenship）的基本概念、代表性與決策等。傳統理論的最顯著特徵之一，即積極的、消息靈通的、民主的公民之概念，是最主要的被攻擊對象。有人認為，就實證的觀點而言，在西方社會很難找到這樣的公民，而且公共政策並非由公民廣泛討論與妥協後，所獲得之「共善」（common good）的表示。古典理論對政策制訂的此種描述，被認為相當危險且天真，因為它忽視了領導、大眾心理及團體壓力的角色，與控制經濟力量者的影響力。簡言之，古典民主理論被認為不切實際：第一，因為它採用烏托邦式之人性與社會運作的概念。第二，因為它未能對其主要概念，提供充分的及操作性的定義。

　　由於當代學者發現，古典民主政治理論不夠充分，乃產生了所謂「修正運動」（revisionist movement），試圖重構理論，以更符合最近的實證研究發現。一項主要的新名詞稱為「民主政治的菁英理論」（elitist theory of democracy），是由 Seymour Martin Lipset 所提出的，已經為許多政治學者、政治學書籍及期刊所引用。

　　就作為一套政治規範與實證研究指南而言，民主政治的菁英理論之充分性已引起各方的批判，認為它至少有兩項缺陷：第一，就務實觀點而言，修正主義者已經根本的改變了民主政治的規範性意義，賦予它在運作過程中更保守的教條。第二，當代政治學者對菁英理論的一般性接受，幾乎完全忽視美國社會某些深奧的重要發展。

貳、菁英理論的規範性意涵

　　菁英理論的核心是清楚假定一般公民的能力是不充分的，其結果是，民主制度必須依賴政治領袖的智慧、忠誠及技能，而非依賴一般人民的這些特質。於是，政治系統分成兩個團體，一個團體是「菁英集團」，或稱為「政治企業家」（political entrepreneurs），他們擁有意識型態的承諾及操控的技巧；另一個團體是由一般大眾所組成的「非政治性人員」（apolitilical clay），他們是政治系統中比較被動的、無行動能力的跟隨者，這個階級的人對公共事務所知有限，或甚至缺乏興趣。依照此種觀點，民主制度與專制制度的區別因素在於，是否規定系統中的正式領導職位可以由菁英成員透過有限的、和平的競爭方式取得。

　　由此，民主政治主要是從程序性觀點加以理解。它被認為是一種確保行政與政策制訂之效率的決策方法，它要求統治菁英對民意應當有某種回應的方式。在此種制度下，一般公民仍然具有某種程度的有效政治權力（即使他並無法發動政策），因為他在定期的選舉中有權利投票。政治領袖為了在選舉中贏得支持，必須制訂符合民眾需求的公共政策。為了解民眾的反應，政治菁英給予民眾間接接近公共政策制訂的方式，此種方式不

必創設任何正式的機構，甚至也不必有任何直接的溝通。不過，如此卻造成模糊的情況，因為很明顯的，政治領袖有時候會創造民意，有時候則會回應民意。但是因為政治領袖不斷被對手挑戰，以尋求獲取民眾的支持，所以就假定，個別公民可以從若干衝突的來源獲得資訊，使得任何單一的團體極難藉由操控民意而製造全體同意的結果。

　　目前對於民主制度的此種命題，已經有了深入的研究及質疑。大家大致上同意，我們需要一個高度開發的社會多元主義，及需要廣泛的自願性團體或組織；同時應盛行心理安全的意識、普及的教育與財富的有限分散等。大家也同意，對於政治參與不應專斷的設限，而應使足夠的人民參與政府的運作過程，使政治領袖得以在具有跨地域代表性的人口中，彼此競爭支持力。

　　菁英理論在這一點上，與傳統理論相去甚遠。在傳統上，假定一個穩定的民主政治之最重要的先決條件是，政治活躍份子（指投票者）對某些基本政策與基本價值具有一般性的同意，並且對民主程序與政治活動的限制能夠普遍的接受。如果政治領袖想要成功的達其目的，他們將不會違反此種基本共識，因為一旦此類根本限制被破壞的話，那些被動的廣大群眾將被激怒，而組織起來反對這些破壞規定的政治領袖。主張菁英理論者則辯稱，各類菁英團體對民主價值取得同意，乃是防止憲政主義崩潰的主要堡壘，而這些民主價值在早期被視為是民主政治潛在危險的重要因素。

　　例如美國學者 David Truman 就在 1959 年撰文，放棄他原先所主張的「潛在團體」（potential groups）之觀點（此為傳統的共識教條之一種變型），轉而主張「菁英的共識」（consensus of elites），即由政黨、工會、商會及其他志願性社團的領袖共同決定大事，以防衛民主政治的根本程序，以保護其立場及社會的基本架構，不至於受到不負責任之政治煽動家的威脅。某些菁英理論學者認為，民主政治對於日增的政治參與有理由感到害怕。他們辯稱，一個成功的民主制度仰賴於普遍的政治冷漠感及一般性的政治無能。民主參與的理想因此被認為是一項「高貴的謊言」（noble lie），它只是被設計來確保政治領袖應具有的責任感而已。

　　對於上述菁英理論觀點的批判，主要是希望使民主政治的理論更為實

際，更符合實證研究的結果。不過，如果不將理論的規範性基礎加以改變的話，要將一個烏托邦式理論轉換成實際運作的政治行為，乃是相當困難的。因此藉由修正理論使其更符合實際狀況，菁英理論學者已經將民主政治從「激進的」（radical）轉化成「保守的」（conservative）政治教義，除去它原先所特別強調的大眾政治活動，使它不再作為一套社會所應追求的理想。

　　傳統民主政治理論的最顯著特徵及最主要的價值觀，就是強調在公共政策運作過程中的個人參與。藉著參與社會事務，公民可以獲得知識及了解，可以發展更深度的社會責任感，與擴展個人私生活之外的觀點。雖然傳統的理論學者接受 John Locke 的民主政治基本架構，即強調「有限的政府」，但是他們主要關心的並不是在民主政治下所產生的「政策」（policies），而是特別關心「人性發展」（human development）的問題，即在政治活動中實現人類無限潛力，與創造真正人性化社區基礎的機會。

　　然而，民主菁英理論已經將重點轉移至整個系統的需要及功能，而不再直接關心「人性發展」的問題。因此，當務之急並不是如何設計一個激發個人更大參與及強化民眾道德發展的政治制度，而是如何將民眾具有相當程度的實質參與，與一個有能力有效的及團結的治理權力系統結合在一起。

　　菁英理論僅允許民眾在作為政治活動客體時，扮演被動的角色。他們對政策制訂的影響力僅表現在對全國性選舉的判斷上。同時，菁英理論學者在嘗試發展一個將政治制度實際運作方法考慮在內的理論時，已經改變了民主政治的價值取向。傳統理論的核心是主張公民對社區公共事務的廣泛參與，其目的在培養具有足夠能力與責任去扮演此種角色的公民；而菁英理論學者則代之以將「穩定性」（stability）與「效率」（efficiency）作為民主政治的主要目標。因此，自規範性觀點而言，民主菁英理論與實際政治運作有扞格難容之處。

參、菁英理論作為實證研究指南問題

　　民主菁英理論的缺陷不只限於它的規範性意涵，在作為實證研究指南方面，其描述的準確性及其效用性，也產生了嚴重的問題。此理論最令人不滿之處在於其被動的、非政治的、普通人的觀念，認為普通人只對統治者順從並成為政治的旁觀者，而最關心的是個人的生活、晚上與家人同看電視或關心工作情況。當一般民眾偶爾發現其主要目標，由於政府的作為或不作為而受威脅時，他們才會努力去影響公共政策的運作過程。不過，他們本質上並非是政治的動物。

　　菁英理論學者正因接受此種概念，以致拒絕了傳統理論的共識觀。他們不合理的辯稱，一般公民對於民主政治的重要價值常保持高度的注意力；但他們同時又說，一般公民對政治是不涉入的、是所知有限的、是冷漠的。而據說此種普遍的政治冷漠感，對政治的穩定極有幫助，因為它使得在激烈競選活動中，雖然各方意見衝突甚劇，但因涉及者不多，故不至於導致社會暴亂或內戰的狀況。

　　沒有人能否認，我們社會上有很多人的確是政治冷漠者，問題是我們必須追究何以會有此種現象，而非只是單純的解釋此種現象如何有助於政治系統的順利運作。當然，一般民眾對政治的被動性可能來自於對政治系統運作的滿意，因此只有當他們認為受到系統威脅時，才會採取抗爭的行動。不過，從層出不窮的街頭抗議、示威、遊行活動來看，很難讓人信服，政治系統的運作令人滿意。尤其是美國種族衝突問題一向非常嚴重，它並非只是因對某些族群不友善態度所引起，而且是因未給予這些族群表達意見以滿足其需求的機會所致。因此吾人可以推知，一個社會的政治文化，對權威本質的一般概念與社會上主要團體的期望等，可能是影響一般民眾政治行為的一項重要因素，而不管他們自己的滿足感或敵對感如何。總之，政治冷漠感顯然來自多重原因，諸如來自個人政治能力不足、來自害怕會危及重要的個人關係，或來自對議題缺乏興趣；不過，它也可能源自社會的制度結構有問題、缺乏團體的支持，及政治系統中缺乏廣泛的參

與。

對菁英理論學者而言，普遍的冷漠感只是政治生活的一項事實，是一種預期的現象，並且是民主穩定性的先決條件。然而對古典民主理論學者而言，政治冷漠感是一項值得深入關切的課題，因為古典民主理論的最重要道德目的，乃是要藉由民眾參與政府事務，而擴充政治社區的疆界，及建立人類了解的基礎。

肆、結　語

當一個社會面臨廣泛的社會變遷之際，例如 20 世紀的美國社會遭遇諸如都市化、社會衝突及官僚組織結構不合理的情況，對理論觀點進行一些修正是非常重要的。政治學者乃因而負起重新建構過去理論教條的責任，使民主理論因而能符合動亂社會之所需。然而，在重新詮釋古典民主理論時，當代政治學者除去許多該理論相當激進的精華部分，並沖淡該理論的烏托邦觀點，因而使它作為未來的指南顯得不夠充分。一般而言，民主菁英理論學者接受現行的社會地位分配觀點，並且認為它不僅符合政治自由，而且是政治自由的條件。他們非常強調一般公民的限制性，並對鼓勵公民擴大參與公共事務的架構表示懷疑。因此，他們相信積極而負責的菁英所具的智慧與精力。

除了民主菁英理論之規範性缺陷，使它不足以成為實證研究之指南外，它還對美國社會的普遍政治冷漠感提供了難以令人信服的解釋，而使政治學者忽視了與政治制度無直接相關的社會不滿之現象。過去很少有人對美國政治制度之武力，或非正式及非法的強制力量之使用做過研究，也很少有人注意過去一百多年來美國社會極為顯著的重大社會運動，如果政治學要為滿足需求與解決迫切問題服務，則專業的政治研究者必須要拓展他們的視野，並且要認清需要進行科學性研究的新生問題。他們必須檢視指導他們努力的規範（norms），同時要避免對現行制度以科學客觀性為名的各種價值觀，未經批判的加以接受。政治學者應當提升自我認知與知

識，並且應避免具有僵硬的先入為主觀念，以免縮減自己的看法，摧毀批判的能力，無法認清某些最重要的社會與政治發展的問題（本文取材自 Jack L. Walker, "A Critique of the Elitist Theory of Democracy," *American Political Science Review*, 60, 1966, pp. 255-295）。

5

政策描述面面觀

壹、政策描述的本質

政策描述（policy description）在所有政策分析的活動中，可以說是最具矛盾性的。雖然它可以是一項最單純的工作，但是在思考政府的各項聲明及行動中，它也可以被證明是最關鍵性的一個步驟。它之所以單純，是因為它涉及將某些熟悉的概念與類別應用於某一項政策。此外，一旦政策分析人員已經了解問題及所涉及的議題後，就比較容易發展出合適的描述性模式，也就是「類型」（typologies）在與政策解釋（policy explanation）或與政策結果評量比較時，趨勢漸明顯，描述性技術的發展與應用，不會比其他分析性工作來得迫切。換言之，對某個人描述某項政策，通常較向他解釋或決定政策的影響，要來得容易。

但是另一方面，政策描述的工作乃是任何一位政策分析人員所要面對的最重要事情。「描述」提供了所有進一步研究的基礎，如果基礎脆弱，則接下來的分析工作也必將脆弱。很明顯的，除非我們了解政府聲明的內涵，否則對該項聲明加以解釋，乃是無意義的。舉例言之，在我們了解一項外交政策的內涵之前，我們無法期望對該政策加以解釋。最重要的是，描述可以決定一項分析的「方向」，例如，該項政策分析究竟是要聚焦於社會的或政治的因素，或是聚焦於經濟的或文化的變項。

隱含在此項觀點之下的事實是，沒有客觀的政策描述這種事情。描述常被錯誤的認為是機械性或無偏見性的行為，其實不然。其主要理由有

二：第一，我們的認知不斷的透過「概念性的篩選」（conceptual screen）而加以過濾，而此種篩選會因人而異，因文化差異而不同，故公共政策的描述，無法免除受到主觀偏好的影響。

第二，偏見來自於政策描述的目的性本質，亦即任何一項政府聲明或行動的描述背後，一定有其理由存在。此些理由可能不會清晰的及公開的說出來，政策思考者也無法一直都很清楚知曉他們的工作目的為何。另外，因為所有的政策思考者心中都有其特定目標，所以他們進行描述時，可能會聚焦某些層面，而減低其他因素的重要性。總而言之，政策分析人員所尋求的目的，強烈的影響所要提出的問題，及影響建構答案所使用的途徑。

由於前述偏見的關係，我們必須小心的注意任何政策描述背後的目的。意思是說，當我們應用問題解決技術，去分析政府的聲明或行動時，應當避免兩項明顯的陷阱：其一，我們必須知悉我們自己的偏見為何。意思不是說，我們可以期望消除偏見，而是說我們可以對偏見的出現，保持知覺或甚至加以控制。其二，我們必須對別人所做的分析或描述工作，保持不斷的懷疑。因為不論分析人員所使用的技術或途徑如何的精緻，某種偏見是無法避免的。在閱讀一項政策描述時，你要不斷的問自己：此項分析所根據的假定或動機是什麼？此項描述性架構所支持的目的、目標或價值觀究竟是什麼？然而，在發現政策描述具有偏見性後，你無須因此認為「描述」是沒有用處的。本文在後面將會檢視若干可應用於評量描述類型的「標準」（criteria），雖然在任何政策類型中，偏見的程度是一項主要的標準，你仍然必須基於分析的實用性，而評估政策描述及其使用的方法，它們可以回答一項政策所提出的問題嗎？簡言之，它們可以解決眼前的問題嗎？記住：實用價值（utility）永遠是關鍵所在。

貳、類型與政策描述

每一項政策描述所根據的是一個簡單及根本分析模式的形式：類型

（typology）。類型是分析的基本成分，因為它們提供了將公共政策歸類的「分類架構」（classification schemes）。某些語言學者認為，此種分類過程，乃是所有語言及意理學的基本核心。有人說：當我們賦予某東西一個名稱時，就是在進行分類的工作。不過此處所說的分類，並非指廣為大家所說的確認「原素」（essence）的問題，而只是單純對社會便利性與必要性所做的反映──不同的必要性永遠會產生不同的類別。

正如同分類是語言與思想的基礎一樣，類型的情況亦然，它提供了公共政策分類的基礎。基於此項理由，政策思考者有必要了解並熟悉創造與應用各種分類架構的過程，以描述政府的行動或聲明。

何謂類型？簡單的說，類型指在一群物件或事情中，建立其相似性與相異性的方法。它們是組織及指導一般思想的工具，而就特殊情況來說，它們也是政策描述的工具。類型本身乃是兩項「組織」（organizing）與「指導」（guiding）活動的產物：分類（classification）與指派（assignment）。

分類指將概念排進不同類別或組合，以反映這些概念彼此關聯性的做法。它是一種基於抽象化及概念化的理論過程，亦即它先天性的是一種思考的程序，而非物理性或機械性的程序。另一方面，指派則較具物理性取向，它必須將真實世界的物件或情境加以確認，並適當的列入經由分類過程所發展出來的不同類別中。當然，整個過程是非常具有彈性的，它允許同時對分類與指派的行為，做持續性的重新考慮。

如果類型是描述的關鍵，接下來的問題是，我們如何建構一個有用的類型，以描述公共政策的各種層面？事實上，過程實在太普通，以致於我們常未能了解，當我們在談論政府的聲明或行動的時候，我們其實正在創造及應用分類的方法。假定我們專注於「過程」的話，將會發現此種建構的過程依賴三項基本途徑去加以概念化（conceptualization）：第一，對世界的觀察。第二，理念化（idealizations）。第三，前兩者的結合。

有時候，我們所使用的概念來自於我們對世界觀察的結果。基於我們對周遭世界的認知，我們會學習到並發展出各種分類的架構，以協助我們組織各種情況，例如廚房工具相對於工場工具、奢侈品的購買相對於必需

品的購買、善良的鄰居相對於不合作的鄰居等。我們發現「事實」後,便發現了構成我們所用類別或類型之基礎的「樣式」(patterns)或「群聚」(clusters)。就更為複雜的層次而言,我們便發展出有關政治事件或人物的某些分類,例如,在我們觀看了新聞及經驗到各種政治運動後,我們便會將某些公共政策、觀點、政治人物等,歸類為共和黨的一方或是民主黨的一方,我們也可以基於新聞報導而將外國分類為友善的或敵視的;穩定的或革命的;已開發或低度開發的國家。就更精緻化的層次而言,政治分析家已經發展出確認某些政治議題的類別,例如民權類議題或社會福利類議題,它們均與國會的投票樣式有關。

第二種的類型形式是建立在來自於理念化的概念性上面。我們常常會以理想型或類化的模式來思考這個世界,而非以實證方式推演出認知。有時候,在發展描述性分類架構時,這些理想型(ideal types)是很有用的。例如,在描述政府某一項作為時,我們可以將它歸類為資本主義類(capitalist)或是社會主義類(socialist),並且使用這些類型所具意義的某種理念,而決定政策歸屬於何類。當然,資本主義或社會主義的特徵乃是植基於抽象的理論而非觀察到的現實。

最後第三個途徑是根據由「理想的特性」(ideal characteristics)及「實證的觀察」(empirical observations)所產生的概念,而將前面兩種途徑的特質結合起來。分析家從類別的抽象化開始,然後嘗試將它們應用於真實世界的現象。不過,他很快會發現,他原先的類型必須加以修正,以反映世界的真實情況。在此種方式下,某些非常清晰的分類架構可能必須放棄或大幅度的修正。然而,經由此種修正方式所得到的結果,將是一個有用的政策描述模式。

參、描述什麼:公共政策的屬性

描述公共政策時非常重要的一項因素是「描述的焦點」(focus)。公共政策並非是以單一面向的特徵(one-dimensional characteristics)而孤

立存在的東西，它們常常是由各種屬性（attributes）而構成各類特徵的複雜行動及聲明，而政策思考者可能會對其中若干屬性具有興趣。假定政策具有許許多多的屬性是真的，那麼我們不禁要問：一位政策分析人員如何選擇一項特殊的屬性或是一套屬性來進行研究？區別兩類政策特徵是很有用的：內滋屬性（intrinsic attributes）及外來屬性（extrinsic attributes）。內滋屬性指該政策與生俱來的特徵，外來屬性則指政策與其外在因素之關係所形成的特徵。

內滋屬性乃是一項公共政策的內化特質（internalized qualities）。這些特質常常是我們每天談論政府行動或聲明的核心。當我們依照實質性議題進行政策分類時，我們便會討論到內滋屬性。因此，我們每天在報紙所看到的政策就被描述為「經濟政策」、「交通政策」、「教育政策」等等。甚至在這些實質議題的分類當中，我們還可以進一步的做次級分類，以反映它們在本質上的差異。例如，當我們將經濟政策分成財政政策、貨幣政策及所得政策時，我們就是在對政府行動或聲明的內滋意義，而非對議題所涉及的部分做精華摘述，其他對政策思考者有用的公共政策內滋屬性，乃是聚焦於標的人口或政策目的的屬性。舉例言之，外交政策常依據受政策影響之特殊國家或地理區域而加以分類，因此便有所謂「中國政策」、「拉丁美洲政策」及「東南亞政策」等。

外來屬性並不專注於公共政策的靜態特質，而是專注於政府行動或聲明如何與其環境因素發生關聯的方法。有一個基於公共政策外來屬性所建構的描述性架構，常被政治學者用來討論政治系統所履行的功能。該架構通常包含四種類型的公共政策：分配性（allocative）、汲取性（extractive）、控制性（control）及象徵性（symbolic）。

分配性政策指涉及將政治系統中的各種貨物、服務、榮譽、地位及機會等，分配給社會中的個人及團體。例如，學生從政府投資於教育而獲得直接的利益。

汲取性政策係指從環境汲取物質的與人力的資源，並以謹慎的方式予以使用。例如徵收高速公路的通行費、路邊停車費及動物園門票等。

控制性政策指藉由法律及規章，以控制個人及團體行為的政策。例如

民法、刑法及各種環保規章對人們行為的管制等。

象徵性政策指操縱某些象徵物（符號），以控制某些群眾之反應的政策。例如以演講、旗幟、軍隊、名人等符號去鼓舞或阻止特定群眾的特定行為。

此外，Richard Rose 從外來屬性觀點將政策分成以下四類：靜止性政策（static policy）、循環性政策（cyclical policy）、線性累進性政策（linear progressive policy）及不連續政策（discontinuous policy）。

Theodore J. Lowi 結合內滋與外來屬性，將政策分成三類：分配性政策（distributive policy）、管制性政策（regulatory policy）及重分配性政策（redistributive policy）。

T. Alexander Smith 將政策分成以下四類：分配性政策（distributive policy）、部分區隔性政策（sectorally fragmented policy）、情緒象徵性政策（emotive symbolic policy）及重分配性政策（redistributive policy）。

肆、評估政策描述類型的標準

如何分辨政策描述類型的好壞？評估政策描述類型及分類架構的標準為何？這是一個難以回答的問題。不過，政治學者 Lewis A. Froman, Jr. 已嘗試加以回答。他在 1968 年於〈政策內容的類別化〉（The Categorization of Policy Contents）一文中，提出了以下七項評估各種政策類型的標準：

1. 包容性（**inclusiveness**）：即政策類型愈具廣博性（comprehensiveness）愈好。簡言之，理想的分類架構在其各類型中，應能包含所有形式的政策。

2. 互斥性（**mutual exclusivity**）：各類別彼此間是否能區分得很清楚，以避免兩個或更多政策同時放進同一類別的可能？在政策類型中，重疊的潛在性常會被忽視。

3. 效度（**validity**）：評估政策類別的另一項標準是，了解藉以區辨諸政府行動及聲明的概念是否確實能夠界定「所說的就是所做的」

（what it says it does）。例如當我們將政策歸類為總統政策國會政策
或司法部門政策；或歸類為中央政府政策、直轄市政府政策，或地方
政府政策時，其所使用的「機構分類法」（institutional categories）是
否有效？

4. 信度（**reliability**）：政策描述類型的創用者大概都知道模式中所使
   用的概念是什麼意思，並且能夠相當輕鬆的應用它，但是該項類型可
   以被別人重複應用嗎？例如，1964 年由 Lowi 所創用的三種政策分類
   法，可以在 2000 年被其他研究人員以同樣類型加以應用嗎？亦即，
   在各獨立的研究人員中，是否高度同意，哪些特殊的政策應當歸類於
   哪些特殊的類別？如果高度同意，則該類型就具有信度。

5. 測量層次（**level of measurement**）：其所關心的是，所發展出來的政策
   策類型是否適合受過專業訓練之分析人員的測量需求，及適合資料的
   可得性。政策描述類型會反映出三種不同層次的測量問題，每一個層
   次的測量，在統計方法上都會受到某種程度的質疑。它們是：第一，
   名目類型（nominal categories），涉及名目層次測量的應用。第二，
   次序性層次的測量（ordinal levels of measurement）。第三，區間或比
   例層次的測量（interval or ratio levels of measurement）。依 Froman 的
   說法，每一個政策描述模式均有其自己的測量層次。在名目層次，分
   析人員所能做的就是將政策加以分類；在次序性層次，分析人員可對
   政策加以排序及分類；在區間或比例層次，分析人員可利用基礎點，
   測量政策的相對距離，並進行排序及分類。

6. 操作的容易性（**ease of operationalization**）：它指實際操作時，
   將政策指派入某一類別或另一類別的困難度如何。對某些類型及
   某些政策而言，此項指派工作可能很容易，但就其他類型及政策
   而言，可能就很固執，Froman 將此種指派過程稱為「操作化」
   （operationalization）。

7. 區別性（**differentiation**）：此為 Froman 所提出的第七項評估政策類
   型標準，它所要問的是，所使用的政策類型在理論上的成就及重要性
   之程度如何。亦即，當我們知道某一項政策是管制性的或分配性的或

重分配性的，我們又能從該政策發現些什麼呢？簡言之，此項標準詢問的是，此些政策類型是否與其他現象有關？如果是，其相關程度如何？

伍、政策描述的類型

Melvin J. Dubnick 與 Barbara A. Bardes 兩人綜合理論與各家的看法後，提出以下的政策描述類型，以供政策分析人員參考，亦即從不同角度進行政策的描述及分類：

1. 從政策意圖加以描述（**intentional descriptions**）：著重政策制訂與執行的基本理由（rationales）。
2. 從政策功能加以描述（**functional descriptions**）：著重政策執行後所要扮演的角色及履行的功能。
3. 從政策標的人口加以描述（**population-focused descriptions**）：著重政策的利害關係人為何。
4. 從政策的發展情況加以描述（**developmental descriptions**）：著重政策的歷史發展背景。
5. 從政策的制式化情況加以描述（**programmatic descriptions**）：著重政策是整套的或是單獨的或是整套的一部分。
6. 從政策的比較觀點加以描述（**comparative descriptions**）：著重不同國家、不同政府、不同地區、不同機關的政策比較。
7. 從政策的主導機構加以描述（**institutional descriptions**）：著重政策主要是由哪一部門或哪一機構主導並運作（本文取材自 Melvin J. Dubnick and Barbara A. Bardes, *Thinking About Public Policy: A Problem-Solving Approach*, New York: John Wiley & Sons, Inc., 1983, Chapter 4）。

利益團體在政策制訂過程中的角色

壹、前言

在一個民主多元的社會，各種有組織的團體，運用各種資源，採取各種手段，向政府各個部門以及社會大眾，進行各種遊說活動，以爭取成員的利益，乃是不可避免且司空見慣的現象。有許多人把這種「利益團體」（interest group）的遊說活動，認為是現代民主政府的一大缺陷，因為利益團體透過各種手段所爭取的利益遠大於一般社會大眾，形成極不公平的現象。然則它又是政策運程中的一個主要參與主體，因此吾人對利益團體的本質、活動的方式、影響力的來源及其缺失等，應做進一步的了解。

貳、利益團體的本質

「利益團體」一詞迄今為止並無明確的定義，舉例來說，在民主政治制度中，最大而單一的主要利益團體就是工商企業，但它卻不是尋常意義中的團體。而實際上這些「團體」卻有其層級節制體系的組織結構，由自上而下少數人員所構成的管理團隊。即使在一個大型公司，也是完全由少數高階主管決定其利益團體的活動，而員工或股東的觀點在他們的政治活動中通常不被考慮。至於其他規模較小的組織，在從事政治活動時，情形也差不多。所以，「團體」一詞無法充分描述所有試圖影響公共政策的各

種類型的組織。

　　某些在政策制訂過程中，履行一般所謂利益團體活動之參與者乃是「個人」（individuals），而根本不是團體。某些相當富有或具有高度社會地位的個別私人，其政治活動的影響力與利益團體幾乎不相上下，例如美國的 Donald Trump、Albert Einstein 及 Henry Kissinger 等人。這些人的做法就與利益團體一樣，利用資金及聲音，將公共政策拉向他們所期望的方向，他們施展影響力的結果，如同利益團體的各種活動，遭到人們極大的質疑。

　　目前有關利益團體的研究，也認為下面這些主體扮演利益團體的角色：政府官員、公務員協會、行政部門或機構等。例如「聯合參謀本部」（Joint Chiefs of Staff）在影響國會方面，就扮演了利益團體的角色。反過來說，國會議員及各委員會也嘗試去影響國防部的決策，例如建議將某項特殊軍事設施設於某一特定的國會選區。將政府官員視為利益團體的成員，看起來似乎有點怪異，但是，如果撇開專門術語不談，政府官員在影響政策方面的活動，其實和私人利益團體的活動並沒有什麼不同，例如某位國會議員可能參加某遊說人員的午餐會，以試圖影響另一位國會議員。因此有人認為，美國聯邦政府的行政部門可能是首都圈中最有力的遊說主體。

　　因此，非常鬆散的說，利益團體活動包括未具政府權威之個人與私人團體試圖影響政策的互動行為（interactions），以及試圖影響政策之政府官員，以採取直接利用職權外之方式所進行的互動行為。這些活動在政策制訂過程中，扮演不可或缺的角色，但也製造了許多嚴重的麻煩，值得進一步探討。

參、利益團體活動的不可或缺性

　　利益團體的活動通常被認為應當包含以下權利的使用：思想自由、言論自由、集會自由及自由民主政治所根據的自由權利。集會自由權利蘊含

「結社」（to organize groups）的權利，而言論自由權利則隱含有權募款以購置報紙廣告版面及廣播時間。不過，直到目前為止，在民主政治理論與實際中，企業公司與大型機構是否應當完全享有原來只意圖賦予個別人民的相同自由權利，乃是幾個重要的、尚未找到滿意答案的其中一個。

　　一般言之，利益團體在政策運作過程中，具有以下數項積極的功能：

一、澄清及明示民眾的需要

　　利益團體有時可在一般民眾與政府官員間扮演資訊交換的角色，此種情形有時是透過由專業工作人員準備宣傳小冊子及其他溝通方式而進行的。此外，當各利益團體的領導職位出缺而進行改選時，各候選人所提出的不同意見，也對該團體的成員具有教育作用，可讓他們知悉該團體所面臨的問題為何。

　　另外，利益團體有助於將不同的觀點、事實資訊及其他觀念帶進政策制訂的過程。因為團體可以形塑成員的觀點，所以如果說團體只是在表示其成員的需要，此種說法可能是錯的，但是利益團體的確常常支持一些被領導者所背書或接受的大部分成員之需要或願望。

二、提出各項替選方案

　　利益團體不只可明示一般民眾與團體領袖的觀點而已，它還履行某一項鮮為人知的功能。政府機關對於解決某一議題所可能考慮的替選方案數目，可能就像民眾的人數一樣多，因為每一個人對何謂好政策有他個人的看法。沒有人有辦法可以考慮所有這幾百萬個政策替選方案，因此，必須將為數龐大的替選方案減少到可加以管理的數目內。如果政策應由「公眾意志」（popular will）所形塑，則大部分人的想法必須設法匯聚在一起，亦即放棄某些歧異的意見，而代之以大部分人均滿意的「共同主張」（commonality），而此項匯聚意見的功能就可透過利益團體運作。

　　就利益團體此項功能而言，利益團體不只利用分裂的或特殊的利益對

抗共同的利益。相反的，利益團體有助於克服個人利益之歧異性與衝突性的問題。當然利益團體並非單獨達成此項目標，因為大眾傳播媒體及其他社會運作過程均曾助其一臂之力。不過，雖然利益團體當然無法將政治系統中每一個人的觀點整合成一項共同的觀點，但是利益團體的確在將各種衝突加以結構化方面，極有助益。

三、監測政府的治理

　　在某些人的眼中，利益團體監測政府（揭發弊端），乃是一項主要的功能。以環保政策為例，美國環境保護署（Environmental Protection Agency）常常未能依規定時限及依國會所宣稱的意圖執行，所以美國的「自然資源防衛協會」（Natural Resources Defense Council）與「環境防衛基金會」（Environmental Defense Fund）也就常常向聯邦法院控告環境保護署，要求法官命令該署能執行環境保護政策。上述「自然資源防衛協會」與「環境防衛基金會」乃因此與參議院及眾議院相關委員會與次級委員會的工作人員維持密切的關係：它們在國會的聽證會上作證；它們甚至會起草法案，以矯正現行環境保護法規被認為有缺失之處。

四、參與問題解決過程的互動

　　利益團體與行政機關的互動，對社會各種問題的解決極有貢獻，其方式是協助處理政府議程的複雜性。投票方式只能處理政府必須做決定的一小部分議題，即使立法機關也只能夠處理該機關應做決定的一小部分問題。因此，對行政機關部會進行授權，就變成解決政策議題的最有效方法。

　　但是如果行政官員對各類民眾的各種利益回應太少的話要怎麼辦呢？其保護的做法是，建立各種機制，以迫使官員在做政策選擇之前，必須廣泛的與具有專長之其他政府官員及私益團體成員進行互動。例如，政府官員可能被要求將問題提到「部際委員會」去討論，或是必須獲得某些對議

題具有興趣或專業之企業集團或其他私人組織的同意。總之,代表各類利益者彼此間的互動,造成「授權決定」(delegated decision)的情況,即無任何單一官員或機構會被付託可以獨自的做決定。

五、聯盟建立的功能

利益的明確表示不足以產生明智的政策制訂過程,它需要伴隨一個有能力實際採取行動的「聯盟」(coalition)。這是美國跛腳制度下的一項特殊問題,在此制度下,眾議院與參議院議員、總統府、司法機關、各州與地方政府之政府官員間,很難做有效的合作。雖然利益團體多少也助長此種障礙情況,但是它們透過協助國會委員會議員對待審法案尋求外界支持的方式,而有助於聯盟的建立(coalition building)。

肆、利益團體影響力的來源

由民選的或任命的官員所採取的利益團體活動,可以達到某種影響力,此種情況是很容易理解的:因為政府行政機關擁有議價諮商的籌碼,它們可以採用許多方式間接的使用其職權,而那些與政府官員打交道的人也都知道這一點。但是那些非政府性的團體又如何行使它們的影響力呢?是否除了眾所周知的兩項影響力——選票及金錢之外,還有其他更多的來源呢?

一、以選票強化影響力

利益團體透過選票以影響選舉的能力,究竟有多重要呢?政府官員通常警覺到並且害怕不滿政府之私益團體成員會對他們投反對票,不過許多政治學者質疑此種解釋的充分性。因為如果利益團體聲稱要以控制選票的方式去威脅政府行政與立法官員的話,那就如同他們拿著沒有子彈的手槍

對準一位議員，而該議員明知手槍未裝子彈一樣的沒有效果。基本上，因為許多民眾對於偏向於投票給哪一個政黨，通常是相當固定的，所以利益團體領袖如欲以選票來獎勵或懲罰某位民選官員的話，通常很難對其成員的投票行為產生多大的影響。

此外，某個商會或另一大型組織的成員也可能不會投同樣的票，因為其成員會以其不同背景或立場進行投票，例如作為商會的領導人，或身為天主教徒、保守派人士、環保人士等。同樣的，一個大型組織欲對其成員進行有效的溝通，並不是一件簡單的事；欲說服利益團體領袖儘量持續保持與決策者的良好關係，也可能是相當昂貴與耗時的事情。

各國利益團體對選舉的影響程度有很大的不同。在工會運動蓬勃發展的西德，勞工因與社會民主黨（Social Democratic Party）關係密切，所以相當有力量；1992 年公務人員罷工而導致相當幅度加薪一事，顯示勞工在德國統一後，仍維持很大的影響力。形成強烈對比的是，自從第二次世界大戰結束以來，日本勞工因為支持社會黨（Socialist Party），而該黨在國會無法贏得足以影響政府的席次，以致勞工利益基本上被摒拒於政府門外。在英國的情況是，勞工於柴契爾夫人主政時期常被拒於政府門外，勞工因為分裂厲害，以致無法在政策制訂過程中扮演非常建設性的角色，即使勞工黨（Labor Party）在過去幾十年曾經常常控制國會，亦無助益。相對的，在這些國家，企業團體因獲得保守派人士的支持而具有強大的影響力。

二、以籌募競選經費強化影響力

利益團體發揮影響力的另一種方式是對候選人提供競選經費。一個有潛力的候選人，如果無法獲得至少一個以上重要利益團體給與資助的話，他將因缺乏經費而難以競選成功。因此，立法機關內可以說充滿受各種團體贊助的議員，他們不得不關心贊助他們的團體之利益，並為團體說話。

許多觀察家對於美國政治行動委員會（Political Action Comittee）的興起及其對競選活動的影響表示非常的關心。在 1986 年時，一共有 4,157

個註冊的政治行動委員會，當年捐給國會議員候選人的款項高達一億三千萬美元。不過依規定，每一個政治行動委員會對同一個候選人的捐款不得超過五千美元。但是儘管政治行動委員會所控制的絕對捐款數額龐大，事實上眾議員候選人的募款有百分之六十來自一般個人；而參議員的競選經費則有百分之七十來自一般個人。政治行動委員會比較偏好贊助現任的議員競選，也就因此影響國會議員的低轉換率，尤其是在眾議員方面。不過，個人也同樣對現任議員給與較大比例的捐助。

　　另外一項較少為人所知的政治獻金做法是，利益團體對民意代表提供演講費及酬勞金的能力。在 1985 年，此類費用的總數是六百九十萬美元，平均每一位國會議員獲得一萬美元。不過，美國新的國會議員薪俸辦法已對此項收入加以限制。

三、以勸服的方式強化影響力

　　利益團體也可以透過理性勸服（reasoned persuasion）方式而強化本身的影響力，通常是以遊說（lobbying）政府官員及民意代表為主，因此遊說人員必須具備遊說的技巧。例如，某一航太企業公司爭取某項合約時，它不太可能會強調該合約能為公司賺取多少利潤，而是從政府官員所訴求的相關價值觀點去進行遊說，諸如可以創造更多的工作機會，或可以保護國防所需要的工業能力等。

　　利益團體如何透過時間與資源的使用而進行勸服的工作呢？大致言之，最主要的三項勸服方式為：1. 直接與政府官員接觸，以提出利益團體的觀點；2. 在行政部門或立法部門的聽證會上作證；3. 向有關人員提出研究結果或技術性資訊。

四、以利益團體領袖作為決策菁英的方式強化影響力

　　利益團體活動的一項重點是置於政策制訂過程的研究，在此過程中，利益團體領袖被視為「治理菁英」（governing elites）的成員，與高階政

府官員及企業總裁級人物同等重要。利益團體領袖的影響力從具有強大影響力至只是忙碌而沒有什麼影響力不等，但是如果菁英是指整體公民中的一小部分人，且可以行使較大比例的政治影響力的話，則大多數具有影響力的利益團體領袖，的確夠格稱為菁英。

　　當政府決策者將政策制訂的責任授權給私部門，而使私部門領袖享有實際權力時，他們更是統治的菁英。此種授權的對象並非只限於企業的經理，例如美國律師公會（American Bar Association）的委員會成員，他們並不是政府官員，但卻被授權至少在十五個州負責撰擬「公司法」（the corporate laws）。而許多歐洲國家也在他們「統合的政策制訂」（corporatist policy making）過程中，將勞方及資方整合在一起。

伍、利益團體活動的缺陷

　　綜上所述，利益團體活動乃是當今民主制度之政策制訂過程中不可或缺的一環，但是它也帶來了一些為人詬病的缺陷。

一、政治的不平等性（political inequality）

　　在當代任何一個民主制度中，利益團體均未能平等的代表所有的公民。眾所周知，少數民族、女性、消費者、貧窮者與政治激進份子，在各有組織的團體中，一向被低度代表；相反的，多數民族、男性、企業界、富有者、尋求維護既得特權者，則被過度的代表。與美國比起來，挪威的情況較不嚴重。不過，就某種程度來說，這種情形在世界各國差不多都一樣。

　　雖因在大多數國家，選票的分布是相當平均的，然而所有利益團體可獲得的其他控制工具，諸如分析技巧、金錢、組織技能及準備性（readiness）等，分布是非常不平均的。有一個極端的例子顯示，某一個富有的人，本身就可以達到經費欠缺之利益團體同樣的政治影響力，例如

曾經競選美國總統的富商裴洛（Ross Perot）即如此。

　　有人認為，個人間的政治不平等，可以藉由許多團體在民主制度下行使大約相等的政治影響力獲得補救。但是，如果此種說法屬實，則它本身就指出了不平等性。因為如果各團體的規模（人數）差異極大，像會員眾多的美國勞工與企業組織聯盟（AFL-CIO）與規模小得多的「全國製造業協會」（National Association of Manufacturers），它們實際上行使大致相等的政治影響力，則意味勞工聯盟每一成員的影響力，遠低於規模較小團體之成員的影響力。不過，利益團體並非也無法行使同等的影響力，而且其影響力也不與其成員的人數成正比。此外，並非所有利益團體均有同等的辦法可以參與政策制訂過程。總之，利益團體的活動是政治影響力不平等的一項來源，而此種政治不平等性並不符合民主政治的規範。

二、共同利益屈服於割裂利益（subordination of common to segmental interests）

　　利益團體活動所遭受的另一項批評是，它們為追求自己狹隘的或割裂的利益而忽視了共同的利益。嚴格言之，所有的人分享共同的觀點這種事情乃是不存在的，即便對於像預防核子大戰這項普遍關心的事項，人們對於他們求生環境的看法，也有很大的歧異，因此他們對所願冒的風險的選擇也就不同。不過，這並非就否認有廣泛的期望存在，諸如避免經濟蕭條、清淨環境或改善教育等。然而這些期望因為廣泛的為大家所共享，以致沒有太大的爭論，而政治上的論爭通常是集中於議題較狹隘的及較少意見一致的層面上。換言之，利益團體的活動強調「差異性」（differences）而非「共同性」（commonalities）。

　　此項強調在未來可能會增加更多的麻煩。在過去，政策制訂大部分屬於「誰得到什麼」（Who gets what?）的議題：租稅、勞工關係、農田政策及工業管制等。某些議題永遠會引起一般福利的問題，例如國防方面的議題即然，但是最近幾十年來政策制訂的方向已有了顯著的改變。在下面這些方面已經產生了許多新的共同議題：武器管制、能源節約、環境保

護及國際貿易等等，如果利益團體制度非常適合於老式的、割裂的議題處理，則它就很難處理較新的問題，這些問題的解決有賴於考慮所有人的利益。

三、形成太多的否決點（too many veto points）

當我們承認利益團體常常追求某些公共利益的願景，並不等於說利益團體的努力結果都是正面的。例如對酸雨採取嚴格管制主張的環保團體，在 1987 年終於達成一項妥協的方案，但是也導致往後數年實際上未採行任何計畫。企業團體也常常阻礙相關政策的制訂，例如 1990 年美國汽車製造商就成功的說服國會放棄一項法案，該法案要求在公元 2000 年時，新車必須達到每加侖汽油平均要跑四十英里以上。另外，勞工團體有時候也會阻礙政府加強美國經濟在全球貿易競爭力的努力；其他類似事例不勝枚舉。

此種廣大利益與狹隘利益衝突的情況，與民主政治制度的設計方法有關，特別是與將否決或終止某政策提案之權力予以分散的規定有關。少數成員就可以使眾議院或參議院無法採取行動，部分原因是，由少數議員組成的各委員會被授權，可基於全院立場去考慮立法事項。一旦法案在某院獲得通過，國會另一院只要以簡單的「不作為」（inaction）就可加以封殺。美國總統的否決權、法院對行政決策的保留權，及聯邦－州－地方政府間的權力分配，均會減緩或甚至合起來阻礙解決問題的各種努力。

由於否決權是廣泛分散的，所以利益團體就可以將火力集中在具有否決權的政府官員及其他人身上。欲阻止某項政策提案的推動，利益團體只要影響許多具有否決權中的一個人或一個機構，就可以如願以償。反過來說，如果要推動某項政策，利益團體就必須影響具有否決權的所有政治人物或機構。

此種民主政治下否決權廣泛分布的狀況，從歷史的眼光來看，反映了大家所關心的是個人自由權，而非關心大眾控制或有效的政策。因為害怕政府會過度的干預，所以民主制度的設計者就允許許多政府內外的參與

者，可以停止政府部門所提出的提案。此項決定看起來也許是明智的，但是他們為保護個人自由權的代價實在太高，當人文類政策議程中的集體性問題快速增加時，此項代價更為明顯。如果在許多否決點上可以停止政策提案的推動，則利益團體只有在「阻止」方面能控制政府。但是，即使一群為數眾多的多數人要求政府採取某項行動時，則無法以系統化及例行化的控制政府方式而如願（本文取材自 Charles E. Lindblom and Edward J. Woodhouse, *The Policy-Making Process*, 1993, Chapter 7）。

公共政策的未來

美國伊利諾大學公共政策教授 Stuart S. Nagel 在〈預估公共政策的趨勢〉（Projecting Trends in Public Policy）一文中（載於 Stuart S. Nagel ed., *Encyclopedia of Policy Studies*, New York: Marcel Dekker, Inc., 1994, pp. 879-913），從幾方面預估公共政策的未來趨勢。他認為，我們從 1950 年至 1990 年的四十年發展情形來看，公共政策實質及公共政策研究的趨勢，大致上可從下面這幾項加以觀察，這些趨勢，截至目前為止，仍具有極大的參考價值。

壹、在目標達成方面

趨向於對經濟政策、社會政策、政治政策及科學政策設定較高的社會目標。此可由對貧窮、平等、正當程序、言論自由、良好政府、充分教育、充分衛生、乾淨環境等概念的重新界定而得到佐證。過去這一段時間中，幾乎公共政策的所有領域都產生了重大的變遷。此些變遷不但增進了社會上弱勢族群的利益，同時也增進了優勢族群的利益。例如，在勞工政策與消費者政策的領域，目前已經給予工人及消費者更多的權利，不過這些權利的用意在鼓勵採用節省勞力的科技與製造更好的產品。這些方面的努力，已促進了更大的生產力、銷售量及利潤。

貳、在達成政策目標的手段方面

趨向於利用積極的誘因，如補貼、減稅、低利貸款等方式，以鼓勵大家從事「社會性的可欲行為」（socially desired behaviors）。此種做法與從前的做法形成對比，以前大多強調採取消極、負面的誘因，例如坐牢、罰鍰、禁令等，此種趨勢在聯邦政府的政策制訂方面較州及城市政府方面要來得明顯。同樣的，此種趨勢在行政部門要比在立法及司法部門來得明顯。不過，由於政府已被課以更多的責任去解決各種社會問題，所以在政府各個部門及各個層級的政策制訂事項就愈來愈多，因此它們所使用的達成政策目標的手段就愈來愈類似。

另外一項趨勢是，政府的做法將更為實際（pragmatic），採取混合的途徑釐清劃分公部門與私部門在公共服務方面的權責。此可對照以往較強調意識型態，從資本主義或社會主義觀點，對公部門與私部門的功能予以區分。

參、在分析公共政策替選方案的方法方面

趨向於採取強調「多元標準決策法」（multi-criteria decision making）及「廣泛分析法」（spread sheet）的評估方法，進行政策替選方案的評估比較。此可對照於以往所強調採取的是單一客觀的函數、決策樹法、回歸分析法及線性規劃法等。

肆、在從事與溝通政策分析的機構方面

趨向於成立更多的政策分析機構及研究中心，舉辦更多的政策評估訓練課程，出版更多的政策方面書刊，成立更多的學術性社團及其他的政策

評估機構。表 7.1 就是美國政策分析的一部分機構名稱，而表 7.2 則從歷史演進觀點，說明美國政策分析要素的變化狀況。

表 7.1　美國政策分析機構

一、訓練計畫	1. 哈佛大學甘迺迪公共政策研究所 2. 普林斯頓大學威爾遜公共政策研究所 3. 加州大學柏克萊分校公共政策研究所 4. 密西根大學政策研究所
二、研究中心	1. 華府布魯金斯研究所 2. 華府美國企業研究所 3. 華府國會會計總署 4. 麻州艾柏特顧問社
三、基金來源	1. 福特基金會 2. 國家科學基金會 3. 洛克斐勒基金會 4. 國家正義研究所
四、出版刊物	1. 政策研究期刊與政策研究評論 2. 公共政策分析與管理期刊 3. 政策科學 4. 華盛頓海斯出版社
五、學術社團	1. 政策研究組織 2. 公共政策分析與管理學會 3. 美國政治學會 4. 美國公共行政學會

表 7.2　美國四個時期的政策分析要素

時期	目標	手段	方法	機構
1960 年前	良好政府	描述政策	新聞學、歷史學及哲學方法	美國政治學會
1960-1975	目標被視為不科學	研究互相關聯的政策	統計分析法	行為的期刊與區域性的期刊
1975-1985	目標被視為變項	研究可行的與科際性的政策	成本利益分析法	政策期刊與課程
1985 年後	質疑目標	提供誘因、多元的政府關心重點及實用主義	多元標準決策法與廣泛分析法	決策科學

行政機關特質與
中國古代政策思想

壹、行政機關特質與政策執行的關係

美國行政機關是執行公共政策的主體，它的基本特質可以歸納成以下六項命題，事實上這些命題也適用於其他國家，茲簡述之[1]。

一、普遍性（pervasiveness）

行政機關的影響力無所不在，它們是被選擇來處理公共事務的一項社會工具，並且是公共事務的一部分。行政機關本身無所謂好壞可言，端視其如何運作及能否發揮功能而定。一個良好的行政機關應當是：

(一) 以堅定的及敏捷的步伐從事本身業務的遂行工作。

(二) 以公平及平等的方式，對待所有的個人。

(三) 僱用並留住真正關心方案品質的適格專業人才。

(四) 基於功績與貢獻而升遷個別的工作人員。

(五) 維持工作檔案紀錄，俾需要時能迅速找到參考。

1　Randall B. Ripley and Grace A. Franklin, *Policy Implementation and Bureaucracy*, Chicago, Iel.: The Dorsey Press, 1986, pp. 30-41.

二、選擇性的重要（selective importance）

　　行政機關主導政策及方案的執行工作，並在政策運作過程的其他階段具有不同程度的重要性。在政策制訂及合法化階段，行政機關雖非居於主導地位，但卻扮演相當重要的角色。在政策執行階段，雖然也有其他參與者，但行政機關卻居於主導地位。在政策績效與影響評估階段，行政機關扮演「支持性」的角色，而非主角。在對政策或方案的未來做決定方面，行政機關也是參與者，但其主張並不一定能成功的被其他參與者所接受，它必須與其他參與者進行辯論及議價。

三、社會目的（social purpose）

　　行政機關具有若干不同的社會目的，大致上可歸納成以下四類：

　　(一) 提供政府責任理當管轄的服務事項，包括國防、外交、中央銀行及財政服務規定、代表政府立場之法律事務等。

　　(二) 促進社會上特殊經濟族群者的利益，諸如農民、勞工、私人企業業者等。由此項功能所形成的政策多屬於「分配性政策」。

　　(三) 管制私部門所進行的各種不同活動。某些活動涉及管制私部門企業間的競爭活動，例如廣播電台或電視台的運作，再如定點間之空運、貨運及鐵路運輸業務等。由此而形成的政策多屬「競爭性管制政策」。

　　另一種管制政策為「保護性管制政策」，目的在保護社會大眾免受私人企業活動的傷害，例如業者銷售不乾淨食品、不安全藥品、股票詐欺、不安全空運、不良工作環境、污染的空氣和水及不安全的汽車等，均應由政府採取政策予以管制。

　　(四) 重分配社會各種利益，使社會上居於弱勢地位者能夠獲得較多的利益，諸如所得利益、權利利益、醫療照顧等。此類「重分配性政策」可促進富有者與貧窮者之間較大的平等性（equality）及較小的差異性。許多美國政府機關乃是為從事此類分配性政策而設立的，例如衛生及人類服務部、教育部、住宅及都市發展部等。

四、規模龐大與複雜性（size and complexity）

行政機關在一個龐大且複雜的政府方案系絡中運作，所有的行政機關都被人民期望去做非常多的事，而每一件待完成的議程項目都極為複雜。在理論上，行政機關作為一個單一的實體，主要是向總統及其內閣、中央行政機關如「管理預算局」（Office of Management and Budget）負責並受管制，但事實上，機關間的關係很少會以此種上下層級的模式互動。一方面行政機關均具有相當的獨立性及自主性，另一方面行政機關通常會發展出與私人機關頗為特殊的關係。因此欲了解美國公共計畫的制訂與執行情形，不只應注意聯邦、州及地方政府的關係而已，尚須注意私人機構的整體狀況。

五、續存性（survival）

行政機關很少死亡，它們求生的本能是永不消滅的。舉例而言，自1923至1973年的五十年間，儘管環境變化多端，存在於1923年的美國聯邦政府機關，到了1973年仍有百分之八十五繼續存在。而超過百分之六十的機關，其組織地位甚至沒有什麼改變，它們在聯邦的層級地位及組織的結構仍然一樣。許多位美國總統，例如卡特（Jimmy Carter）及雷根（Ronald Reagon），皆曾試圖裁併行政機關，但終未能成功，主要原因是行政機關必要時會求助外界及民意機關，使它們免於被裁併的命運。

六、中立性與控制性（neutrality and control）

行政機關對其政策偏好並不保持中立，但也不完全被任何外界勢力所控制。行政機關人員參與政策執行過程中，當然必須考慮其他重要參與者的偏好狀況，如總統、國會、總統直屬的機構如管理預算局等，但是行政機關擁有相當的空間可以界定並採行它們本身實質的、程序的及組織的偏好。簡言之，行政機關並非中立的被上級告知目標為何，但也不完全就其

行動向任何人負責。正如同其他政策運作過程的參與者一樣，行政人員可就其所需與他人議價，但其議價的空間也像別人一樣受到限制。因此當衝突發生時，就必須採取議價與妥協的做法。

　　總結而言，行政人員個人及機關組織對於政策方案的內容及目標所持的態度，乃是對政策執行產生重大影響的重要因素。

貳、中國古代的公共政策思想

　　目前國內討論公共政策的相關論題，絕大多數都以西方國家的文獻和理論為主，尤其是以美國為主。事實上，如果仔細地整理爬梳的話，將可以找到許許多多的古典文籍，而得出中國古代的公共政策思想。不過，我們不能把它們稱為公共政策理論。一般來說，中國古代的公共政策思想大致上有以下數類[2]：

一、以客觀形勢需要與變化為主的政策思想

　　春秋時期的政治家管仲，曾考慮當時的政治經濟現實狀況，提出「俗之所欲，因而予之；俗之所否，因而去之」的政策思想。司馬遷對於管仲的這項做法認為非常正確，正是他能根據當時的社會實際情況決定他的政策，才使齊國富強，成為春秋霸主之一。戰國時期的商鞅也以「治世不一道」作為變法革新的理論依據。他強調，社會不斷的變化，所以治理國家的政策及方法，也應有所不同。韓非更明確的指出，解決現實的政治社會問題，不能以抽象的原則為依據，只能從當前的現實條件出發去思考。其他如孫武的「孫子兵法」，也包含許多重要的決策思想與策略。

---

[2]　參閱桑玉成、劉百鳴，公共政策學導論，上海復旦大學出版社，1991 年 6 月，頁 24-33。

二、以民本及得民為主的政策原則

　　中國儒家思想充滿著春秋以後的重民思想及孔子「仁政」的主張，強調解決問題的著眼點應該獲得人民與被統治者的支持。例如孟子提出「民為貴，君為輕」、「為政在民」的思想。荀子在主張「尊君」之際也強調「愛民」，認為人民如水，水可載舟亦可覆舟。孟子也強調「善政不如善教之得民也」，要得民就須先得民心，所以他主張把對人的「教化」提到首要地位。唐太宗李世民深感民眾可畏，認為要鞏固統治地位，必須重民保民，使人民安居樂業。因此，他在考慮及解決問題的時候，就以此種原則為依據，使他的成就比別人更為偉大。

三、以惠民、養民、富民為主的政策傳統

　　從古代以來，許多思想家和政治家都一再強調要得到民心、鞏固政權，就必須以惠民、養民、富民作為政策制訂的主要根據。孔子在他的言論著作中，處處可見到此類主張。孟子提醒一國之君，在制訂並執行政策時，應關心人民的疾苦，不能獨行其樂，更不能虐民、暴民，「陷溺其民」，否則將無法得到天下。明末清初的政論家唐甄非常重視「富民」的政策傾向。他說為政者必須設法使老百姓生活富足，民眾如能豐衣足食，國家才能太平鞏固。

四、以重農抑商為主的政策主張

　　中國長期以來處於「以農立國」的狀況，所以絕大多數的政策都是從重農抑商的觀點出發的。著名的商鞅變法就是以發展農業為主的。他主張廢井田，開阡陌，使人民能夠自由買賣土地，獎勵墾荒及移民等，以發展農業增加生產；他認為只有發展農業生產，才能提供與諸侯爭戰所需要的物質保證。否則，「國不農，則與諸侯爭權，不能自持也」。

　　唐太宗李世民在執政期間，也把政策的重心放在輕徭薄賦及發展農業

生產方面。他主張「以農為民」，並且不贊成橫徵暴斂，竭澤而漁。

五、以不患寡而患不均為主的政策傾向

中國自古以來，即存在「平等」、「平均」的政策傾向。孔子主張，「有國有家者，不患寡而患不均，不患貧而患不安。蓋均無貧，和無寡，安無傾。」宋代著名的人物王安石，十分重視「均平」的觀念，他對當時社會貧富懸殊的現象非常不滿，因此主張控制兼併，平均貧富。

六、以無為而治為主的政策構想

中國最先提出無為而治政策構想的，可能是春秋末年的老聃。他著有《老子》一書，從無中生有的哲學思想出發，提出「自然無為」的政策主張。他認為為政者如果順應自然，對人民的行動不加以干涉，讓人民自我發展的話，就可達到天下太平的境界。因此他說：「道常無為，而無不為。侯王若能守之，萬物將自化。」魏晉時期的思想家王弼也主張政治上的無為而治。

9

政策顧問與經濟顧問的角色

壹、政策顧問的角色

從政人物（politicians）為何要聘用政策顧問（policy adviser）？回答此項問題的第一步是認知「政治性選擇」（political choices）的焦點，乃是屬於政策替選法律、規章、行政命令及其他正式聲明中的一項。不過，在許多情況下，主要關心的是這些選擇的結果如何。政務官依賴政策顧問提供產生這些政治性選擇結果所需的資訊。

政策顧問被期望提供五種類型的資訊，前面四種資訊都需要不斷增進所需的技能：

第一，從政人物所關心之某些領域的「客觀情況」（objective conditions）為何？例如，各群體的失業率分布狀況如何？及不同時間的失業率分布如何等。發展這類統計資料必須具備某種測量的技能，但是並不依靠任何特殊的行為理論，俾將此情況與其他情況連結在一起。

第二，什麼理由可以解釋某些情況的差異？另一個相關的問題是：如果政策未改變，這些情況將如何改變？例如，什麼理由可以解釋各群體及不同時間失業率的差異？對於此類問題的回答極可能反映政策顧問所受的特殊訓練，例如，經濟學家對此類問題就可能與社會學家不同。還有，如果政策未改變，失業率將會有何變化呢？對於此類問題的回答，必須要了解客觀情況的動態性，並且會影響從政人物可能發動或支持政策的改變。舉例言之，對某一特殊失業率的政治性反映，須依此失業率在不改變政策

下的可能增加或降低而定。

第三，某項特定政策改變，對政治人物所關心之客觀情況的影響如何？舉例言之，增加貨幣供給率對失業率的影響如何？回答此類問題，必須了解貨幣供給成長率（政策工具）與失業率（從政人物的關心情況）之間的關係如何。聚焦於政策工具乃是區別關心同樣問題之政策顧問與其他研究人員的主要方法。

第四，在從政人物所關心的某些面向方面，哪些其他可能的政策改變會優於其他人所提出的特定政策改變？例如，重構失業保險制度是否比增加貨幣供給成長率，會造成更大更長期的影響？政策顧問最重要的責任之一就是要擴展政策替選方案，使其服務對象（政策分析委託者）免於面對別人所提出的方案，做「全贏或全輸」的選擇。政策顧問欲規劃此類政策替選方案，必須具備最高度的技能。一般言之，此類政策替選方案應當在政策運作過程的早期就提出來，以避免在時間壓力下，對別人所提出的政策改變做草率的抉擇。

第五，其他專家對於前面四類問題的看法如何？例如，其他專家對於失業率改變的原因，或對於降低失業率之替選方案的效能看法如何？從政人物也許會尊重他們自己的政策顧問，但是如果他預期他們所做的建議，會受到由其他政策顧問協助之其他從政人物的實質反對時，他便會拒絕自己顧問所做的建議。因此，政策顧問應當以準確代表其他專家看法的方式，替他的特定服務對象服務，因為此類未預料到的「反對」，對從政人物將會造成更大的傷害。

一位政策顧問不論他的專業如何，總是提供前面所說的五種資訊之一種或更多種。政府機關聘用大批的政策顧問，及從政人物花時間閱讀或聆聽由他們所提供的資訊，顯示這些資訊對從政人物來說是很有價值的。不過，只有當以下兩種條件之一存在時，從政人物才會覺得對某一特定議題所提供的建議具有價值：其一，從政人物必須相當關心政策的選擇對客觀情況產生何種影響。其二，政策改變與客觀條件改變間的關係，並非是從政人物基於自己的看法或由其他來源所得之資訊，而是「自我證明的」（selfevident）。

　　然而，政策顧問必須認識到，有某些情況會使從政人物對政策建議的價值認為是「零」（zero）或是「負面的」（negative）。從政人物的興趣，如連任、升遷或個人的信念，可能較會影響他們支持或反對某些特定的政策，而較不會影響他們關心這些政策對民眾的影響情況。從政人物認為如果他們的行動能讓選民覺得對其有利時（不管事實上有利與否），他們將可得到較大的報償。當一項政策的影響不確定、分散或延擱時，特別是當選舉已經迫在眉睫時，對「影響」的關心就顯得相當不重要了。在此種情況下，政策的選擇對從政人物來說，可能就會根據非由政策顧問所認知的某些標準，或根據其他來源的資訊，而做「自我證明」的選擇。此時，如果資訊的影響會質疑他個人的判斷，或減低別人對其偏好政策的支持時，則從政人物會寧可沒有任何資訊，而不願擁有某些資訊。

　　從政人物與其他人一樣，關心資訊的洩漏問題。某些資訊的洩漏是意外的，但有許多資訊的洩漏則是某人與政府中人或與媒體人士利益交換的結果。在美國，「資訊自由法」（Freedom of Information Act）允許任何人可以接近許多政府的文件，如果他們知道這些文件存在於何處的話。某些資訊的洩漏，很清楚的是要「整」政府中的其他官員，因此從政人物對他自己的政策顧問，可能也要擔一些風險，因為這些政策顧問可能會向更大的團體進行訴求而不利於從政人物，在此種情形下，從政人物如果認為資訊會質疑他自己的判斷，或如果被告知的資訊，也可能分送給別人時，他寧可不要被告知有該等資訊。

貳 、經濟顧問漸增的角色

　　在過去幾十年，經濟學家已經變成最具影響力的政策顧問及最廣布性的團體，這可能是大家早就預料到的。對經濟學家需求的增加，一部分可歸因於政府在經濟活動中的角色增加，也就是說，目前的經濟議題較前為多。然而，此種情況並不能解釋何以經濟學家在非經濟性質的國防、法律、醫療等其他廣泛的政策議題上，也增加其顧問的角色。對於經濟學家

擔任此種較廣泛政策顧問角色的一項解釋可能是，經濟方面技能的實用性，提供了從政人物認為極有價值的資訊，尤其前面所提到五種資訊中的第二、三、四種資訊。

　　經濟學家長期以來相信他們作為政策顧問，可以提供特別的貢獻，雖然廣被承認的經濟方面技能很慢才被發展出來。18 世紀的經濟學家 Adam Smith 曾經將經濟學界定為「立法者科學」（the science of the legislator）。哪些經濟學特性導致自 Adam Smith 至目前為止的經濟學家認為他們作為政策顧問可以提供特別的貢獻呢？經濟理論的著名假定（無法直接驗證的一項假定）是個人行為乃是追求自利的目的性行為。經濟學家的獨特性活動就是基於此項假定，對社會行為規劃並驗證各項假設。這類社會行為的「模式」（models）乃是提供從政人物感興趣之第二及第三種資訊的基礎——即如果政策沒有改變，或某項特定政策改變，某種客觀情況可能改變的情況。在 1950 年代及 1960 年代，經濟學家同時發展出「國家規範理論」（normative theory of the state），也就是「福利經濟學」（welfare economics），以及「國家積極理論」（positive theory of the state），也就是「公共選擇」（public choice）。福利經濟學基於「公共財」（public goods）的供給與矯正「市場失靈」（market failure）的觀點，為政府應當做些何事提供了一個很有用的架構。

10

政策分析八步曲

壹、前言

　　一般學者大多同意，政策分析（policy analysis）的性質基本上是「藝術」（art）多於「科學」（science）；它同時強調自「直覺」（intuition）與「方法」（method）進行推論。此種複雜情況使政策分析的入門者或甚至久已從事政策分析者難以適從，因此美國加州大學柏克萊分校的公共政策教授 Eugene Bardach 特別在 1996 年出版了一本言簡意賅、清晰具體的政策分析指南，書名為《政策分析八步曲：實務手冊》（*The Eight-Step Path of Policy Analysis: A Handbook for Practice*, 1996），以供研習政策分析者參考。此八步曲為：1. 界定問題（define the problem）；2. 組合證據（assemble some evidence）；3. 建構替選方案（construct the alternatives）；4. 選擇標準（select the criteria）；5. 預估結果（project the outcomes）；6. 面對交換取捨問題（confront the trade-offs）；7. 做決定（decide）；8. 說出你的故事（推薦方案）。茲先將此八步曲的大意說明之後，再分別探述各步驟的內涵：政策分析人員首先必須要描述某些需要加以減緩或解決的問題；接著他應提出若干解決問題之替選行動方案；並且要指出每個方案的預估結果；如果其中無任何一個方案明顯優於其他方案（依評估標準加以比較），則須指出替選方案彼此間的交換取捨（trade-offs）之本質及程度；最後，政策分析人員應依據決策者的期望，明白指出何項替選方案應加以選擇，亦即進行政策推薦。

貳、界定問題

　　政策分析人員的第一步工作是界定問題，它是一個非常重要的步驟，因為：第一，問題界定是整個政策分析工作之所以必須完成的一項理由。第二，它為資料蒐集的工作提供了一個方向。另外，最後的問題界定，可以協助政策分析人員在從事政策分析最後一個階段工作時，能夠順利的建構「說出你的故事」（推薦政策方案）的重責大任。

　　一般言之，政策分析人員最先的問題界定是來自於委託他分析的機關、單位或首長（通稱顧客 client），並以顧客所處政治環境在辯論及討論時所用的語言加以界定，Eugene Bardach 把此種語言稱為「議題辭彙」（issue rhetoric）。此項辭彙也許狹隘的限於技術性的問題，或者是廣泛的存在於一般社會大眾均感興趣的爭論當中。不管是哪一種情形，政策分析人員必須要深入辭彙的底層去界定問題，使它在分析上是可加以處理的，並且使它在從政治與制度層次解決問題時，具有相當的意義。

　　在使用議題辭彙的原始資料時，必須小心謹慎。有的政策分析人員常在界定問題時，指出某些一般人不喜歡，或在某種意義上認為「不好」的社會情況，例如「少女懷孕」（teenage pregnancy）、「媒體暴亂」（media violence）或「地球暖化」（global warming）等。這些議題事實上並沒有必要以表面價值（face value）予以評估論述，然而有些政策分析人員有時為了提供他的服務對象，將這些議題認定是壞情況的基礎，而從哲學的或實證的立場，對問題加以界定。進一步言之，議題辭彙可能只是指向某種「宣稱的」（alleged）而「真實的」（real）造成壞情況的原因，例如「福利」（welfare）或「人類浪費」（human wastefulness）等字眼。政策分析人員在界定問題時，不要只是單純的回應議題辭彙，而是要應用議題辭彙作為「臨時性問題界定」（provisional problem definition）的原始資料，俾證明在分析上是有用的。

在界定問題時，下面幾件事情值得注意：

一、思考「不足」與「超過」的問題

思考「不足」（deficits）與「超過」（excesses）的相關事項，常常有助於問題的界定，例如說「美國有太多的人無家可歸」，或「農業用水的成長速度，遠超過在財政及環境成本限制下所能提供用水的能力」。所以在界定問題時，使用「太」（too）一字是很有用的，如「太大」、「太小」、「成長太慢」，或「成長太快」等。

不過，在下面兩種情況下的問題，不適宜從不足或超過的層面去思考界定：第一，在「結構良好的替選方案」（well-structured alternatives）中做決定，如「將泥土傾倒在台灣區中或傾倒在太平洋的某處」。第二，尋找任何方法以達成某項確定的目的，如募集經費以縮短收入與支出間的差距。

二、問題應以可評估的方式予以界定

「問題」通常意味著人們覺得現實社會中的某種事情是錯誤的。不過，所謂錯誤的（wrong），或「不可欲的」（undesirable）乃是相當具有爭議性的字眼。不一定每個人都認為你所界定的問題是一個真正的問題，因為每個人對這些事實可能會應用不同的評估架構。不幸的是，目前並無明顯的或被接受的方法，可解決此類哲學性的差異。

在哲學上及實務上的一項共同問題是：「哪些私人問題值得被界定為公共問題，並能合法的要求以公共資源加以解決？」基本上，從「市場失靈」（market failure）的角度去看「情境」（situation）是很有用的。在市場運作良好的情況下，政府沒有必要進行干預，以免造成經濟的無效率，或使私人損失的總和更甚於以往。當然，因為除了經濟效率外，還有許多重要的價值必須考慮；及因為有時為了減少某些人的痛苦而須剝奪其他人的特權，故即使市場運作良好，有時政府也希望進行必要的干預。

三、在可能情況下儘量予以量化

　　問題應儘量包含量化的特質，即包含量度（magnitudes）。例如：多大才算是「太大」？多小才算是「太小」？「太慢」是什麼意思？「太快」又是什麼意思？多少人無家可歸？在許多或大多數案件中，政策分析人員必須去「估算」或「猜測」問題的嚴重程度。有時候他可對問題提供某一個幅度內的量度，有時則是一個定點的量度，例如：我們猜測無家可歸者有七萬個家庭，雖然它確定是在四萬個家庭之間。

四、引起問題的情況，本身也可能是問題

　　某些問題情況（problem conditions）並不被民眾或政策分析人員認為是問題本身，而認為是引起問題的原因而已。有時候可以設法去診斷這些被宣稱的原因，並把它們界定為應加以解決的問題。舉例言之，「空氣污染領域中的問題之一是政府不願強制汽車駕駛人維修引擎，及汽車排氣系統不正當。」政策分析人員可透過嚴謹的科學研究及分析方式，去界定此類「原因性」的問題。

五、失去一項機會也是問題

　　政策分析人員不應只是將精力置於解決瑣碎的抱怨、威脅、憂慮及麻煩等事項，而應將眼光擴及社會公共利益之改進或其他具創意性的政策方面。機會稍縱即逝，政策分析人員有時可從「機會」層面去界定問題的存在。

六、避免犯下問題界定的共同陷阱

　　在界定問題時，一般人常犯的錯誤是「將答案界定在問題中」（defining the solution into the problem）。應注意的是，問題的界定不應因

為語意上不留意而將答案隱含其中，應將問題的界定直截了當的置於敘述面，而留下尋找答案的空間。

　　因此，勿說：「為無家可歸家庭所蓋的避難所太少。」此項資訊可能反面的隱含著：「蓋更多的避難所」是最佳的方案，因此限制了分析人員思考其他方法去防止他們成為無家可歸者。所以應當說：「目前有太多無家可歸的家庭。」

　　同樣的，勿說：「新學校的興建太慢。」此項資訊可能暗示「新學校」就是答案，而限制了了分析人員思考如何更有效的應用現有的學校設施。所以應當說：「就現有可用教室空間而言，現有的學童數太多。」

參、組合證據

　　大致來說，整個政策分析工作所花的時間主要是在兩件事上面：一為思考（thinking）；另一為設法蒐集可以轉變成證據（evidence）的資料。此兩者活動中，思考更為重要，但後者所花的時間則較多，包括閱讀各種文件、在圖書館蒐集資料、進行研究及統計、訪問相關人士、花時間前往訪問及等待訪問等。

　　資料乃是世界事實或是世界事實的代表物。資料包括所有統計性的數據，但不只限於統計資料。資料也包括機關首長處理媒體新聞界能力的事實。資訊是一種具有「意義」的資料，有助於分析人員將世界事務整理後歸入邏輯性或經驗性的類別。證據乃是一種資訊，影響了重要人物對於所研究問題及解決方案之重要特性的既有信念。

　　政策分析人員基於三項主要目的需要證據：第一，為估量所要界定問題的本質與程度。第二，為估量研究中之具體政策情境的某些特殊性質，如最近的財政數字、機關首長的政治理念等。第三，為估量某些已被思考到或已在某處有效運作的政策情況。

　　在從事組合證據活動時，應注意以下幾件事：

一、在蒐集資料前先仔細思考

思考與蒐集資料乃是互補性的活動，如果分析人員能夠不斷的思考要做些什麼、哪些是不需要知道的、為什麼等等，他將變成一個極有效率的資料蒐集者。首先，他應了解兩件事：

（一）了解資訊的證據性價值為何

此可從「決策分析架構」（decision-analytic framework），亦即「決策樹」（decision trees）尋找答案，雖然政策分析人員應記住：在實際進行選擇前，決策的過程涉及許多的要素，諸如界定一個有用的問題，考慮一些較佳的替選方案，選擇一個有用的「模式」等。

（二）對資料的選用必須自制（self-control）

為了避免蒐集一大堆無用的資料，政策分析人員必須隨時留意檢查所蒐集到的資料是否對問題的解決有幫助；比較一下預期中的資料及實際所得資料的差距之後，決定資料的取捨。總之，必須針對解決問題的需要，而蒐集必要的資料，並捨棄無用的資料。

二、調查是否有「最佳實務」（best practice）存在

政策分析人員所研究的問題，事實上不見得是絕對獨特的，其他決策者、機關首長所處理的一些實務問題，在處理方式上也許與分析人員所研究者並無太大不同，故分析人員可回溯追索過去的解決方案，了解是否可從過去的經驗獲得某些教訓，將它們推論到目前研究中的情況。

三、使用類比方式（analogies）蒐集資料

有時候針對某些事務蒐集資料後，在表面上看來，似乎與政策分析

人員所正研究的問題不太一樣，但在表面之下，卻顯示出相當多的類似部分，是以其他問題的相關資料可供研究中的問題參考。例如，政策分析人員在研究加州如何處罰或甚至停止不稱職律師之資格的做法時，可以花相當多時間去了解醫師公會如何處理不稱職醫師的做法，並且不只限於加州的做法，也要了解其他各州的做法如何。

四、早點開始（start early）蒐集資料

政策分析人員常須透過晤談的方式去蒐集資料，並依這些受訪者的行程而排定訪問時間。因此，分析人員應在預定完成資料蒐集之前，早一點提出晤談的要求，以免耽誤整個資料蒐集的活動。

五、建立信譽，獲取支持

組合證據的過程無可避免的具有政治性與純分析性的目的。政策分析人員必須平時就建立專業的信譽，以免被人質疑資料的正確性；另外，可設法爭取支持者，建立一批辯護資料的同好。

肆、建構替選方案

政策分析的第三步活動是建構解決問題的各項替選方案。替選方案意指政策選項（policy options）或替選行動方案（courses of action），或解決或減緩問題的替選干預策略（alternative strategies of intervention）。在建構替選方案時，應注意以下諸事：

一、開始時廣泛思考替選方案，結束時聚焦少數方案

在政策分析的最後幾個階段，分析人員不希望評量超過三個或四個

以上的主要替選方案。不過，在開始的時候，分析人員應當從「廣博性」（comprehensiveness）的觀點，去設計各種替選方案，即列出所有在分析過程中將被考慮的替選方案。稍後，分析人員可捨棄某些顯然不當者、合併若干方案及重組若干方案成為一個方案等。替選方案的來源包括：

(一) 注意主要政治人物積極提出或看起來心中想要的替選方案。

(二) 設法創造可以證明比目前主要政治人物所討論的還要優越的替選方案。

(三) 永遠將「不採取行動，讓目前趨勢繼續不受干擾」也列為替選方案之一。

(四) 檢查公共政策環境「自然變遷」（natural changes）的最通常來源，以了解是否影響問題的範圍，包括：

1. 選舉之後的政治變化狀況。
2. 隨著企業循環而來的失業率與通貨膨脹率的變化狀況。
3. 因過度徵稅及支出政策所引起之機關預算的「緊縮」（tightness）或「寬鬆」（looseness）之變化狀況。
4. 人口統計變項的變化情況，如移民的樣式等。

二、分析問題的原因

政策分析人員可以試問：我們能否說明是否有某種系統可使此項問題適得其位或讓它繼續發展下去？一般而言，大家對政策問題原因的了解，常傾向於過度強調因「不良性格」（bad personalities）及「不良動機」（bad motives）所引起。然而，我們可以進一步思考問題是否蘊含在某種系統中，例如某些貨品低價出售的市場系統，或受限於標準作業程序的行政機關系統。在邏輯上，要解決某問題，並不一定要知道該問題的原因，但是應用良好的因果架構，對於提出替選方案，常十分有用。

三、減少及簡化替選方案清單

　　最後的替選方案清單肯定幾乎與一開始的清單十分不同，不只是因政策分析人員在分析過程中，會捨棄若干看起來不佳的方案，而且他將進行概念化及簡化替選方案的工作。概念化的做法是嘗試將替選方案的基本策略要點加總成為一個簡單的句子或幾句話，方案應以平易、簡短的句子加以描述。簡單化的做法是區分「基本方案」（basic alternative）與該方案之「變型」（variants）。政策方案的基本要素是「干預策略」（intervention strategy），諸如管制措施、補助誘因等；而干預策略的變型包括不同的執行方法及財務補助方法等。

伍、選擇標準

　　本政策分析步驟涉及價值判斷問題，它是將「價值」（values）與「哲學」（philosophy）引進政策分析的最重要步驟，因為「標準」（criteria）乃是使用來判斷與每一方案有關之預估政策結果「良好」（goodness）與否的準則。此步驟應注意以下事項：

一、標準應用於判斷結果，而非判斷替選方案

　　政策分析人員必須注意，標準並非應用來判斷替選方案的，至少不是直接的；它們是應用在預估的結果上面。此種情形常造成分析人員的迷惑，例如，有時會以普通常識的說：「A 方案看起來是最好的，所以讓我們來處理它。」此項說法忽略了非常重要的一個步驟，完整的資訊應當是：「A 方案非常可能導致結果 0，我們判定它是可能結果中最好的一個，所以我們判斷 A 方案是最好的。」

二、標準的選擇建立在問題界定上

　　當然，最重要的評估標準是預估的結果，能夠解決政策問題至可接受的程度。不過，這只是一個開端而已，畢竟任何一項行動方案都可能以任何方式影響現實世界，某些影響是可欲的，有些則否。每一項此類影響（或稱預估的結果），在我們考慮它是否及為什麼可欲時，都是需要加以判斷的。

三、政策分析通用的評估標準

（一）效率（efficiency）

　　指「最大化個人效用的總和」或「最大化淨利益」。「成本效能分析」（cost-effectiveness analysis）及「成本利益分析」（cost-benefit analysis）兩種途徑所應用的就是此種效率標準。雖然「成本效能分析」與「成本利益分析」兩者類似且常被相提並論，但兩者並不一樣，其應用也大不相同。前者乃是將「投入」（資源）或「產出」（結果）視為「固定」（fixed）或「標的」（targeted），然後進行分析，以尋找最佳方法去操控另外一項（在某固定資源水準下設法將利潤最大化；或在固定結果要求下，將投入資源的數量加以最小化）。而另一方面，成本利益分析途徑則將資源與結果同時視為可加以操控的變數，因此它比成本效能分析途徑更為複雜，雖然兩者均關心方案的生產效率，但是成本利益分析特別關心效率的變動幅度問題。

（二）平等（equality）、公正（equity）、合理（fairness）、正義（justice）

　　當然，這些名詞的真正涵義為何？其差別為何？它們如何運作等，至今仍有許多爭論，有些爭論甚至是完全針鋒相對的，但是它們的確是評估方案結果的一些常用標準。因此政策分析人員應對這些名詞所代表的理念

（ideas）仔細加以思考，而且有時要與服務對象進行溝通，取得共同的諒解。

（三）自由（freedom）、社區（community）及其他理念（ideas）

下面的一批字彙有助於政策分析人員思考建立替選方案結果的評估標準：自由市場、經濟自由、資本主義、擺脫政府控制、機會平等、結果平等、言論自由、宗教自由、隱私權、環境安全、鄰里守望相助、社區、歸屬感、秩序、安全、免於恐懼、傳統家庭結構、平等的家庭結構、員工授權賦能、活躍非營利部門的維護及志願主義等。

四、衝突的評估標準之權重問題

就像問題界定時，價值常會牽涉其中一樣，在標準的選擇方面也是一樣，政策分析人員必須對衝突的價值給予不同的權重。基本上，有兩個一般性的途徑可以處理此問題：

（一）透過政治過程處理

由現有的政府與政治運作過程賦予各衝突評估標準不同的權重。大致言之，此途徑是依據分析人員的顧客（服務對象），在考慮其他重要相關人士的情況後，所做的決定。

（二）由政策分析人員賦予不同的權重

由政策分析人員依據哲學的及政治的概念，對已由其服務對象所賦予的權重，進行必要的修正。採取此項途徑的理由是，有些人的利益或哲學觀，在政府部門及政治過程中常被低度的代表，而分析人員比大部分其他政治過程的參與者，站在更好的立場去「看」或「了解」或「發現」此種

低度代表的問題，基於職責在身，或至少允許他，可利用「公正」及「民主」的名義，去進行必要的平衡。

（三）實務上的評估標準

政策分析人員必須注意替選方案結果的評估標準應實際可行，主要有下列諸項：

1. 合法性（legality）：一項可行的政策必須不能違反憲法、法律或共同的法定權利之規定。不過，法定權利常常在改變，並且常常很模糊，所以分析人員有時候可冒被判定違法的風險，而選擇某一方案。但是最好的做法是，事先諮詢法律顧問（法規室人員）的意見，以減少誤失。

2. 政治可接受性（political acceptability）：一項可行的政策必須在政治上是可被接受的，或至少是不會被拒絕的。政治上不被接受乃是兩種情況的組合：一為「太多的」反對，另一為「太少的」支持。在此種情形下，分析人員應創造一般政治性策略，以克服困難。

3. 強壯性（robustness）：在理論上非常合理的政策理念，在實際執行過程中卻往往無法落實。執行過程有它自己的生命，政策通常透過廣大及僵化的行政系統執行，並常被官僚機構的利益所扭曲。因此，政策在實際執行時，常悖離設計階段及接納階段的原意。是以一項政策應具有足夠的強壯性，使得執行過程雖不順暢，但仍可證明政策結果是令人滿意的。

4. 可改進性（improvability）：即使最佳的政策設計者也無法在設計階段使所有的綱節均無懈可擊，因此他們應當允許政策執行者對原始設計具有改進的空間。最普遍的一種改進做法是，讓在設計方案階段未納入其專業知識或觀點的個人或團體參與政策執行的過程，以對原始設計方案進行必要的改進。

陸、預估結果

　　政策分析的第五個步驟是預估各替選方案的結果。簡言之，在此步驟政策分析人員必須對每一個替選方案，預估所有可能的結果（或影響），這是所有相關人員都十分關心的事。

　　此步驟可說是政策分析八步曲中最困難的一個，即使是一個政策分析老手通常也沒有辦法做得很好。不過令人吃驚的是，政策分析人員常常完全閃避這個步驟，並且以各種藉口作為省略此項工作的托辭。因此，對此步驟的最重要勸告是：去做！（do it!）

　　進行此項步驟至少有三項實務上及哲學上的困難：第一，政策是未來取向的，而非過去或現在取向的，但是我們永遠無法確知未來將如何演變，即使我們以最佳的意圖及深思熟慮的方式進行政策設計，也無法如願。第二，「預估結果」乃是「務實」（be realistic）的另一種說法，然而「務實性」（realism）常常會令人不愉快，因為大部分人都喜歡「最適主義」（optimism）。政策可能會影響人們的生命、生活、財富、尊嚴，使情況變得更好或更壞等，因此，「決策」所加諸的道德負擔，比許多關心此事者所知的還要嚴重得多。可以理解的是，我們寧可相信，我們所偏愛或推薦的政策替選方案可以真正達成我們的願望，與政策將花費比我們實際上恐懼的還要少的成本。第三，由於預估涉及「51 比 49 原則」（the 51-49 principle），因此在政策爭議的酣戰中，我們常被迫要以純粹自衛的方式，將百分之五十一的預估信心水準，把它當作百分之百的信心水準加以處理，如此可能發生錯誤的預估結果。第一項困難（對未來缺乏整體可信的證據）使第二及第三項困難變得更為複雜且難以處理，不過我們不必因此顯得悲觀，「務實的預估」（realistic projection）是最主要的目標。

一、使用因素製模法（causal modeling）

　　預估依賴對因果關係的了解，那麼，究竟是什麼關係呢？首先，就像

在問題界定階段所提到的，誘因、限制因素及能力的結構情形如何影響政策問題的情況；其次，在開始執行政策時，誘因、限制因素及能力的影響情況如何等。

在預估替選方案的結果時，使用因果結構的模式是很有幫助的。簡單的做法是，如果需要，可以將原先的問題陳述，分成若干分離的問題，並且為每個問題建構一個模式。模式（model）與真實世界的複雜及混亂相比，通常較為簡單與制式化。常用的模式包括市場模式（market models）、生產模式（production models）、作業研究模式（operations research models）、組織與政治模式（organizational and political models）等。

二、附加量度估計（attach magnitude estimates）

在預估結果這個步驟，政策分析人員不只是要考慮某一項結果的方向問題（即正面或負面結果），而且也要考慮結果的強度問題。基本上，以下的問法是不夠的：「我們預期此項方案對於降低不希望的少女懷孕率，具有非常正面的影響。」而是要說：「我們預期此方案將在未來五年內，使本社區每年減少一百至三百個不希望的少女懷孕個案。」

有時候有關量度的估計，只要採取唯一最佳的「定點估計」（point estimate）就已足夠；但是在某些情況下，必須要提供「區間估計」（range estimate）。處理估計上不確定性的一項簡便方法是設法回答所謂「損益平衡問題」（break-even problem），例如：「本方案必須要達成何種最低的效能水準，才能夠促使你選擇本方案？」

柒、面對交換取捨問題

政策分析人員有時候會發現某一項考慮中的政策替選方案，就每一項單一評估標準來說，均較任何其他方案會產生較佳的結果。在那種情形

下，不會發生方案之間的交換取捨問題，因為前述該方案已取得主導地位。然而，政策分析人員的運氣通常沒有那麼好，他必須基於服務對象的需要，而對各不同政策選項的不同結果，澄清如何進行交換取捨的問題。

最常見的交換取捨狀況是，在金錢與某部分民眾所接受貨品或服務之間的交換取捨，例如圖書館開放的時間從晚上八時關門延長至十時關門，每年必須因此多支付二十萬美元，是否合算？另一項常見的交換取捨問題，特別是在管制性政策方面，涉及權衡私人成本（如私人公司裝設污染防治設備所需成本）與社會獲取利益（如改善人民健康及森林保育之間的比較）何者為佳？

依經濟學者的說法，交換取捨是在「邊際」（margin）的情況下發生的。交換取捨分析是這樣說的：如果我們為多提供一個單位的 Y 服務，而多花費 X 數額的金錢，我們將因此多獲得 Z 單位的好結果。此種情形使決策者必須回答以下的問題：社會大眾對於 Z 的價值偏好多於或少於 X？並且接著要回答：如果是的話，就決定提供多一個單位的 Y 服務，否則就決定不多花 X 數額的金錢以提供額外的 Y 服務。

交換取捨的處理在遇到所謂「多歸因問題」（the multattribute problem），或是在不容易以評估標準評等數個替選方案，而其中之一可取得優勢地位時，將變得非常複雜。不過，處理此類問題的方法之一是採取「損益平衡分析」（break-even analysis）或「轉換點分析」（switchpoint analysis）的方法。

一般言之，進行交換取捨分析總是非常希望在「量度」（magnitude）及「方向」（direction）方面均能有明確的顯示，但並無法常常如願。當「Z 單位的良好結果」不易以金錢數額加以衡量，或更通俗的說，成本與利益無法同時以金錢數額加以表示時，交換取捨分析就顯得特別的困難。在此種情形下，政策分析人員通常可借助於損益平衡分析方法，以協助他透過敏感性的計量方式，間接的建構交換取捨分析。事實上，絕大部分的政策分析都會要求分析人員進行某種形式的損益平衡分析工作。

舉例而言，許多政策提案常隱含著要對「金錢」與「生命風險」（risk of life）進行交換取捨。假定說，為了評估這些政策提案，你必須

「決定每一條生命真正值多少錢」，而很可以理解的，我們許多人都不願去進行這項工作。不過，如果你以計量的方式進行評估，並且應用損益平衡分析的方法，此項工作就變得較易處理。例如，假定你正在考慮是否要對汽車工業界規定一項新的汽車設計標準，此規定在不特定的未來估計每年可以挽救二十五條人命，而為符合此項標準，每年估計要投下五千萬美元的成本。因此，以「邊際」觀念進行交換取捨分析後，顯然每條人命值二百萬美元。但是不必回答此問題：一條人命真正值多少錢，以支持上述的決定。你所回答的是：一條統計上的人命（即從某個母群體隨機抽出的一條未知身分的某個人生命，而非某一確定姓氏個人的生命）是否至少值二百萬美元？這就是某一種損益平衡分析的問題。

在面對交換取捨問題時的常見陷阱是從跨方案思考如何交換取捨，而非從預估的結果進行交換取捨的考慮，例如是否將深夜時二十位警察人員的徒步巡邏方案與較低成本的警察車隊的維修方案進行交換取捨考慮。雖然它存在著此種交換取捨問題，不過進一步思索之後，你將會發現，此種考慮沒有什麼意義。在進行交換取捨之前，必須先將此兩項替選方案均轉換成「結果」加以比較，因此，競爭性的「結果」可能是徒步警員每年可防止五十件（以上或以下）的搶劫案與警察車隊維修費用節省三十萬美元兩項的比較。

捌、做決定

政策分析活動八步曲的此第七項步驟，可以檢查直到目前為止，分析人員所做的工作究竟有多好。即使分析人員本身可能並非是「決策者」，此刻應假裝是一位決策者。然後，基於分析人員自己的分析，決定「做些什麼」（what to do）。如果分析人員發現此項工作相當困難或麻煩的話，可能的理由是他還未充分的澄清交換取捨問題，或是未對可能發生的執行問題研究得夠多，或是對關鍵性成本的預計仍然太模糊或不確定，或是對各種相關問題尚未考慮周詳之故。

政策分析人員不妨這樣想：除非你能說服自己某項行動方案的確有其可行性，否則你可能無法讓顧客（決策者或單位）信服該方案是對的、是可以接受的。當然，在你對顧客或其他相關者報告整個政策分析工作的過程時，你可能認為不適合提出你自己的建議，此時，你可以單純的將報告內容限定在澄清相關的交換取捨問題方面，而將決定權完全交由「顧客」去行使。

玖、說出你的故事（推薦政策方案）

在反覆進行以上七個步驟的工作以後，即重新界定問題，將替選方案再概念化、重新考慮替選方案評估標準、重新評量預估的結果、重新評估交換取捨相關事項後，政策分析人員可以說已經做好向某些「聽眾」（audience）報告整個政策分析過程的準備工作了。所謂聽眾，可能是顧客，也可能是更廣泛的其他人。

一、認清你、你的顧客及你的聽眾

政策分析人員首先必須認清誰是顧客，即政策方案最需要其核准的個人或一群人，也許是層級節制體系中的上司，或是資助政策分析工作的人。其次，他要認清自己與顧客之間的關係如何？政策分析人員應當說些什麼，以及如何去說，大大取決於彼此間是否具有長期的關係；以及是否以面對面的方式進行政策方案推薦，尤其是，取決於分析人員是否能非常容易糾正可能產生的各種誤解。

政策分析人員接著必須思考較大的政治環境問題：誰將使用政策分析的結果？其目的為何？是否有任何人將引用分析結果作為辯護自己立場的藉口？別人使用分析結果是「可欲的」還是「不可欲的」（undesirable）？是否須採取措施將政策分析結果加以區隔，使不同類型的顧客可接觸不同部分的分析結果？政策分析人員在進行清晰的政策方案

推薦時，必須要確定各種重要的「聽眾」可能會表示反對的部分均已被考慮過。同時，要確定所要推薦的方案確實已將它和其他人所認為的次佳方案進行過比較，並說明何以所推薦的方案是比較好的。

二、應用何種媒體推薦方案

　　政策分析人員可以應用書面或口頭的方式進行方案推薦。不過，不論採用哪種方式，在溝通時都要單純及清晰。在各種情況都相同時，「簡短」永遠是較佳的做法。視聽媒體、投影片、電腦等的使用，均對口頭報告有所助益。在採用書面報告時，使用良好的標題及圖表，能使閱讀者更容易閱讀及了解。

三、方案推薦的流程應具有邏輯觀

　　方案推薦的流程（flow）應依閱讀者或聆聽者的需要、興趣及了解的能力而設計。報告必須讓讀者能夠知道為什麼要做此項分析工作，通常可以在報告的開頭部分先說明所要分析的問題究竟是什麼。

　　鼓勵讀者進一步去了解分析報告也是很重要的，因此報告必須注意章節、段落及句子的安排。大部分讀者會尋找鼓勵他們看下去的任何要素，因此報告應避免冗長的敘述。報告應注意各章節的安排，如果特別以「背景」敘述問題全貌，可能會影響讀者的閱讀興趣，應特別小心；同樣的，使用「在轉到──之前」的句子，通常也代表一堆非摘要式的資料。許多讀者對此類危險性的信號均非常警覺，所以分析人員也應當如此。類似的描述方式，如「首先我們必須解釋及了解本項研究的歷史」。切記：政策分析是未來取向的。可能令人吃驚的是，歷史常常不是明顯的「如何」及「是否」影響未來。

　　是否每一項替選方案的分析要分別使用一個章節呢？一個常用的（雖非一致使用）組織架構是一開始先好好的界定問題，然後以一個主要的章節分別處理一個考慮中的替選方案。在每一個這種章節內，分析人員可以

預估方案執行後的可能結果，並從因果模式及相關證據，評量這些後果的可能情況。在討論這些問題之後，分析人員應檢視並彙總各替選方案的結果，及討論它們交換取捨的問題。應注意的是，在此項架構內，並不必對所使用的評估標準做特別的討論。不過，有時候對它做明確的討論是很重要的：它可以出現在呈現替選方案及其相關後果之前或之後。

四、某些常見的陷阱

（一）堅守政策分析八步曲

　　有時候政策分析人員在呈現報告時，會導引讀者順著政策分析八步曲的次序進行了解。事實上，此項途徑是錯誤的。切記：政策分析八步曲的目的是在協助分析人員思考整個複雜的問題，而沒有必要使用它來呈現整個分析報告，雖然有時其中某些部分是有幫助的。

（二）強迫性限制（compulsive qualifying）

　　不要為了展示某項爭論之特殊要素的特質及不確定性，而打斷了整個爭論的流程。一項處理此項陷阱的做法是使用諸如「大多數」、「平均而言」、「時常」等形容詞或形容片語去敘述「一般性」，然後再以下一個章節去討論「例外性」，或者採用括弧敘述或附註的方式處理。

（三）炫耀分析工作

　　報告不要包括每一項在研究過程中所學到的事實，即便你的研究及分析做得很好也很徹底，但大部分你所學到的，在工作完成之後，將證明是毫不相干的。也就是說，分析人員應當已很成功的將焦點置於「真正重要的部分」，而較少著墨於只是分析當初看起來重要的部分。分析人員通常不需要讓他的讀者隨著他的腳步起舞。

（四）只是列舉方案而未加解釋

　　政策分析人員是否在實際提供分析之前，就先把每一個想要分析的替選政策方案都加以列舉呢？在下面的情況下，此種做法無可厚非：當替選方案數目不多時；當所有的替選方案都被分析人員或相關人員慎重考慮時；及當方案清單能使讀者準備好了解各方案細節時。然而，如果分析人員手中有許多方案要考慮，讀者將會忘記清單上到底有哪些方案；及如果某些方案在進一步審查之後將很容易被省略的話，分析人員如果只是列舉方案清單而不加解釋，就等於立下許多「稻草人」（straw men），而浪費了讀者的心智能力。同樣的，在評量方案之前，列舉每一項評估標準時也要特別小心。通常的做法是，當分析人員實際撰寫評量結果時，如果無法將「標準」處理得更好的話，就沒有必要事先列舉評估標準。

（五）報告方式不當

　　政策分析報告的方式應避免採取機關組織與學術方式的誇大華麗及迂迴累贅的陳述。另外，也要避免適用「閒聊式的方式」（chatty style）與「內幕人的方式」（insider style）。

五、分析報告的格式

　　（一）除非報告內容不多，否則報告應附有「主管摘要」（executive summary），並置於整個報告之前。

　　（二）如果報告超過十五至二十頁，應附有目錄。如果圖表甚多，亦應附圖表目錄。詳細的技術性資訊與計算資料，應置於「附錄」部分而非置於本文中。

　　（三）使用「標題」及「次標題」，以助讀者了解內容。

　　（四）注意圖表格式：每張圖或表均應加以編號並賦予適當的名稱，通常採取「表稱在上，圖稱在下」的方式，亦即表的名稱置於表之上，而圖

的名稱則置於圖的下面。圖表的下方必須以「資料來源」註明圖表資料的
出處。另外，可用「說明」來解釋圖表中的有關資料。

　　(五) 報告最後應列舉參考書目，包括書籍、期刊文章、研究報告、政
府出版品等，排列格式應依學術論著寫作的格式。比較簡單的做法是參閱
《政策分析與管理期刊》（*Journal of Policy Analysis and Management*）的
「書評」（book review）部分的使用方法。此外，也要特別注意「註釋」
（footnote）的使用格式。基本上，註釋如果置於本文引註的同一頁，讀
者將較易閱讀。

　　以上所述者為政策分析八步曲的主要內容簡況。從事政策研究者如果
能夠把握其精要並善加靈活運用，將使整個政策分析工作得心應手，並使
所推薦的政策方案，能較為決策者及相關人員所接納，進而使所接納的政
策方案能夠較為順利執行成功。

政策問題形成篇

11

公共問題發生、受到注意與消失的原因

壹、前言

　　一般而言，公共政策的制訂是為了解決公共問題或滿足公眾要求，並且通常是由政府機關中具有決策權者所制訂的，主要係指行政部門與立法部門的決策者。然而，這些部門的決策者每天所面臨的公共問題可說層出不窮、五花八門。例如，交通部的官員隨時都可能面臨陸海空運輸所發生的問題，包括航空路線糾紛問題、海上運輸災難問題，陸上交通事故等。這些公共問題透過何種方式而使大眾知悉它們的存在？問題發生後，如何引起重要政治人物的注意而設法加以處理？為何某些公共問題雖然獲得注意，但最後卻消失？凡此均有了解的必要。本文特依據美國學者金頓（John W. Kington）在《議程、替選方案與公共政策》（*Agendas, Alternatives, and Public Policies*, 1995）一書中的看法，予以引申探述。

貳、公共問題發生的機制——指標

　　在許多情況下，公共問題受到政府部門決策者的關注，並非來自政治壓力或是隨興所致，而是因為某種系統性的指標（indicators）顯示某項問題已經存在。在政治領域議題中，此類指標俯拾即是，例如高速公路事故死亡數、患病率、免疫率、消費者物價指數、市區與市際公車

服務狀況、嬰兒死亡率等。當這些指標在政府機關或私人機構例行監測
（monitoring）時，如發現有了顯著的不良變動，就顯示出某項公共問題
值得大家重視並解決。

除了因「監測」而發現指標變動，進而知悉問題存在外，透過政府機
構或私人研究機構（或個人）進行「研究」（studies）的結果，也可能發
現某一項問題的存在。例如，在進行戶口普查後，可能會發現有相當比例
的家庭，仍然未參加全民健康保險，此問題將會引起主管部門的注意而採
行必要的措施。事實上，各種指標的變動狀況並不只顯示問題的存在，還
顯示出問題的嚴重程度，以及是否會促使政府官員採取必要的行動。就實
務觀之，政府各部門首長的確非常注意各項指標的變動狀況，變動愈大，
表示愈有發生問題的可能。

指標的變動可以顯示公共問題之存在及其嚴重性，已經為多數公共
政策學術界及實務界人士所承認，而且有時候指標的變動乃是突顯問題的
必要條件。再者，指標本身是一項突顯問題的強有力機制，因為指標並非
只是有關事實的直接陳述，而且其切入的面向常常會成為爭論的焦點。例
如有關卡車司機究竟是否應該分攤高速公路的「興建」費用或「維修」費
用，一直是一個熱門的辯論問題。如果假定高速公路基本上是為一般旅
客之車輛所使用，則卡車司機只須負擔超過一般旅客車輛「磨損」（wear
and tear）水準以上的費用即可；但是如果假定高速公路為貨運運輸道路，
則卡車司機就須負擔更高的費用，因此問題的癥結就在如何於此兩端中，
取得正確的平衡。由此可知，指標所依附的資料，本身並不代表何種意
義，問題在如何「詮釋」（interpretation）這些資料，亦即在於如何將情
況的陳述轉換成政策問題的陳述。

參、問題如何獲得政治人物的注意

問題常常不會因指標而自我突顯，必須要設法引起政府機關內外重要
人士的注意。其具體做法是，將焦點置於事件（events）、危機（crises）

及象徵物（symbols），例如空難的發生、重大橋樑的塌斷、嚴重的停電事件、損傷慘重的火災事件等，都會引起一般人及政府界人士的普遍注意、關心及處理。危機的發生，也很容易吸引決策者的注意，例如台灣海峽兩岸的危機狀況、菲律賓政府片面宣布自 1999 年 9 月 30 日起，停止我國華航及長榮航空公司的若干航線航行權等，均迫使政府立即採取各種因應行動。再如，股票市場遭受衝擊，股價連續重挫，幾近崩盤，此種危機狀況，很容易就使該議題進入政府議程。

　　但是許多「焦點事件」（focusing events）通常並不是都可直截了當捕捉政治人物的注意力，它們需要某些助力。其中有兩項值得一提：其一為政治人物個人所經驗到的事情；其二為強而有力象徵物的影響。就前者而言，乃是指決策者對某一項問題可能有過身受其害的經驗，因此對該問題就會予以較大的關注。例如美國的生物化學研究成果，就因此獲得有利的議程地位。美國國會議員本人或家人都曾經或多或少經歷過「健康失序」（health disorders）的情況，而生物化學研究機構的遊說人員均深知某一位議員的母親或夫人曾因何種病症致死，於是進行必要的遊說活動，以突顯某項問題的嚴重性，並提出有利自己的政策方案。就後者而言，某項強而有力象徵物的出現及傳布，也可能使焦點事件獲得重要政治人物的垂青。有時候，某種事物或口號可能同時成為政治事件、政策方案及政策問題的象徵物。舉例來說，「加州第 13 號提案」（proposition l3 in California）的通過，已經變成民意轉向、納稅人看法難以駕馭的一種象徵。再如，當我們聽到及看到環保人士天天高喊「我們只有一個地球」時，就可以知道此時各項環境保護的議題，又吸引政治人物的注意力了。基本上來說，此類象徵性法規或口號的存在，其作用並非作為推動某問題成為政策議題一部分的主要推手，而是作為強化某種已經發生問題的重要性，及吸引大家注意焦點的增強物。

　　不過，危難、災難、象徵物及其他焦點事件，本身很少能夠成為政策議程（policy agenda）的突出主題，它們必須擁有某種「伴隨物」（accompaniment），始克為功：第一，危機、災難、象徵物及其他焦點事件主要是強化某一項既存問題的察覺，亦即專注於某一項已存在於人們

心中底層的問題。例如，大家早就覺得民航飛行安全非常重要，但直到發生大空難後，才使大家把焦點放在如何改進飛安問題上面。第二，有時危機或災難可發揮「早期警告」（early warning）的作用，喚起大家注意，如果不採取某種行動，可能會產生更大的問題。例如 1999 年 7 月底，台電公司在台南關廟附近山上的一座輸電鐵塔倒塌，造成台南以北的九百多萬戶大停電，此次事件如果視為「孤立事件」，則可能不會有進一步的政策行動出現；但如果視為非孤立事件，則會引起追究責任，從政策面考慮配電方式、增建電廠及全面檢修一萬多座輸電鐵塔的政策作為，因為它顯示這是一項影響既廣且深的問題，值得有關機關深入研究處理。第三，此類焦點事件結合其他類似的事件，會影響問題的界定及受重視的程度。一列火車出軌，也許只是一項意外，而高速公路發生連環大車禍，也不足以單獨構成重大的公共問題，但是如果諸如此類的問題接連發生、相繼而來，它們合起來便成為一項重大的交通安全問題，也就會受到政治人物的重視並採取後續行動。總之，「災難的累積」（aggregation of disasters）較容易突顯問題的嚴重性，使問題進入政策議程內。

肆、透過回饋機制發現問題

　　政府機關人員可以藉由既有方案運作狀況的回饋（feedback）資料，而發現問題及了解問題，因為他們監測經費使用情形、具有執行方案的經驗、評估並監督方案的執行及接受抱怨申訴（complaints）。此項回饋機制往往可使某項問題獲得注意：如方案未按原訂計畫執行、方案執行未符合立法意旨、方案執行後產生新的問題，或執行後產生未預期結果必須加以補救等。

　　此項回饋機制，有時候以相當系統性的監測與評估研究形式出現，例如對於捷運系統營運狀況的了解，或對醫院醫療服務問題的發現，均可透過此種形式。不過，政府機關人員所接受的回饋大多數是非正式的，例如服務對象或顧客對服務所表示的抱怨，就可使政治人物知悉問題之所在。

例如，一般民眾向立法委員抱怨並請求國會介入行政機關的運作，以解決他們的私人問題，此舉可能導致國會議員對原先並未注意到的行政機關政策或行動，採取監督的做法。其結果是，原本是個人的抱怨問題，就變成較一般性的敏銳問題。例如，旅客抱怨護照申辦及入出境手續繁瑣，就導致政府重視該問題，並採取便民的措施。

　　事實上，在許多情況下，行政人員本身可以透過方案的例行執行活動而知悉問題的存在。例如有關全民健康保險之醫療衛生服務事項，執行人員本身在執行過程中，當可發現窒礙難行或必須予以改進之處。不過，值得注意的是，行政人員常有設法阻止抱怨回饋給決策者的傾向，尤其是當此項抱怨反映他們做法不當或會產生更嚴重問題時（如涉及方案是否要繼續推動），更是如此。另者，行政人員對於問題進入政策議程是否具有影響力及影響力多大，取決於他執行方案之經驗時，對問題的了解程度。

伍、問題消失的原因

　　為何某些議題會從優勢的政策議程中撤銷呢？其理由有多端：

　　第一，有些政府官員覺得他們已經解決了問題，所以問題不再存在。例如，在完成市區捷運系統的興建，提供市民較便捷的交通服務後，便認為交通壅塞問題已獲得解決。

　　第二，政府官員有時覺得某問題已因通過法律或做了行政決定而失其重要性。如有這種感覺，他們便會將注意力轉向他處，而將該問題從政策議程中撤銷。

　　第三，人民對於政府怠忽職守的情況已逐漸習慣及麻痺，因此對問題缺乏「窮追猛打」的決心。

　　第四，因資源有限，使問題的動力消失。由於議題的推動需要許多的時間、精力、動員，且消耗甚多政治資源以突顯議題，因此政治人物在將該議題推動至某一程度後，即予以停止，乃使問題逐漸消失。

　　第五，因為對議題的熱情已經退卻，使議題不再受青睞。政治人物及

當事人對議題消失熱情，可能來自於各方面所受限制的覺醒，例如費時太久、費用太高、犧牲太大，茲事體大。總之，當人們對問題過分樂觀的看法及期望，在遭受現實打擊後，議題便從政策議程的優勢地位逐漸退卻，終致消失。

第六，因為風潮不再，使優先議題失去其優勢地位。一般言之，新興議題如同新奇事物一樣，常受人矚目及歡迎，而蔚為風潮。但是當一陣風潮過後，人們的興趣及注意力也就轉移了，因此使議題喪失其優勢地位。

陸、問題的界定

「問題」（problem）與「情況」（condition）的意義不一樣。我們天天都會碰到各種不同方式的情況：例如惡劣天氣、不可避免及難以治療的疾病、傳染病、貧窮、宗教狂熱等。有人說：「如果一個手掌只有四根手指頭，那不是問題，那是一種情境（situation）。」但是如果研究如何把四根手指頭當作五根手指頭來使用，那就變成一項問題。所以，當我們相信我們必須對某種情況採取某種作為時，它就變成了問題。問題並非單純的情況或外在事件本身，它還含有「察覺的」（perceptual）及「詮釋的」（interpretive）要素在內。

問題界定受到許多政治因素的影響，有些因素對問題界定有利，有些則有害，視問題如何被界定而定。例如，如果事情需要由某人來處理時，他會說服別人說，根本就沒有問題存在；但是當某人不必做太大的不愉快改變時，他會設法界定問題，將解決問題的責任置於別人身上，而避免改變本身的行為樣式。情況如何被界定為問題呢？基本上，受到以下三項因素的影響：價值觀（values）、比較（comparisons）及歸類（categories）。

一、價值觀在問題界定中的地位

　　一個人在界定問題時，觀察事物的價值觀扮演重要的角色，當一個人所觀察到的情況，與其理想中的狀態未能符合時，就產生了問題。簡言之，由於各人價值觀的不同，觀察各種情況後的解釋也就不同。例如，在美國大家對一項健康政策常發生激辯——獲得醫療照護究竟是否一項權利？它涉及意識型態上的問題。如果某人將獲得醫療照護視為一種權利，則政府就須設法保障人民的該項權利，因此如果有人無法獲得醫療照護，該項情況便被界定為問題，尤其是需要政府採取適當行動的問題。另一方面，如果某人將獲得醫療照護視為一項好事，但並非權利，則透過不同方式獲得醫療照護，便被界定為一項情況而非問題。

二、比較與問題界定

　　問題有時涉及比較的概念，如果某人未達到別人所達到的水準，並且相信「平等」（equality）原則，那麼此種「相對剝奪感」（relative deprivation），或「相對不利感」（relative disadvantages），便構成一項問題。的確，如果大家都堅持「平等」的原則，則問題一定非常多，例如各行職業收入不均、各項福利分配不均、醫療品質不同等，均可能被界定為問題。

三、歸類與問題界定

　　一般言之，當我們要分析某一件事時，首先就是把它歸入適當的類別內。當某一件事歸入某一類別而非另一類別時，人們對問題的看法便截然不同。因此，政治人物或當事人會設法將問題歸入廣受大家重視的規則內，以爭取排入政策議程的機會。例如，將河流航行視為水資源政策的一部分或視為交通政策的一部分，會受到不同程度的重視。通常如果視為交通政策的一部分，則問題較易突顯並獲得處理。

12

政策議程建立面面觀

壹、政策研究的演進概況

　　人類的生活環境由於受到各種自然或人為因素的影響，隨時發生劇烈的變化，因此在每日生活方面便產生了各種問題，諸如生命財產的損失或傷害、遭受各類痛苦、各種「慾求」（wants）、「需求」（needs）或「需要」（demands）未獲滿足、不良現況未獲改善等。基本上，如果這些問題具有公共性質，影響不特定多數人，在政府機關職掌管轄範圍內者，應當由政府機關設法制訂相關政策，予以解決。然而，公共問題繁雜，政府資源有限，事實上無法處理所有的或甚至大部分的問題。政府機關所能處理的是為數極少的由各類壓力所促成的「政策議程」（policy agenda）項目。由此可知，公共問題或人類慾求如無法擠進忙碌的政府機關政策議程內，就沒有機會轉變成政策，是以政策議程建立（policy agenda building）是政策運作過程最初始也是最重要的一個步驟。本文即對政策議程建立所涉及的相關問題略做探述。

貳、系統議程與制度議程的區別

　　政府官員通常不會自動的將人類的慾求置於公共議程之中，而是受到民意代表或利害關係人的壓力才會採取行動。因此在民眾與政府官員的互

動情況下就產生了兩種不同的議程：一為系統議程（systemic agenda），另一為制度議程（institutional agenda）。

一、系統議程

它是一種社會的議程，包含被所有一般民眾認為值得注意並可能由政府官員採取政策行動的所有慾求或議題。欲在系統議程中取得一席之地，一項慾求必須要在社會中引起廣泛的注意才行。亦即該慾求或議題必須變成相當數目之民眾所共同關心的事項，並且被大家認知為它是某一個政府機關適當的管轄事務，例如立法機關或行政機關。個別的民眾、政治領袖、政黨、利益團體及大眾傳播媒體等，均有助於將慾求或議題提請大家注意，並進而成為系統議程的項目。

二、制度議程

它包含行政、立法及司法部門內更具體的要加以處理的優先順序業務。制度議程的項目來自於較大宗的系統議程項目。制度議程同時包括舊的與新的項目：舊的項目，例如維護既有高速公路的計畫及補助正進行中的方案等；新的項目，例如由利益團體推動而在媒體推波助瀾情況下列入議程的項目。系統議程在範圍上較制度議程更為一般性、抽象性及廣泛。系統議程中的項目順序並不一定會與制度議程中項目的優先順序一樣。

參、如何將慾求轉變成需要

人類慾求只有在經過轉變成需要後，才會在政策制訂過程中具有意義。依 David Easton 的看法，「需要」是一種「政治化的慾求」（politicized want）。一項慾求如欲變成需要，它必須要讓政府官員知道，而且要以政府官員可以採取行動的方式加以展現。除非民眾或團體從

事諸如此類的努力，否則慾求將無疾而終。為了轉變成「需要」，慾求可能必須加以修正，與其他的慾求合併，或以其他方式重新加以界定，以吸引充分的興趣及支持。大部分手頭上的需要會被忽視、忽略或拒絕，因為它們的數量實在太龐雜，遠超過政治──政策系統的資源所能解決，以致只有少數動力十足的需要才能存活。

　　「需要」能否存活的關鍵在於它是否具有被重新界定為「議題」（issue）的能力。一項需要欲變成為議題，通常必須與其他的需要融合或綜合在一起。需要轉變成議題的政治手段是藉由濃縮的焦點聲明或符號，使它對於潛在的支持者具有說服力，並使他們易於了解。透過注意少數需要而忽視其他需要的方式，議題為需要設定了優先處理順序。

　　如果無法引起決策者的注意，有關處理「需要」問題的努力將徒勞無功。公職人員通常熱中於追求經由選舉而接受付託，並藉以建構他們的政策議程。一項需要或議題有沒有發展的前途，端視其被界定及再界定的政治過程而定。需要或議題能否進入決策者的議程內，要看推動者有否技巧可適當的界定及再界定需要或議題而論。如果擁護者與反對者兩派在數目上及參與的型態上相當靠近的話，較強的一方（通常是經濟上的菁英）較易將其意志加諸於較弱的一方（通常是大眾團體）。然而，如果爭鬥的兩派強弱分明，則較弱的一方可透過擴大民眾支持與新的說辭，而變成較強的一方。在此項轉換過程中的一個關鍵步驟是重新界定「衝突」（conflict）。基本上，對議題的最初界定，通常受限於原先爭端的細節部分，因為它是當事人立即關心的部分。不過，如果要增加涉及者數目的話，必須重新界定以擴大訴求，網羅較多的潛在支持者。

　　當衝突擴大時，它的能見度就增加，也就更有機會去捕捉決策者的注意力。而同時，所涉及的議題就會面臨轉換的過程，可能會變得較為抽象及較為模糊。特殊的議題會被較一般性的主題陳述所取代，複雜的議題會被簡化，綜合舊議題的新議題會被發展出來。這些發展可以顯示某項議題的強度已在增強中，而一項議題愈具有大範圍（scope）、能見度（visibility）及強度（intensity）的特性，它就愈有可能被擺進政府的議程內。

肆、如何將議題列入政策議程

需要與議題的推動者竭力設法將它們擠進決策者的議程中。議程乃是決策者、民意代表、行政首長及一般行政官員的標準人工產物。所有這些人都有他們的議程，如民意機關的議程、行政首長的每日約會行程、內閣的政務處理次序等。就其特性而言，制度議程或決策者議程包含一系列順序性的項目，其中有許多已獲得積極且慎重的考慮。議程是時間取向的，通常由行政工作及決策時程表加以表示，例如何時須完成初步的執行幕僚工作？民意機關的委員會何時須向院會提出報告？院會何時進行議題辯論並表決等。制度議程同時涵蓋舊的及新的項目，而舊項目的耐久性會減少並控制新項目的出現。一般來說，能夠在擁擠的議程中脫穎而出取得優先處理地位者，乃是依先例排定及犧牲其他項目的結果。只要稍微看一下制度議程的建立過程及各項目的內容，就可以發現其政治與政策系統的基礎為何了。

政治領袖如行政首長及民意代表等，是政策議程的積極建構者，而非單純的議題爭端公正裁判者。政治領袖會爭先恐後的確認偏好的特殊政策議題，並設法置於偏好的議程中。他們為此類有利情況彼此相互競爭及協商，並會善用媒體及政黨資源，以促銷偏好的議程項目。官方的政策制訂者也是「假性議程」（pseudo-agenda）的掌控者，他們認知由某個團體所推動的需要並將它登記起來，但是卻未慎重考慮其是否值得處理。

一個項目能否進入政策議程，端視個人或團體願意努力維護本身立場的力量大小而定。一般的假定是，一項議題對某一個人或團體愈具相關性，他們嘗試努力的力量就愈強。同樣的，個人或團體努力的成效愈大，其力量愈具壓迫性，就愈有可能使其偏好的項目擠進政策議程內。

當個人或團體覺得他們受到惡劣環境威脅時，他們較易投下必要的才能、精力及時間，將利益攸關的項目推動排進政策議程內，如1982年及1983年美國工業界工人面臨大規模失業時即然。官方的政策制訂者通常會設法管理來自各方的壓力，將某些項目排除在議程外，或是修正無可

避免之政策的內容。只是達成部分的政策目的，可能會影響團體的動員狀況。行政官員可以對較關心的團體分配較有利的利益，並藉由忽視或處罰那些所謂「不負責的」（irresponsible）或「叛離的」（deviant）團體，而改善他們接近資源的情況。如果行政官員必須回應較具威脅性的團體，他們會嘗試採取「吸納」（cooptation）策略，使此團體具有較大影響力，但也讓團體了解並接受政策制訂過程受到各種限制的事實。

伍、作為政策議程管制者的遏阻性決定

在選擇將哪些項目列入議程時，政策制訂者並非是公正的處理者或是大眾價值的捍衛者；相反的，他們是對有力者、財力雄厚者、有組織者較有利之政治系統偏見的強化者。他們對相當弱勢的民眾團體之需要，抱持頗為懷疑的看法。Peter Bachrach 與 Morton Baratz 兩人認為，政策制訂者的一項主要功能是採取「遏阻性決定」（nondecision）的做法，即將可能擾亂既有秩序與平常利益分配方式的團體需要，排除在他們的議程之外（Two Faces of Power, *American Political Science Review*, 56, No. 4, December, 1962, p. 948）。

團體在一再成為遏阻性決定的犧牲品之後，到底能夠做些什麼呢？它們可以做的是：抗議、示威及訴諸暴力。此類脫序的做法，在大眾傳播媒體的大幅報導下，會引起政府官員較佳的因應。如果團體能夠將它們的目的濃縮成可以作為議程項目的話，在政策議程中擁有一席之地的機會就大為增加。美國 1960 年代的民權運動就是經由此類努力，及經由了解提出改進做法乃是先決條件這件事，而贏得了擠進議程的勝利。畢竟，不滿的團體是具有投票權的，美國 1982 年的國會改選，證明最無能為力的族群，最後也可以促使政府為失業者創造就業的機會。

陸、社會運動對議程建立的影響

假定一個團體不論如何的努力，其需要還是一再被拒絕排進決策者的議程，其重大需求無疾而終，則下一步是什麼？在預測「高速公路維修工作法案」對挽救失業狀況僅有極小的實質影響，並預測當局對猛烈抨擊的歷史新高失業狀況不會有更大接受性時，美國勞工與企業組織聯盟（AFL-CIO）主席 Lane Kirland 認為，如果決策者無法對一項實質的工作方案做出迅速的回應，工人本身只好採取行動，以減緩所蒙受的痛苦。他說：「如果最後被迫採取街頭暴亂以產生運動的話，我將感到遺憾。我覺得我們擁有一個被認為可做回應的民主社會，但是如果所有的辦法都用盡，而最後的結論是：欲獲得人們注意的唯一方法是在街頭製造騷亂的話，那麼我認為，我們可能就必須走出去並組織街頭的騷亂，如果那是說服民眾的做法，也就只好如此了。」

受迫害團體的一項更長期性及複雜的回應方式是形成社會運動（social movement），例如於 1960 年代開始在街頭進行示威遊行的「黑人民權運動」（the black civil rights movement）。社會運動如欲使其需求變成公共議程，動員（mobilization）是早期必要的一個步驟。黑人民權運動在起初階段，可說是一個人數眾多的弱勢團體，處於靠己力發起政治及社會抗議運動的不利地位。來自外界有力者及有技巧者的支持，及外在偶發的事件者，證明對於放鬆社會控制、允許動員團體及其聯盟，是相當重要的。黑人與白人的宗教團體、大學院校的學生、聯邦政府及全國性媒體的報導等，均具有決定性的力量，促成制訂全國性的法律，以回應由黑人民權運動所施壓的需求。究實言之，美國最高法院於 1954 年反對學校種族隔離之決定，對於提升黑人的希望，具有深遠的影響。

柒、政策議程的守門員

決定哪些需要可以擺進政策議程的權力是由「守門員」（gatekeepers）行使的，包括個人、團體及公家機關或私人機構，他們的行動就決定了需要的命運。由於一項負面的決定因素會暫時的或永遠的終止某項需要的訴求，因此守門員在公共政策發展的許多階段，就居於關鍵地位。在一個民主的政治社會系統裡，守門員是廣泛分散在各地的。利益團體、政黨、民意代表及行政首長等，均會管制「需要」進入系統中，決定不將慾求轉變成需要，或決定要投票給某一候選人或某黨的黨綱。而不投給反對黨的候選人或黨綱的民眾，也就在扮演守門員的角色。在守門員廣泛分布的情況下，將需要擠進政策議程的運動是很少能夠控制的，其結果就會使「需要」有過度負荷的危險。如果在政策發展過程中，將某個時候的慾求轉變成政策議程的工作交由比較少數的人或決策者，則關鍵點的掌控就顯得相當重要。在歷史上的某些例外時刻，慾求與需要可能會在守門員的自動默許下，成為政策議程。例子之一是，美國發生三浬島核子意外及 1980 年代民眾要求凍結核能運動後，各界遂大聲疾呼要求採取政策行動以資因應。

在政策議程建立過程中，擔任守門員角色者有以下四類：

一、促進者（promoters）

此類守門員幫助將解決方案放進政策議程內，並在政策最後被接納的過程中，協助方案從一個議程轉到另一個議程。美國的高速公路維修工作法案為各方的守門促進者所贊同，不過其中最主要的是方案的倡議者 Drew Lewis，他將利益團體聯盟與兩黨的議員結合在一起。這些促進者在將方案通過其他守門員的掌控，包括總統及國會的委員會時，乃是必要的。

二、否決者（vetoers）

　　屬於否決者的守門員為數眾多，居於相當優勢地位，擁有若干致命的干預做法，可以在任何一個關鍵點進行議程的否決。最具殺傷力的潛在否決者就是總統，因為美國國會參眾兩院無法操控必要的三分之二議員的票，以擊敗總統對國會決議所提出的否決案，因此，總統比國會中的任何一個人更能決定法案的內容。例如，作為一個否決性質的守門員，雷根總統反對採取大規模的、多面向的就業方案，包括民主黨在兩院所提出的提案。然而，面對一千二百萬失業的選民，他在政治上不敢對相關方案做出全盤的否決，因此他只好贊成規模較小、較不具實質影響的「高速公路維修工作」方案。

三、要求妥協讓步者（concession-demanders）

　　此類人員包含利益團體及其民意機關的代言人，乃是議程建立過程中積極守門員之中最常見的一群。例如國會議員或利益團體威脅即將提出的方案，除非對方願意對其利益做出妥協讓步。又如在美國，來自都市與郊區的國會議員、卡車司機及環保人士、州與地方政府官員、「太陽帶」（sun belt）與「下雪帶」（snow belt）各州的遊說人員、高速公路營建商及工會等，均會透過逼迫妥協讓步而爭取自己的利益。

四、中立者（neutralists）

　　此類人員乃是最尋常的守門員，他們可能是持肯定的態度或是否定的態度。例如有組織的勞工反對高速公路維修工作方案；美國勞工與產業組織聯盟譴責汽油稅乃是一種「倒退」（regressive）的做法，並主張採取他們所偏好的「量能納稅」（based on the ability to pay）的方案。不過美國勞工與產業組織聯盟中的「同業公會」（trade unions）則贊成汽油稅的主張，因為它符合他們的利益。在此種內部價值觀產生歧異的情況下，美

國勞工與產業組織聯盟最後決定對高速公路維修工作法案採取「不積極反對」（not to actively oppose）的態度。

捌、守門員的正義問題

由於守門員並非只是各方需要或各種議題的衝突仲裁者，而常常是站在某特殊爭議一方的提倡者或參與者，因此他們所獲得的遠比公正情況下應得的多很多也就不足為奇。衝突雙方欲獲得促進其利益的擁護者並不難，如果其目的在以避免公眾討論而限制衝突惡化的話，守門員的對話將強調這些價值：個人主義、自由企業、地方主義及政府精簡的必要。另一方面，如果守門員希望擴大衝突，他們將會強調以下這些價值：平等、正義、民權等，這些價值會吸引外界更多的介入者，而使衝突擴大。

扮演倡導者角色的守門員，其重大工作之一是以引入較大的民眾族群，將議題擺進個人政治議程內作為賭注的方式，而詮釋社會的現實。就這些民眾族群而言，他們至少有兩大類的社會現實：第一，他們每日生活立即觀察到的世界，從這個世界他們可推衍他們所認為現實的普通知識，及對更遠的、尚未見到的現實所推衍的知識。第二，他們依靠守門員的報導與詮釋而認知社會現實，這些守門員通常以敵對政策陣營的擁護者立場，盡力爭取其工作的勝利。

當危機發生時，例如失業率升高，守門員會面臨要如何提供比平常更明白及更深入的現實情況之考驗。美國雷根總統在美國失業率達到兩位數的百分之十時，就受到相當大的壓力。如果失業率繼續升高到百分之十五或更高時，他所受的壓力將更為巨大。守門員一項共同的先入為主偏見是對過去的事件重新加以詮釋，以協助辯護目前的現實狀況。舉例言之，在美國當年有關汽油稅──公共工程工作機會法案之敵對的雙方，其主要的爭論點之一是，對於過去為解決失業問題而提供公共服務工作機會努力的情況。陣營之一是由雷根總統領頭，他將過去的做法界定為「失靈的年代」（achronicle of failure）及「無盡的浪費」（abysmal waste）。而反

對的陣營則是由國會眾議院議長 O'Neill 領軍，他認為1930年代「新政」
（New-Deal）時期所採取的提供公共服務工作機會的做法，乃是一種人
道方面的努力，他挽救了失業工人與其家庭免於絕望及毀滅的命運。就任
何一方而言，在這場辯論中，其決勝點將是對於政策最終結果之不可預
估利益的辯論方面（本文取材自 Louis W. Koenig, *An Introduction to Public
Policy*, Englewood, Cliffs, NJ: Prentice-Hall, 1986, Chapter 4）。

13

民意、菁英與議程設定

壹、民意與政策議題

民意（public opinion）對公共政策的影響，一向是古典民主政治著作中在哲學爭論上的一項主題。18 世紀的政治哲學家巴克（Edmund Burke）認為，民主代議士（democratic representative）應當為民眾的利益服務，但在決定公共政策議題時，並不必然符合民眾的意志（will）。相反的，有些民主政治的理論家卻主張，民主制度成功與否，視其能否對公共政策提供「大眾控制」（popular control）而定。

民意應否為公共政策的一項重要影響力之哲學性問題，可能永遠無法解決，但是民意的確是公共政策的重要影響力，而此項實證性的問題可經由系統性的研究加以處理。不過，此項實證性問題也已經證明很難回答。以下是關於這方面的若干論題：

一、民意與政策的連結關係

有關評量輿論（mass opinion）對決策者行動之獨立性影響的問題，可說是決策者行動形塑輿論的問題。公共政策可能會與輿論一致，但很難確定究竟是輿論形塑公共政策，或是公共政策形塑了輿論。

美國著名的政治學者凱伊（V. O. Key, Jr.）在《民意與美國民主政治》（*Public Opinion and American Democracy*, 1967）一書中寫道：「依

我們所見，政府嘗試形塑民意，以支持它所提出的方案及政策。在此種努力下，公共政策與民意的完美結合將是依民意而治的政府（government of public opinion），而非被民意所治的政府（government by public opinion）。」雖因凱伊本人相信，民意對公共政策確具獨立性的影響，但他卻無法給予結論性的證明。不過，他也蒐集了許多相關的證據，支持以下的看法：選舉、政黨、利益團體的確將民眾的意見傳達給決策者，提供了制度化的溝通管道。

二、政策的影響作用

由於以下諸項原因，公共政策形塑民意，多於民意形塑公共政策：第一，面對全國性的決策者，很少人會對為數龐雜的政策問題表示意見。第二，民意非常不穩定，在回應領導人所挑起的新聞事件的數週中，民意可能會有極大的轉變。第三，領導人對輿論並未具有清晰的概念，決策者所收到的大部分溝通訊息主要是來自其他菁英——新聞製造者、利益團體領袖及其他具有影響力的人，而非來自普通民眾。

三、媒體的影響作用

首先我們毋須假定，新聞媒體（news media）所表示的意見就是民意，但這往往是令人困惑的來源。新聞工作者相信他們就是大眾，因此常將他們自己的意見與民意混淆在一起。他們甚至會告訴大眾說大眾的意見是什麼，因而他們實際上就協助形塑大眾的意見，以符合他們自己的信念。然後，決策者可能會採取行動，因應新聞事件或具有影響力之新聞製造者的意見，並認為他們是在回應民意。

四、民意調查

民意調查（opinion polls）常常會藉由詢問受訪者直至他們回答問題

時都從未想過的問題，而創造了民意。很少受訪者願意承認他們沒有意見，他們認為他們必須提供某種回答，即使其意見非常的勉強或是在被詢問之前根本就不存有意見。因此，也許可以說，民意調查者本身就製造了民意。

五、意見的不穩定性

民意通常是不穩定的，對某一特殊議題所表示的輿論常常是極為薄弱的。如果在稍後的某一天詢問同樣的問題，許多受訪者常記不起來他們先前的答案，而給予調查員完全相反的回答。這並不表示受訪者的意見有了改變，可是在調查表上就記錄他的意見已經改變。

六、題目遣詞用字的影響

意見常依題目遣詞用字（wording）的不同，而有不同的表示。任何公共政策問題都很容易透過遣詞用字的方式，而獲取大眾的支持或反對。因此，對於同一議題，採取不同的用字方式，就可能產生相反的結果。

七、與決策者的溝通問題

決策者很容易曲解民意，因為他們所收到的溝通訊息充滿菁英的偏見。一般社會大眾很少會打電話或寫信給國會議員，表示他們的看法，也很少有機會和國會議員吃飯、聊天、參加社交活動。絕大部分決策者所獲得的溝通訊息是來自菁英群體內部，如新聞工作者、利益團體領袖、有影響力的選區領袖、富有的政治獻金者及私人朋友。因此。許多國會議員聲稱，他們所收到的大多數函電，都與他們的立場一致，此種講法也就不會令人驚奇。更進一步言之，那些透過寫信、打電話或以拜訪方式與國會議員進行溝通者，通常比一般民眾受過更高的教育，並且較為富有。

貳、菁英意見與政策議題認定

　　由於我們很難發現公民政策與「大眾偏好」（popular preferences）間的直接關係，因此我們可以合理的問：是否菁英的偏好（the preferences of elites）比大眾的偏好更直接的反映在公共政策上？或是問：由於菁英的態度與社會經濟狀況緊密結合，因此是否菁英在決策過程中較缺乏彈性，而對公共政策內容欠缺獨立性的影響力？基本上，菁英的偏好較大眾的偏好更可能反映在公共政策上。雖然我們很難證明公共政策是被菁英偏好所決定，但我們可以說，政府官員可能會理性的採取行動，以回應事件及狀況。而受過良好教育、消息靈通的菁英份子比一般民眾更了解政府的行動為何，所以他們的影響力就較大。由此便產生了一項爭論：一方面因為菁英對政府較了解並信任，更可能閱讀及了解政府官員的解釋，所以較會支持政府；但另一方面，因為菁英意見與公共政策具有一致性，可能顯示：的確是菁英意見而非大眾意見決定了公共政策。

參、議程設定與扼阻性決定

　　究竟是誰決定何項議題要被列入議程內？議程設定（agenda setting）也就是界定社會上的問題並建議解決方案，乃是政策制訂過程中最重要的階段。社會上的問題如果未能被界定為一項問題，及未能提出解決方案，它就不可能變成政策議題。也就是說，它無法到達決策者的「議程」中，於是政府未採取行動，而社會狀況依舊不變。如果某些社會情況被界定為問題，並提出若干解決方案，則「情況」即變成政策議題，政府就被迫必須決定採取何種行動。

　　由上述可知，決定何者為政策議題的權力屬誰為政策制訂過程的關鍵。決定何者為問題，甚至較決定解決方案為何要來得重要。許多公民教科書常暗示：議程設定乃是偶然發生的。有人有時候會辯稱，在一個開放

及多元的社會，接近政府及向政府溝通的管道是公開的，因此在全國性的決策過程中，任何問題都可以討論，也都可以排入政策議程中。他們說，一般個人及團體自己可以組織起來，承擔界定問題及提出解決方案的工作；人們能夠界定他們自己的利益、自己組織起來、說服其他人支持其主張、接近政府官員、影響決策過程、監督政府政策及方案的執行。是以有人辯稱，政治活動的缺乏程度，可以作為民眾對政治滿意度高低的指標。

14

議題演進：美國少數族群優惠政策的興衰

壹、緒言

在過去半個世紀，美國的種族議題及為處理種族歧視問題而提出的各項政策方案，已經成為政治菁英及社會大眾主要的關心要項之一。除了墮胎與越戰之外，很少有議題會像種族議題一樣引起那麼大的爭論。同時，也很少有其他議題會像種族議題一樣，在這些政策是否違反或強化美國平等權與平等機會的理念及價值方面，會產生如此兩極化的立場[1]。本文將檢視兩項政策方案，雖然它們的目標相似，但是結果卻不同，其中一項方案是於 1960 年代中期制訂至持續三十年之久的「少數族群優惠政策」（Affirmative Action Policies）；另一項方案是 1950 年代及 1960 年代的現代民權運動（the modern civil rights movement）。在對它們進行系統性比較後，我們將會發現，由於民眾及政府機關支持，與這些變數間互動的重大差異，會造成這兩個領域「結果」上的重大差異。在做這些比較時，本文也將對以校車載運學童打破種族隔離政策及處理同性戀政策進行比較，以了解其差異所在。

首先本文將對少數族群優惠政策做歷史性回顧，並探討該政策的政治回應情形。接著將對少數族群優惠政策的演進，及 1950 年代與 1960 年

1　M. I. Urofsky, *A Conflicts of Rights: The Supreme Court and Affirmative Action*, New York: Charles Scribner's Sons, 1991.

代「反種族隔離政策」（the desegregation policy）的執行情形進行比較。
1960 年代及 1970 年代校車載運學童的爭論，與同性戀權利政策的比較，
也將融入本文的討論中。本文的結論是，建議只有在一個動態的、多機關
性的及政治的架構下，才最能了解少數族群優惠政策的真相。本文最後
將討論，結論對了解政策運作過程的意涵，及「多數」（majoritarian）與
「反多數」（counter-majoritarian）影響力的重要性。

貳、少數族群優惠政策的早期成功史

美國總統甘迺迪（President Robert Kennedy）以行政命令（executive
order 10925）設立了直屬總統的「平等工作機會委員會」（Committee on
Equal Employment Opportunity）賦予聯邦政府的契約商，「採取少數族群
優惠措施，以確保不論種族、信仰、膚色或出生國的工作申請者，均有同
等受僱機會，且在工作期間均能獲得公平對待」[2]。 事實上，這是首次政
府不但命令契約商要避免種族歧視，而且採取實際步驟，以補救過去種族
歧視的不良結果。

10925 號行政命令只是將少數族群優惠政策與大聲疾呼的反種族歧視
目標連結在一起而已，任何民權問題的真正進展，非得國會的支持不可，
而甘迺迪總統在 1961 年就任時，並未在國會獲得主導的優勢，因為國會
中主要的法案起草委員會的委員，係由保守的南方民主黨議員所擔任。而
南方各州不論在法理上或實際上，於教育及其他公民生活方面，均採行種
族隔離的做法。甘迺迪總統所主張的「整體民權法案」（comprehensive
civil rights bill），獲得自由派領導人士的強烈支持，但是卻遭到南方政治
人物的反對，在甘迺迪總統的整個任期內，阻止民權法案的立法運動。

1964 年的民權法（Civil Rights Act），可能是國會在過去任何會期

---

2 William B. Reynolds, "Affirmative Action and its Negative Repercussions," *The Annals of the American Academy of Political and Social Science*, 523 (September, 1992) , p. 39.

所通過之社會法案中，唯一最一面倒的法案，係由詹森總統（President Lyndon Johnson）於 1964 年 6 月 2 日所簽署。該法第七條對少數族群優惠措施有清晰的闡釋，且變成「就業歧視法」（Employment Discrimination Law）的基石，該法禁止在甄選、升遷及訓練方面，基於種族、膚色、宗教、性別或出生國所做的就業歧視。另外，還特別設立了一個永久的「平等就業機會委員會」（Equal Employment Opportunity Commission），執行該法的相關規定。基本上，該法第七條並未賦予雇主不同的政策，而這與當時國會辯論的趨勢是一致的。例如參議員韓福瑞（Senator Hubert Humphrey）就指稱：該法第七條根本沒有提到將給予平等就業機會委員會或法院任何權力，去要求雇主僱用、解僱或升遷員工，以符合「種族配額」的目標。的確，第七條的規定顯示，該法的用語絕不能被解釋為可要求雇主對員工做「偏好的對待」（preferential treatment）。因此，「平等機會」的概念，似乎勝過「平等結果」（equal results）的原則。

與民權法有關的是，詹森總統再度斥責在歷史上將非洲裔的美國人排除在工作及受教育的機會外。因此，在 1965 年 6 月他於哈佛大學做了一場重要的演講後，詹森總統於 1965 年 9 月 24 日簽署了行政命令第 11246 號。此項命令要求聯邦政府的契約商必須採取少數族群優惠措施，以招募、僱用及升遷更多的少數族群人士。兩年以後，詹森總統在行政命令第 11375 號，將女性列入先前反歧視命令所涵蓋的範圍內。至此，在尼克森政府（Nixon Administration）於 1969 年到來之前，少數族群優惠的基礎已告建立。

特別要注意的是，少數族群優惠政策演進到這一點上，仍然被認為目的是要設計招募方案，使在較低工資職位上的人能獲得向上流動的機會。在此時，它並未涉及「統計性目標」（statistical goals）與「時間表」（time table）的使用。確實的，如前所述，民權法被認為嚴格禁止使用此類的就業途徑。

參、早期成功持續：尼克森與卡特時期

在少數族群優惠政策發展的第一個階段，顯示它有了一個很好的開始。該政策在 1960 年代後期及 1970 年代初期，顯然取得相當好的政治立足點。尼克森於 1970 年命令勞工部制訂一套新的少數族群優惠計畫，稱為第4號命令（Order No.4）。此命令要求所有員工在五十人以上的聯邦政府契約商，可接獲至少五萬美元的聯邦基金去執行少數族群優惠政策，以使少數族群員工能在整體勞動力中占有比例上的代表性。這時的少數族群優惠措施被重新界定為「一套特殊的與結果取向的程序」[3]此命令也重新界定了「低度僱用」（underutilization）的意思，該名詞在詹森政府時代意義非常模糊。低度僱用指在某一特定工作類別中，少數族群的員工數少於預期可僱用的人數。契約商必須考慮在其行業中，少數族群的勞動人口與整體勞動人口相較，所占比例為何；並且要設計「特殊目標與訂定時間表」，以改正所遭遇到的任何僱用問題。如果不遵守規定的話，契約商將會給與十二天的時間，提出一項少數族群優惠計畫，否則就停止承攬政府的業務。這些「結果取向的程序」將少數族群優惠政策的範圍加以擴充，把女性也包含在 1971 年 12 月所簽發的「第4號修正函」（Revised Order No.4）中。讓人覺得諷刺的是，一向反對以校車載運黑人學童至白人學校上課，俾打破種族隔離做法，且採取「南方」（southern）政治策略的尼克森總統，竟然會是實質上擴張了少數族群優惠就業措施之範圍的行政首長。

後來，強烈贊成少數族群優惠政策的卡特總統，將平等就業的責任轉移至「公平就業機會委員會」，這是配合 1978 年「文官改革法」（Civil Service Reform Act）的通過所做的組織重組[4]。文官改革法支持代表性官僚體系（representative bureaucracy）的理念，並要求政府公務員應能夠真正代表美國多元人種的實況。

---

[3] N. Mills, *Debating Affirmative Action*, New York: Dell Publishing, 1994, pp. 10-11.

[4] J. Edword Kellough, "Affirmative Action in Government Employment," *The Annals of the American Academy of Political and Social Science*, 523 (September, 1992) , p. 124.

肆、1980 年代的轉型期

　　1970 年代對少數族群優惠政策的支持者來說，是一個豐收的時期。聯邦法院雖然確實不願對雇主或政府機關賦予無限制的權力去執行該政策，但一般來說，它們是支持該政策的。最高法院於 1978 年宣布，大學承辦入學許可的工作人員，可以將「種族」列為考慮許可的一項因素，雖然不是唯一的因素。國會很少有兩極化的表決出現。例如 1977 年，國會曾以壓倒性的比數（眾議院以 335 票對 77 票，參議院以 71 票對 14 票），通過在「公共工程就業法」（Public Works Employment Act）下，保留百分之十的工作名額給少數族群人士。國會後來在1982年的「高速公路改善法」（Highway Improvement Act）也做類似「保留」的規定，目的在協助「在社會上及經濟上弱勢的個人」，在沒有什麼爭議的情況下，國會迅速的通過。

　　1980 年雷根總統（President Ronald Reagan）的當選，被認為是一個關鍵的時刻。1980 年代是少數族群優惠政策的轉型期，原先主要支持者之一的行政部門轉變了方向，反對由聯邦政府採取強有力的少數族群優惠措施。大致說來，1980 至 1988 年，可說是該政策的轉型階段。雷根在1980年競選總統時，就對種族問題的補救措施強烈表示負面的看法，此注定會使相關措施的適用性受到限制。這些後來都反映在雷根總統任命民權委員會委員、平等就業機會委員會委員及聯邦法院的法官上面。

　　不過，在這段轉型期，少數族群優惠政策得到最高法院額外的支持。在 1986 至 1987 年的任期中，最高法院法官判決一系列支持各種少數族群優惠計畫的規定，包括對法官所發現的歧視案例中，規定應有嚴格的少數族群僱用計畫；在 1987 年的一個案例中，支持低一級法院的判決，要求阿拉巴馬州政府的州警察，必須要保留一定比例的名額給非洲裔的美國人；及在加州的一個案例中，法院支持郡政府的決定，即雖然一位白人男性公務員在資格上略優於一位白人女性公務員，但仍然決定升遷白人女性公務員。

伍、1990 年代的少數族群優惠政策：
第三階段

如果雷根總統時期代表的是一段轉型期，在此時期中，少數族群優
惠政策失去了行政部門的支持，則 1990 年代可說是雪上加霜的衰退時
期。1988 至 1998 年構成了少數族群優惠政策演進的第三個階段，在此
階段因情勢有了極大的變化，因此擁護者在此階段的後期就增加施壓。
自 1988 年開始，發生了兩件重大的事情：第一，法官甘迺迪（Anthony
Kennedy）經參議院同意，取代鮑威爾（Lewis Powell）成為最高法院大法
官。而基本上，鮑威爾是傾向支持諸如此類優惠政策的；甘迺迪則是採取
反對的態度。後者的觀點被認為與另外兩位大法官一致，他們是史卡利亞
（Antonin Scalia）與任奎斯特（William Rehnquist），而任奎斯特於 1986
年被雷根總統調升為首席大法官。

第二項重大事件是布希（George Bush）當選美國總統。布希總統經
由繼續任命保守的法學專家進入聯邦政府工作，特別是於 1991 年 10 月任
命非常反對種族優惠政策的湯瑪斯（Clarence Thomas）為最高法院大法
官，而對少數族群優惠政策產生關鍵性的影響。最高法院成員改變的結
果，不久就顯現出來，在此方面已經有許多人討論過，此處不贅述。本文
只對最高法院的奧妙轉變與其哲學觀點的關係，稍做說明。

一直到 1987 年，最高法院至少還對各種優惠方案給予相當的支持，
可是從 1989 年開始，情況改變了。他們在 Richmond 對 Croson 一案中，
拒絕了 Richmond 市政府所提出的少數族群保留名額優惠計畫，該計畫目
的在增加少數族群之契約商的百分比，最高法院宣布此類補救性的方案，
必須符合憲法第十四條修正案所訂的「嚴格審查」（strict scrutiny）標
準。

雖然如此，在布希總統主政期間，也並非每一件事均對反少數族群優
惠政策份子有利。國會仍然被民主黨議員所控制；民主黨仍然在國會中及
較廣大的社會提供了制度性支持的防衛堡壘。此項支持在 1989 至 1991 年

間獲得證實，當國會回應最高法院於 1989 年 1 月所交下的一系列法院決定時，國會採取了不同的決定，最高法院的這些決定被認為是平等就業領域上的重大挫折。國會於1990 年以通過「民權法」（Civil Rights Act）的方式，推翻了最高法院的決定。

　　雖然支持民權法案者竭智盡力的奔走努力，且民權法案也終獲通過，但是從立法奮鬥過程來看，它也顯現了一些重要的缺陷：民權法案在眾議院以 273 票對 154 票、在參議院以 62 票對 34 票獲得通過，然而共和黨議員卻壓倒性的反對，例如在眾議院中的 173 位共和黨議員，只有 34 位支持該法案；在參議院中的 43 位參議員，只有 9 位支持該法案。此法案立法過程所出現的政黨與意識型態之兩極化，與過去其他民權相關法案的投票情況，可說呈現尖銳的對比。此種情況可能是共和黨議員深信，為就業歧視問題所採取的立法補救措施，最後將導致雇主要按照「配額」（quota）僱用員工，而雇主害怕會因而常面臨就業歧視的訴訟問題。當國會支持者無法對布希總統所提出的一項否決案予以推翻時，1991 年國會戰場又重新戰雲密布。到了 1991 年年底，就在 Anita Hill-Clarence Thomas 公聽會之後，因為擔心共和黨予人敵視少數族群的印象，布希簽署了一項類似 1990 年被他否決的法案。

　　在三年內，未來國會欲對少數族群優惠政策採取強力支持的情形已出現了問題，因為選民選出了一個共和黨議員占多數的眾議院，這是自從 1952 年以來的第一次；同時，也選出足夠的共和黨參議員，使共和黨控制了參議院。而這是共和黨四十年來第一次同時控制兩院，幾乎確定的是，少數族群優惠政策及其支持者將面臨更敵視的政治環境。

　　到了 1995 年，對各種種族歧視補救方案較不具同情者控制了聯邦司法部門及國會。由民主黨的柯林頓總統所控制的行政部門，僅能扮演部分的牽制角色。在由最高法院處理的一件最有名的優惠案件中（Adar and Constructors 對 Pena 案），大法官於 1995 年 6 月判決，由聯邦政府機關所頒行的「保留名額方案」（set-aside programs）必須像州或地方政府的方案一樣，經過「嚴格的審查」。此舉導致柯林頓總統採取如下的做法：即限制「保留名額」情況可適用的範圍，但至少保留了少數族群優惠政策

的重要要素。惟不論如何，此種變化已迫使柯林頓政府可能實質上減少聯邦政府契約商中之少數族群的企業主。其他許多較低法院所做的判決案件，也均產生類似令人震撼的結果，對少數族群優惠政策造成不利的影響。簡言之，總統任命保守派人士進入法院的做法，十二年所累積的影響，已經開始陸續呈現。

1990 年代的十年也出現另一種重要的現象，那就是由選舉政治所表現出來的是「民意」（public opinion）在政策辯論中，尚未扮演主導性的角色。此種改變始自加州及其他地區的活躍份子動員支持力，以反對相關的優惠政策。雖然在過去五十年，劇烈反對黑人之偏見水準已經顯著衰退，但是白人對降低種族不利待遇的特定政策，支持度仍然是很低的。學者 James R. Kluegel 及 Eliot R. Smith 於 1986 年指出，在過去幾年中，大多數白人對少數族群優惠政策的敵視仍然很高。從 1986 年的調查資料顯示，在整個勞動人口中，少於百分之十六的人支持少數族群優惠方案，而反對者卻達百分之八十四。在 1990 年的「一般社會調查」（General Social Survey）結果顯示，只有百分之十五的人支持種族歧視補救方案，而有百分之五十一的人表示反對，其餘百分之三十四的人表示中立的立場。儘管 1996 年 7 月一項蓋洛普測驗（Gallup poll）顯示，有百分之七十二的民眾認為美國種族歧視問題「很嚴重」或「稍嚴重」；但另一項於該年 4 月所做的調查卻指出，有壓倒性的百分之八十三受訪者反對相關的優惠方案。

在 1996 年之前，對於種族有關的方案，還未曾有過就單一方案做公民投票的表示。而 1996 年後，情況不一樣了，因加州公民對加州第 209 號提案，亦即「加州民權創制案」（California Civil Rights Initiative）進行了公民投票。在人種最多元化的加州，政治壓力逐漸升高，選民對一系列已採用多年的種族相關方案進行投票。結果是，第 209 號提案在 1996 年 11 月以百分之五十四對百分之四十六的選票獲得通過。該提案要求加州「在州的就業或利益方面，不得對任何團體做有利或不利的歧視」。擁護該提案者宣稱，該提案如獲通過並執行，將取消任何基於種族原因在就業及教育方面所做的優惠規定，但不會排除基於經濟需要所實施的優惠方

案。

根據投票資料分析，男性壓倒性的支持該提案（百分比為 61 對 39），女性則反對者較多（百分比為 52 對 48），白人強烈支持該案（百分比為 63 對 37）。另外一個值得注意的現象是政黨的投票傾向十分明顯：共和黨人壓倒性的支持該案（百分之八十支持），自認為是獨立派的人士也表示支持（百分比為 59 對 41），而只有自認為是民主黨的人反對該案（百分比為 61 對 39）。

隨著加州第 209 號提案獲得投票通過，各州就設法相繼限制或取消「優惠」措施。例如，1998 年 11 月，華盛頓州的選民就通過了一項基本上與加州第 209 號創制案相同的提案。此外，美國最高法院拒絕對加州所通過的第 209 號創制案進行是否違憲的聽證會。司法部門拒絕對州政府層次提案做違憲與否的裁判，使少數族群優惠政策的擁護者，似乎不得不把資源轉投到州級的戰場上，而欲在這一級的戰場上獲勝是相當困難的。

陸、反種族隔離與少數族群優惠政策：比較的觀點

在與另一個重要的種族政策領域——反種族隔離（desegregation）比較之後，可以發現少數族群優惠政策具有若干重大的特徵，此項比較主要是根據前面敘述的內容而做的。

基本上，民意對主張消除種族隔離者而言，是明顯有利的。Howard Suchman、Charlotte Steeh 及 Lawrence Bolo 三位學者於 1985 年指出，在 1942 年只有百分之四十六的白人反對公共交通工具採用種族隔離的做法，但在 1963 年反對隔離的百分比增加為七十九，到了 1970 年更提高到百分之八十九。同樣的，在 1942 年時，受測者認為黑人與白人應具有同等工作機會的百分比為四十五，但在 1963 年增加為百分之八十五，到了 1970 年再增為百分之八十八。另一項由「全國民意調查中心」（National Opinion Survey Center）所做的調查也指出，受測者對白人與非洲裔美國

人可就讀同一學校的支持率，在 1942 年只有百分之三十，但到了 1981 年即猛升至百分之九十。此顯示，反種族隔離的趨勢早就在進行中，此等資料與少數族群優惠政策的民意表示，可謂有天壤之別。

國會以肯定且橫掃千軍的態勢，於 1964 年通過了「民權法」及 1965 年通過了「投票權法」（Voting Rights Act）。民權法以壓倒性的勝利獲得通過，且兩黨議員均給予強烈的支持：在眾議院之比數為 290 票對 130 票（其中民主黨議員有 152 人支持，96 人反對；共和黨議員有 138 人支持，34 人反對）；參議院的通過票數為 73 票對 27 票（其中民主黨議員支持者 46 人，反對者 21 人；共和黨議員支持者 27 人，反對者 6 人）。對於這兩項法案的投票狀況，最令人吃驚的是共和黨議員的「強烈」支持態度，這與後來共和黨議員在國會所表現的反對作風，形成兩極化的對比。

國會中反種族隔離的成功經驗，也清楚的反映了國會中政黨所產生的共識，及獲得以下諸總統的支持：杜魯門、艾森豪、甘迺迪及詹森等。甚至早在羅斯福政府時代就曾採取了一些小步驟，包括總統曾發布一項行政命令，要求國防工廠必須接受非洲裔美國人為員工。此一行政命令第 8802 號也設立了「公平就業實務委員會」（Fair Employment Practice Committee），以調查對國防工業有關就業歧視的指控。

在政黨內部，尤其是具有強力南方背景的民主黨，也發生了變化。在 1948 年民主黨內部情緒高昂，於民主黨全國大會中通過了一項進步的民權黨綱，此舉馬上引起南方各州的黨大會代表離開會場表示抗議，並且導致南卡羅萊那州州長 Strom Thurmond 以第三黨的名義投入總統大選。此項黨綱能獲致通過應歸功於杜魯門總統，因為他強力支持對南方人士展開反擊。

少數族群優惠政策在某些重大層面迥異於反種族隔離政策。優惠政策的演進，乃是民意、最高法院判決、國會行為及行政部門彼此間動態關係的結果，最後形成對擁護者更具敵意的政治環境。民意的情況明顯的不同於早期反種族隔離所面臨的民意。前面已引述各項調查資料顯示，民意實質上反對有關種族歧視的補救措施。因此，我們可以發現，同樣的民眾

表示支持少數族群優惠政策的目標，但是卻拒絕為達成該目標所使用的手段。

政府機關對少數族群優惠政策的反應，也以戲劇化的方式展現不同的狀況。司法部門最初的反應是正面的，但對優惠政策的支持卻是有限度的。巴克案（Bakke）就是一個很好的例子，雖然最高法院裁決種族因素可以作為准許入學申請的考慮因素，但又強調種族並非是唯一的考慮因素。其他就業方面的決定，包括只有在證明有種族歧視情況下，才准許一定「名額」的保障，故即使補救措施也是受到限制的。

國會與行政部門的反應也值得注意。就像早期反種族隔離的努力一樣，少數族群優惠政策也是源自於多位總統對行政命令的應用。有人也許認為，行政部門內部的早期成功，如獲司法部門的支持，使得少數族群優惠政策用不著像 1950 年代的民權組織一樣，必須成功的建立「政治聯盟」（political coalition）。直到行政部門被對該政策敵視者控制之前，情形確是如此，後來這些敵視者透過任命、預算及其他行政上的手段，限制了「標的政策」（targeted policy）的效能。

雖然國會在早期反種族隔離的戰鬥中，是一個非常重要且可見的參與者，但在少數族群優惠政策上，情形卻非如此。正如前述，國會曾支持有限的少數族群優惠方案，如 1970 年代後期所通過的若干優惠方案，及對最高法院判決限制民權法律的擴充，透過法規的解釋予以回應。但無論如何，國會要開拓一個像今日的政治環境，以使方案能像 1960 年代民權法律立法時所獲得的壓倒性支持，乃是極度不可能的。

柒、其他議題

為進一步了解少數族群優惠政策的未來之前，此處特簡述另外兩個相關的議題：載運黑人學童至白人學校上課，與反對歧視男女同性戀者。此處使用前面適用於反種族隔離及少數族群優惠政策的相同基本因素，來分析此二議題。關於第一個議題，Page 及 Shapiro 兩位學者說，「絕大多

數的人，當每次被問到對專車載運學童政策的看法時，大都表示反對。在 1976 年，全國民意調查中心報告說，只有百分之十六的人贊成，反對者達百分之八十四」[5]。1976 年是接近專車載運學童政策爭論的最高峰時期。雖然在最近幾年反對的情形並不是那麼的普遍，但也沒有獲得大多數的支持。在 1990 年，全國民意調查中心報告，百分之三十五的人贊成，而反對者為百分之六十五。像少數族群優惠政策一樣，專車載運學童以消除種族隔離的政策，在早期也獲得聯邦司法部門官員的支持。自 1960 年代後期開始，最高法院以一系列判決，支持聯邦法官有權在某些地區頒行專車載運學童，以達到黑白合校的目的，雖然如同少數族群優惠措施一樣，法官的意見也常常是分歧的；一項重大的阻礙發生在 1974 年的 Milliken 對 Bradley 一案中，最高法院拒絕支持一項廣泛的城市與郊區專車載運學童計畫。

專車載運學童計畫幾乎確定很少獲國會及行政部門的支持。很少政治人物願意在這項政策上被視為「完全支持者」。尼克森總統雖然悄悄的支持少數族群優惠措施，但卻公開反對專車載運學童計畫，並把它作為他的「南方策略」（southern strategy）之一部分。國會對該計畫的支持，甚至更受到限制及薄弱。目前的情況是，專車載運學童計畫在政治上與政府部門的支持方面，已日趨沒落了。

目的在減少對男女同性戀歧視的政策，也遭遇類似的問題。在傳統上，民眾對同性戀的態度是負面的：在 1970 年代及 1980 年代所做的調查中，有百分之八十的受測者表示，同性戀是「永遠或幾乎永遠是錯的」，雖然表示同性戀行為是違法的百分比落在四十五至六十之間，但同時對同性戀者應有平等工作機會的支持度反而升高，多數的人反對在各種職場中歧視同性戀者。

儘管對同性戀的態度最近已有所轉變，可是司法部門、國會及行政部門挑起此議題的意願卻很慢且很有限度。柯林頓總統的「不要問，不要

---

[5] Benjamin Page and Robert Y. Shapiro, *The Rational Public*, Chicago: University of Chicago, 1992, p. 73.

說政策」（don't ask, don't tell policy），就是一個負面回應的例子。司法部門或國會不願意研究此議題，也說明了男女同性戀者所面臨的障礙。Gregory B. Lewis 在 1997 年強調，雖然聯邦政府在過去二十年對同性戀的僱用與保護已有相當進展，然而一般人對同性戀者的歧視依舊持續者。另外，Lewis 也指出，減少對男同性戀歧視的進展，主要是透過法院及行政機關的行動[6]。

捌、一個嘗試性的模式

本文在前面已提出多項「變項」（variables），將早期的反種族隔離政策與少數族群優惠政策做一比較，並使用這些相同變項檢視了專車載運學童政策及同性戀政策，然則如何把這些討論組合在一起？是否有任何的途徑或模式可幫助我們解釋這些議題的演進狀況？

本文作者 Euel Elliott 及 Andrew I. E. Ewoh 兩人認為，可採用 William Mishler 與 Reginald S. Sheehan 於 1993 年所提出的模式，及 Benjamin Page 與 Robert Y. Shapirs 兩人於 1983 年所提出的模式。在一項有關最高法院決策的研究，由 Mishler 與 Sheehan 為民意趨勢與最高法院長時期以來判決間的互惠關係與正面關係提供了實證證據。雖然可能有實質的時間差存在，但是最高法院具有意識型態的成員，卻因回應政黨、總統與國會意識型態的改變，而有了變動。即在競選活動中，保守勢力在政黨中抬頭，行政部門與國會意識型態的轉變，促使最高法院乃至聯邦司法部門的成員均做了變動。他們兩人的結論是，民意也可能具有顯著的影響力，即使不必改變總統與國會的意識型態組合。因此，司法部門也無法免除大眾的壓力。他們兩人的研究發現與 Page 及 Shapiro 的研究大致上是一致的。Page 及 Shapiro 兩人指出，當民意與政策間的關係不完美時，民意常常是政策取向的「直接原因」（proximate cause），特別是在民意變遷巨大及

---

[6] Gregory B. Lewis, "Lifting the Ban on Gays in the Civil Service" Federal Policy Toward Gay and Lesbian Employees Since the Cold War, *Public Administration Review*, 57c5, 1997, p. 394.

穩定時。

　　本文作者認為，少數族群優惠政策代表了一個行政部門、法院及國會受民意影響，而限制涉及種族歧視補救方案之相當合理的個案。尤其是，雷根當選總統後，首先在行政機關層次做了改變，而最後在 1987 年任命 Anthony Kennedy 為最高法院大法官（於 1988 年獲參議院同意），從而影響了最高法院的判決方向。更有進者，雷根與布希總統任命保守派法官進入聯邦較低級的法院，也在 1990 年代初期及中期，產生了很大的影響力。

　　本文作者進一步指出，雖然各政府部門在政策發展的早期具高度自主性，但是如果它們與大多數民意的差距太大，而想繼續堅持其政策主張的話，顯然是絕無法如願的。政策最終必須拉回「溫和的立場」（moderate position），以減少大眾偏好與政策間的不和諧。

　　關於男同性戀權利的政策方面，有兩點可說明者：第一，就個人層次而言，此議題可能持續太久了，以致只有在逐漸潛移默化及經過世代轉變，才能在民意的推動上有所進展。第二，很可能法院及民選的政治機構（指總統及國會）對於延伸男女同性戀者的法律保護措施，將會採取非常謹慎的態度。

　　憲法的規定對政策結果的形成扮演了重要的角色，除非是為了補救先前的特殊歧視做法，否則司法部門從未說過少數族群優惠措施是憲法賦予的權利。此議題基本上已成為聯邦政府、各州、地方政府及私人機構是否會採行此些優惠措施的問題。儘管最高法院可做相關的判決要求大家採行優惠措施，但是經驗顯示，如果民眾對於此類改變是採取敵視態度的話，這些措施也非常難以執行。最明顯的例子是，1950 年代及 1960 年代的南方各州及其他地區如波士頓，對於學校反種族隔離的努力，就產生了災難性的兩極化結果。

玖、結論

本文檢視了兩項政策方案，雖然它們導向相似的目標，但卻產生了不同的結果。在系統的比較於 1960 年代中期提出、目前仍在許多地方執行的少數族群優惠政策與現代民權運動後，本文作者指出，民眾與政府機構支持度的不同，及這些變項間的互動狀況，有助於我們解釋何以這兩個政策議題的「結果」會有差異。而在做這些比較時，也引據專車載運學童政策及對待同性戀政策，作為差異的補充說明。

本文發現，像少數族群優惠政策這樣一個具高突出性及高透明度的政策，如果政府的三個部門均願意投入政治資源及聲望去推動的話，有可能得到早期的成功。可是根據前述嘗試性模式指出的，當民眾意見逐漸影響了司法部門的反應、行政部門的支持、關鍵性職位的任命時，這類政策就可能漸受侵蝕，甚至產生反向的動力。一旦少數族群優惠措施被形塑為「反向歧視」（reverse discrimination），或被認為基本上是不公平的話，在國會中、行政部門中，各州中及其他地方的反對者，就會將自己置於策略上較優勢的地位，不會輕易的介入。

由以上分析可知，美國政府機關深受大眾情緒（public sentiment）所影響，而這是民主社會不可避免的特徵。惟仍然不夠明顯的是，大眾情緒的不可預測性仍很難加以分析。再者，下面的問題值得進一步做學術性探討：為何美國公平（fairness）的涵義是指「去除不利狀況」（removing disadvantage），而完全不等同於「平等化有利狀況」（equalizing advantage）？本文作者希望在做此項研究時，能廣泛的引用已在公共財政文獻中辯論甚多的「水平公正」（horizontal equity）論點。應小心的一點是，水平公正的概念在應用時可能會有問題，因為此項原則最後是建立在隱含於美國憲法所保障之平等保護的「平等對待」（equal treatment）上。

本文進一步建議，少數族群優惠政策或任何補救性的方案之未來，將視政策運作過程中的參與者，是否願意接納某種形式的自願性多元方案而定。從少數族群優惠的努力，邁向連續的與漸進的將美國多元人口都涵

蓋在內，以達成美國民主政治的理想及社會政治的過程，仍有很長的一段路要走。本文作者希望政策學者、行政人員及決策者能夠發現創意的及創新的方法，坦白的及務實的處理「多元化」（diversity）問題，並將它們作為政府再造典範中的主要成分。在本文作者眼中，這一點也不等同於平等化任何已知的利益。採用自願性方案，並結合若干強制性方案，依然可以使少數族群優惠政策的理想獲得實現（本文取材自 Euel Elliott and Andrew I. E. Ewoh. "The Evolution of an Issue: The Rise and Decline of Affirmative Action," *Policy Studies Review*, Summer/Autumn, 2000 17:2/3, pp. 212-237）。

政策規劃篇

15

漸進調適科學的內涵

　　在多項代表性的政策方案決策途徑中，「漸進決策途徑」（incremental decision-making approach）是其中的一項。該項途徑係由林布隆（Charles E. Lindblom）所提倡，而 1959 年所發表的〈漸進調適科學〉（The Science of Muddling Through）一文即是漸進決策途徑的主要精華所在。雖因林布隆在二十年後的 1979 年又發表了一篇〈仍須調適，尚未完成〉（Still Muddling, Not Yet Through），以補充並辯解〈漸進調適科學〉一文之不當與所受的攻擊，但是林布隆的決策觀點主要還是反映在〈漸進調適科學〉一文，故本文擬摘述該篇文章的大要，使讀者能知其梗概。於此順便對林布隆教授的生平做簡單的介紹：林布隆於 1917 年 3 月 1 日出生於美國加州，1937 年畢業於史丹福大學，主修經濟學及政治學；1945 年獲得芝加哥大學經濟學博士後，即前往耶魯大學任教，曾任該校社會科學院院長及政治系主任；1975 年度擔任美國比較經濟學會會長；1980 至 1981 年擔任美國政治學會會長；1981 年夏天曾應邀來台灣訪問，並於 8 月 10 日下午應中國行政學會邀請在政大公企中心發表演講，次日下午則應中國政治學會邀請發表演講。林布隆教授著作甚豐，均極具學術價值。以下即為「漸進調適科學」一文的摘要。

壹、前言

　　假設某位行政首長被賦予規劃通貨膨脹政策的責任，他可從嘗試依照重要性的順序，列出所有相關的價值（目的）開始著手，例如充分就業、合理的企業利潤、保護小額存款人、預防股市崩盤等。然後，在達到這些價值的最大化時，可或多或少有效的將所有政策的可能結果均予以評等出來。此舉當然必須對社會各成員所持的價值觀進行大規模的研究，並且須同樣進行龐雜的計算，以了解某一價值約等於另一價值的多少。於是他可進而列出所有可能政策方案的大要。第三步是，他可對眾多的替選方案從事系統性的比較，以確定何項方案最能達到最大的價值。

　　在比較政策方案時，他可以利用某項理論，將所有的方案加以一般化。例如在考慮通貨膨脹問題時，他可以利用價格理論，比較各政策方案。因為他已對所有的方案進行探究，所以他一方面可考慮採取嚴格的中央管制與廢除所有的價格與市場運作的方案；另一方面他可基於經濟理論的類推性觀點，採取消除所有公共管制方式而完全依賴自由市場運作的方案。最後，他會嘗試選擇事實上能使他的價值最大化的方案。

　　另外一種規劃政策的方式是，這位行政首長可設定他的主要目標，以明示或不做詳細思考的方式為之，其目標相當簡單，那就是將物價控制在一定的水準內。此項目標可能會受其他某些目標的影響而妥協或變得複雜，例如受到充分就業目標的影響。事實上他會放棄大部分超出目前感興趣的其他社會價值，甚至也可能不對目前立即相關的少數價值加以評價。如果他受追問的話，他將很快的承認，他的確有意忽略許多相關的價值，以及各方案的許多可能的重要結果。

　　第二步驟是，他將列出在他周遭的相當少數的政策方案。往後，他會對這些方案進行比較，而在比較有限的幾個方案時，主要是以過去熟悉的爭論為依據，通常不會去尋找足夠精確的理論，以比較各方案的結果。相反的，他將極為倚重過去的經驗，採取較小的政策步驟，以預測由類似步驟延伸至未來的結果如何。

　　進一步言之，他將發現政策方案以不同的方式，將目標或價值合併在內。例如，某一政策可能冒失業風險之代價，而主張採穩定物價水準的措施；而另一政策為採較低物價水準穩定與較少失業風險的做法。由此，此項決策途徑的最後一步是將價值的選擇與達成價值之政策工具的選擇合併在一起考慮。他將不會像前一種決策方法一樣，以近乎準確的方式，去建構選擇最能滿足先前已澄清及評等之目標的手段（means）。由於第二種決策途徑的決策者只預期達成部分的目標，故當情況有改變時，預期將不斷的進行反覆的考慮與修正。

貳、根本途徑或枝節途徑

　　就解決複雜的問題而言，採行前述兩種途徑中的第一種（根本途徑）（root approach）乃是不可能的。雖然此一途徑可以被描述，然而除了某些極簡單的問題外，實際上並不可行，因為決策者並不具有足夠的智慧能力及資訊來源，且分配給方案的時間及金錢受到限制。就公部門的行政官員而言，由政治上及法律上所賦予的功能與所受的限制，使他們的注意力僅能置於少數的價值（目標）及相當少數的政策方案，儘管他們所想到的方案非常多。因此，第二種枝節途徑（branch approach）較為實際可行。

　　儘管第一種根本途徑並不實際可行，但是過去許多著作卻都在討論它，給予它一定的地位。因此本文的重點在澄清並正式化第二種枝節途徑（也稱方法）的地位。本人將此種途徑稱為「連續有限比較法」（the method of successive limited comparisons），並將它與第一種途徑對照說明，此途徑可稱為「理性廣博法」（the rational-comprehensive method），也稱為「根本方法」（root method）。枝節方法乃是從目前狀況往前連續以小幅度的方式，一步一步的考慮解決方案；而根本方法則是每一次均從根本全新做起，只有當經驗已涵蓋在理論中，才會參考過去的經驗，並且通常是完全從基礎部分開始做起。

　　這兩種方法的特徵可從下表的對照中得知其梗概：

理性廣博法（根本方法）	連續有限比較法（枝節方法）
1. 明確澄清價值或目標，且通常為政策方案實證分析的先決條件。	1. 對所需行動之價值目標選擇及實證分析並不明顯區分，而是緊密糾纏考慮的。
2. 政策規劃經由手段與目的分析而達成：首先是孤立目標，然後尋求達成目的之手段。	2. 由於手段與目的並不明確分開考慮，故手段與目的之分析常常是不適當的或受限制的。
3. 「良好」政策的檢測標準是它顯示出為達成可欲目的之最適當的手段。	3. 「良好」政策的檢測標準，基本上是各類政策分析人員直接同意該政策（無須同意它是達成同意目標的最適當手段）。
4. 分析是廣博性的：每一項重要的相關因素均列入考慮。	4. 分析是極受限制的： （1）重要的可能結果被忽略。 （2）重要的潛在政策替選方案被忽略。 （3）重要的被影響價值被忽略。
5. 通常非常依賴理論。	5. 因進行連續比較，故大大減低或消除對理論的依賴。

茲依據表中兩項方法觀點之對照，分述重點如下文。

參、評估與實證分析糾纏不清

　　欲了解連續有限比較法如何處理價值的最快方法，就是去了解「根本方法」通常如何將價值或目標分解處理。根本方法的價值觀念必須澄清，而且是優先於替選政策方案的檢視。但是當我們對複雜問題採取此種做法時，會發生什麼事呢？首先發生的困難是，一般民眾、國會官員及行政官員對於許多重要的價值或目標，無法獲得同意的看法。即使行政官員已經訂定某項相當明確的目標，但是對於各項次級目標，仍留有相當「不同意」的空間。由於行政官員在確定多數人偏好時，常面臨多重衝突價值的情況，因此行政官員只好常常在未澄清目標的情形下做決定。

　　其次，即使一位行政官員決定依據自己的價值觀作為決策的標準，在這些價值觀彼此互相衝突時（事實的確如此），他也常難以評價這些價值觀的重要順序。一項簡單的評價做法是不夠的，理想上來說，他需要知道接受某一項價值值得犧牲多少其他的價值。答案是行政官員必須直接從各

項政策方案中做選擇，而這些方案已以不同方式將各種價值觀合併在內。因此，他無法先澄清價值，然後再從諸項方案中進行選擇。

第三項困難是社會目標並非一定會有同樣的相對價值，某項目標在某種環境下，可能獲得高度的評價，而另一項目標則在另一種環境下，獲得較高的評價。此項觀點的意義在於，即使所有的行政官員手上已有一套大家都同意的價值、目標、限制，並對這些價值、目標、限制的評等均已同意，但是在實際進行選擇時，仍然不可能去計算前述項目的「邊際價值」（marginal values）。

總之，枝節方法在處理價值問題時，有兩項特點值得一提：其一，評估與實證分析糾纏不清，即決策者從諸項價值中進行選擇，而同時也從各替選方案中進行選擇；更明白的說，決策者同時選擇一項可達成目標的政策以及選擇目標本身。其二，決策者將注意力聚焦於邊際的或漸進的價值。假定決策者面臨 X 政策與 Y 政策選擇其一的狀況，此二政策均可同等的達成目標 a、b、c、d 及 e，但是 X 政策較 Y 政策能提供多一點的 f，而 Y 政策則較 X 政策能提供多一點的 g。於是在就兩者選擇其一時，決策者事實上是將 f 邊際的或漸進的數量賦予政策方案後再做考慮，而以犧牲漸進的 g 數量為代價。於是，與其選擇相關的價值便唯有那些區別兩項方案的漸進性價值而已，當他最後就兩項邊際性價值進行選擇時，也就是在就兩項方案進行抉擇。

肆、手段與目的之關係

決策通常被形容為手段與目的（means-ends）關係的探討：目的必須獨立的且先於手段的選擇選定，爾後才選擇與評估可達成目的之手段，這就是根本方法所主張的手段與目的關係論。但是此項手段與目的關係論只有在價值被同意、被調和，且其邊際性是穩定的情況下才有可能。因此，從枝節方法的觀點而言，此種手段與目的關係論是不存在的，而主張同時進行手段與目的的選擇。

　　然而，避談根本方法所主張的手段與目的關係論，將會打擊某些讀者並被他們認為是不可思議的事。因為他們覺得只有透過此項手段與目的關係論，才有可能決定某項政策選擇到底是優於或劣於另一項政策的選擇。如果決策者缺乏既定的目的作為判定決策的標準，那麼他們如何知道他所做的是聰明的或是愚笨的決定呢？欲回答此項問題，可檢視下一項根本與枝節方法的顯著差異：如何決定最佳政策。

伍、良好政策的檢測

　　就根本方法而言，如果一項決策顯示可達成某些特定的目標，而這些目標不只是描述決策本身而是可明確界定者，則該項決策就被認為是「正確的」（correct）、「良好的」（good）或「理性的」（rational）。基本上，決策者同意，討論政策正確性的最有效方法，乃是將該政策與可能獲選的其他政策進行比較。但是當決策者面臨無法以抽象的或邊際的詞句，同意價值或目標時，情形會是如何呢？就「良好政策」的檢測（test）又是如何呢？就根本方法來說，並無檢測的問題，因為如果無法同意目標，也就沒有「正確性」的標準。而就枝節方法而言，良好的政策也就是政策本身被同意的政策，雖然政策目標可能無法獲得大家的同意。是以「同意政策」變成政策正確與否的唯一實際判準，乃因此可說，決策者如果無法界定何謂良善政策，但辯護說某項政策是良善的，此種行為並非是「不理性的」（irrational）。

陸、非廣博性的分析

　　理想上來說，理性廣博的分析不會遺漏任何重要的事情。但是除非「重要的」這個觀念被窄化，以致分析事實上受到相當限制，否則不可能把所有重要的事務全部列入考慮。人類在智力及可用資訊方面所受的限

制，一定會限制人們進行廣博分析的能力。因此事實上，沒有人能夠針對真正複雜的問題，採行理性廣博的方法。每位決策者在面臨極端複雜的問題時，必須要設法將它大大的簡化。

就連續有限比較方法來說，主要是透過兩項方法系統化的達到「簡單化」（simplification）目的：第一，對與現行政策稍有不同的替選方案進行有限的比較。此項做法立即減少被考慮的替選方案數目，並且大大簡化了每個方案的性質，因為決策者無須對每項方案及其後果進行根本性的探究，他只須將獲選方案及其後果與現行方案進行比較研究即可。第二，決策者實際上忽略替選方案的可能重要後果，及忽略依附在該等被忽略後果的價值（目標）。

雖然漸進決策途徑有許多明顯的缺陷，但是如果與根本方法相較的話，枝節方法看起來還是比較優越。就根本方法來說，要求各項因素必須窮盡的考慮，截至目前為止的論證發現，它只是偶然的、非系統化的、與難辯護的；而就枝節方法來說，其所主張的「窮盡性」（exclusion）是審慎的、系統化的與可辯護的。當然理想上，根本方法不必一定「窮盡」，但實務上卻必須如此。另一方面，枝節方法也並不必然忽視長遠的考慮及目標。很清楚的是，在考慮政策方案時，某些重要的價值必須被省略；同時有時候為了注意長期目標，必須忽視短期目標的考慮。不過，有關價值的省略可以是長期性質的，也可以是短期性質的。

柒、比較的連續性

枝節方法的最後一項顯著的要素是各項比較與政策的選擇，乃是依照時間順序依序進行的。政策並非一次就做成而且不會改變，而是無休止的做成與重做（re-made）。政策制訂是一項對某些可欲目標連續概算的過程，而所謂可欲的目標也在考慮之下不斷的改變。

政策制訂至多只是一項非常粗糙的過程，不論是社會學者、從政人物或是行政官員，迄今無人能足夠了解社會的實況，可以避免預測政策後果

時一再犯錯。因此，一位聰明的政策制訂者會期望其主張的政策將只能部分達成他所希望的目標，而同時將產生某些他希望避免的非預期後果。如果他採取連續漸進改變做法的話，有數項方法可避免一些嚴重的錯誤：

第一，過去政策順序性的運作過程，可給予決策者如採取類似步驟將可能獲得何種後果的知識。第二，決策者無須嘗試對其目標做跳躍式的考慮，這些目標須以超出任何人知識的方式進行預測，因為決策者從來不預期其政策是對某問題的最後解決方案，其決定只是向前邁進一步而已，如果該決定獲得成功，另外一個步驟將立刻緊隨而至。第三，決策者在向每一個更前的步驟邁進時，他實際上可以檢測他以前的預測是否正確。第四，決策者通常可以相當快速的修正過去的錯誤。

捌、結語

總結而言，連續有限的比較確實是一種方法或制度（system），它並非是一種方法上的失效而要求採此法的決策者應為此道歉。不過，其缺失的確有很多，例如此方法缺少對相關價值的根本保障；又如可能導致決策者在連續有限比較過程中會疏忽未被提出的優異政策方案。因此應當指出，在此種方法及某些根本方法的變型（如作業研究）之下，政策替選方案將繼續同時具有明智與愚笨的性質。

然則為何本文要對枝節方法不厭其煩的做上述的探述呢？理由是，它的確是政策規劃的一個通用方法，並且是行政首長與其他政策分析人員在面臨複雜問題時，最主要的倚賴方法；在許多環境下處理複雜問題時，它優於任何其他可用的方法。不過行政首長（決策者）在實際採用此種方法時，必須要更有技巧的應用，並且知悉何時要擴充或限制它的使用。他們有時候很有效的使用它，有時則否。正說明了對 muddling through 一詞的兩種極端意見；同時它被稱讚為解決問題的高級形式，在此情形下，該詞稱為「漸進調適」，也被貶為無方法可言，因此該詞又被稱為「混過去」。由於我（林布隆教授）認為它是一種方法也是一種制度，所以

我以「漸進調適」稱之（本文取材自 Charles E. Lindblom, "The Science of Muddling Through," *Public Administration Review*, 19, Spring, 1959, pp. 79-88）。

16

集體選擇議題探討

壹、集體選擇的議題

    C. V. Brown 與 P. M. Jackson 在《公共部門經濟學》（*Public Sector Economics,* 4th ed., 1994）一書中，以「集體選擇」（Collective Choice）為章名，探討了自由民主國家中有關社會選擇（social choice）或集體選擇的若干議題。主要包括以下三部分：一、論述經濟學家與政治學家對社會或集體選擇及對政府行為的不同看法；二、探討社會選擇理論的規範性問題；三、檢視有關集體選擇理論之新近發展議題，例如政治經濟理論與投票者行為之研究等，茲分別簡述之。

一、集體選擇相關問題

    集體選擇理論自社會福利函數之概念出發，它透過巴瑞圖效率原則（Pareto Efficiency Principle）作為是否達到最適狀態及評斷社會福利有否極大化之標準；社會福利之決定則有賴個人效用（utility）之達成。不過新古典公共財模式論者卻對此提出兩項質疑：第一是有關集體決策的問題，他們質疑我們如何將不同的個別偏好轉換成集體決策或集體的結果？第二是有關社會福利的判斷問題，他們質疑由個人所組成的團體，如何決定哪些目標應由全體共同追求與決定？

    對於以上的問題，我們可以了解當探討社會或集體選擇規則時，將

無可避免的會思考以上的兩項質疑,而它又與國家的憲法規定有很大的關係。基本上,憲法即代表政治遊戲規則的建立,它規定了公民的權利義務、政府機關組織的決策過程、政府部門的權力與責任等;換言之,它等於是一個國家的社會或集體選擇的規則。故在選擇這些規則之際,應注意以下三項問題的考量:

(一) 這些規則是否為理論上可接受者?

(二) 這些規則是否為技術上可行者?

(三) 這些規則是否為成本上可負擔者?

針對以上三項考量,集體選擇可劃分為兩種截然不同的理論,分別為社會選擇理論與公共選擇理論。前者屬於非常抽象的非市場決策理論,關懷的焦點為社會選擇的均衡及存在;而後者則將焦點置於不同的制度與規則如何影響行為此一論題。

二、公共利益與自利途徑的論點

政治學者與經濟學者對於社會選擇的觀點,在方法論上有很大的不同。茲簡述如下:

(一)公共利益途徑

政治學者在集體選擇方面,大多採取公共利益途徑。他們基本上認為社會福利乃是植基於國家與社會契約的理論之中,而使用的分析單元是「集體」與「公共利益」。

(二)自利途徑

經濟學者在集體選擇方面,大多採取自利的觀點。此途徑的分析單元是個人的行為。其前提是人乃是自利的及理性的,因此,對於個別利益的滿足,可以透過自願的交換而達成。惟值得注意的是,雖然此種觀點是從

自利動機出發，但其與教條式的個人主義乃是有極大差別的。

三、社會選擇規則的標準

　　經濟學家對社會或集體選擇規則，是以個人主義與順序性偏好為標準，並以此作為決定一項社會選擇規則是否應接受的考量。例如 Kenneth Arrow 在《社會選擇與個人價值》（*Social Choice and Individual Values*）一書中就指出，一項社會或集體選擇的規則應符合：(一) 理性的假定，即該規則必須使個別的偏好完全表達並使其具有轉移性；(二) 替選方案應具有互斥性；(三) 規則應滿足巴瑞圖效率原則（Pareto Efficiency Principle）；(四) 最後的結果乃是由所有的個人偏好順序中產生的；(五)不存在獨裁者。

四、多數決的考量

　　針對 Kenneth Arrow 所提出的原則，C. V. Brown 及 P. M. Jackson 兩人以民主政體中最常作為集體選擇之機制的多數決加以檢證，結果發現，如果接受 Arrow 的原則，將會產生不合乎理性與效率的結果。其主要原則約有數端：(一) 個人偏好的強度無法得知；(二) 選票交換的不可避免；(三)不誠實投票行為的存在。

五、政治經濟理論

　　Anthony Downs 在 1957 年所著《民主政治的經濟理論》（*Economic Theory of Democracy*）一書中，將政治系統視為政客尋求選票極大化之競爭體系的概念，對當時的政治學界馬上產生重大的影響，並對晚近的政治經濟理論產生部分的啟示。Downs 指出，政黨競爭政治對於社會資源的有效分配並不感興趣，因為不同的政黨均在尋求連選連任的選票極大化。因此，即使政府有能力可以促使社會資源分配達到 Pareto 的最適化，它通常

也是面臨競爭時才會如此做，所以關鍵問題乃在於政黨競爭能否促使政府
達到社會資源分配的效率；但其前提是，彼此之偏好與資源必須相當的對
稱。

在政治經濟此一領域中，另一項引人注目的理論是政商循環理論。此
理論指出，當選舉年來臨時，政客為了爭取選票，往往會透過各種措施刺
激經濟發展，以滿足選民的偏好與增加其信心；但是當大選過後，許多隱
藏的成本就開始浮現，而經濟面即會消失，而下一次大選來臨時，政客又
會採取同樣的手段，此稱為「政商循環理論」。

六、論題的省思

有關社會選擇或集體行動邏輯的思考，是論者很有興趣的論題。其
中，公共利益途徑與自利途徑的爭辯，是兩種最典型的代表，而最近的公
共選擇理論似有獨領風騷的趨勢。雖然以自利動機為基礎的前提假定常遭
受質疑及批評，但無可否認的，自利動機在解釋許多社會現象，尤其是對
於政客的行為解釋上，的確具有相當的效度。儘管對於部分利他行為似乎
難以自利動機來解釋，不過整體而言，仍是相當具有解釋力的。但是有一
項值得思考的問題是，有關公共政策決定者之決策行為可否以自利動機來
解釋？因為公共政策主要是在反映民眾的偏好並滿足之，如果決策者之利
益與公民之利益有所衝突時，即面臨自利與公共利益之衝突，此時，以自
利動機來解釋是難以解決的。因此，我們認為，要解決此一問題應從制度
面與法規面著手，例如制訂決策相關人員利益衝突迴避法規與倫理法規，
以解決公共利益與自利的衝突。

貳、政策分析的對話性質

Louise G. White 在〈政策分析被視為對話〉（"Policy Analysis as
Discourse", *Journal of Policy Analysis and Management* 13 (3), 1994, pp. 506-

525）一文中，探討有關近來政策分析領域中相當流行的觀點：視政策分析及政策規劃為「對話」（discourse）的概念。就理論而言，大致上可分成：一、分析的對話（analytic discourse），它著重多元理論與多重資料來源；二、批判的對話（critical discourse），它關懷證據與價值間的批判反省；三、說服的對話（persuasive discourse），它聚焦於政策企業家的理念與說服過程在政策分析中的角色。

大致言之，對話形式之政策分析興起的原因，主要是與近來學術界對政策分析理論與實務的反省具有很大的關係。一般來說，對政策分析理論與實務的反省始自 1980 年代，主要的反省議題包括：缺乏競爭的理論基礎、政策結果的預測失敗、無效用，及專家與大眾在政策過程所扮演角色應如何等議題。總的來說，它可算是對知識本質及專家對公共事務形塑過程中所具地位的質疑，而最根本的思考則是對吾人世界觀的反省。

Thomas Kuhn 曾指出，政策社群都是具有理論取向的，而此理論的意義就是指世界觀，就政策分析而言，公共政策受到其所在的歷史、文化、社會、經濟背景因素的影響。傳統的政策分析比較注重實證論的研究途徑，而最近因受到各種思潮的影響，例如 Kuhn、Habermas 及後實證論等，政策分析的理論與實務，乃產生了迥異的觀點，其中視政策分析為對話的概念即為其中的代表。以下即對三種對話觀點的內涵與彼此的異同簡述之。

一、分析的對話

分析的對話是對政策分析實務最具影響的一項，其中心概念為「多元論」（multiplism），此項論點強調政策分析應從以下數方面著手：(一) 多元的概念定義；(二) 多元的研究方法；(三) 對單一主題的多重研究；(四) 對各種廣義上相關研究的非正式綜合；(五) 多元因果模式的建立；(六) 進行對立假設的檢測；(七) 多元利害關係人的參與；(八) 多元理論與價值架構；(九) 多元分析家的倡導；(十) 多元標的團體的研究。

基於以上的多元內容，分析的對話有賴科學程序及適當證據的使用，

以解決程序上的差異。不過，政策分析人員如何在各種觀點中做決定呢？
此須藉著論證的尋找及信度的提高，始克為功。基本上，此種分析對話與
Harold D. Lasswell 的政策分析觀念是相通的，兩者均強調系絡性及分享
性。而 William Dunn 的政策論證結構也是其中的代表。此外，策略性規劃
亦屬之。但分析的對話所存在的問題是，儘管有多元觀點的涉入，但仍有
可能形成系統性的偏差。

二、批判的對話

　　批判的對話是一種自我反省式的哲學途徑，它著重於對現行社會結
構、政策、文化等面向的背後所隱含的價值與偏好做批判的反省，它可以
說是對目標與手段同時進行思考。此外，批判的對話也強調意義與事件的
連結性及建構。因此，「對話」此一概念就批判的對話而言，並不只是比
較及擴充各種不同的觀點而已，它更關懷對不同觀點的反省。

　　批判的對話此一概念源自 Habermas 的批判理論與社會溝通理論。有
人曾將它應用在環境政策的探討，不過，本文作者指出，它是一種經濟模
式，雖然批判的對話不容易實際應用，但對目前的政策研究仍具有相當的
影響，其最重要之處在於引起「專家意見與民主判定」的爭辯與反省。

三、說服的對話

　　說服的對話所著重的是政策分析與政策過程的建構，以及政策分析對
社會變遷的影響。它所應用的隱喻（metaphor）為：政策是由各種利益交
織而成的非正式網路所決定的。此正如某學者所言，政策領域是植基於分
享資訊及了解的共同基礎之上。

　　由於政策分析在不同的時點上，均包含了許多的分析家及利害關係
人，因此政策的問題、解決方案、參與者、選擇機會等彼此之間並不一
定有很強的關聯性，此可以 John Kingdon 所提出的「政策湯」（policy
soup）來比喻。

　　基本上，說服的對話相當重視政策變遷的過程，但是它認為政策變遷主要是由政策企業家透過制度的安排進行主導的。不過，政策分析的過程乃是經由政策環境、參與者的信念、政策論證等三個面向所構成的。

四、三種對話觀點的比較

　　以上所述三種對話形式，在內涵上具有以下的異同：

（一）相同點

1. 均強調理念及分析在政策運作過程中的角色，並且注重生活世界的環境與世界觀，而對於理念及證據的連結也非常重視。
2. 政策推介是基於參與者的共識而來的，雖然三種對話均未能指出共識的標準為何，且所關懷的焦點也不同，不過均主張以共識作為決策的基礎。
3. 三種對話均對於政策的變遷相當重視。

（二）分析對話之優勢

　　在三項對話形式中，本文作者指出，分析的對話比較符合政策分析所需，也比較常被採用。其理由如下：
1. 分析的對話不僅採用多元觀點，且應用科學的方法增加可信度。
2. 分析的方法雖不免仍有產生結構性偏差的可能，但相較於其他兩種觀點仍較為可取。
3. 分析的對話關懷政策變遷過程中政策分析所扮演的角色，但不會偏於政策企業家或價值面向。

（三）三種對話形式未解決的問題

　　前述三種對話形式均有其優勢存在，但對以下的問題仍未能解決：

1. 有關政策推介此一議題之具體思考。
2. 在政策運作過程中，對於個別參與者能力之考量。

五、議題的省思

　　近來對政策分析的理論與實務的反省，隨著實證論典範的廣受批評而風起雲湧，而此現象與 20 世紀新物理學的發展有極大的關係。在舊物理學典範下，是以牛頓物理學為主要代表，牛頓物理學視宇宙實體為一個大的機械裝置，各部分的加總就等於全部，而且各部分的運行皆有律則可循，因此吾人對它可加以預測及控制。此種觀念遂成為實證論的世界觀，它除了影響物理學界外，更對社會科學產生極大的影響。不過，隨著 20 世紀三大物理學理論的發現：愛因斯坦的相對論、海森堡的量子力學及普里高津的渾沌理論，都證明了宇宙實體是變動不居的，是難以預測的。此項物理學界的典範革命，也發揮了巨大的影響力，它帶動了其他領域對世界觀的反思，並造成典範革命。政策分析也因此形成所謂後實證論的政策分析，並促成政策論證（policy argument）與對話（discourse）的興起。探究政策論證與對話的優勢後可以發現，它們與後實證論的政策分析所持的世界觀是相通的。三種對話形式都認為世界實體是複雜多變的，因此，對政策問題的認定與解決並無唯一的標準答案，必須經由政策相關人員對政策問題經過相互主觀與意義分享後，達到共識產生的。由此可推知，政策對話在政策分析的未來發展歷程中，應該仍會占居重要的地位。

17
政策規劃相關問題探析

壹、前言

　　規劃（planning）乃是每個人每天都會從事的活動，而非侷限於所謂「規劃人員」（planners）所進行的活動。許多人否認，在規劃時會涉及任何特殊方法論的問題；有少數人甚至質疑規劃是否具有價值（value）。不過，此兩項看法是有問題的。

　　規劃應當是行動（action）的先決條件。以政策分析為例，規劃就是為了要改善決策的品質。一個機關組織在進行規劃時，首先要決定規劃的目標或目的，然後尋找達成目標或目的的最佳方法。一個活躍的組織，其規劃應當是具有彈性的，因為組織及其政策與所處的環境均處於流動變化的情況，所以規劃就必須是連續的及變動的。規劃人員必須考慮政治因素的限制與壓力，及當它們出現時應採取的適當運作方法。為此，規劃者必須考慮運作程序、監督技術、人事發展、協調、溝通及結構問題等；換言之，規劃應與管理、資源分配、預算及決策等緊密結合在一起。

貳、何謂規劃

　　目前對於「規劃」這個字的意義，有太多不同的解釋，因此要對它做一個大家都可接受的界定是相當困難的。規劃涉及「預測」

（forecasting）的問題，因為它必須對基於今日決策所形成的未來狀況，建議處理的方法，並因而關心這些決策對未來所產生的影響問題。規劃無法消除「風險」（risks）問題，至多只能在某種程度上確保所冒的風險乃是正確的風險，並提出迴避此些風險的做法。

規劃可能稱為「做計畫」（plan making）會更為適當，它涉及兩個階段的工作：一為分析的階段或問題解決的階段，二為排程階段（scheduling stage）。第一個階段即「解決規劃問題階段」（to solve the planning problem），需要有兩個步驟：一、確定目標（goals）或目的（objectives）；二、尋找可達成這些目標或目的之滿意的或可被接受的方案。第二個階段是基於解決方案準備運作計畫（to prepare a plan of operations）的階段。

因此，第一個階段乃是一項「分析」上的問題：問題須加以澄清、目的必須決定、替選的行動方案必須提出、各方案之成本應加以評量及比較，然後選擇一項偏好的方案。第二個階段則是項「排程」的問題：被選定的方案必須從「時間」（time）層面進行進度安排，使它們能與可用的資源及組織所受的限制等互相配合。

Yehezkel Dror 在 1963 年曾經從行政與管理的層面，對規劃做如下的界定：規劃是準備一套未來行動決策的過程，它導向於藉由最適方法達成目標（Dror, "The Planning Process: A Facet Design," *International Review of Administrative Sciences,* 29 (1), pp. 44-58）。Dror 的此項定義蘊含著以下幾項要點：第一，規劃乃是機關單位內部所採取的持續過程，並且需要資源加以配合；既是一種過程，因此規劃必須與「計畫」（plan）加以區別，因為計畫是一項產品（product）。第二，計畫被界定為「一套未來的行動決定」，它可藉由任何手段去達成，它不一定是規劃的產品。第三，「以最適方法達成目標」，意為規劃過程不只須考慮規劃後所產生的決定，而且要考慮規劃所涉及的資源（resources）問題。

規劃涉及準備數套替選決策，而非實際做決策。所以規劃活動可以由負責做最後決定或負責執行計畫以外的人去進行。同時，由於計畫的一套決定是導向一套目標的達成，因此在規劃過程中，某人必須決定這些目標

為何。實際設定目標是一項政策層次的活動，其責任在決策者（當然規劃人員可以協助決策者）；而設計各種方法去達成目標，則是事項分析的活動，其責任在規劃人員。

　　規劃也意味著要準備一套文件（documents），基本上，至少有三項文件是規劃人員必須準備的：

　　一、描述廣泛的、可能的政策替選方案的文件，這些方案包含富有想像力而尚未被計畫執行者加以過濾的觀念在內，同時尚未考慮可行性及預算的問題。

　　二、準備執行機構認為可行與可欲的一套限制範圍內的方案之相關文件。

　　三、一套最高決策者所贊同的計畫。

參、規劃與預測及分析的關係

　　預測（forecasting）、分析（analysis）、規劃（planning）與方案化（programming）均為做決策（decision-making）的不同層面。一項決策如缺乏對未來的某種預期，則不可能被制訂。此種預期需要對環境與政策決定的影響模式從事預測。欲執行一項決策，很清楚的，需要一項以普通用語說明如何從此處到達彼處的「計畫」。正如同建構模式（modeling）需要預測一樣，規劃也必須進行預測。一旦一項廣泛的計畫發展出來之後，一項更詳細的計畫或運作方案（program）就可加以設計，它是一項詳述資源配置與執行計畫行動順序的「陳述」（statement）。

　　雖然計畫可能是植基於理性的思考及行動，且可能是政策分析的結果，但是規劃並非分析。此外，雖然預測可以植基於政策分析，並且是政策分析必要的一個部分，然而預測並不等同於分析。不過無論如何，規劃的一項基本要素是對未來的事件進行預測。

　　如同分析一樣，規劃與決策有關。規劃可藉由更清晰的做選擇、更具體的描述替選方案的方式，而有助於決策的形式。不過，並非所有的決

策都是經過好好規劃的，事實上它們也不可能全被好好的規劃。Abraham Kaplan 列出四項值得特別注意的限制決策與規劃之事項（On the Strategy of Social Planning, *Policy Science,* 4 (1), pp. 41-62）：

一、非規劃性的（unplanned）

如前所述，並非所有的決策都是經過好好規劃的，它們也不可能都被好好的規劃。有時候做決定的急迫性非常的大，以致沒有時間好好進行規劃。其問題是，決策可能會放棄透過一定程度的知識與科學技術做成，而只是根據由長期經驗所得的非分析性判斷所制訂的。一項決策可能是在孤立狀況下做成的，因此未能提供大家參與規劃決策的機會。

二、非預期性的（unanticipated）

不論規劃人員如何仔細的對行動方案的結果進行預測，有些方案的執行結果永遠是無法預料的，而有時候這些結果的重要性遠超過我們的計算。進一步言之，許多要做預測的事項，並非依賴行動方案本身的情況，而是依賴其他更難評量的因素而定。

三、非控制性的（uncontrolled）

規劃隱含著控制的意思在內，假定它所要規劃的事項來自於某一些可能決策的範圍內，但是可以做決定的領域永遠只是整個可能結果之範圍內的一部分（通常只是一小部分）而已。例如，進行經濟發展規劃時，常受到未來經濟發展趨勢及樣式的影響，而它們往往是很難控制的。

四、非適當性的（unappropriate）

規劃本身可能會導致對規劃活動強加一些限制，規劃人員所要達成的

目的，可能會受到某種因素的影響而受到妨礙。例如，一個反對奉行極權主義的社會，承認人民有一定的隱私權範圍，因此限制了規劃人員在進行規劃時不得予以侵犯，可能會導致規劃一些不適當的做法。

肆、規劃與預算

規劃對於預算決定、既有資源的使用及每日的運作等，具有許多的意涵。因此，規劃必須與預算及管理結合在一起。在此方面，已有許多正式的或非正式的架構被設計出來，「設計計畫預算制度」（Planning Programming Budgeting System）就是其中之一。

設計計畫預算制度如果理想執行的話（事實上可能永遠無法做到），假定每個機關必須提供以下的作為：

一、以某種格式呈現的一套方案選項，它們強調此些方案設計所要達成的目標。

二、一項分析性的過程，旨在發展與設計各項替選方案、估量它們的成本與效能、依各種標準評等各方案，及提出贊成與反對的相關辯論等。

三、提供一項資料或資訊系統，告訴決策者他們的方案進展如何，並提供分析所需的材料。

設計計畫預算制度在提出各方案的機關預算需求時，必須指明每一項替選方案在未來某一段時間期限內，究竟花錢所要達成的目標是什麼，例如娛樂、工作訓練、防火等，以及經費要如何使用等，如使用在租房、交通、印刷及油漆等。因此，選擇的需要迫使決策者必須要思考他們是否選擇了最佳的政策，及是否將資源導向最佳的使用。

設計計畫預算制度的重要特徵是強調目標（目的）、若干替選方案及未來一段時間幅度等，看起來是（實際上原先的設計也是）要迫使相關人員依賴「分析」。但此項制度很明顯的與傳統的美國政府預算制度產生強烈的對比，因為在 1966 會計年度應用設計計畫預算制度之前，傳統的預算制度只提出一項單一的計畫、未進行分析、具短期的時間視野，及強調

究竟要購買什麼，而非究竟要做些什麼。

首先決定方案，然後再決定預算，而非先決定預算，再決定要做些什麼，的確是一項不錯的理念（PPBS 的做法）。但只是知道某一項方案將花費一億美元要改善初中學生的閱讀技巧，本身並未為教育局（the office of Education）提供資訊，讓教育官員了解此項活動執行的結果，與所花的經費相比是否值得；或經費應當如何分配在薪水、工資、出差、交通及設施等方面。這個部分就是「政策分析」可以著力之處。缺乏政策分析，規劃人員也只是徒有「良好意圖」（good intentions）的抱負而已。教育局的決策者設計花費一億美元在殘障兒童身上的方案時，它可以有不同的替選方案，例如透過減稅做法，由私人機構執行，或透過各種教育方案執行之。「分析」在此種情況下，就可以協助教育局決策者對各方案可能產生的結果進行比較。進而，更高層的決策官員可以應用進一步的分析，去考慮此項經費（一億美元）如果使用在別的方案上面，將獲得何種的結果，例如使用在國防、心理衛生或科學研究方面。

在 1969 年時，美國詹森總統（President L. Johnson）仍然十分熱心的在推動設計計畫預算制度，宣稱該制度實質上已經改進行政部門決策的基礎，然而實際上並非如此。在此時候，該制度要求對目標（目的）做詳細界定這件事基本上已經被放棄了，而它可能是整個制度理念的最重要層面。而到了 1971 年的中期，在美國聯邦政府層次就作為政府全面性的一項活動而言，整個理念可以說已經死亡了。有多項因素導致該制度的死亡，其中之一是因為該制度無法穿透某些重大的機關運作實務，以及難以辯護預算成立的必要性。明白的說，預算編製實務及傳統已經牢牢的建立，造成缺乏足夠的領導、支持，與資源投資於設計計畫預算制度上面。另外，良好的分析及資料也未能充分供應；而可用的分析資料，在預算傳統與機關「忠誠」（loyalty）因素的限制下，也往往未能給予充分的考慮。

伍、規劃是否值得

　　對個人而言，規劃肯定是一項可欲的活動。大家可能都會同意，在每天的生活中，規劃是有幫助的，而且是可以成功做到的。不過。當規劃的規模逐漸增加時，我們對於規劃價值的信心，就急速的滑落。一項可能的原因是，個人規劃之後的計畫除了對自己的家庭及事業有所影響外，對周遭其他人幾乎沒有什麼影響。然而，對一個國家而言，規劃對許多人的生命會造成極大的影響，並且會有意或無意的採取某些行動，以解決衍生的問題。美國加州大學柏克萊分校故公共政策教授魏達夫斯基（Aaron Wildavsky）曾舉出一個良好的案例，說明在國家層次，規劃嘗試控制目前行動的未來結果，乃是一項錯誤。他說（Does Planning Work? *Public Interest*, 24, pp. 95-104）：

　　規劃的紀錄很少是光明燦爛的，因為我們都知道，少數表面上成功的案例（如果有任何成功案例的話），事實上只是一種隨機發生的現象。儘管缺乏正面成就的證據，規劃一直居於「普遍妙方」（universal nostrum）的地位。世界各地幾乎天天都會呼籲採取規劃方法，以解決社會所面臨的各種問題。對於國家經濟規劃的懷疑，偶爾會有人提出來，有時候會被加以討論，但是很少會有答案。規劃的擁護者並不花時間去證明規劃的成就，相反的，他們花時間在解釋為什麼規劃是奇妙的，儘管事實並非如此。規劃是從價值層面而非結果層面獲得辯護的，它所關心的不是「你要走到何處」，而是「你如何到達那裡」。因此，規劃人員所談論的是他們經由練習（exercise）的方式學習了多少；其他人從目標與資源的仔細考慮，獲得了多少的好處；以及每個人在規劃的最後，覺得增進了多少的理性等。

　　由 Aaron Wildavsky 以上這段話，我們不禁要問：如果大規模的規劃是一項失敗的話，規劃是否一定會失敗呢？或者是，我們可以藉由較佳的分析與預測方法，而獲得更好的規劃結果嗎？日漸增加的規劃人員深信，

最終的答案將為「是的」（本文取材自 E. S. Quade, "Analysis for Public Decision," *The Rand Corporation*, 1989, Chapter 17）。

　　預測（forecasting）為政策方案規劃過程不可或缺的一項活動，政策分析人員必須對方案執行後會對社會或利害關係者產生何種影響，及方案在執行過程中可能受到何種環境因素的影響等，進行必要的預測。依據William Dunn在《公共政策分析導論》（*Public Policy Analysis: An Introduction*, 1994）一書之第六章所述，政策方案的預測途徑有三：第一，外推的預測途徑（extrapolative forecasting），其基礎為趨勢外推（trend extrapolation）。第二，理論的預測途徑（theoretical forecasting），其基礎為理論（theory）。第三，判斷的預測途徑（judgmental forecasting），其基礎為靈通的判斷（informed judgment）。每一種預測途徑均包含若干預測的技術，William Dunn 的書中共列有十四項技術。茲就該三種預測途徑，各簡略說明數種預測技術，以供參考。

18

政策方案預測的技術

壹、外推預測途徑的預測技術

一、非直線性時間數列法（nonlinear time series）

此項技術為預測未能符合直線性（linearity）、持續性（persistence）及規則性（regularity）之時間數列趨勢的技術。這些時間數列趨勢包括以下五種：

(一) 波動（oscillations）：即時間數列呈現出升而復降、降而復升的連續擺動現象，它雖非直線性的，但可能是持續性及規則性的。例如機關組織每個月的工作量不同，就屬於此種狀況。

(二) 循環（cycles）：即發生在年與年間，或一段相當長時間內重複發生的非直線性變動。循環雖然是非直線性的，但是一個循環的某一部分卻可能是直線性的或曲線性的。

(三) 成長曲線（growth curves）：即發生於年與年間、每十年或每一段特定時間之間的非直線性數列。它可能是累積性增加的成長或累積性減少的成長，或是兩者的結合；它常被應用於預測工商業、都市區域、人口、科技及政府功能的成長情況。

(四) 下降曲線（decline curves）：其發生情況與成長曲線相似，但卻是具有相對的意義。它可能是累積性增加的下降或是累積性減少的下降，或兩者的結合；它常被應用來預測文明衰退、社會退化與都市區域萎縮的

情況。

　　(五) **大幅變動**（**catastrophes**）：即時間數列資料呈現一種突然且劇烈間斷的情況。此種大幅變動分析法是由法國數學家 René Thom 所發展出來的，它不僅涉及在時間上非直線性的改變，也涉及間斷性質的改變樣式。例如政府在戰時政策的突然改變（投降或撤退），及經濟危機時股票市場交易崩潰等。

二、大幅變動方法論（catastrophe methodology）

　　此項技術是特別設計來由某變數之小變動而預測另一變數巨大變動之趨勢的一種技術，它涉及不連續過程的系統化研究，並以數學方式表示。依據創始者法國數學家 René Thom 的說法，它是一種研究自然界與社會中不連續現象之基本類型的方法論。

　　大幅變動方法論的主要假定及在公共政策分析方面的應用，有以下幾點值得特別注意：

　　(一) **不連續的過程**（**discontinuous processes**）：許許多多物理的、生物的及社會的運作過程，不僅是曲線性的，也可能是突發性的及不連續的。例如，某些特殊的政策議題，有時會依循輿論做平穩而漸進的改變，但有時候卻可能突然做一百八十度的政策大轉變。

　　(二) **系統的整體性**（**systems as wholes**）：即社會系統整體的改變，並非是其部分改變之總和，因此即使系統的各部分只做平穩及漸進的改變，但是整個系統也可能在結構上及特徵上做突然的巨大改變。例如輿論對主要政策議題可能突然發生極大分歧，造成政策利害關係者間的廣泛辯論或對抗，而同時間個別公民的意見卻是逐漸演變的。

　　(三) **大幅變動漸進延緩**（**incremental delay of catastrophe**）：決策者為維持或建立大眾對他的支持，可能選擇與現行政策稍微不同的政策方案，然後逐漸選擇涉及將已採行的政策與所有較接近的替選方案做連續不斷的比較。決策者之所以要延緩大幅的變動，主要是受到以下因素的影響：1. 資訊不足；2. 分析時盛行採取直覺的方式；3. 政治的忠誠與承諾；

4. 機關組織的老化；5. 歷史的先例。

(四) **大幅政策變動**（**catastrophic policy change**）：決策者對於前項大幅變動的漸進延緩，總是希望能夠堅持到最後一刻，然而到了某一個特定時間，決策者為了維持大眾對他的支持，可能被迫對政策做突然及不連續性的重大改變。

大幅變動方法論在公共政策分析的應用，主要是在民意的分析方面，它提供我們了解不連續政策運作過程的概念及技術。不過，它是一項方法論而非「理論」。因此，正如其他外推預測技術一樣，它假定過去所觀察的不連續過程，未來將會不規則的重複出現。所以，它是一種預估不連續過程的技術，並非藉由理論而預測未來。

貳、理論預測途徑的預測技術

一、理論圖法（theory mapping）

理論圖法是一項協助政策分析人員在一項理論或因果關係的論證中，確認並安排主要假定（assumption）的技術。它有助於展現四種因果關係的論證：

(一) **匯聚的論證**（**convergent arguments**）：指兩項或兩項以上有關因果關係的假定，被用來支持某項結論或主張。

(二) **發散的論證**（**divergent arguments**）：指一項單一的假定，支持一項以上的結論或主張。

(三) **系列的論證**（**serial arguments**）：指一項結論或主張被視為一項假定，而用來支持下一系列的結論或主張。

(四) **循環的論證**（**cyclic arguments**）：指某一系列之最後結論或主張，連結於該一系列之最先結論或主張。此四種因果關係論證由下表可清晰了解：

因果關係論證的四種形式

一、匯聚的論證	公務員罷工數增加→公共機關每一員工產出減少←公務管理增加集權
二、發散的論證	公務員疏離感增加←公務管理增加集權→公共機關每一員工產出減少
三、系列的論證	公務管理增加集權→公共機關每一員工產出減少→公共服務成本增加
四、循環的論證	公務管理增加集權→公務員疏離感增加→公共機關每一員工產出減少

　　一項理論可能混合包含了匯聚的、發散的、系列的及循環的論證。在尋找某項論證或理論的整體結構時，可以採取以下若干程序：

　　(一) 分開每項假定並予以編號，此假定可能為通則、命題、法則或定理。

　　(二) 找出那些「主張」的字眼（因此、由此、所以），或用以保證主張的字眼（由於、因為、為了），並在此些字眼下劃線標明。

　　(三) 當特殊字眼（由於……）被省略但顯然隱含其意時，以括弧提供適當的邏輯指標。

　　(四) 將編好號的假定與主張安排入一張箭頭圖表中，藉以展示因果關係論證或理論的結構。

二、投入產出分析法（input-output analysis）

　　投入產出分析法為追蹤一個經濟社會裡生產與消費部門之複雜關係的強有力又應用極廣的技術，是由諾貝爾獎得主 Wassily Leontief 所創始的。它是一些理論的簡單化代表，這些理論尋求解釋與預測在經濟方面、政府、工商業及家庭各部門間的相互依賴情況。每個部門都需要其他部門的產出，以作為其本身生產過程的投入因素。投入產出分析的基本假定之一，為投入與產出間的關係（稱為生產係數），反映了貨物與服務的生產及消費間的基本因果關係。

　　目前投入產出分析法已被應用在許多非直接經濟性質的預測問題方

面，如解除武裝的承平經濟對就業的影響、各種租稅方案對工業成長的影響、工業成長對水資源需求的影響、工業廢料控制與回收的能力、能源的消耗，及改變大眾捷運系統對就業的影響等。由於投入產出分析法被廣泛應用，且過去已具有相當成就，故有學者做如下表示：「在廣泛探求經濟─生產混合系統的複雜相互依賴性方面，投入產出分析法是目前我們所擁有或在未來所可能擁有的唯一技術。」

三、迴歸分析法（regression analysis）

迴歸分析法為理論預測途徑中，一項由諸變數中估計其線形關係的型態和程度，產生準確估計的一般統計程序。當迴歸分析的進行只有一項自變數時，稱為簡單迴歸；如有兩項以上的自變數時，則稱為複迴歸（multiple regression）。

就簡單迴歸而論，它為自變數與依變數間的關係型態提供了簡單扼要的測量，此些簡要的測量包括一條迴歸線，它使我們得以僅知悉自變數之值而估計依變數之值；另外，還包括對由迴歸線所觀察之值和垂直距離做全盤性的測量，此些簡要的距離測量，使我們得以計算預測所含的錯誤值。

迴歸分析法的第一項優點是，因為它以最小平方估計法為原則，故可藉確使觀察值與估計值的差距平方為最小，而提供資料與迴歸線間的最佳搭配。第二項優點是，它可迫使政策分析人員決定兩項以上的變數中，何者為因、何者為果，亦即何者為自變數、何者為依變數。在做有關因果關係問題決策時分析人員必須有一套理論，以提出具有說服力的論證，說明何以某一變數應被視為另一變數之因。

雖然迴歸分析法特別適用於自「因」預測「果」的問題，但它最大的長處，還是在於為理論所預測的關係提供了準確的預估。然而值得注意的是，做此項預測者其實是理論及其簡單化代表（模式），而非迴歸分析法。因為迴歸分析法僅能提供變數間關係的預測，而這些關係早已被理論以預測方式予以陳述。因此，政策分析人員在使用迴歸分析法之前，應先運用前面所敘述的理論圖的程序。

參、判斷預測途徑的預測技術

一、交叉影響分析法（cross-impact analysis）

　　美國蘭德公司（Rand corporation）負責發展傳統德菲法（Conventional Delphi）的一批人員，也發展了相關的交叉影響分析法。它是一項基於相關事件發生與否，而對未來事件發生的機率做主觀判斷的技術。其目的在確定哪些事件促成或妨礙其他相關事件的發生，它是傳統德菲法的一項補充。

　　交叉影響分析法的基本工具為「交叉影響矩陣」（cross-impact matrix），即將各種潛在的相關事件均列成矩陣圖加以分析判斷。在分析時應做以下三方面的考慮：

　　(一) 關聯的方式（mode of linkage）：即某事件會否影響另一事件之發生？若會，其影響方向是正的還是負的？若屬正面影響，稱為「增強式」（the enhancing mode）；若屬負面影響，則稱為「阻礙式」（the inhibiting mode）；如果兩事件無關聯性，稱為「非關聯性」（the unconnected mode）。

　　(二) 關聯的強度（strength of linkage）：即事件相關的強度多大？是「增強式」？抑或「阻礙式」？如事件相關強度大，則某事件的發生即較有改變另一事件發生的可能。

　　(三) 關聯的消耗時間（elapsed time of linkage）：即兩相關事件發生之間所需要的時間（數週、數年、數十年）。縱使事件強烈相關，但某事件影響另一事件之發生，也可能需要相當久的時間，例如社會風氣改良對於犯罪率降低的影響，就需相當長久的時間。

　　交叉影響分析法作為一項預測的技術，有其優缺點，主要優點如下：

　　(一) 可使分析者發展可能被忽略的事件相互依存關係。

　　(二) 可根據新的假定與證據，不斷修正先前對事件發生之機率的主觀判斷。

　　(三) 如可以取得某些事件之新實證資料，交叉影響矩陣亦可重新調整

計算。

(四) 在交叉影響矩陣運算過程中,有關的資訊均能隨時予以總結起來。

(五) 交叉影響矩陣可應用來分析結構不良問題的複雜相互依存關係。

至於交叉影響分析法的主要缺點,則有以下數項:

(一) 所有潛在的相互依存事件,分析者無法全部注意並予以分析。

(二) 交叉影響矩陣的建構與運算,雖有電腦作業的協助,但仍相當費時及費錢。

(三) 矩陣方法的計算仍存在著若干技術上的困難。

(四) 交叉影響分析法強調專家共識,並不切實際。因為適於使用此種分析法的問題預測,通常是相互衝突的問題,而非共識性的問題。

二、可行性評量技術（feasibility assessment technique）

此技術乃是一項推測政策利害關係者未來行為的判斷預測技術,它有助於政策分析人員預測政策利害關係者對支持或反對不同政策方案之採納或執行的可能影響。此技術尤其適合預測下列問題:在政治衝突、權力分配不均及其他資源分配不均的情況下,要求對政策方案合法化的可能結果做預估。

可行性評量技術可應用於預測政策制訂過程的任一階段,包括合法化與執行階段。進一步言之,此技術之所以特別有用,乃因目前尚無相關理論或可用的實證資料,可以使我們對政策利害關係者的行為從事合理的預計或預估。

政策執行在政策分析中占有極重要的地位,惟未受到應有的重視。可行性評量技術就是以一種系統化的方法,預測每一政策方案執行機關的能力、利益及誘因等。其意為政策利害關係者的行為如同政策本身的結果一樣,必須加以預測。

可行性評量技術可以由一個人行使,也可以由一個特定的團體行使。它通常是以政治和組織行為的以下諸面向作為重點:

(一) **對問題所持的立場**（**issue position**）：政策分析人員必須估計各類政策利害關係者對每一替選方案支持、中立或反對的機率。

(二) **可用資源**（**available resources**）：政策分析人員必須主觀的預估每一類政策利害關係者堅持其立場所可使用的資源，例如個人聲望、動員群眾的能力、合法性、經濟能力、工作人員數目及素質、權力大小、資訊的接近性及溝通網路等。

(三) **資源相對列等**（**relative resource rank**）：政策分析人員必須對每一類政策利害關係者所擁有的各項資源予以相對的列等，以了解哪一類利害關係者較具有權力或影響力。

由於可行性評量技術的目的在預測政治衝突情況下的相關人員行為，所以政策分析人員必須盡可能確定哪些是最具有代表性及最具有影響力的政策利害關係者，以便進行必要的爭取支持或勸服的工作。

不過應注意的是，可行性評量技術之應用會受到以下的限制：

(一) 如同傳統德菲法及交叉影響分析法一樣，可行性評量技術無法提供一種系統性的方法，以表明它作為主觀判斷技術的假定與論證。

(二) 該技術假定各政策利害關係者的立場是獨立的，且在同一個時間發生。然而此項假定是不符現實的，因為它忽略了政策利害關係者有形或無形組成聯合陣線的可能，同時，某方的立場常會隨另一方立場的改變而產生變化。

不過，我們應該注意，就像其他判斷的預測技術一樣，可行性評量技術在下面的情況下，確有其適用性：即當問題的複雜性不容易為可用的理論或實證資料所掌握時。因此總結來說，可行性評量技術雖然受到若干限制，但是它的確具有激發創造性洞察力的可能，故仍然是十分有用的預測技術。

19

政策方案預測法與分析工具

壹、判斷性的預測法

　　所有的預測都會涉及某種程度的「判斷」（judgment），但是判斷無法產生所有的預測，當理論及實證資料不可得或不充分、無法利用資料做系統性、數學性預估時，就會應用到諸如此類的字眼：判斷的、直覺的、主觀的等等。相對於因果模式論使用「演繹的邏輯」（deductive logic），及趨勢外推法使用「歸納的邏輯」（inductive logic），判斷的政策預估所使用的是「回溯的邏輯」（retroductive logic）。回溯的邏輯指從對未來的某項主張著手，倒溯回去蒐集必要的資訊與假設，以支持該項主張。

　　判斷的政策預估應用於預算的支出面多於收入面。對於過去方案支出結果的有關資料，無法完全執行預算的理由，及未來方案應做改變的理由，通常會令人懷疑其有效性及可靠性，因此必須利用主觀直覺的判斷方式，進行預測。

　　在大部分的政府機關，預測常須依賴專家的判斷，因為他們可能是對該項業務唯一熟悉者。舉例來說，誰是最適當的人選去描述捷運系統目前及未來的維護制度呢？無疑的，應當是捷運局裡面的專家。還有誰會知道當缺乏正常維護時，隧道內的風扇會在什麼時候失靈呢？捷運維修人員可以提供此些現象最佳的判斷性預測，如果加上較詳盡的資料，他們也可能從事外推性的預測及因果性的預測。

　　在許多情況下，即使存在著很好的資料，但因若干中介變數所形成

的不確定性，也必須使用判斷的預測。例如，地方政府的主計單位在編製下年度預算時，主計首長也須利用判斷方式，去預測下年度員工的薪資成本及福利支出、經常費及機器設備費等，他所依據的資料是主計部門幕僚人員基於目前及過去各項費用支出狀況，審酌可能通貨膨脹率所提供的。但他所做的判斷，仍然會遭到地方政府其他業務部門主管的質疑，因為他們所預測或辯論的資料及依據並不相同。簡言之，新方案預測的不確定性需要以「專家團體共識」的方式加以解決，「專家討論會」、「政策德菲法」或「協商途徑」就是其中之一。

貳、專家討論會的預測法

專家討論會（expert panels）是一項被廣泛應用、但卻是較不準確的政策方案預測方法。此項方法被持續作為政府部門的一項預測技術，理由是淺顯明白的，即某些領域的公共政策方案預測，除此之外別無他法。例如某些環保事件的處理主要是依賴政府官員的判斷做決定，而非依賴環境方面的因素。

專家討論會的預測方法通常被認為優於單一專家所做的預測，因為團體成員互動的結果，可以彌補個別成員成見及無知之不足。對於預測錯誤所做的研究發現，導致預測失敗的一項非常通俗的原因是，預測時未能考慮許多預測主題的外在因素；而就長期而言，這些外在因素被證明較內在因素還要重要。因此，一項平衡性且具科際性的專家討論會應當比單一專家做預測所遇到的盲點（blind spots）要少得多。

不過，委員會或討論會也有若干缺失：

一、團體會對其成員施加社會壓力，例如成員即使知道大多數人的看法是錯的，也會有必須同意他們看法的壓力。此種情況在以團體做預測時尤其如此，因為此時僅做意見的提供，而非涉及真實的事情。

二、對小團體所做的實驗顯示，成員成天所討論的並非是擬議中的立場，而是有關該立場的各種評論或辯論問題。因此，有時言辭犀利的少數

幾個人，或甚至單獨一個人，就可能壓迫所有其他人接受自己價值不高的觀點。

　　三、由於團體有它自己的生活方式，因此認為達成同意的立場遠比真正具有深思熟慮且有用的預測資料較為重要。團體討論的結果可能只是一種不得罪任何人的情況，即使沒有人真正同意該議案亦然。

　　四、成員可能基於私利立場，而在討論會上極力爭取自己的利益。他們的努力就在設法贏得其他成員的支持，而不在達成較佳的結論。因此他們忽視別人所提出的事實及理由，而只集中於如何贏得辯論。

　　五、整個團體可能分享共同的偏見。此種情況最容易在成員具有某種次文化（sub-culture）時發生，尤其當某些成員被認為是某種公共政策領域內的專家時更是如此。明白的說，一個團體如果有此種「分享共同偏見」的情形，極可能發生所謂「團體盲思」（groupthink）的現象，導致做出錯誤的團體決策。

　　以上專家討論會所具的缺失，可透過運用「政策德菲法」（Policy Delphi），而獲得部分的補救。

　　究竟怎麼樣才算是一個專家呢？有許許多多的研究顯示，僅具某一最低專業水準者，在預測變遷事務上價值不大。這些證據來自不同的領域：經濟學、股票市場、心理學、社會學、醫學及運動方面。幾乎所有的研究顯示，凡只具最低專業水準者，例如只修讀過導論課程者，他們預測的準確度都有問題。

　　另外有若干研究顯示，專業知識在某些領域相當有用，但是專家與非專家的差異並不大。有一項研究指出，體育記者在預測美式足球賽的得分狀況時，較研究生及教職員要來得準確，而書籍編輯的預測又較體育記者稍佳。

　　如何才能從事較佳的政策方案預測呢？其方法有四：

　　一、從事預測的專家們應明白列出他們所做預測可能發生錯誤的理由，此舉能使他們與實際情形保持密切的聯繫。

　　二、專家們必須要列出各項潛在後果的不同機率。

　　三、幾位普通專家所做預測的平均值，可能較單獨一位重量級專家所

做的預測要來得可靠。美國芝加哥大學 Robin Hogarth 教授研究發現，十個人所做預測的平均值，較僅依賴一位十分夠格的專家之判斷要來得好，這就是所謂「三個臭皮匠勝過一個諸葛亮」的道理。

四、專家不應只是終身從事研究、諮商顧問的工作，而應該在其事業生涯中，找一段時間從事實務工作，獲取實際的工作經驗，其所做的預測將較為可取。

基於各種原因，公共事務先天上是很難預測的。第一個理由來自概念創新的本質問題，也就是說，許多創新性的發明預測，很難預測它是否會真正被發明出來。第二個理由來自於每個人很難預測他本身未來的所有行動方案，如果我們連本身未來的兩三項行動方案都無法做預測的話，又怎麼能寄望決策者對複雜的公共事務做準確的預測呢？第三個理由來自於人類事務具有「隨意的要素」（random element）。從歷史事例可以發現，有時候偶發的一件小事，即可能影響整個大事件的結果。以當年法國拿破崙在滑鐵盧慘敗為例，拿破崙因為偶患感冒，因此把大軍統帥權下授給奈伊元帥（Marshall Ney），沒想到因此而戰敗，使法國蒙受極大的災難。因此，決策者所做的政策預測，也往往會因偶發小事，而導致與事實相反的情況出現。

然則是否因此種「不可預料性」（unpredictability）就要放棄預測的努力？答案是否定的。我們仍然要做預測，不過我們必須在預測的特性上做某種改變。決策者不必確切知道災難何時會發生，但須對未來做各種可能的描繪，並指出它們發生的機率；決策者不必知道未來事件的細節，但必須具有足夠的資訊，使他們能夠在「今天」就為未來設定目標。

參、方案決策分析基本工具

政策方案決策的分析基礎，涉及三項基本的工具：第一，邏輯推理：解決確定性問題及確定性結果的政策問題，即有什麼樣的前提，必然會有什麼樣結果的問題。第二，機率與統計推理：解決確定性問題及可能結

果,即有什麼樣的前提,可能會產生什麼結果的問題。第三,模糊數學:
解決不確定性問題及不確定性結果的問題,即問題屬於某個前提的程度是
多少,由此前提的程度能夠推出結果的程度是多少的問題。

　　此處必須說明的是,機率與統計推理中所說的「可能結果」與模糊
數學中所說的「不確定性結果」,在概念上是不同的。可能結果指某項政
策會產生幾種可能的結果,但事實上只會發生這些可能結果中的一種,而
我們知道每一種可能結果成為真正結果的機率,由此而做出的政策分析就
是風險性情境的分析。不確定性情境決策分析是指已知某項政策會產生幾
種可能的結果,但事實上只會發生這些可能結果中的一種,而我們不知道
或不完全知道每種可能結果真正實現的機率,由此而做出的政策分析就是
不確定性情況的分析。舉例而言,當我們看到天上陰雲密布時,可預測它
會有「下雨」和「不下雨」兩種可能的結果發生,而且最終的結果一定只
有下雨和不下雨兩種機率,沒有其他的可能。假設我們經由過去的經驗及
其他統計資料,推知下雨的機率是百分之七十,而不下雨的機率是百分之
三十,根據此種機率情況做出的分析就是風險性決策分析。如果我們沒有
辦法判定下雨和不下雨的機率,在此情況下所做的分析,就是不確定性情
境的政策分析。

　　基本數據分析與歸納推理乃是決策分析不可缺少的工具。就理論與實
務而言,我們總是希望能在確定性情境下做決策,但是就公共政策的性質
而論,所有的事件大多是帶有可能性的;也就是說,政策分析的大部分結
論都只是「可行的」,而非「必然的」或「不可逃避的」。我們所能確定
的是,證據如果愈充分,結論就愈為可行,但永遠不能說它是必然會發生
的。就如同說,我們只能說天上的雲層愈厚,下雨的機率就愈大,但我們
絕不能說必然會下雨,或下雨是不可避免的。此種從證據推演到結論的過
程稱為歸納推理。與歸納推理相反的是演繹推理。兩者主要差別在於:在
歸納推理中,只能說某一個事件可能是真的、非常可能是真的、幾乎肯定
是真的,但我們絕不能說它肯定是真的,或必然是真的。而演繹推理只發
生在沒有可能性及不確定性的時候,且多以定性分析的方式進行,此類問
題中的前提已包含結論在內,亦即結論總是真的,我們大家所熟悉的三段

式命題就是演繹推理。例如，凡是中華民國國民所生的子女，都是中華民國國民；張三的父親是中華民國國民，所以張三也是中華民國國民。

　　由於目前現實世界中的大部分事件都涉及「可能性」及「不確定性」，所以機率推理便成為政策分析的主要邏輯工具之一。也因此我們必須要深入了解機率的定義及規則，因為它們實際上就是歸納推理的規則。機率不僅本身是一項十分有效的工具，它也是統計數據分析和一切含有「可能性」分析的基礎。

　　一般而言，在進行定性分析（即質的分析）時，通常會蒐集到大量繁雜的原始數據，此時必須對此些數據從事最基本的統計處理，才能刪掉無用的數據，得到有用的資訊，這就是定量分析的應用。所以在從事政策分析時，定性與定量分析應結合應用。值得注意的是，較複雜的決策技術並不能保證會獲得更好的結果。在運用各種技術之前，政策分析人員應審慎考慮手頭問題是否適合該技術所要求的條件。此外，政策分析人員勿以為利用電腦算出的結果一定是正確的，因為電腦只能對所給予的命題做出準確的計算，但不能保證所給予的命題一定正確。

20

以同心協力方法
改進環境決策的制訂

壹、前言

　　環境保護問題自 1970 年代以來，已經成為世界各國共同面臨的棘手問題。在邁入 21 世紀之後，由於生態環境的劇烈改變，各國人民環保意識的抬頭，「鄰避情結」（Not In My Back Yard, NIMBY）的盛行，環保問題已較以往更難解決。究竟應如何減少環保問題的紛爭呢？美國維吉尼亞理工學院（Virginia Tech.）的 John Randolph 與 Michael Bauer 兩位教授曾經發表〈以同心協力方法改進環境決策的制訂〉（Improving Environmental Decision Making Through Collaborative Methods, *Policy Studies Review*, Vol. 16, No. 3/4 Fall/Winter, 1999） 一文，在此方面頗多探討，殊值決策者與對此議題有興趣者參考。爰對該文予以簡要摘述。

貳、同心協力制訂環境決策的興起

一、歷史背景

　　1970 年代的美國，政府政策與計畫的基礎是龐大的政府預算、高度依賴規範性的管制法規，及由稅收支持的聯邦經援方案，例如潔淨空氣法（The Clean Air Act）、淨水法（The Clean Water Act）及瀕臨絕種

動植物保護法（The Endangered Species Act）等。此類「指揮與控制」
（command and control）的途徑適合當時的需要，並且對減少傳統上的污
染及資源保持具有貢獻。另者，對環境管理有興趣者似乎分成三個分立的
團體：管制者、被管制者及公益性的環保團體。三者間的衝突常導致興訟
的情況，此為一種冗長的、爭論性的與無效率的問題解決途徑。

雖然大部分的環保政策都能夠在經濟蕭條的年代及 1980 年代的「保
守革命」（conservative revolution）中存活，但是聯邦政府漸增的預算赤
字及趨向解制與保護私人財產權的政治運動，意味著有效的環境管理將不
再依賴過去的工具了。公有土地管理機構在 1980 年代進行廣泛的多元使
用資源管理規劃，發現即使運用傳統的民眾參與方式，他們也經常面臨抗
爭與法律訴訟。1980 年代以後，公益性團體的不斷成立及逐漸採取環境
協商與其他紛爭解決方式（而非興訟方式），使環境管理議題的解決，邁
入更多的公共參與和溝通的階段。

此外，1980 年代以後，大家更加了解環境問題的複雜性。例如，大
部分的水污染問題乃是來自於廣大的非點狀污染源，空氣污染的管制也變
成管制擴散的毒性源問題，而自然資源管理方法卻被認為太支離破碎，難
以保護生物的多元性，於是需要應用新的及更廣博的方法，以有效處理這
些高度複雜的問題。為回應此種情況，1990 年代乃在環境管理的每一個
層面，出現了新的同心協力途徑。

二、理論根據

參與環境問題爭論的各造，對問題具有不同的立場、興趣與價值觀。
他們的理念常常是不相容的，因而使問題的解決更具複雜性。環境決策涉
及專家、從政人物及大眾以對話方式（discourse）產生若干競爭性的替選
方案，這些方案常反映出經濟發展與環境保護兩端間的利益衝突。於是大
家期望能有一個決策機制，可以解決不同替選方案支持者之間的衝突，以
滿足社會需求，又能保護環境。然而，對於複雜及競爭利益之衝突，並無
法經由嚴屬的、技術官僚式的決策過程予以有效的管理。其結果是有關政

策與規劃的決定，常處於爭鬥情況中，有時候只好由立法或司法部門加以解決，而這兩個部門事實上對問題並不熟悉，可說距離問題的核心相當遙遠。

　　爭論性的環境議題涵蓋生物性、物理性、政治性及社會性因素的組合，它使得情勢更趨複雜。解決環境問題的方案常常限於科技的或經濟的答案，但是這些答案往往未將非經濟性的環境價值考慮在內。他們試圖將價值與事實分離，認為價值屬於政治的範疇，因此在理性的、客觀的決策過程中不具地位。然而，此種事實價值二分論，排除了某些受影響的利害關係者在其生活世界中所經驗到的決策方法。科學與技藝核心的理性與客觀性，排除了人類組織的有意義層面，它們藉由對解決方案設定時間、空間、文化及經驗的範圍，而阻止某些知識的來源。進一步言之，雖然科學與經濟看起來是價值中立的，不過它們都是社會的建構物，並且是意識型態利益的反映。由於此項不確定性，故環境問題解決方案不能限於技術或科學方面的答案，其結果是政治與衝突就變成整體決策過程的一部分。

　　為因應此種兩難情況，政府機構、企業公司、產業集團、社區組織及環保團體已經開始在決策過程中採取「辯論的方法」（discursive methods）。此類方法是基於「參與性民主」（participatory democracy）的概念，採取文明式對話的方式達成決定。議題經由分享資訊的方式提出，而有時候決策權由民眾、政府、非政府組織及經濟利益相關者所共享。此項過程引入非經濟的價值觀，並強調社區組織的實質作用，其目標是要獲致一項可以得到所有涉及各造的支持，並仍能反映科學原則與地方意見的決定。而同心協力的決策途徑就反映了對行動與結果採取集體責任的意圖。

　　此項同心協力途徑可以顯示不同利害關係者的不同利益。其根源是「統合的策略規劃」（corporate strategic planning）的概念，此項概念中的利害關係者理論被認為是了解公司與不同利益相關者互動的一種方法。此項途徑尋求經由平衡利害關係者的利益及股東的利益，而使公司獲得成功，此與藉由忽視其他利益而改善股東利益的老式管理方式有很大的不同。在環境決策的系絡中，利害關係者途徑自大眾參與及環境協商演進而

來。公司與環境系絡之利害關係者途徑的主要不同在於，公司在做決定時，其管理的目標在了解並考慮利害關係者的利益；而環境管理則在做決策前，先讓利害關係者介入。

欲達成可為多元利益者所接受的有效環境決策，以往將不同意見者歸類為反對派的做法必須加以改變。其做法是議題可依要求聯合解決問題的方式加以界定，並提供「論壇」（forum），以供不同觀點者討論。傳統的民眾參與方式應重新設計，應強調維持不同立場者之間的對話，著重其相似點，並促進分享未來的共同「願景」（vision）。同心協力的對話、協力關係（partnerships）及公開的討論會等技術，可以促進共同的了解；它們比傳統的公聽會、演說及公開會議，在獲致可行方案上更為有效。

參、了解同心協力的環境決策途徑

一、何謂同心協力的環境決策途徑

首先以表 20-1 展示同心協力的環境決策途徑（Collaborative Environmental Decisionmaking, CED）的四項要素。前兩項要素在進行 CED 時，要注意平衡決策的政治基礎與科學基礎，其中一項如果不被重視，則整項努力將不可能成功。後面兩項要素則指出必須更廣泛的檢視環境問題，以了解地方政治與技術系絡的相關問題，期能發展適當的創意性方案。

表 20-1　同心協力的環境決策要素

利害關係者介入	利害關係者在規劃與執行過程中的早期參與。利害關係者指影響環境改變者，即認為會被環境改變者。
知識基礎	過程參與者強烈而合理的資訊交換。整體的、前瞻的途徑整體的了解環境問題，並以前瞻眼光努力解決及預防這些問題。
分享權力	具官方立場者放棄某些控制權，給予其他的參與者。
共同負責	參與者分享成功的榮耀，並分擔失敗的責任。
整合的方案	整合眾多解決問題的創意性方案，如彈性解制、經濟誘因及補償、協商式的協議、志願性活動及教育性方案等。

二、為何採取同心協力的環境決策途徑

　　表 20-2 顯示 CED 的三項基本目的。大部分的同心協力專案都會涉及利害關係者間的衝突，而 CED 的一項主要目的是採行一項可解決這些衝突的過程。如果此項過程開始太遲的話，也就是在衝突變得很嚴重時，利害關係者就很難解決它們。如果衝突尚未惡化，此項過程將有助於發展共同的願景，並獲致創意性的解決方案。

表 20-2　同心協力的環境決策目的

解決衝突	某些同心協力的努力旨在鼓勵利害關係者在解決衝突的過程中，能經由協商及斡旋的方式解決。
發展共同願景	某些同心協力的努力意圖使利害關係者能達成他們同意接受的願景或方向。
產生創意性方案	所有的同心協力努力希望利用對話與團體運作過程的方式，去發展創意性的方案，此類方案是不可能以傳統規劃的方式產生的。

三、同心協力的環境決策途徑可應用於何處

　　表 20-3 顯示 CED 可應用於兩類狀況：其一為當某一利害關係者團體為某一特殊問題尋求一項方案或計畫時；其二為當利害關係者可能涉入某一較長時期之持續進行管理的過程時。某些案例會同時具備此兩項要素。在第一種情況下，利害關係者為發展方案或計畫，可能會短期的涉入，一旦工作完成，此團體可能就變得不活躍。在第二種情況下，利害關係者涉入持續不斷的運作管理過程——包括執行、監測及評估。

表 20-3　同心協力的環境決策途徑應用類型

解決問題或發展方案	某些同心協力的努力聚焦於特殊的問題及解決此一問題的決定，如水土保持計畫等。
持續不斷的管理過程	某些同心協力的努力意圖建立一項由利害關係者介入及決策的持續運作過程，如生態系統管理等。

四、如何進行同心協力的環境決策途徑

CED 的過程與程序依情境而有不同的變化。表 20-4 顯示兩項重要的組成要素：規劃架構與利害關係者介入。雖然規劃架構類似古典的理性廣博途徑，但是它把適應的與參與的要素融入規劃過程的系絡中，並且平衡了事實資訊與利害關係者的議題。

表 20-4　進行同心協力環境決策的關鍵成分

規劃架構	一項平衡科學資訊與利害關係者參與以達成目的之適應性、重複性及公開的過程： 1. 界定問題與利害關係者的範圍。 2. 蒐集並分析科學的及其他的資訊。 3. 規劃替選方案。 4. 評量替選方案的影響。 5. 評估並選擇一項替選方案。
利害關係者介入	參與者以公開對話方式涉入運作過程，以解決衝突、發展共同願景，及規劃創意性的方案。

利害關係者介入是同心協力環境決策途徑的核心。依表 20-5 所示，有效的利害關係者介入涉及五項基本的工作。將利害關係者包含其中的目的在指明認定利害關係者是相當重要的；將一位重要的利害關係者排除在外，會損及此項過程的價值。此項過程在良好結構的情況下，將運作得很好，包括明確的時程表、明確的里程碑及利用較小的工作團體等。

表 20-5　利害關係者介入：CED 的核心

利害關係者認定	關鍵的第一步是嘗試確認所有的利害關係者；另外的利害關係者在運作過程中可能會被確認，並且應當包含在內。
承諾與權威	欲培養承諾感與工作感，所有的利害關係者必須給予機會參與整個過程。當利害關係者也同時給予行動的權威與執行的責任時，他們對此項過程就會有「擁有感」。
過程	仔細設計一項過程，使其： 1. 能給予利害關係者參與的機會。 2. 具有里程碑與期限。 3. 將團體分成若干次級團體，以達成可有效運作的規模。

信任	CED 的努力如欲成功，利害關係者間的互信是相當重要的，並且應儘早建立。信任建立在尊敬與了解，社會功能對培養團體建立是很有用的。
領導	依情勢而定，在扮演促進者、轉換者及協商者角色的情況下，某種形式的「沈默領導」是必要的。
同心協力的學習	經由同心協力的學習，利害關係者可以克服障礙，並能將理論知識與實際知識連接起來。

　　利害關係者團體最大的挑戰之一是達成互信，尤其是一個具有多元不同利益的團體。欲取得互信，互相尊重及了解是必要的，此可經由彼此認識而促成，並可透過社會功能獲致「團隊建立」（team-building）。在同心協力的過程中，團體被視為一個整體，必須能夠自治；所有的參與者在共同決定的決策過程中，均具有同等代表性。另者，一位有效的領導者必須指導並協調此項決策過程。

　　利害關係者介入的主要目標乃是同心協力的學習（collaborative learning），透過承諾、信任、公開與責任的建立，團體可以彼此學習而提升起初的認知，並能發展出創意性的解決問題方案。明確的認知與隱藏的議程，可以導致共同願景的確認、發展新的問題說明及創意的解決方案。

　　欲達到同心協力，需要若干條件或前提（詳見表 20-6），良好的資訊是最基本的；同心協力需要相當多的時間與財務資源，以支持參與者的時間及費用。更重要的是，利害關係者必須承諾及有意願去參與、去接受新資訊及新觀點與去學習。相反的，如果缺乏上述任何條件，將造成同心協力的障礙。

表 20-6　同心協力環境決策成功的先決條件與障礙

CED 的先決條件	CED 的障礙
良好資訊	誤導資訊
有足夠時間去參與、去建立信任、去學習、去解決爭端及去創造解決方案	立即性的問題、沒有時間去深思熟慮
參與者的承諾	缺乏參與者的承諾
願意學習	高度堅持己見，固守立場

CED 的先決條件	CED 的障礙
對影響及執行決策具責任感	未給予利害關係者責任
解決問題是主要目標	訴訟或立法先例是主要目標

　　以反對的本質而展現誤導性的資訊、不夠充裕的時間、缺乏承諾與責任、固守立場或不平均的權威等，均會傷害同心協力的過程。此外，如果訴訟或立法先例是某些利害關係者的目標，則同心協力的決策方式將很難運作。

肆、同心協力環境管理應用實例

　　自從同心協力的環境決策途徑興起後，在實務上已有許多應用的實例。因此，展示此項途徑的過程及前途的最好方法是透過對實例的描述及了解。以下即舉述美國奧勒岡州丹尼斯國家休閒區（Oregon Dunes National Recreation Area）的應用狀況，即可推知一般。

　　1993 年，奧勒岡丹尼斯國家休閒區利用同心協力的過程發展了一項管理計畫。首先是主管機關提出了環境影響說明書草案，併同管理計畫，公開給民眾評論。由於回應者太多，美國森林服務部（The U.S. Forest Service）決定採取某些創新的技術，設法將有興趣的各造包含在評審過程中。於是舉辦研習會（workshops）並對與會者提供生物的、生態的及其他方面的資訊。然後，鼓勵利害關係者彼此討論並辯論相關的議題，而拋棄傳統的做法，即觀點先行提出，主管機關再根據不同立場者所展示的論點而做最後的決定。

　　使用奧勒岡國家休閒區的各種團體都參加了對話（dialogue），而導致管理計畫的若干改變、增加、修改，這些團體包括一般汽車駕駛人、露營者、登山者、環保人士及其他人等。其結果是產生了一項相當練達的策略，包括了諸如階段性目標及地方社區發展做法等。這些修正並非反映任何一個利害關係者的意見，而是反映各造的集體價值觀。他們也使得休閒區的沙丘及植物獲得更佳的保護。

伍、結語

　　同心協力的環境決策途徑，需要克服某些制度性及情境性的阻礙。目前政府機構所存在的文化，仍然會妨礙此項過程。例如，大多數機構常採取集權的理性廣博規劃方式。非政府性的組織時常認為透過同心協力的決策途經會沖淡他們的目的（無法達到目的），尤其是當訴訟可以突顯他們的立場時。傳統的政策制訂方式、標準的大眾「參與」方式及標準的爭議解決過程等，均會因隱含著「我們知道何者對你最好」（we know what is the best for you）的態度，而難以促進大家做「文明的對話」（civic discourse）。利害關係者個人所關心的事項、承諾、目的及恐懼（尤其是對物質損失與社會損失的恐懼）之不同，均會產生各種的衝突。當一個強有力的經濟實體或政治實體控制議題如何建構及辯論如何進行時，衝突便難以避免。

　　欲使同心協力的決策途徑有效運作，需要各造都能公開並願意彼此學習。在環境問題解決方面，如欲從個人權利移向權利的分享，便需要尋求集體行動而非強調個人利得。所有各造的權利均應加以考慮，並應透過發展共同價值（common values）而創造信任的氣氛，各造必須承認他們的利益乃是彼此互相依賴的。

　　有關環境問題的公共決定，必須反映一個社會的特性。人們從經濟的、倫理的及美學的觀點，情緒化的表達他們對環境問題所持的態度，將複雜的價值觀與人文問題連結在一起。可是這些非經濟性的環境價值觀，很少在環境決策方面反映出來。因此，同心協力的決策途徑可能掌控了可整合參與者需求與環境保護而獲致解決方案的鎖鑰。提供顯示各造分享某些核心價值的對話，可能是達成所有參與者和平相處之目的的一項手段。同心協力環境決策途徑的目的，就在鼓勵利害關係者參與環境決策規劃及制訂，以解決爭端及形成創意的解決方案。同心協力意指採取共同的決策途徑以解決問題，在此途徑下，權力是分享的，而且利害關係者要為他們的行動負責。

　　運用同心協力的環境決策途徑需要平衡以下事項：科學的資訊、機關的指令、利害關係者的價值與利益、方案的公正性、效能性及效率性與利害關係者的權威及資源等。研究及實務兩個層面均應討論此些議題與其他議題，而同心協力的決策途徑如欲顯示它是有前途的，則主要的參與者（如機關首長）必須接受教育，以熟悉此途徑的運作過程及利益。

政策合法化篇

21

政治活動的參與方式

壹、非正式政治參與活動

　　關於一般社會民眾或利益團體對政治過程或政治活動的參與方式，通常可分成正式政治參與（formal political participation）及非正式政治參與（informal political participation）兩種。所謂正式政治參與，指透過符合法令規章規定的方式行使影響力，以影響政策的運作過程，例如採取「集團投票」（bloc voting），對政治運動投入時間與金錢，甚至參選各種公職等。非正式政治參與則是採取法制外的方式，以嘗試獲得政治上的目的。非正式政治參與及活動的類型可由下表得知：

	合法的活動	合法邊緣的活動	非法的活動
個人	1. 對民選官員提供私人諮詢 2. 從事政策研究 3. 說服政治人物接受看法 4. 加入政治取向的利益團體	1. 民意代表關說行政決策 2. 對公司或官員散布謠言	1. 暗殺 2. 賄賂 3. 勒索

小團體	1. 公共利益法規催生 2. 從事顧客取向的調查 3. 遊說 4. 編印定期刊物、小冊、報告	對行政機關提出過分的要求	1. 干擾反對派的政治活動 2. 貢獻政府的運動，以交換有利的政府行動 3. 恐怖主義
群眾活動	1. 參與社區組織 2. 組織工會與進行協商、研究與編印刊物 3. 從事暫時性的施壓活動 4. 從事合法的杯葛活動 5. 參與抗議遊行與示威活動	1. 阻擾正常活動的群眾抗議示威 2. 非法的杯葛活動	1. 公務人員進行罷工 2. 暴亂

資料來源：CRM Books, *American Government Today*, Del Mar, CA: Ziff-Davis Publishing Company, 1974, p. 458.

　　由上表可發現，此類非正式的政治參與都是相當傳統的。比較不同的是，世界民主國家自從 1970 年代以後，開始盛行「群眾運動」，並且常常採取所謂「遊走法律邊緣」及「非法」的方式，進行訴求、抗爭，從事所謂「自力救濟」。不論個人、團體或群眾，採取這些抗爭方式自力救濟，主要是認為「合法的政治參與活動」顯然無法達到目的；另外認為，此類方式效果既大，回應的時間又快速。尤其是，社會各界及政府機關又常常承認「會吵的孩子有糖吃」的事實，導致爭相學習模仿，使各種政策的運作過程充滿了混亂、爭鬥的狀況。

貳、政治過程的抗議活動

　　有人認為 1960 年代在美國來說，可稱為「抗議的時代」（the age of protest）。由於當時國內外有許多的問題，迫使美國政府必須制訂政策以求因應，諸如種族隔離、越戰、石油漏油、教育機會不平等、大學倫理研究課程不足等問題，也引起利害關係人以各種抗議的戰術參與各種政治活

動，包括靜坐（sit-ins）、示威（demonstrations）、遊行（marches）等。
一般而言，抗議是弱勢團體主要的抗爭資源之一，當他們缺乏足夠的資源
進入傳統的政治舞台，有效從事權益爭取的安排時，只好利用抗議活動獲
取同情，爭取其他團體的支持，強化他們談判的籌碼。此種抗議活動一直
延續到今天，已經成為司空見慣的現象。

　　基本上，抗議不只是對政策或「狀況」發生反對的聲音而已，它
還是一種爭取其他團體或個人積極支持、壯大聲勢、滿足需求的設計。
弱勢團體（有時甚至是強勢團體）利用「訴求」（appeal）、「威脅」
（threat）及「訴求與威脅混合」（appeal and threat combined）三種方式
進行之。所謂訴求，指抗議的主要用意在引起其他團體或個人的注意，對
它們的訴求表示關心，在政治上採取相關的行動，通常是以「不公正」
（injustice）、「受害」（suffering）、「受剝奪」（deprivation）作為訴
求重點。訴求能否引起大眾的關心及政府官員因而採取對應行動，須視若
干因素而定，諸如不公正、受害、受剝削的實際程度如何，大眾認知受害
並認為不公正的程度如何，抗議團體的訴求被認為在社會問題中所具的價
值如何，以及大眾為政府機關滿足抗議團體訴求的可能性如何等。

　　發起抗議活動的團體也可以利用威脅的手段，使他人明顯不愉快、不
方便，從而促使其他團體或個人介入衝突，以交換停止各種威脅的活動。
威脅手段的本質因情況而有相當差異，例如抗議的團體可能威脅要在政府
機關門前舉行長期的靜坐，以阻撓政府的運作；又如威脅要在某政要或名
人家門前舉行示威，以突顯他所擁有建築物存在貧民窟現象的事實；再如
威脅要求團體成員開車以每小時五英里的速度通過隧道，以癱瘓交通等。

　　有時候抗議的團體也可以採取訴求與威脅混合使用的手段去爭取支
持，達到目的。例如 1960 至 1966 年美國的民權團體（civil rights groups）
就致力於使用非暴力的戰術，去推翻美國南方具有合法基礎的種族隔離與
歧視做法，他們威脅要以阻礙各種公共設施的方式，去破壞社會秩序。這
些民權團體以號稱紀律、非暴力、尊重現狀、面對敵視的勇氣，向大眾進
行訴求，喚起大眾的正義意識。他們對社會行為拒絕服從的非暴力本質，
明白表示他們對不公正法律不願順從的意思。

參、正式的民意表達方法

民意形成以後，用以透過各種方法引起社會注意，進一步促使政府部門重視處理。例如，可經由報章雜誌及電視廣播的報導、各種會議中的發言、利益團體的宣言和決議案、專家學者的演講及著作等方法，不過這些方法都是非正式的。至於正式表達的方法大致可分為以下三種：

一、以投票表達的方法

一般公民對公共問題或公共政策表達意見主要是表現在：一為對人事的控制，二為對法律的控制。對人事進行控制的關鍵在於決定民選公職人員（包括行政首長及民意代表）的進退，亦即以投票方式選舉或罷免公職人員；對法律進行控制的關鍵在於決定法律的成立或廢止，亦即以創制的方式制定法律，及以複決方式廢止立法機關所通過的法律，茲簡述之：

1. 選舉的投票：現代民主國家率皆主張「主權在民」，其具體表示是公民可以投票選舉行政首長。例如，總統、直轄市長、縣市長等，組織政府，推動政事，服務人民；也可以投票選舉各級民意機關的民意代表，如立法委員、直轄市議員、縣市議員等，代表民意制定法律。因此，人民可以選舉與自己理念較合者擔任公職人員，希望透過他們能獲得問題的解決或得到最大的服務。

2. 罷免的投票：公民以投票方式迫使行政首長或民意代表去職的權力稱為罷免權。民選的行政首長或民意代表如果在職期間不能勝任，或違背民意，公民可以發動罷免，使其去職。人民具有罷免權才能貫徹選舉的行使，也才能有效的控制政府和各級議會。

3. 創制的投票：公民直接立法的權力稱為創制權。各級議會有時囿於短見，有時為了私利，常常會違犯民意，而不制定人民所需要的法律，此時公民就可以行使創制權。經由一定公民人數的提議或連署，將所草擬的法案提付立法機關或逕付公民投票表決，如獲通過，即成為正

式的法律。

4. **複決的投票**：複決投票是指公民對立法機關所通過的或所否決的法案，提付公民表決以決定效力。法案如獲多數票贊成，即成為正式法律，發生效力，此亦即民意成為事實的表現。

二、以立法表達的方法

理想上來說，民意應當是全民一致的人民總意，但事實上這種人民總意是無法得到的，所以民意只能說是全體人民中多數人的意見而已。人民按照法律規定選舉少數民意代表，組成民意機關，代表人民行使政權，制定各種人民所需要的法律。換言之，民意之所在，在於法律，立法就是一般民意的表達行為。

三、以決策表達的方法

在民主國家，統治者的權力建築在被統治者的同意上。政府係受人民的付託而行使國家的統治權、推行政務。因此基本上，政府的行為與決定受到民意的支持。在這個前提下，政府為滿足人民的需求，並利便政務的推動，依據合法程序所決定的公共政策、計畫、方案、服務等，便可視為民意的表達。

肆、選舉預測、民意調查與整體資料的利用

一、選舉的預測

一般而言，四種人對選舉較感興趣：一為參選人及其幕僚；二為研究與選舉行為題目有關的學者；三為從事民意調查的工作者；四為大眾傳播媒體。著名的美國蓋洛普民意調查從 1936 年起就有正式的美國總統選舉預測，除 1948 年的美國總統選舉媒體都猜錯了當選人之外，大致而言，

預測準確率都非常高。選舉預測不是一件容易的事，William Buchanan 曾蒐集美國、澳洲、德國、英國、日本、荷蘭、加拿大、紐西蘭等九個國家六十八項選舉一百五十五次選舉預測的結果，計算其與實際結果的絕對值差距，平均是二‧○二個百分點。Irving Crespi 研究美國四百二十三個選舉預測，發現關於候選人的得票率平均差是六個百分點，遠大於一般統計規範的抽樣誤差。

　　大體而言，選舉預測的方法有以下四項：

1. 利用整體性的資料，從趨勢的角度做籠統的預估，如使用縣市或鄉鎮的各項人口、財經、建設資料來評估選民的結構與意識型態，或使用過去的投票數據來預測未來。

2. 專家判斷。即藉由從事競選活動者本人及其幕僚對選舉狀況之深入了解，而預測選舉的結果。

3. 從候選人的屬性方面來預測選舉結果，不論其黨派、家世、談吐風度、學經歷、族群、宗教信仰、性別、年齡、婚姻狀況、財力等特性均可作為預測的工具。此種方法只能預測輸贏，無法預測得票百分比。

4. 使用民意調查結果預測選舉的趨勢。此方法是目前做得最多、也被認為是「正統」的預測方式。

二、民意調查的優點

1. 快速及時反映選情。
2. 樣本遍布選區，代表性足。
3. 可藉精密設計的問卷蒐集選民對議題的看法，掌握民意脈動，了解各候選人的優劣勢及意見市場分布狀況。
4. 可建立具有時間序列性質的資料檔，內容包括選民對許多議題的認知、態度與行為，配合基本人口特徵可進行多功能的深入分析及日後學理上的研究與探討。

三、民意調查的缺點

(一) 精確度仍有待改進，在緊要關頭可能無法準確推論勝利者。推論誤差來源包括：

1. 抽樣誤差：即使在最科學及嚴謹的抽樣設計及執行下，仍難免發生統計上的誤差。

2. 非抽樣誤差，包括：(1) 受訪者的戶籍地和經常居住地不一致，使母體和樣本的涵蓋範圍不一致。(2) 訪問失敗及其衍生的問題：① 樣本代表性受到扭曲。② 推論分母難以界定，有效樣本只能代表或反映母群體的一部分，也許是大部分，但絕不是全部。③ 理論上推論必然造成偏差，其嚴重性視失敗率和成功樣本與失敗樣本的差異而定。(3) 資料的品質問題：① 問卷的信度與效度。由於政治極為敏感，使得問卷設計特別困難，在調查時必然發生結果與事實差距極大的現象。② 訪員差異與受訪者的互動效應。訪員的談話技巧會和受訪者產生互動關係，有正當的，也有研究者視為不正當的，都會對訪問結果造成影響。③ 資料處理。從譯碼、歸類，到鍵入、電腦操作、資料轉換，每一個步驟都可能出差錯。

(二) 「尚未決定」和「不知道」的受訪者數量龐大。在一般情形下，直到選前三天，這一部分的比例仍可能高達百分之五十。這麼高的比例使選舉預測無法做精確的預測。

四、利用整體資料的優點

(一) 有許多基層村里對某一個政黨、派系或候選人的支持是相當穩定的。

(二) 大部分的選舉都是屬於「維持」和「漸進」性質，其趨勢可以運用整體性資料以統計方法予以評估、掌握趨勢及預測。

(三) 整體性資料的取得，相對於其他預測方法而言容易得多。

五、利用整體資料的缺點

(一) 預測輸贏也許有效，預測各候選人得票率則力有未逮。

(二) 只能做一次輸贏的預測，而且是最後預測，與選舉過程無關。

(三) 只能做政黨或整體性的預測，無法做複選區「多選多」，即從多位候選人中選出數位的選舉中，來做每一位候選人的得票率預測（本文主要取材自洪永泰，選舉預測：一個整體資料為輔助工具的模型，選舉研究，第 1 卷第 1 期，政大選舉研究中心，1994 年 5 月）。

22

政策方案被接納的
策略性思考

壹、前言

　　政策方案通常經由各機關首長、委員會及立法機關的審議後被採納，而取得合法的地位。由理論及實務經驗顯示，在政策合法化的過程中，所有參與者均會採取各種政治性活動，設法讓政策方案獲得接納或是設法打消該政策方案。由此可知，政策方案能否順利合法化，其關鍵就在「政治可行性」（political feasibility）問題，令人訝異的是，政治學者或是公共政策學者在過去均較少注意政治可行性問題。此種情況近來已有所改善：就理論層次而言，許多學者已應用預期效用理論（expected utility theory）以研究國際關係及國內的結盟問題，比對準確的與非臆測性的政治預測極有助益；就實務層次而言，若干從政人物及企業家則轉向所謂「區域專家」（area experts）尋求政治性預測。區域專家指熟悉在地方上、全國性的，或地區性政壇上相關參與者的人。例如，某人如果希望國會能通過有關貿易的法案，他就會聘僱一位在國會中的專家，此位專家其實就是一位政策分析人員。故政策分析人員必須設法增進概念性的知識，以預測政策方案的政治可行性。魏瑪（David L. Weimer）與文寧（Aidan R. Vining）兩人在《政策分析：概念與實務》（*Policy Analysis: Concepts and Practice*, 1999 修訂版）一書中，對此方面有相當深入的剖析，以下即做概略的介紹。

貳、評量與影響政治可行性

在少數直接論及政策分析人員如何預測及影響政策提案政治可行性問題的政治學者中，美國加州大學柏克萊分校的公共政策研究所退休教授梅茲納（Arnold Meltsner）是其中佼佼者。梅教授曾於 1989 年 6 月中來台灣參加行政院研考會所舉辦的「政策規劃國際研討會」，並發表論文（筆者為其論文之評論人），他為評量政治可行性所需的資訊，提供了一項檢查清單，包括：誰是相關的參與者？他們的動機與信念如何？他們的政治資源如何？相關的決定是在哪個政治舞台做成的？茲依序探討此些論題：

一、確定相關參與者

究竟哪些個人和團體較可能對某一議題表示意見？基本上涉及兩類人：一為對議題具有實質興趣者，另一為在決策舞台上具有官方立場者。例如，假定市議會正在審查一項提案，該提案旨在禁止公司對其員工採抽查檢驗方式，以偵測員工是否服用違禁藥品，我們可以預期，工會將支持該提案，而公司則會反對。我們可進一步預期，過去政治上相當活躍的工會及企業團體，在此議題上也會同樣的活躍。同時，我們還可確定其他重要參與者，包括具有投票權的市議員及具有否決權的市長、社區團體、衛生部門首長、地方的大眾傳播媒體等。政策分析人員如何確定某一議題的潛在參與者？基本上，可以假定對議題具有強烈興趣者都是可能的參與者，不論是在經濟、政黨、意識型態或專業等各層面均然。如果政策分析人員對此議題或在此方面是新手的話，可以找一個具有經驗的行家作為消息提供者。此外，可以透過報紙或其他書面報導的研析，而發現過去對於類似議題參與辯論的相關人員或團體。最後，政策分析人員可以直接詢問潛在的參與者他們對此議題的看法，從而評量他們變成活躍參與者的可能性。

二、了解參與者的動機與信念

　　有組織之利益團體的動機與信念，通常是比較明顯的，如果不明顯的話，政策分析人員可藉由比較團體領袖可能認為的成本與利益狀況，而合理的猜測他們對某一議題的觀點。如果他們對此項成本與利益關係的認知，是基於政策分析人員所認為的錯誤信念的話，分析人員即可藉由提供他們資訊的方式，而影響他們的立場。

　　欲了解具有官方立場者的動機與信念，是一件較為困難的事，因為民選的官員、政務官及公務人員等都各有不同的動機。民選的官員可能較關心連任的問題，或是希望能競選更高的職位；另外也關心如何代表選民的利益及促進社會利益等。政務官則受以下動機的影響：本身的實質價值觀、對政治贊助者的忠誠感、希望維持其目前職位的績效及尋求未來工作的機會等。公務人員除受本身實質價值觀影響外，也常被專業主義意識與希望為組織單位尋取資源等因素的影響。

　　政策分析人員有時很難預測哪一項動機將取得主導地位，衝突的動機將使官員本身面臨個人的倫理難題。政策分析人員如何了解官員對某一議題之各種動機的相對重要性呢？他可以採取「設身處地」的做法，將自己置於相關官員的立場上去思考。如果他處於該官員的立場，他需要的是什麼？欲滿足需要，他願意採取什麼樣的行動？很明顯的，政策分析人員對特殊官員知道得愈多，他就愈能較佳的回答這些問題。

三、評量參與者的資源

　　參與者具有各種不同的政治資源，利益團體通常宣稱為其成員爭取權益，因此它們可能使用金錢資源以支付遊說、分析、登廣告及政治獻金的費用；而團體的領導人可能與相關官員維持相當的關係；團體的成員眾多、具有分析的能力、過去活動績效卓著及提供充分的資訊等，凡此均被認為是具有潛在相關的資源。而這些資源實際的運作狀況如何，則視各團體及其領導人的動機而定。

　　政府官員基於他們的職位及各種關係而擁有各項資源，民意代表的政治資源包括投票、舉辦公聽會及影響議程的設定等；民選的行政首長，如市長，通常具有否決權，及在解釋已通過之法案時，具有相當的裁量權；而非民選的行政首長則常常透過其專業地位、專精知識與服務對象關係密切等因素而具有影響力。任何這些參與者，均可能以基於信任、忠誠、恐懼或互惠所產生的個人關係，而對其他參與者產生影響作用。

四、選擇政策合法化的政治舞台

　　每一個政治舞台（political arena）均各有其決策的規則，基本規則通常是以書面方式加以規定的：立法機關訂有「命令規則」（rules of order），行政機關則依據行政程序。但是不成文的傳統及標準化的實務，對於了解決策如何制訂方面也非常有關。因此，熟悉這些成文及不成文的規則，對政治性預測及策略是相當重要的。

　　一般言之，我們可以預料得到，某些參與者在一個政治舞台（如行政機關）輸掉後，會轉移到另一個政治舞台（如立法機關）繼續奮鬥。或者是在預期可能輸掉時，就會將議題轉移到另一個層級的政府部門去奮鬥。舉例言之，美國勞工工會在 1970 年將「職業安全與衛生法案」推移到聯邦國會立法成功，其原因之一乃是他們沒有能力在州的層級上影響衛生標準的環境與執行，而感到不滿意的緣故。政治舞台的轉換也可能從政府的一個部門轉到另一個部門，當美國食品藥物管理局（U.S. Food and Drug Administration）公布一項提議中的規則，禁止使用糖精作為食品添加物時，反對者成功的說服國會通過一項延期實施的法案，使管理局該項規則胎死腹中。此外，參與者如果在立法部門及行政部門失利，他們會嘗試將戰場轉移至法院。例如，在 1970 年代，主張以汽車載運學童到不同住宅區上學，以減少種族隔離情況者，最後就是經由法院的判決而達到目的。當然，有能力威脅將某一議題轉移到另一個政治舞台去的本身，就是一項政治資源。

參、各政治舞台的政治策略

決策者及政策分析人員試圖將政策議題轉移至另一個較有利的政治舞台以一決高下，並非是達成政策結果的唯一政治性策略。他們還可以隨時使用四種常見的政治性策略：吸納（cooptation）、妥協（compromise）、操控術（heresthetics）及雄辯術（rhetoric）。茲略述其內容：

一、吸納策略

眾所周知，一般具有強烈自我感的官員或意見領袖，常常會自以為是，固執己見，不願意承認本身的看法可能有所偏失。因此，設法讓別人相信政策分析人員的提案，至少有一部分是這些人的觀點，可能是最常見的一種政治性策略。在立法部門，民意代表便常採取跨黨派的連署方式（the form of cosponsorship）；在行政部門，也常設立涵蓋不同立場成員的顧問委員會或諮詢委員會，以獲致期望的建議。潛在性的敵對者因為被吸納為委員，且認為對「建議」已貢獻心力，因此較不會成為活躍的反對者。具有良好人際關係技能的公職人員，有時候可以藉著坦誠的會話或擺出注意關心的姿態，而吸納潛在的反對者。

當政策分析人員的提案侵犯了其他政策參與者的「勢力範圍」（turf）時，吸納策略是很有用的。政治人物及行政官員常擁有最感興趣及專業方面的領域，如果沒有事先徵詢他們的看法，他們便常會因感到自己的關心領域已受到其他人所提出之政策方案的威脅而採取反對立場，或者至少會加以漠視，不願意支持。當然，除非願意讓別人分享政策方案的好處，否則便不必採吸納策略。作為一位政策分析人員，工作的本質就是要求讓顧客（委託機關）享受分析人員優異的工作成果。因此。吸納策略必須基於委託機關明白表示願意讓別人分享成果，以換取達成政策目標的實質進展。

二、妥協策略

妥協指對政策提案進行實質性的修正，以使提案能在政治上具有更大的接受性，當最偏好的政策缺乏足夠的支持時，政策分析人員可以考慮修正該政策，以獲取政策合法化的額外支持，其方式是多目標政策分析，將某項目標犧牲以交換獲致更大的政治可行性。

妥協策略的途徑之一，是除去或修正反對者最反對的外貌部分。有時候刺眼的外貌部分移除後，並不會改變政策提案的實質影響力。舉美國一個例子而言，假定有關機關擬案，欲由郡政府委託私人公司對郡監獄的假釋犯提供教育方面的服務，某些反對者基於意識型態立場而反對，認為此舉是將營利與罪犯矯正連在一起，但如果主其事者能夠敘明，只有非營利機構才能提供此類服務的話，即可能贏得他們對擬案的支持。

妥協策略的另一個途徑，是加入對反對者具有吸引力的部分，所謂「滾木立法」（logrolling legislation）就是妥協的一種形式，它將若干實質上不相干的方案，放在一起進行包裹立法。此項滾木立法策略乃是從服務對象的觀點出發的，而非從政策分析人員的立場出發。較通常的情況是，分析人員居於對單一方案的組成部分，提供建言的地位。舉例而言，前面曾提到，假定美國某一市政府欲頒布方案，禁止私人公司隨意對其員工抽驗是否服用違禁藥品。如果政策分析人員衡酌目前態勢，該項禁令案很有可能被市議會通過，而分析人員是反對這項禁令的（亦即變成私人公司可隨意抽驗其員工），則他可以提出折衷方案，主張政府所要禁止的不是公司對員工的抽驗行為，而是禁止根據兩次抽驗結果就對員工解僱、降職或懲罰。此種妥協折衷的提案，極可能獲得具有決定權者的支持（包括市議員、市長、衛生局長等），而使原先的禁令案無法通過。

在機關組織環境中，妥協常常以「協商」（negotiation）的形式展現，對議題具有興趣的各造透過「議價」（bargaining）的方式而達成協議。然則哪些因素可能影響協商的特性與結果呢？因素之一是政治參與者必須彼此互動的頻率（frequency），如果他們必須彼此互動的頻率較高的話，在一項孤立的協商活動中，他們就較可能擺出彈性及和解的態度。另

外一項因素是每位參與者帶進協商活動的政治資源，諸如財力、個人魅力、政商關係、過去經驗、聲望等。

　　如何能使協商活動有效的進行並獲致良好結果呢？以下是兩項一般性的策略：

　　(一) 切記協商過程中所面對的每個人皆具有不同的情緒、信念及個人興趣。因此，政策提案的代表性及內容，在達成共同滿意協議方面，就顯得非常的重要。例如，如果協商的對手在過去有反對加稅的紀錄，則即使政策分析人員說服他加稅的確是必要的，該協商對手也不可能同意任何含有加稅意味的提案。分析人員應當設法尋求可以挽回對手面子（save face）的妥協方案，例如可以將增加汽油稅稱為增加「道路使用者費用」（road user's fee），或可減少對手的反對，儘管大家都知道，其實兩者的意思是一樣的。

　　(二) 試圖針對利益而非針對立場進行協商，以達成共同有利的妥協方案。例如，埃及與以色列在協商 1967 年「六日戰爭」後，以色列所占領的西奈半島（Sinai）歸還問題時，原先兩國都從各自立場（position）出發進行談判，埃及要求歸還整個西奈半島，而以色列則要求重新劃定疆界，因此遲遲無法達成協議。後來，雙方從利益觀點進行協商，終於找到答案：埃及在統治西奈半島幾百年後，不願意割讓任何一塊領土；以色列並無意取得西奈半島的土地，而是希望埃及的軍力遠離以色列的疆界。最後的協議是：將西奈半島歸還給埃及，同時解除對以色列具有威脅之埃及地區的軍事裝備。

三、操控術

　　操控指透過操縱政治選擇的環境而獲取利益的策略。操控術包含兩類的活動：一類為議程方面的活動，另一類為轉移評估面向（alter the dimension evaluation）的活動。

　　就議程操控而言，擁有特殊職位的公職人員，常常具有直接操縱議程的機會。在立法機關，議長、各委員會的主席，或是主持會議的行政主

管，常可藉由安排決策的程序而影響政策的結果。有時候他們會明白的藉由須做進一步研究，而把某些替選方案排除在考慮之外，而達到安排決策程序以獲利的結果。另外，他們也可以藉由安排各替選方案的優先討論順序而達到目的。

很明顯的，議程設定者在任何一個政治舞台上都特別的重要。如果政策分析人員的委託者是一位議程設定者，則他就基於較有利的地位，其提出的方案將較有可能被接納為政策。反之，如委託者並非議程設定者，則分析人員應設法增加提案被列入有利議程的機會。其途徑之一是設計提案以投議程設定者所好；另一項途徑是基於分析人員的立場，動員其他政治參與者的支持，以增加議程設定者封殺提案的政治成本。

就轉移評估的面向而言，當政策分析人員屬於少數派時，他有時可以採取「分裂多數」（splits the majority）的做法，例如，在 1970 年時，美國參議院的幾位參議員提出未決軍事撥款法案修正案，要求禁止國防部將日本琉球的神經毒氣運送至美國。雖然起先他們並無足夠的票數可以阻止此項運送，但是參議員 Warren Magnuson 藉著辯稱此舉有損參議院尊嚴之虞，而獲得多數的支持。參議院先前曾通過一項決議案，規定美國總統如未與參議院諮商，不得改變美國與日本所訂和平條約中所涉及的領土地位。Magnuson 堅稱，神經毒氣的運送乃是將琉球歸還日本之準備工作的一部分，此項方案由行政部門決定，乃是對參議院核可條約權的一項違憲篡奪行為。他將此議題轉移到參議院職權之爭，終於吸引足夠的票數，而通過修正案。

四、雄辯術

最常見的政治性策略可能是雄辯術，它是「說服」的代名詞。在規範性的一端，雄辯術提供澄清擬議政策之可能影響的正確及相關資訊；在規範性的另一端則是提供模糊擬議政策之可能影響的錯誤及不相關資訊。政策分析人員究竟要參與委託者使用雄辯術以模糊而非澄清政策結果到何種程度，無疑的會面臨倫理上的問題。

　　對政治參與者具有影響力的最有效雄辯術，並非是直接對他們進行說服，而是透過間接的民意影響力。政策如欲被接納，常須視「政策窗」（policy window）的開啟情況而定——民意與媒體注意力對某特殊政策領域之政策提案的敏感度如何。公眾人物為提高知名度，常把握機會採取支持或反對政策方案的行動。政策倡導者為維持政策窗的開啟，或甚至設法開啟它，可以經由以下機制將資訊提供給媒體：記者會、發布消息、公聽會、透露訊息等。很明顯的，較具政治敏感性的資訊，當較可能引起媒體的注意及利用。

23

促進社會和諧的機制
——實踐商議式民主

壹、前言

目前時序已邁入 21 世紀，世界各國的內部及外部環境可以說都相當複雜多變，而所共同面臨的情況基本上是：貿易全球化、經濟自由化、政治民主化、社會多元性、文化差異化。在此種劇烈變遷的環境下，由於各種利益糾葛及人際互動的頻繁，乃發生了嚴重程度不一的衝突，包括國際間及國內的衝突事件。嚴重的衝突事件，不論其衝突的標的及主體為何，必然會破壞國際或國內社會的和諧。如果我們所期盼的是一個人民可以安居樂業的和諧社會（harmonious society），那麼，我們就必須採取某些機制（mechanism），以轉化惡性衝突成為良性的建設動力，筆者認為機制之一就是實踐商議式民主（deliberative democracy）。

本文旨在闡述目前正盛行的議題——商議式民主的意義及原則；說明一個社會的衝突與和諧樣態為何；簡介若干可促進社會和諧的商議式民主之技術的大要，期收拋磚引玉之功效。

貳、商議式民主的意義與原則

自從 1990 年代以來，民主政治理論的一項重要轉折乃是學術界對於商議式民主的高度重視。許多學者認為它是補救代議制度及專斷政治缺

失、對人民授權賦能（empowerment）、解決利益衝突議題及軟化政府決策正當性的良方，並紛紛嘗試將該理論轉化為實際的公共討論機制（黃東益，2003：66）。Deliberative democracy 一詞，在台灣學術界出現多種不同的譯名，除商議式民主外，尚有「審議式民主」、「深思熟慮民主」及「審議思辯式民主」等。筆者依該詞所指涉的主要內涵觀之，似以譯為商議式民主較妥。因為商議（deliberation）一詞，最常被使用來描述法官、委員會委員、立法人員及其他組織體，在經過一段時間理性討論後做決定的過程（Gastil & Levine, 2005: 8）。那麼，它的意義是什麼呢？

　　簡言之，商議式民主是指採取各種社會對話（social discourse）的方式，如公聽會、社區論壇、溝通辯論會、公民會議、網路論壇等，透過政府、社會、公民間的理性反思及公共判斷（public judgment），共同思索重大公共議題的解決方案。亦即設法建構一種在各方皆有意願理解彼此價值、觀點及利益的前提下，一起尋求公共利益及各方均可接受的議題方案，並重新評估界定自己利益及觀點的可能性之機制，以求在解決問題的過程中，真正落實公民參與的基本民主價值。

　　評量商議式民主成功的標準，原則上並非在對結果能否形成共識，而是在所有參與者能否充分的信服彼此繼續合作的意願，透過共同的行動，參與者皆理解到實際上他們對此議題都有所貢獻，並同時影響了結果，即使他們對結果可能並不同意。換句話說，商議式民主不在追求一致的同意，而在追求對共同問題與衝突的持續對話過程中，爭議的各方皆願意保持持續合作的可能性。

　　商議式民主的實踐必須掌握以下三項基本原則：

1. 公開性（**publicity**）：參與商議過程的民眾與政府官員必須以公開及理性的政策論證方式，各自證明他們的行為及意見的合理性。
2. 課責性（**accountability**）：在一個民主政體中，政治人物的言行及主張，必須向人民負起政治或行政上的責任，不能信口開河，訛騙人民。
3. 互惠性（**reciprocity**）：即參與商議的民眾及官員可以進行理性、互

惠的思考，並且共同承認互相尊重對方的立場。此原則可促使參與者在呈現他們的論證，使別人有所體認或接受時，同時尋求將彼此的差異降至最低程度，並尋求彼此間重要意見的交集點（陳俊宏，1998；1999）。

歸納言之，商議式民主強調由專家學者、政府官員、利害關係者共同商議公共議題或方案，並取得共識的可能性，而非只是大眾意志的表達；它可以反映及表達出個人的自主性，一方面透過個人理性的說服，形成共同的政治生活；一方面透過集體商議所形成的意志，要求政治人物做出適當的回應，並對其回應負起責任（吳定，2003：355-356）。它強調在商議解決重大議題的過程中，應注重多元參與、多元對話、多元溝通及多元辯論。

參、衝突與和諧社會的樣態

自古以來，人類為求生存，乃基於互助合作的方式，在某一個地域範圍內，組成某種形式的社會。由最初鬆散的、非具體組織型態的原始社會，逐漸演化到今天具備嚴密組織結構及透過各種典章制度規範的現代社會。而現代社會可概分為國際社會與國內社會兩大類，但不論社會的範圍多大或多小，社會都是由互動頻繁、自利取向的各式各樣人群所組成的。人之不同各如其面，既然社會是由不同理念、信仰、利益、動機、目標的人們所組成，則社會當中因為各種原因所導致的衝突，便絕對無法避免。一旦社會上發生劇烈的衝突事件，並形成尖銳的對立情況，則國家主政者及民眾所追求的社會團結和諧、共謀發展進步的理想，便無法達成。

但是，一個和諧的社會是指一個民眾對任何重大議題都逆來順受、不起衝突的社會嗎？答案是否定的。一個社會如果要不斷的進步及永續發展，適度衝突乃是必要的，過少及過多的衝突，將會使社會停滯不進。所以筆者認為，一個社會的和諧程度，可以說是由「完全衝突不和諧的社

會」之一端到「完全和諧無衝突社會」另一端的連續體。而各個國家的社會和諧狀況，就落在連續體上的任何一點上，絕對衝突與絕對和諧是不可能的。為什麼？因為由不同族群所構成的社會，在許多方面所表現的差異，必然會導致不同程度的衝突，也就會或多或少影響社會內部的和諧。大致言之，我們可將各種衝突概分為四大類：

1. **政治性衝突**：主要肇因於政治主張的不同（如內閣制或總統之爭）、意識型態的差異（如台灣的統獨之爭與泛藍泛綠之別）、政黨間競爭（如台灣的所謂政黨惡鬥）等。

2. **經濟性衝突**：主要肇因於政府經濟、貿易、環保政策與人民期望間的落差，人民或團體基於私利進行抗爭的緣故。例如，台灣有許多民眾常因「鄰避情結」（Not In My Back Yard，不要建在我家後院）而激烈反對興建核能發電廠、石化工廠、垃圾掩埋場等。

3. **社會性衝突**：主要肇因於社會階級及族群對立、貧富相差懸殊、勞資糾紛、老弱殘障孤苦無依、政府各種社會福利及醫療照護措施無法滿足民眾需求等。例如，在台灣常見的原住民、殘障者、失業者、無住屋者、婦女團體等弱勢族群走上街頭，爭取本身的權益。

4. **文化性衝突**：主要肇因於宗教信仰、語言、生活習慣、異族通婚等因素所引起。例如，在台灣曾發生多次外籍配偶走上街頭，爭取工作權；大陸配偶遊行抗議政府政策歧視她們，必須結婚八年後，才能取得國民身分證等。

　　歸納而言，衝突不是社會和諧運作的主要障礙，關鍵在政府及民眾能否建立機制，共同設法將原本破壞性的衝突爭端，轉化為大家可接受的積極性運作動力。雖然社會上的各種衝突，可說都是利害關係人（stakeholders）為謀取本身權益而引起的，但是最主要的責任還是在政府機關的作為上。簡單的說，政府機關任何一項政策、計畫或方案的制訂與執行，如果缺乏有效的溝通及商議，都可能引起當事人不滿及抗爭，導致社會的不和諧。相反的，民眾如果能夠透過各種「公共參與」（public participation）的方式，參與政府政策制訂及執行的過程，在提供充分資訊

及理性溝通辯論後，許多民眾可能會改變激烈抗爭的態度，因而減輕衝突的程度，甚至使衝突消弭於無形，並且在政策執行階段，較能獲得民眾的支持與配合，而實踐商議式民主，就是延緩或化解此類衝突的重要機制之一。

肆、如何實踐商議式民主以促進社會和諧

欲透過實踐商議式民主機制促進社會和諧，可從「軟體」與「硬體」兩部分著手。軟體部分指政府主其事者及民眾應對實踐商議式民主的重要性及必要性，具有共同的認知；硬體部分指主其事者可依不同公共議題採取不同的商議技術，以遂現公共參與的目的。茲分別說明之：

一、建立實踐商議式民主重要性與必要性的共識

在理論上，一般民眾對重大公共議題所抱持的贊成或反對態度，深受社會菁英（elites）的影響，包括政治上、經濟上、社會上、學術上的意見領袖。而如前所述，商議式民主既然是透過政府官員、民意代表、學者專家、當事人、利害關係人等菁英的理性溝通、對話、辯論，進而形成共識，則此種共識除提供決策參考外，自然也會影響公共議題標的人口（target population）的態度。故政府機關可採取商議式民主的理念及實施技術，藉由溝通、說理、尊重、參與的過程，爭取標的人口支持，減少重大議題之標的人口不理性的抗爭。

根據許多有關台灣商議式民主的相關文獻顯示，在經過民主商議的過程後，參與者對議題的認知、政策的偏好及政治的效能感都有明顯的改變，亦即產生自我轉化的效果（黃東益、李翰林、施佳良，2007：43）。事實上，不論民主商議後的共識偏向支持或反對政策、計畫或方案，至少此項共識會較為精緻化及理性化，最重要的是，民主商議過程中的參與者，因面對面的人際互動，可促進人際的情感與互信，減輕對政策的錯誤

認知,因而改變對政策態度的堅持。總結而言,商議式民主強調公共參與,而公共參與基本上可以達成以下五項目標:第一,將公共價值融入決策中。第二,改善決策的實質品質。第三,可解決競爭利益間的衝突問題。第四,可建立民眾對政府機關的信任感。第五,可教育民眾及告知民眾實情(Creighton, 2005: 20)。由以上的論述可知,實踐商議式民主的確對促進社會的和諧極有助益,政府主其事者及民眾應先對此取得共識。

不過,大家也必須認知,一個社會如果要實踐商議式民主,大致上來說,應當具備以下的條件:

(一)確保每個參與者均能在自由及自願的情形下互動

由於資源及權利的不對稱,會對民主商議的過程產生負面的影響,因此應透過制度的安排,限制物質資源在商議過程中發揮的影響力。同時商議過程的花費可由政府公費補助,以減少權力與資源不對稱影響參與者的判斷。

另者,必須防範資源優勢者,可能會對參與者進行的隱性威脅。例如,透過金錢及物資的誘因,要求參與者順從其意,否則將受懲罰等。總之,商議的過程應極力確保參與者均能自由的表達意見。

(二)充分包容及尊重他人的不同意見

為使商議結果更具正當性,在商議過程中應盡可能包容不同的聲音及意見;同時也勿以不符合特定表達形式或不具合理性(reasonable),而將他人的發言及意見排除在外。簡言之,各種不同意見及立場的人,都有平等機會表達意見及說服他人,都可以有效運用自己的文化資源,透過溝通與討論的過程,鼓勵擁有不同社會及文化經驗的不同參與者,理解彼此的經驗及社會政策的後果,及在不同的社會位置下,所造成價值位階的差異。透過理性溝通的過程,使各參與者拋開本位主義的立場,發揮整體性的社會正義。

（三）持續進行協商

在商議過程中，惟有透過公開、自由、理性的討論，參與者獲致彼此可接受的判斷與共識，政策議題的處理決定才能取得正當性。所以在商議過程中，應進行持續性的討論溝通，勿匆促做成結論，所有參與者在議程設定、問題界定、決策形成及評估各階段，均應有發言的機會。

（四）參與者應享有平等取得資訊的機會

專家在商議過程中所扮演的角色，不僅在提供分析研究結果及經驗資料，還必須是一個促進公民社會學習的協助者。即專家應提供相關的知識及資訊，使每一個參與者都有平等機會，取得及分享公共議題的資訊，作為討論的參考。

二、選擇並運用適當的商議技術

商議式民主的實施技術甚多，例如廣為人知的公聽會、溝通會、社區論壇、網路論壇等，以下簡介四項歐美國家曾使用可供主其事者選擇的技術之大要，以知梗概（參閱 Creighton, 2005; Gastil & Levine, 2005）。

（一）公民會議（citizen conference）或共識會議（consensus conference）

此項技術可應用於界定公共議題及發生的原因、了解民眾的需求及提出解決議題的方案。共識會議法起源於 1980 年代的丹麥，主要目的是要將一般民眾包含在政策商議的過程中，它意圖「補充」而非「取代」既有的民主決策方式；它也提供了會議的空間，使在政治上無組織的普通人，能夠集合起來對切身相關的議題，發出「知情」及「思考」後的聲音，以供決策者參考。

根據文獻顯示，1999 年 3 月澳洲有十四人參加共識會議，為期三

天，討論食物鏈的基因科技問題，提出共識報告，反應良好。澳洲共識會議的實施步驟如下：1. 隨機抽取若干位外行的參與者；2. 對某項議題舉行三至四天的會議；3. 發給參與者簡要資訊，並進行現場參觀；4. 由政府官員、學者專家、利益團體代表及活躍份子進行報告；5. 就各項報告詢答完畢後，參與者就手中資料進行商議，並發展一系列的政策建議；6. 參與者向決策者提出報告，說明他們的研究發現；7. 將共識會議的報告分送相關的政策菁英供討論參考。

　　而丹麥則有一項共識會議，共邀請二十五位公民參加，進行兩階段為期三個月共八天的會議。文獻顯示，這項共識會議都收到良好的效果。一般來說，丹麥共識會議的實施方法是，由主辦單位公開隨機選取十二至二十五位公民，在經過三至七天的背景了解、議題建構、小組討論及專家聽證之後，建立共識、公開發表結論，並請相關單位做出正式回應。

　　由於共識會議演進自丹麥，且丹麥已具有豐富的實施經驗，故特將丹麥共識會議法的實施情況簡述如下：丹麥最常使用的方式是隨機選取十至二十五位公民，參加為期八天的商議，時間共約三個月，共分兩階段進行：

1. 第一階段：參與者先進行兩個週末的預備會議，主要在對議題、過程、參加會議者加以了解。在兩個週末的會議中，參加者發展出一套未來共識會議所要討論的問題，及從一份專家學者、利益團體代表的名單中，選取若干人作為共識會議的引言人。

2. 第二階段：舉行四天的共識會議，在前兩天先聽取代表不同意見之引言人的報告，以便在隨後的全體會議中對共識會議的問題提出回應。在這兩天中，參與者舉行若干次不公開的討論會，提出進一步的問題給引言人，並澄清誤解或爭論的觀點。在最後的兩天，參與者一起工作，撰寫主要建議大綱的報告，然後在公眾場合，向相關的決策者提出。在某些情況下，引言人有權回應答辯，參與者可據之自由的修改報告內容。

（二）商議式民調（deliberative polling）

此項技術可應用於了解議題、設定議題解決的目標，以及設計並選擇方案等方面。它最早於 1988 年由 James Fishkin 所創用。1999 年他隨機抽取四百多位美國公民前往 Austin 商議全國性議題，訪問可能的總統參選人，並記錄他們的意見。此項第一次商議式民調活動效果良好，受到媒體大篇幅報導，影響到當年總統大選辯論方式的改變，即採取準隨機方式，選取辯論的提問者及討論者。

此項技術的實施方法一般是由負責的團隊採隨機抽樣方式，抽取數十位至數百位公民進行商議式民調活動。受邀者聚在一起，先進行第一次意見調查，隨後透過研讀充分資訊、小組討論、與專家及官員對談後，再進行一次調查，以了解其在知情的情境下，對議題所持的看法，供決策者參考。

更具體的說，商議式民調可採取以下的進行步驟（黃東益，2000：128）：

1. 先期面訪：由主辦單位隨機抽取全國性的樣本若干份，針對事先設計的問卷進行面訪，並徵詢其參與小組討論的意願。

2. 進行討論：在先期問卷面訪後一至兩個月左右，邀集願意參加小組討論的受訪者，以焦點團體（focus group）的方式進行小組討論。在此之前，先由主辦單位訓練專業的會議主持人，並準備全面性、代表不同立場的資料，在會議進行前先行寄發給各參與討論人。各小組對不同議題討論後，邀請專家學者、民意代表、政府官員或總統候選人等針對相關議題進行對談。部分小組討論內容，及與專家學者或政治人物的對談狀況，可由電視播出，以擴大影響力。

3. 會議後進行問卷調查：會後以同樣的問卷訪問參與討論者及曾受前測的非參與討論者，以比較前測與後測間，及實驗組與對照組的結果。此外，並隨機抽取一份全國性樣本作為對照組，藉此了解此項實驗對整體大眾的影響。

（三） 全國性或地方性議題論壇（national or local issues forum）

此項技術可應用於界定議題、設計並選擇替選方案等方面。此類論壇是一種由各種組織及個人所推動的草根性運動（grass movement），希望針對某項議題，能夠由他們發起、主持、召集包容性的公共討論。自1970 年代後期以來此類論壇相當盛行，當時的阿拉巴馬大學校長 David Mathew 曾主辦由各界人士參加的論壇，解決重大的議題。

由於此項技術非常實用，因此美國在 1981 年成立了全國性議題論壇組織（National Issues Forum），它是一個由各種組織及個人為推動公共商議並主辦各種全國性或地方性議題論壇的無政黨色彩組織。

依公共議題性質的不同，論壇可由電視台、社區團體、學術機構單獨或共同主辦，並邀請不同背景及不同觀點的非專家人士聚在一起，討論重大爭議問題，分享價值觀及利益，化解對立。參與論壇的人數視議題及目的而定，可以邀請十幾人在一個小房間內討論，也可以邀請數百人在大禮堂內舉行。

（四）公民陪審團（citizen jury）

此項技術主要應用於設計及選擇解決不同替選方案問題方面，其目的在於討論公共政策事務時軟化公民的理性及同理心（empathy）。公民陪審團的構想始自 1971 年 Ned Crosby 的博士論文，但其實際運作則由 Jefferson Center 於 1993 年 1 月所創用。該中心及其他非營利組織（NGO），在當時邀請全美各地隨機選取的二十四位公民齊聚華府，在開會的第五天，討論聯邦預算問題。他們先後聽取了保守派及自由派作證者的發言後，參與者的任務是要設法平衡聯邦的預算。他們經過充分討論後，決定縮減聯邦四百四十億美元的支出，但也以 17 票對 7 票通過增稅七百七十億美元，以將預算赤字控制在二千億美元之下。

陪審團團員應按議題立場不同比例抽出，例如前項陪審團員二十四人中有十一位代表反對加稅者，有四位代表贊成者，其餘為中立立場者，此

與全國性民意調查結果的比例相符。Jefferson Center 的經驗顯示，成功的公民陪審團運作應具以下的要素：

1. 陪審團應為社區的縮影（**microcom of the community**）：即應依社區（地方性或全國性）的人口結構及特性，隨機選取具不同代表性的團員。

2. 在符合良好商議的要求下，團體盡可能擴大（**as large group as possible, consistent with good deliberation**）：根據 Jefferson Center 的經驗，團體成員以二十四人最為恰當。

3. 高品質的資訊（**high-quality information**）：提供給團員的最佳資訊，乃是來自不同作證者所表示的觀點及意見，而非由主辦單位所提供的書面資料或不同觀點的綜合摘要。同時，要讓團員有充分的時間直接詢問作證者。

4. 高品質的商議（**high-quality deliberation**）：為確保高品質的商議過程，應由經過專業訓練的主持人（facilitator）負責掌控陪審程序的進行，設法讓團員可自由針對問題表達意見，並避免有人主導討論。另外，作證者應保留充分的時間以答覆團員所提出的問題。

5. 將主辦人員的偏見減至最低，並避免受外人的操控（**minimizing staff bias and avoiding outsider manipulations**）：即陪審團團員應儘量不受主辦人員偏見的影響，包括不應受到主持人肢體語言的影響。同時，應確保團員能夠以自己的文字語言，撰寫他們的最後建議，並在公開發表之前，可以檢視最後的建議。

6. 公平的議程與聽證會（**fair agenda and hearings**）：應藉助代表廣泛不同觀點之外部顧問委員會，協助公民陪審團設定議程及挑選作證者。

7. 給予充分的時間研究議題（**sufficient time to study the matter**）：理想上，陪審團運作進行的時間愈久，團員愈有充分時間研究議題，但因考量各項因素，通常還是以一個星期為宜。

伍、結語

　　任何社會都不可能是一個完全和諧毫無衝突的社會，政府機關的政策制訂與執行，也不可能期望利害關係人完全順服主政者的意思，絲毫不會抗爭。相反的，民眾常會因各種原因而對重大公共議題進行抗爭，導致社會的嚴重衝突對立、社會極度的不和諧，影響施政作為及人民生活。

　　21 世紀後，公私治理（public-private governance）的做法，及民眾積極參與重大公共議題的處理過程，已逐漸成為時代的潮流。公私治理的理念強化了商議式民主的實踐；而商議式民主的實踐，主要就是在鼓勵民眾參與政策運作過程（policy process），透過理性溝通、商議、對話，減少不理性衝突，進而制訂較可行、較有效、較佳的政策、計畫或方案。所以政府主政者首先必須了解並肯定商議式民主的重要性及必要性。其次，應採取適當而有效的商議技術，傾聽民眾的聲音，尊重重大公共議題的利害關係人，讓他們參與政策運作過程，較可能使社會上的各種紛爭衝突趨向緩和，而形塑一個較有利政策運作、國家發展的社會環境。

參考書目

1. 吳定（2003），公共政策，台北：國立空中大學。
2. 陳俊宏（1998），永續發展與民主：審議式民主理論初探，東吳政治學報，第 9 期，頁 103-108。
3. 陳俊宏（1999），鄰避（NIMBY）症候群——專家政治與民主審議，東吳政治學報，第 10 期，頁 99-112。
4. 黃東益（2000），審慎思辯民調——研究方法的探討與可行性評估，民意研究季刊，第 211 期，頁 123-143。
5. 黃東益、李翰林、施佳良（2007），「搏感情」與「講道理」？公共審議中參與者自我轉化機制之探討，東吳政治學報，第 25 卷第 1 期，頁 39-71。

6. Creighton, James L. (2005), *The Public Participation Handbook: Making Better Decisions Through Citizen Involvement*, Hoboken, NJ: John Wiley & Sons, Inc.

7. Gastil, John & Levine, Peter (2005), *The Deliberative Democracy Handbook: Strategies for Effective Citizen Engagement in the Twenty-First Century*, Hoboken, NJ: John Wiley & Sons, Inc.

24

美國國會與總統的
政策合法化

壹、國會建立支持多數簡況

一般言之，美國國會在制定主要法律時，必須要設法建立支持的多數，或一系列數字上的支持多數，而通常此種情形係經由協商議價（bargaining）達成的。即使大多數國會議員同意對某一議題有採取某種行動的必要，但是對於這項行動所應採取的方式，可能無法獲得同意的看法，因此使協商議價變得非常重要。

國會在政策形成方面的一項非常重要的特徵是政治力的分權（decentralization of political power），有三項因素造成此種分權的情況：第一，國會中政黨力量的衰弱，及政黨領袖對其所屬國會議員僅具有限的控制與制裁權力。相對而言，英國眾議院政黨領袖的權力就很大，並且擁有許多手段以確保黨籍議員支持由黨員、眾議院領袖所提出的政策方案。美國國會政黨領袖僅有微小且分割的權力，諸如分派議員想要參加的委員會及辦公室、規則的使用、說服的能力（以影響國會的工作人員）。而那些公然反對政黨領袖的議員，通常也不會受到處罰，此種議員的獨立性甚至還受到許多人的讚賞。

第二，美國的區域代表制（the system of geographic representation）與分權的選舉（decentralized elections）也造成國會的分權狀況。美國參議院與眾議院的議員係由各地方選區的選民所提名並投票選出的，他們的當選並未獲得所屬政黨全國中央黨部及國會領袖多大的幫助。也就是說，他

們所屬選區的選民對他們才具有生殺大權,因此他們必須對選區選民進行回應,至少就某些事項而言必須如此,否則他們就難以留在國會。在很多情況下,政黨所提出的方案對某地區的選民具有負面的影響,也就是一般人所說的「黨意違反了民意」,在此種黨與選區的「利益衝突」(interest conflict)情況下,議員為了連任的需要,通常會以選區利益為重,投票反對本黨所提出的政策。

　　第三,國會的委員會制度(the committee system)也是造成國會分權的原因。眾議院有十九個常設委員會,而參議院則有十六個,它們負責管轄諸如以下領域的立法工作:農業、撥款、能源與自然資源、國際關係與人力資源等。傳統上來說,這些委員會從事國會中大部分的立法工作,幾乎所有的法案在交付眾議院或參議院院會進行辯論及做決定之前,都會交給撥款委員會考慮。常設委員會對於交付它們審議的法案,擁有巨大的封殺、變更或照案通過的權力,不過大部分法案在交給它們之後,從此就沒有下文。在 1970 年代以前,委員會主席係依年資而當選,對於委員會的運作擁有相當大的控制權力,他們可以選用委員會的工作人員、排定並主持會議、設定議程、安排聽證會並選擇作證者,及決定何時投票等。經由長期的歷練,委員會主席對其委員會管轄範圍內的政策事項,常常具有高度的知識與技巧。由於在他們所管轄的領域內,有相當多且不同利益立場者會介入,因此委員會主席可以扮演一位掮客 (broker),在衝突的或不同的利益者之間達成妥協(compromises)的結果。

　　在 1970 年,對委員會制度改革的結果,減少了委員會主席的權力,並且改變了委員會的組織與運作。其結果是,許多常設委員會的很多權力轉移到超過二百五十個的次級委員會(委員會小組)及其主席的身上。委員會小組的管轄事項當然比其所屬委員會要來得專精,目前這些次級委員會處理許許多多的立法活動,並在立法過程做了很多的決定。例如,在眾議院幾乎所有的立法聽證會目前都由次級委員會舉辦。次級委員會主席就其次級委員會的工作方向常具有極大的獨立性與自主性。此種權力轉移至「次級委員會政府」(subcommittee government)的結果,使更多的參議員與眾議員介入政策制訂過程,並使他們有機會進行政策創新。另外一項

結果是，委員會已經喪失了政治舞台上的角色，難以對利益衝突的各造進行調和與妥協的工作。次級委員會因更能回應特殊利益主張者與單一利益的團體，乃進一步割裂了立法的過程。不過各常設委員會當然並未失去所有的重要性，只是其地位已大不如往昔了。

國會的分權併同立法程序的複雜性，使得在制定重大法律時，需要建立一系列支持的多數。一項法案在成為法律之前，必須要通過若干的決策階段（decision stages）。簡言之，在眾議院的情況是，法案必須歷經次級委員會、法制委員會及院會的審議通過；在參議院的情況則是，經過次級委員會、委員會及院會的審議通過。假定某法案由兩院以不同的版本通過，則兩院聯席委員會必須要同意協商後的版本，然後再分別由兩院通過。如果總統批准，該法案即生效變成法律；但是如果總統否決它，該法案只有在兩院各以三分之二以上議員同意下才能成為法律。因此，一項法案的通過，必須經十或十二項建立支持多數的階段。在這些階段中的任何一項，如果一項法案無法獲得多數的支持，該法案恐怕只有死路一條。

在立法過程中，有時候法案必須在某些階段中取得「超常多數」（extraordinary majority），才能獲得勝利，例如對於總統的否決案，兩院須各以三分之二多數決才能推翻之。不過此種情形並不常見，自 1954 至 1992 年的三十八年間，美國總統否決了七百四十項法案，只有四十五項被國會推翻而後來成為法律。

由於國會立法過程中充斥著許多「決策點」（decision points），因此提供了許多利益團體或利害關係人接近的管道。在某一階段缺乏接近門路或影響力者，可以在下一階段捲土重來。因此，某一團體或利害關係人想要主導整個立法過程，乃是不可能的事。然而，此種立法過程的複雜性卻產生了保守性的效果，即它有利於尋求封殺法案者。而我們應當注意，許多利益團體對於阻止法案通過比讓它成為法案要有興趣得多。所以它們所需要做的是，在立法過程的任一階段，就其偏好設法贏得支持的多數，或者甚至只要尋求一位主導議員的支持就行。

國會在立法過程中，充滿了議價協商的動作。控制立法過程各種決策點者，可能要求修改法案以作為批准的條件，或者他們可能要求未來支持

他們感興趣的法案項目。議價協商之必要性，不只是因為有許多決策點的緣故，也是因為國會議員對於許多他們必須做決定的事務，並不具有廣泛的興趣。無疑的，他們對此些議題進行議價協商，遠較對感覺強烈的議題進行協商要來得容易。

貳、總統的決策簡況

　　美國總統可視為獨立自主的政策採納者，就外交事務而言，或是基於憲法上的總統職權，或是基於國會的廣泛授權，許多政策是總統行動與決策的產物。承認外國政府並與其建立外交關係的決定，乃是總統的職掌範圍。例如，尼克森政府與卡特政府對中共關係的改善，而終致建交的情形即然。與外國訂立條約是由總統代表美國簽署，並提經參議院同意的。也許有人會質疑，究竟總統是否為真正的決策者。就簽訂行政協定（executive agreements）的情況而言，總統的確是真正的決策者，此類行政協定與條約具有同等的法律效力，在外交事務方面，它比條約還要來得普通。行政協定曾應用於結束戰爭、建立或擴張在外國的軍事基地，及限制美國與蘇聯攻擊武器的擁有等。它們也常常應用於關稅事務的處理上。此外，超過半個世紀之久，國際貿易政策也是總統採取行動後的主要產品，不過它們必須經過國會的批准。

　　在國內事務方面，美國國會常常對總統做裁量式的授權，或者對總統指揮與控制下的行政機構進行授權。美國憲法所未提及的「行政命令」（executive orders），也被總統應用為制訂國內政策的機制。行政命令曾被發布以處理如下的事務：取消軍隊的種族隔離做法、建立忠誠安全方案、要求政府契約商採取「弱勢族群優惠行動」（affirmative action）、對政府文件進行保密分類並拒絕公諸大眾、規定總統對所屬機構之「法規制訂」（rulemaking）的控制等。詹森總統與卡特總統曾經利用行政命令來建立自願工資與物價制度，以對抗通貨膨脹，而憲法或任何法律均未明確的授權他們這樣做；但另一方面，也沒有任何法令禁止他們這樣做。總

之，美國總統採取較廣大的觀點行使總統職權，當他認為需要時，就採取必要的行動。

藉由了解形成與限制總統決策權的因素，我們不僅可對總統的決策權獲得有用的洞識，而且可以發現到觀察一般決策狀況的另一種觀點。在進一步探討之前，必須強調，總統的決策權乃是一項機構運作的過程。許多機構、助理人員、官方與非官方的顧問都協助總統來履行他的責任。但是不論他只是單純的批核由部屬所提出的建議案，或是他做了獨自選擇的決定，總統本人單獨為決策負最後的責任。

形成與限制總統決策權的因素有以下數端：

一、可容許性

首先是法律方面的「可容許性」（permissibility）。總統被大家期望應依憲法、法律及法院決定而行事，但是法律如未做規定，常會限制總統的決策權。例如，美國國會就曾批評尼克森政府於 1973 年夏天轟炸高棉的政策，以及 1973 年 8 月 15 日以後停止轟炸的決定，均未經過國會的同意。可容許性的另一個層面是「可接受性」（acceptability）的問題。外交政策的決定常須依賴被外國政府接受才能生效；而國內政策的決定，也可能依靠被國會、行政部門官員及機構或社會大眾的接受才能生效，例如雷根總統對能源部所提出的限制案即然。

二、可用的資源

總統並未擁有足夠的資源去做他想做的任何事情，不論資源是否指金錢、人力、關係、時間或信譽。分配給國防的經費並不能移用於教育或醫療研究業務；花費在外交政策問題的時間也不能移用於國內事務；缺少信譽（credibility）也可能會限制總統的決策權，詹森與尼克森總統就曾面臨此種狀況。

三、可以使用的時間

即採取行動的及時性與行動所需的時間。某項外交政策的危機可能需要立即的回應，例如 1962 年 10 月所發生的古巴飛彈危機事件，因此無法進行充分的磋商及資料蒐集的工作。國內政策的決定有時候也會被迫在短時間內做出回應，例如每年 1 月總統必須向國會提出預算案，或者依憲法規定，總統對國會所通過的法案如果不同意，必須在十日內提出否決案，決策的時間相當緊迫。

四、先前所做的承諾會影響總統的決策行動

此些承諾可能是個人性的，例如總統在競選活動中所做的承諾或先前的決定等。雖然必須強調「一致性」（consistency），但是總統如果想要維護其信譽及政治支持，必須要避免予人欺騙及優柔寡斷的印象。卡特總統在 1977 年就曾因為了刺激經濟而提出「退稅」（tax rebate）的方案，在往後幾個月被認為缺乏「果斷力」（decisiveness）而使聲望下跌。雷根總統在 1980 年從事競選活動時，曾誓言要廢除能源部，但當選後並未實踐此項誓言，而其聲望也未因此受損。通常人們對於總統所說的話要比他所做的事來得注意及受到影響。承諾也可能以「傳統」（traditions）與「原則」（principles）的形式出現，例如依傳統及原則，美國必須遵守條約義務，及只有在遭受攻擊時才能採取軍事行動。例如，在 1962 年的古巴飛彈危機事件中，甘迺迪政府就拒絕未預警的對蘇聯飛彈基地進行空中攻擊，而代之以對古巴進行海上封鎖，以避免被抨擊為「珍珠港事件的翻版」（Pearl Habor in reverse）。

五、可用的資訊

總統可以透過官方的及非官方的、明示的及隱示的方式，取得許多可用的資訊。他有時會被堆積如山的資訊所掩埋，在國內事務方面尤其如

此。但是在外交事務方面，卻常常陷於缺乏「可靠資訊」的窘境，即使他手頭上有最好的資訊可用亦然。有些事務的處理必須對未來情況做預測，但是對未來做預測，乃是一項相當不確定的工作，除了少數可能具有第六感或握有清晰的水晶球者之外，一般人是不可能做好預測工作，獲得可靠資訊的。

　　作為政策形成的領導者，不論在表面上他所具有的法定權力有多大，總統事實上承受極大的政治壓力與限制。法定職權本身常常無法將能力轉化成有效的行動。因此，總統常因無法實施「指揮命令」（command）而須進行說服工作；常因無法採取「強迫性行動」（compel actions）而須進行議價協商工作。是以杜魯門總統曾經感慨的說：「我整天坐在這個地方，嘗試說服人們去做那些他們應當有足夠意識知道不需要我去說服他們就應該要做的事，那就是總統所有權力的寫照。」這段話也許是過分誇張了一點，但是它卻反映一項值得大家深思的問題（本文取材自 James E. Anderson, *Public Policymaking: An Introduction*, 2000, pp. 152-159）。

政策執行篇

25
影響政策執行成敗的
主要因素

壹、前言

　　自 1970 年代以後，對於影響政策執行成敗因素的探討，就受到政策學者普遍的重視。一般人認為，Jeffrey L. Pressman 與 Aaron Wildavsky 於 1973 年所著《執行：華盛頓的偉大期望如何在奧克蘭破碎》（*Implementation: How Great Expectations in Washington Are Dashed in Oakland*）一書，被認為是此方面的先驅者，而且是里程碑。其後許多學者提出各種不同的政策執行力模式，事實上就是在探討那些重要變項影響政策執行的成敗，如 Thomas B. Smoth、D. S. van Meter、Carl E. van Horn、George C. Edwards、Robert T. Nakamura、Frank Smallwood 及 Paul A. Sabatier 等人之著作即然。本文將依據 David L. Weimer 與 Aidan R. Vining 在《政策分析：概念與實務》（*Policy Analysis: Concepts and Practice*, 1999）的看法，將眾多學者對影響政策執行成敗的一般因素歸納為以下三類：政策的邏輯性（the logic of the policy）、合作執行的本質、執行管理者的可得性（availability），並分別敘述之。其次，本文還將描述預期執行問題（anticipating implementation problems）所採用之途徑的大要。

貳、政策執行的一般影響因素

一、政策的邏輯性

　　「相容性」（compatibility）是婚姻的重要基礎，我們常常質疑顯然並不相容的男女卻結婚的邏輯性，同樣的，我們也可以把這種做法應用到政策上面。政策與意圖結果間的連結理論為何？所根據的理論是否合理？我們可以將政策邏輯性視為「假設鏈」（a chain of hypotheses）來思考。舉例而言，假定州政府提出某項方案，以資助地方政府所發動的實驗計畫，該計畫旨在確定高中科學教學的良好途徑為何，此項方案如欲執行成功，下面這些假設必須是真實的：第一，具有良好實驗理念的學區提出補助經費的申請。第二，州政府教育局選擇最佳的申請案。第三，獲得補助的學區，確實執行所提計畫的實驗教學。第四，實驗教學產生試驗中之教學途徑效能的有效證據。第五，州政府教育局確認那些成功的教學途徑可以重複應用於其他學區。

　　不過，我們可以很容易的想像其中任何的假設，可能會是錯誤的，或至少不是普遍真實的。例如，提出申請者可能是在申請經費方面具有經驗者，而非具有良好理念的學區；教育部門可能在政治壓力之下，廣泛分配經費，而非分配給具有良好理念者；學區可能會將經費挪用至其他用途，如支付平常的教室教學費用；學區可能缺乏執行教學評估的人才，或不願對不利教學途徑的評估結果提出報告；教育部門可能缺乏足夠的人員去檢視評估報告，以決定哪些教學途徑有效。這些假設發生錯誤的情況愈多，此方案愈難以產生如何在高中進行較佳科學教學工作所需要的有用資訊。

　　政策的特性與其被接納的環境，決定了執行所依據的假設，及這些假設成立的可能性。一般而言，被接納政策賦予執行者的法定權力愈大，則執行假設性行為的能力就愈強。同樣的，被接納政策及其預設目標所獲得的政治支持力量愈強，則執行者確保假設性行為的能力也就愈強。舉例言之，教育部門如果能夠要求獲選接受補助的學區，僱用外面的評估人員，則較能使學區提供「實驗教學法」的有力評估結果。在政策目標的政治支

持方面，如果議會中大多數支持此項方案者，認為改進高中科學教學的目標較將經費提供給學區做一般性的補助為重要時，教育部門就較能抵擋對補助款做廣泛分配的壓力。

　　很明顯的，如果我們不能敘明導致可欲結果的合理行為鏈，那麼我們就應當將此政策視為是不合邏輯的。後面將會討論作為發現合理行為鏈方法之一的「劇本撰寫法」（scenario writing）。

二、合作執行的本質

　　影響政策執行成敗的第二項主要因素是，執行政策時所需各項重要要素的組合本質如何。其關鍵是：誰擁有基本要素？（Who has the essential elements?）Eugene Bardach 在 1977 年曾為政策執行提供了一項比喻：執行乃是涉及努力從控制者手中，獲取基本要素的組合過程。這項比喻的推論是，需要組合的要素，如果項目愈多及愈多樣化時，執行問題發生的機會就愈大。進一步言之，在考慮成功執行的前景時，這項比喻提出了如下的重要問題：確切的說，哪些要素（指聯結政策及可欲結果的假設）必須要加以組合？誰控制這些要素？這些人的動機為何？何種資源可激勵執行者提供這些要素？如果這些要素無法及時獲得或根本無法獲得，將會產生何種結果？這些問題基本上與我們在決定「政治可行性」（political feasibility）時所考慮的問題一樣。的確，獲取執行所需要素的努力本質上會涉及「政治」（politics），雖然很少是透過投票決定的，但是那些控制所需要素者，必須要被說服去提供它們。換言之，我們可將執行看成是一系列「接納」（adoptions）的活動。

　　明確的法定權力對執行者而言，幾乎永遠是一項極有價值的資源。不過，明確的法定權力本身並不足以激發「合作」（cooperation）的情況。例如，假定某一位市長反對運送核廢料的火車通過市區；再假定法律要求市長提出一項在發生核廢料外洩意外時的市民撤離計畫；最後再假定在撤離計畫被接受之前，不得開始進行運送核廢料的工作。市長會採取以下三種戰術之一，以阻撓核廢料裝運方案的執行：

（一）象徵性順服（tokenism）

首先，市長可能有意的要其幕僚準備一項符合法律條文規定，但實質上落差很大的撤離計畫。如果執行者（州的公用事業委員會）（state public utilities commission）接受該計畫的話，則不只要冒公共安全的危險，還要冒名聲不佳的風險，同時還可能面臨反對核廢料運送方案之利益團體向法院控告的危險。當然，如果執行者不接受撤離計畫的話，則該方案就不會有進一步的行動。由於市長在形式上已經順服政策方案，執行者便很難獲得政治的或法律的支持，以迫使市長在「精神上」順服該政策。的確，象徵性順服的問題非常難以處理，因為一般而言，執行承受者必須證明該項順服是不足夠的「負擔」。

（二）延擱性順服（delayed compliance）

其次，市長可以要求其幕僚準備所要求的撤離計畫，但是盡可能拖延計畫完成的時間，不過以不遭到執行者法律上的挑戰為原則。在延擱期間，市長可以動員政治上的支持力量，以阻止運送核廢料通過市區的方案。也許透過某種公民投票或訴諸民意的方式，可以廢止核准該運送方案的法律，或是執行者也可能放棄主張而改走其他的運送路線。無論如何，市長可能不會因採取拖延策略而失去多少東西，反而至少有希望在政治環境中做有利的改變。

（三）率直反抗（blatant resistance）

最後，市長可能連象徵性順服都不做，而直截了當的拒絕去要求幕僚準備一項市民撤離計畫。如果執行者決定尋求法律制裁的話，此項率直反抗的策略對市長而言，可能代價太大。但是對執行者來說，將市長告到法院可能政治代價太高，且會使方案遭到更久的延擱；另一方面，如果對市長的不順服不採取行動的話，可能會鼓勵其他市長同樣拒絕準備撤離計畫，如此一來，將使整個核廢料運送方案陷入僵局。

　　一般言之，大規模抗拒政策執行的情況較為少見。反對政策者較常用的戰術是象徵性順服與有意的延擱。工作人員，尤其是受到文官制度保障者，常對執行工作採取消極的推拖拉做法，或是陽奉陰違、虛與委蛇。當必須依賴他們在長時間執行工作中給予持續的貢獻時，他們阻撓政策執行的能力特別大。例如，「管理資訊系統」（management information system）需要一項固定且準確的資料投入流程，以提供資訊的效益，而少數資料提供者如果延擱提供或不注意準確性，便足以減損整個系統的價值。

　　因此，即使執行者具有要求「順服」的法定權威，但所獲權威的水準，不一定足以確使政策能夠執行成功。執行者應預期到他們獲取方案要素的努力乃是政治性的——必須動員結盟者，及必須與利益衝突者達成協議。職是之故，執行者應準備使用各種政治性策略，特別是「吸納」（cooptation）與「妥協」（compromise）的策略，以組合方案的要素，並使它們投入執行工作。舉例而言，為增加市長及時擬具可被接受的撤離計畫之機會，執行者在市長經由公開方式表示不順服之前，可以找時間與市長討論運送核廢料之次數及環境方面的限制問題，也許執行者可以對於一項共同關心卻完全不同的議題，做出某種讓步（concession）。

　　「不順服」（noncompliance）不必然是為了阻撓執行的過程。某人擁有某項不可或缺的方案要素，他真心想要提供它，但是因能力不足或無法取得他人必要的支持，以致無法提供該項方案要素。例如，市長也許相信，準備法律上所要求的撤離計畫，是他應當完成的一項任務，可是他的幕僚可能欠缺撰寫適當計畫所需的技能；或者是他的幕僚具有能力，但是因為地方政府的作業程序規定，計畫必須在公聽會上討論，經市檢察官、市與郡規劃委員會及市議會的審核，以致計畫無法迅速的完成。即使計畫未遇到強烈的反對，但「排程問題」（scheduling problems）及例行性的延擱，就會使計畫無法如執行者所期望的在合理期限內被批准。

　　總之，法定權威本身並不足以保證控制必要方案要素者願順服政策執行。如果他們認為方案本身，或他們對方案的特定貢獻與他們的利益相反，則執行者便應預期他們會透過象徵性順服、延擱或甚至率直反抗的方

式，避免完全順服政策的執行。

三、執行管理者的可得性

此項影響因素的意思是：誰來管理方案要素的組合工作？亦即誰將投下時間、精力及資源去促使政策實現呢？政策分析人員本身很少站在管理執行的立場。另外，如果政策分析的服務對象（顧客）是民意代表或是高階行政首長的話，他們也不願意或無法參加日常的政策執行管理工作。因此，管理執行的責任，基本上就落在提供相關服務的組織內部單位的主管頭上。例如，核廢料運送方案的執行者，可能就是監督州核能發電廠之公用事業委員會的主任。

就政策執行過程中政治（politics）重要性的觀點而言，了解執行者的動機與政治資源，對於預測政策能否產生意圖的結果，很明顯是相當重要的。一位視政策是不可欲的或不重要的執行者，在組合方案要素的過程中，是不太可能投下個人及組織資源的。組織單位成立以執行新政策的原因之一是，既有單位的主管因為已對既行方案做了承諾，較不可能成為新政策強而有力的執行者。

執行者在這方面的缺失，有時可藉由所謂「調整者」（fixers）的協助而獲得彌補。調整者指協助取得政策執行要素者。舉例來說，立法部門的政策執行贊助者，可以監督政策的執行過程，如協助與不願順服者進行協商，取得協議；而立法部門的幕僚人員，透過監督的方式，也有助於激勵欠缺熱情的執行者。

在地方政府層級，「調整者」的取得特別有助於將集權管理的政策加以調整，以適應地方的情況。地方調整者有時可在支持政策的利益團體找到，有時候地方行政首長也可能變成有效的調整者。例如，Martin Levin及 Barbara Ferman 兩人在「青年就業方案評估」中就指出，大部分在地方執行成功的方案，通常都擁有願意介入行政實務以矯正問題的行政首長。某些此類調整者在應用誘因，將其他興趣不濃的地方參與者轉變成積極支持者方面，具有特別的效力。其他調整者因具有官方或私人的關聯關係，

而使他們能夠促進府際的合作。

　　地方政府層級的「結盟者」（allies）也可以作為執行者的「耳目」（eyes and ears）。如果沒有人願意提供資訊的話，中央機關的執行者要蒐集地方上的相關資訊，有時候是相當費時費事的。地方上支持政策的人士，可以提供有助於預測及處理不順服情事的資訊。

　　總之，「徒法不足以自行」，政策本身並不能自己執行。在評量成功執行的機會時，我們必須考慮管理執行工作者的動機與資源；我們也必須尋找方法，以動員可以作為調整者的政策支持者。

參、預期執行問題的途徑

　　儘管有關執行的文獻可說已汗牛充棟，但社會科學家對於如何預期與避免執行問題，則只提供相當少的實務忠告。不過我們相信，兩個一般性的途徑已為系統性思考實際執行問題提供了有用的架構。最基本的一個途徑稱為「劇本撰寫法」（scenario writing），它涉及確認與質疑聯結政策及可欲結果之行為鏈（chain of behaviors）的相關問題。因為劇本的撰寫係由政策向結果移動，故可以看成是「向前推進的途徑」（forward mapping）。相反的，另一個途徑是「向後推進的途徑」（backward mapping），即從可欲結果開始推演，決定達成結果的最直接方法，然後由後向前（由結果到原因）推演所須採取的行動，經由組織層級體系一直到可以採納政策的最高層級人員。基本上，向前推進途徑對預期「已規劃好之替選方案」，在執行時可能面臨的問題最為有用，而向後推進的途徑則對預期「創發具有成功執行良好展望之替選方案」，可能面臨的問題最為有用。

一、向前推進的途徑：劇本撰寫法

　　向前推進的結果，就是對聯結政策與結果之行為鏈給予「說明書」

（specification），即明確說明要達成之可欲結果，究竟應由什麼人做些什麼事？劇本撰寫法可以作為政策分析人員思考成功執行政策所需表現的各種行為問題之方法，它有助於分析人員發現隱含的並不實際的某些假定，也有助於分析人員發現具有成功希望的執行替選途徑。

有效的向前推進做法，必須具有相當的智慧與勇氣。採取向前推進途徑預期執行問題者，必須思考執行涉及者的可能行為及此些行為可能受到何種影響。它需要具有所謂「卑劣的想法」（dirty mindedness），即有能力去思考哪些事情可能會做錯，及是誰具有誘因將它做錯。換言之，他應當有能力去預見最壞情況的發生。從事向前或向後推進者均須具有從事「預計」（predictions）的勇氣，因為許多預計可能會是錯誤的，特別是在細節方面。但是向前推進途徑的許多價值，來自於仔細思考的結果，故從事向前推進工作者不能因害怕錯誤，而不敢進行預計的工作。

進行向前推進工作時，可以採取以下三個步驟：第一，撰寫一項將政策及其結果聯結起來的劇本；第二，從對劇本特性有興趣者的觀點批判該劇本；第三，修正劇本使其更趨合理。茲分述如下：

（一）撰寫劇本

所謂劇本，事實上就是故事，也就是你認為某件事未來狀況的描述。它們有開頭及結尾，並以情節布局方式，將主要的演員串連起來。情節必須與演員的動機及能力相互一致，情節也必須將所有執行相關的重要考慮事項傳達到執行上面。

情節包含一系列聯結的行動（幕），每一幕應回答以下四項問題：什麼動作？誰做這項動作？什麼時候做這項動作？為什麼他們要做這項動作？例如，假定你要為執行「鄰里停車識別證計畫」（Neighborhood Sticker Plan）撰寫劇本，此計畫限制只有每年購買停車證的鄰里居民，才能長期將汽車停放於特定的鄰里路旁。情節的一部分可能是這樣的：基於鄰里停車識別證計畫的通過（什麼動作），警察局停車組組長（誰做這項動作）設計一項程序，以審核申請者確為當地住戶，及其合於發給臨時停

車證的外賓（什麼動作）。在警察局長的要求下（為何做這項動作），組長在一個月內（何時做這項動作）向規劃部門提出一項可被接受的申請程序。

藉由撰寫一項容易閱讀的劇本，可使可能會分心的顧客（服務對象）或同僚聚精會神的研讀劇本，因為大多數人喜歡故事，並容易從故事中學習。劇本撰寫者也可以藉由插入某些訪問得來的內容，及某些與預計行為類似的舊行為，而使劇本變得更具說服力與更為生動。

（二）評論劇本

劇本合理否？所有的演員能否勝任情節所要求的角色？如果答案是否定的，情節布局便通不過「合理性」（plausibility）的基本考驗而必須重寫。如果劇本撰寫者無法做合理的情節布局，則他大概可以相當肯定的預測，該政策必將失敗無疑。

就情節中的每位演員而言，可以問問自己，假設性的行為是否符合個人及組織的利益，如果不是，演員可以採取哪些戰術以逃避順服？例如，警察局停車組組長可能將核發停車證的工作，視為其部屬一項既有工作已超載後的不情願負擔，因而他可能提出一項象徵順服的計畫，該計畫並不充分排除非現住居民購買停車證，其結果是停車爆滿，仍是鄰里未解決的問題。或者是該組長一開始就反對該停車計畫，而將不當核發程序視為反對整個方案的一種方法。

你是否想到任何處理不順服行為的方法？例如，由警察局長給予停車組組長一份備忘錄，要求他負起設計有效核發停車證的程序，是否就足以讓組長做好此項工作呢？如果准許組長分配其部屬額外的超時工作津貼，是否較能激發其合作意願呢？如果諸如此類的誘因看起來都沒有效的話，你就應當在情節布局時，把此項任務交給其他組織單位去執行。

在考慮情節中各演員的動機後，也要想到「不會叫的狗」（dogs that didn't bark）的問題，情節中未提到的那些人，可能會認為政策或執行所需的步驟，違反了他們的利益？他們可能如何干擾情節中的其他要素？你

可以採取何種戰術,以封殺或改變他們的干擾?

(三)修正劇本

根據批判的結果,修正已撰寫的劇本,必須堅持情節應合理,即使它並不能導致可欲的結果;如果它能導致可欲的結果,則你就擁有執行計畫的基礎;如果它無法導致可欲的結果,則你就可以下結論說,政策可能是行不通的。

二、向後推進的途徑:由下而上的政策設計

Richard Elmore 以下面這段話,描述向後推進途徑的要旨:

從具體說明創造政策方案場合的行為開始,描述一套預期會影響該行為的組織運作方式,描述這些運作方式的預期影響,然後為執行的每一層級,描述預期會影響標的行為,及影響產生結果所需資源的要素。

換言之,從注意你想去改變的行為,開始思考政策。何種干預做法可有效改變該項行為?需要何種決定與資源去激勵及支持這些干預做法?然後從可以達成干預做法及可被決策者控制的一套替選決策與資源中,去建構政策替選方案。

向後推進的途徑其實並不是什麼高論,只不過是使用政策問題分析的模式,去提出可解決問題的替選方案而已。不過,藉由將我們的注意力拉到組織的運作過程,向後推進的途徑也確實為我們思考政策替選方案增加了一點東西。同時,藉由一開始就聚焦於最低的組織層級,可能有助我們發現被我們所忽視的「較少集中式的途徑」(less centralized approaches)。

26

重訪失落的聯結：當代執行研究

壹、前言

　　一般研究政策執行的學者認為，1973 年 Jeffrey L. Pressman 與 Aaron Wildavsky 兩人所寫的《執行：華盛頓的偉大期望如何在奧克蘭破碎》（*Implementation: How Great Expectations in Washington Are Dashed in Oakland*）一書，乃是政策執行研究的里程碑，因為在那之前，有關政策執行的研究文獻可謂寥寥可數，該書所引用的參考書目只有短短的兩頁；亦即在此之前，很少人對執行進行系統性及深入的研究。因此 Erwin Hargrove 在 1975 年出版有關執行的書，書名就稱為《失落的聯結》（*The Missing Link*），意指在政策運作過程的各階段研究中，執行受到冷落未被廣泛研究，是失落的一環。而自 1973 年後，學者們就開始大量進行執行研究，文獻漸多，而依研究重點之不同，也就有了第一代執行研究（偏重個案等實務的研究）、第二代執行研究（偏重分析架構等理論的建立）及第三代執行研究（整合理論與實務的研究）的產生。過去的執行究竟有何缺失？未來的執行取向如何？美國科羅拉多大學公共事務研究所的 Peter deLeon 教授特別發表了〈重訪失落的聯結：當代執行研究〉（The Missing Link Revisited: Contemporary Research, *Policy Studies Review*, Vol. 16, No. 3/4, Fall/Winter 1999）一文予以探討後，並提出了「第四代執行研究」應考慮的研究重點。茲將該文之要點簡述如下文。

貳、政策執行的研究簡況

我們很難想像，在不太久遠的過去，對大多數公共政策學者而言，執行仍然是一個陌生的字。Jeffrey L. Pressman 與 Aaron Wildavsky 在 1973 年的《執行》一書中檢視了執行的文獻後，肯定的假定說，在社會科學中應當存在著大量有關執行的文獻，或者應當說有許多研究文獻存在。但事實卻證明情形相反，他們在該書中說：「執行研究的文獻一定存在，而且必須存在，但是事實卻不是這樣。除了本書所提到的少數幾篇外，我們無法發現任何處理執行問題的重要分析性著作。」（*Implementation*, p. 166）為證明此項說法，他們在該書的最後列舉了兩頁的參考書目。

在執行研究變成公共政策領域中一個成長的部分後，前述兩位學者在 1984 年版的《執行》一書中，就以十一頁的篇幅列舉參考書目，在不到十二年中成長了六倍。自此以後，公共政策學者如 Paul Sabatier、Laurence O'Toole, Jr. 及 Malcolm Goggin 等人，在他們的書上或文章中，均檢視了數百篇有關政策執行的文章後才下筆成文。也因此不再有研究執行的學者會宣稱他「無法發現任何處理執行問題的重要分析性著作」。有些研究人員談論著「由下而上的執行」（bottom-up implementation），或「由上而下的執行」（top-down implementation），或兩者的綜合；另外有些人則比較「程式化與適應性的執行方式」（programmatic vs. adaptive implementation styles）。

然而，就所有為數眾多的執行文獻而言，大多數學者的結論是，執行的研究已經走到學術的死胡同（an intellectual dead end）。確實的，Steve Telman 於 1984 年在嘗試將執行的學術性帶進美國聯邦政府時，甚至質疑此項做法是否實際，或在操作上是否可行。Paul Sabatier 則將其對執行研究的洞識擴充至較新的概念性基礎，以處理政策變遷與學習的問題。Malcolm L. Goggin、Ann O'M Bowman、James P. Lester 與 Laurence J. O'Toole, Jr. 在 1990 年提出了一個「府際政策執行溝通模式」（a communication model of intergovernmental implementation），他們稱為第三

代的執行研究。該模式提供了一系列可驗證的執行假設，雖因此些假設的確是合理的（儘管還有一些測量上的問題），但是他們卻未設法去激發其他人更多的想像力。

Helen Ingram 在 1990 年曾對 1990 年代的執行文獻提出如下的看法：「即使汗牛充棟的執行研究曾盡力展示對執行的重視與肯定，可是執行這個專業還未獲得概念上的澄清。」本文企圖指出執行研究的缺失何在，其可能的原因為何，及再度賦予執行研究活力的新方法為何等。換言之，本文將提供一條可供選擇的路徑，去發現仍然晦暗的「失落的聯結」，因為執行已反映在大量的文獻中，而所欠缺的是一個共識的或一致的理論。

參、錯誤何在

首先，讓我們接受 Barbara Ferman 對執行一詞所下的優雅定義：「執行指政策期望與政策結果間所發生的任何事項。」她所下的這項定義可使我們對執行做更為廣泛的應用，特別是做更非正式的使用。例如，以「應付」（coping）代替可欲的「執行」（implementing），它很容易的就將許多所謂「第一代」執行研究包含在內，這一代大部分屬於分析性的個案研究。諸如 Pressman 與 Wildavsky 的《執行》（*Implemention*, 1973），及 Martha Derthick 的《城鎮中的新城鎮》（*New Towns In-Town*, 1972）。這些研究與類似的研究，基本上對執行所產生的問題提出了警告；不過對如何預防問題發生，只提供極少的處方。在許多方面，這些研究可以說是由政治學者與行政官員的演繹方式所進行之研究的持續。但是，這些研究不論本身是如何的吸引人，最終仍然是「自我限制的」（self-limited），這也是一般個案研究的通弊。這些個案研究幾乎完全針對手中的執行或機關議題加以處理，而很少考慮到「類推性」（generalizations）問題。

Goggin 及其同僚在 1990 年提出了第三代執行研究的論點，這一代執行學者的各種個案研究被累積起來，而研究人員則朝向發展各種層次的執行理論，其中很多是以可驗證之假設的方式出現。Eugene Bardach 於 1977

年將此種趨向以《執行遊戲》（*The Implementation Game*）一書比喻之。Robert Nakamura 與 Frank Smallwood 於 1980 年出版的《政策執行的政治》（*The Politics of Policy Implementation*）一書，就是此種趨向的原型代表，他們從政策環境或系絡建構各項議題。此外，他們將重要的法律面向加入執行的研究。

「第二波」（second wave）學者中最著名的是 Daniel Mazmanian 與 Paul Sabatier，他們在 1983 年的《執行與公共政策》（*Implementation and Public Policy*）一書中，提出了一系列結構的、承諾的及「因果理論」（causal theory）的假設。這些假設後來被劃入「由上而下」（top-down）觀點的標題下，因為他們認為執行是經由「韋伯式層級節制」（Weberian-type hierarchy）的觀點而安排的。Mazmanian 與 Sabatier 及其他學者曾經盡力進行「驗證」他們所提出的假設，他們提供了十七項「自變項」（independent variables），它們確實反映了此項主題的複雜性，不過結果在測量的精確度方面，並不如他們的期望（在法規清晰性與行政技巧的層次方面）。還有，他們兩人所提出論點的優點是，他們建構了一個相當嚴謹的、以實證研究為基礎的模式，雖然甚至連他們也承認，他們的許多測量項目乃是主觀的及次序性的（ordinal），可能會使測量結果的精確度受到影響。

Kenneth Meier 與 Deborah McFarlane 最近以美國聯邦政府家庭計畫方案為例，對 Mazmanian 與 Sabatier 的模式加以驗證。透過一套特別智巧的測量工具，他們能夠將 Mazmanian 與 Sabatier 的結構與法規清晰性自變項，予以計量化。他們在比較若干不同的家庭計畫方案後，發現某些變項顯示出令人滿意的顯著區別性。因此他們可以推論說：設計政策方案的政府官員可以使方案產生差異。進一步言之，他們的影響力具有持久性。然而，在表示樂觀之餘，他們也被迫下結論說：「某些自變項的操作化是有問題的。必須承認，我們自己的某些測量項目是粗糙的，而且經選用的測量項目與法規變項所蘊含的廣泛概念間，存在著相當的距離。」因此，不禁令人懷疑：Mazmanian 與 Sabatier 的模式，雖然具有某些重要的洞察力，但在理論及預測的意圖上，卻是有缺陷的。

　　差不多就在同時，所謂第二代執行論點也出現了，此代具有「由下而上」（botton-up）觀點的特徵。其觀點認為，基層官僚人員（street-level bureaucrats）或他們的行政對手乃是政策設計、政策執行的組織活動，及其後執行活動的主要執行推動者。「由下而上」模式的支持者認為，此模式對政策實際發生的情況，能夠做較正確的描述。不過，有一些學者卻指出，基層官僚人員很少能夠從聯邦政府付託的政策中，具有完全的自主權；也就是說，所有的行動可能都落在由中央所決定之政策所設定的限制範圍內。

　　最後，Malcolm Goggin 及同僚在 1990 年提出了第三代執行研究的說法。雖然第二代學者 Mazmanian 與 Sabatier 確實是實證研究取向的先驅者，不過 Goggin 等人則明白的指出：「第三代研究的目的主要在於使執行研究的途徑，比前兩代更具科學性。」他們採取「府際途徑」（intergovernmental approach），依「誘因」（inducements）與「限制」（constraints），分別為聯邦、州與特殊機構及地方政府，提供三群的變項。他們也注意到，不同層級政府間的溝通常會被扭曲或誤解。然而，他們所點燃的實證研究火把，並沒有什麼人將它們發揚光大。

　　看起來執行研究的道路碰到了大障礙，迫使當今的執行研究學者如 Matland 與 Ingram 採取了權變的概念（contingency concepts），認為不同的執行劇本可以決定它們自己的研究與運作策略。Matland 根據「模糊性」（ambiguity）與「衝突性」（conflict）的程度，將執行策略以矩陣的方式表達。例如，當一項政策具高度模糊性與低度衝突性時，必須採行一系列的實驗方案，以決定何者為最佳的執行政策。

　　與這些努力齊頭並進的是由 Laurence J. O'Toole, Jr. 所做的著名研究成果，他的努力聚焦於多元執行機構的問題上面。他極具想像力的引用了新的理論建構，諸如「理性選擇」（rational choice）與「博奕理論」（game theory）等。不過，即使運用這些更理論性的概念，我們發現 O'Toole 所得到的頂多只是一套「混合的」（mixed）結果而已。例如他曾下結論說：理性選擇論的確指明若干重要的洞識，但卻未能提供任何清晰的預測。

　　當代政策執行社群所要面對的事似乎是：了解早期執行學者顯然最清楚的情況，它反映在他們的個案研究途徑中；執行過程的複雜並不是說來嚇人的，它顯然是「難以探究的」（impenetrable）（指難以「製模」及缺乏預測力）。Wildavsky 對此主題的最後說法是：「執行不再只是有關得到你曾經想要的東西，相反的，是有關你目前所偏好的東西，而直到你再次改變心意為止。」Ann Chih Lin 在 1996 年對此種情形坦白的說：「不幸的，執行文獻顯示，具有缺陷的執行隨處可見，它是非隨機的，並且已經蔚然成風。」

　　不過，如果將這種情形就稱為「失敗」（failure）的話，可能是不太周延的講法，或至多是不成熟的講法。因為 Ferman 在 1990 年的分析中提醒我們說：我們不應當將執行看成是絕對失敗的，而應把它看成是美國政府制度中的一種制衡作用，就像整個制度一樣，它可能是目的延遲達成及目的轉向的來源，但同時也可能是反對中央集權及權力濫用的一種保障。

　　有關政策執行研究演進最後必須指出的一點是，執行研究過去大多是以負面思考及作為的方式進行的，其結果是，在諸多涉及府際執行關係的方案例子中，大多數的執行研究都被認為是政策失敗，只有很少數是被認為執行成功。

　　總的來說，我們不應當將「執行」描繪成一張不可能的畫像。許多「事情」（things）的確被執行，並以正常的基礎獲得推動。我們可從每一個層級政府的觀點，把執行看成是每天都順利推動的工作，故政策只偶爾被認為是失敗的。因此，通常是以「某事」（something）之發生，以使「那件事」（that thing）能夠上「軌道」（track），即使它並非是原先設計通向預定目的地之軌道。由此，主要的執行問題乃在於如何縮短「某事」與「那件理想的事」（the idealized thing）之間的差距，而要解決此項問題，乃是極端費時費力的事。

肆、政策執行研究的未來

　　首先我們應從早先的討論中確立三項觀察：第一，雖然執行研究已建議有兩項「競爭體」存在（即微觀對宏觀的執行，或由上而下對由下而上的執行），不過是否有合理的方法，可簡單的將兩者予以合併並綜合此兩相對的陣營，仍然不太清楚。此兩種觀點真的來自兩個不同的世界，並各具極端不同的「假定」（assumptions）。例如，由上而下的執行，基本上是一種演繹的途徑；而由下而上的執行，則是歸納的途徑。顯然的，在政策制訂基本上應當或實際存在於何處方面，兩者的看法是相反的。前者在進行預測時，嘗試去清晰的指明；而後者則較關心類推的、解釋的角色。最後，他們在關鍵的規範性面向，似乎也是相反的。

　　由上而下的執行被形容為較具民主性，因政策是由民選的代表所選擇的，而在由下而上的執行中，政策是由基層（或地方）官僚所設計出來的。基於這些理由，它值得我們去釐清這些傳統的差異，並朝向一個新的、更權變性的基礎去研究。

　　第二，執行研究人員大多從結果來注意過程，而非注意過程本身。就像 Ingram 在 1990 年所說的：「執行研究最主要的特徵就是特別關心政策結果，而非結構或過程。」因此，政策規劃或方案評估對執行的影響並未被直接結合起來（整體而言，它們都是政策過程的一部分），乃因此使執行研究更加困難。還有，為了證明政策規劃與方案評估並不會對成功執行的過程產生新的障礙，我們還需要做更多的事情。在此方面，目前已有若干樂觀的先兆出現，例如 Thomas Smith 就在他的調查中發現，政策規劃者與執行者以非常一致的方法看待世界。這項研究發現後來被 Linda deLeon 於 1995 年從政策制訂者與政策分析者的相對價值觀，獲得證實。

　　第三，在過去幾年，政策研究出現了兩項同樣強化的著重點：公共政策的民主、參與成分及興起更「後實證邏輯論」（post-positivist）或「詮釋的」（interpretive）取向之研究運動。此兩項發展均可看出與大部分由上而下的執行研究，最強烈相反的，並且可能對今後的政策執行研究具有

直接的影響。

　　就執行研究的民主取向而言，目前許多政策分析人員已嘗試要將政策科學推回它原來的民主觀點。在閱讀 Ingram 與 Schneider 有關政策設計的文章後，發現他們非常強調其所提出建議的民主本質。他們說：「本文的主要目的是要確認哪些政策可以培養民主參與感（democratic particpation）。」更有進者，Schneider、Ingram 及其他人逐漸接受由 Juirgen Habermas 為首之批判理論學派所提出的概念，及該學派所強調的「辯論式民主」（discursive democracy），提供了政策執行民主論者強有力的學術跳板，作為他們進行政策論證的基礎。

　　究竟由上而下執行途徑與由下而上執行途徑，何者較為民主？論者看法不一，因每個人所觀察的角度不同，所以兩者均有支持者。例如，Matland 認為由上而下途徑較為民主，Jane Mansbridge 則認為由下而上途徑較為民主。因此，此兩途徑沒有一個敢特別聲稱他們較具民主的觀點。不過，另一方面，「後實證邏輯論途徑」（post-positivism approach）在許多方面的確與較大的民主取向契合，此可由 Habermas 的做法知其端倪，Habermas 將其政治與社會哲學植基於政策的系絡，並且特別著重他所謂的「溝通的理性」（communicative rationality）。

　　根據 Iane Braten 的說法，溝通的理性用來解釋一般的社會互動是如何可能的，及解釋特殊社會安排與制度的演進情況。Habermas 清楚的將此種安排指向民主取向。Braten 進一步解釋說：參與者間的溝通是嘗試要獲得理性的共識，溝通天生的就是要導向共同的了解，而因此從事有效溝通的標準遂受限於所要達成的共同了解及理性的結果。

　　在政策科學的字詞中，Habermas 曾提出一個策略，即朝向此類議題的研究，如人們如何透過社會對話（social discourse），而非透過決策者行使政治力量的管道，以達到社會變革及政策學習的目的。Habermas 進一步提出 Daniel Yankelovich 於 1991 年所說的「解放的」（emancipatory）命題，設計去「使人們能夠獲得自由，能夠在心智上使他們從錯誤的知覺、意識型態、偏見及心智受迫的形式中解放出來」。

　　Habermas 曾有一句更令人激賞的句子：「政治與社會的世界遭逢系

統性扭曲溝通（systematically distorted communication）的困境，在此情況下，一方在某一政策領域中對其他相關的各造，具有清晰的主導權，並且會持續的利用那種權威，例如利益團體或政府機關即如此。」在Habermas 的哲學中，此種權力分配方式會導致「單方的理性」（one-sided rationalization），這種負功能（dysfunction）並非是政治本質隨機發生的一種行為，而是一種彰顯且清晰的政治機制，它肯定有害於溝通的理性，或有害於治理的共識性基礎。

此種偏見代表了舊時期政府（民意代表與行政首長）與民眾間的衝突，而無疑的，此種偏見會影響大部分的政策執行策略，特別是被由上而下學派所提出的策略。因此，本文作者 Peter deLeon 認為由下而上的途徑，較由上而下的途徑具有民主取向，如果從現在的形式看起來可能不是的話，未來也肯定會是如此。

我們沒有必要從認識論的極端（epistemological extremes）去了解及將後實證邏輯取向結合進政策執行。不過，基本上，後實證邏輯論指出，我們必須與受到影響的各造，達成某種形式的共識，各造包括相關機關的工作人員及標的人口在內，而此項共識之達成，應當是在大規模的執行活動正式發動之前，亦即它應成為政策規劃活動的一部分。因此，執行活動必須將其步驟倒退回去政策過程的早期階段，而且愈前面愈好，以了解規劃期間是否提供足夠的「參與」與「溝通」機會。

欲採取全盤性程序以減低 Habermas 的「系統性的扭曲溝通」，在行政上可能是笨拙無能為力的，同時在某些情況下，利用執行的戰術也被認為是沒有必要的。不過，我們可以提出另一個在政策研究中正出現的「後實證邏輯」趨勢加以探討，它就是「調停的協商」（mediated negotiations），它可能是於 1970 年代從環境衝突與從後來漸增的聯邦主義所發展出來的，以作為執行分析的有效代替物。然而，調停的協商不應被視為所有執行衝突的「答案」。因為，即便是調停說的支持者 Lawrence Susskind 與 Jeffrey Cruikshank 也承認，有許多議題超出他們處理的能力：他們認為，調停是很冒險的，因為協商必須對涉及基本價值的議題進行承諾方面的交換；同時，它們也將所謂「憲法」議題排除在外。但是，除此

之外，調停的行使不應被貶抑為邊際性的或不相干的，因為民眾參與的核心理念，在實務上與調停活動是相似的，雖然並非完全相同。

伍、一項新的推力或另一條死胡同

本文已嘗試展示至少三項有關政策執行之主流研究的事情：第一，目前所建構的執行研究狀況，未能在概念上獲得改變心意的支持者；相反的，諸如 Paul Sabatier、Robert Nakamura 及 Eugene Bardach 等人，現在紛紛放棄執行方面的研究，顯示執行研究已失去若干原來及最具說服力的擁護者。其次，執行研究不談一般成功的案例，而聚焦於一些例外失敗的案例，可謂積習難改，而因此使人對執行研究成果充滿了偏見。它讓人看起來似乎已落入許多政策分析研究的陷阱，將注意力放在以「巴瑞圖最適化」（Pareto optimality）為主軸的市場機制模式，而大致上忽視了並不具同等最適條件的政治世界。Peborah Stone 於 1997 年將此兩大軍營稱為「市場派」（market）與「政治派」（politics）。她聲稱，用來提升市場派觀點的工具，並不能同樣的適用於「政治派」方面；更糟的是，可能會造成分析上的誤導。

如果這兩項辯論似乎真的，且假定我們仍然希望了解執行過程，因為它對政策產品與服務的傳輸實在太重要，則顯然提出一個新的執行架構，應不會比既有的模式做得更差，相反的，可能要好很多。讓我們以下面的議題為例，後實證邏輯論從環境衝突調停系絡所提出之辯論式觀點，較具民主取向，對上較傳統的由上而下觀點：這是一個有關執行的努力與責任要做的「事前承擔」（front-loaded）或「事後承擔」（back-loaded）問題。如果你先前已付出許多時間，且至少是採取辯論式模式（事前承擔的做法），則將比採用更傳統及更後應的執行方式（reactive implementation mode），在了解障礙何在及是否可克服它們方面，具備更好的概念。就像 Susskind 與 Cruikshank 所警告的，這些模式並不想成為普遍的「答案」（solution），但是它們至少可為執行研究提供不同的動力。

　　第二，我們沒有理由將大部分焦點放在例外的執行失敗案例上，而不放在每日運作成功的案例上（有人曾想過 Pressman 與 Wildavsky 在《執行》一書中所說的奧克蘭計畫，其實也有它收效的部分嗎？）大部分企業管理研究所對成功的個案進行研究並從中學習。Nelson Polsby 的政治創新研究，也具有摘取若干成功的政治創新個案之優點。可是政策執行研究尚未採取那種途徑，而主要是偏好處理 Bovens 與 't Hart 所指的「政策慘敗」（policy fiascoes）的問題。我們當然沒有必要只選擇例外的「勝利者」（winners），但重要的是，我們應同時研究政策執行的成功面與失敗面，以觀察並學習執行的各種變化情形，而非專門研究失敗的執行案例，這也涉及如何強化政策學習的問題。

　　第三，我們對於目前在缺乏必要預測下，去了解執行的情況應當感到滿意（雖然並非百分之百滿足），「後實證邏輯論取向」對此主軸可做出貢獻。有一件事必須指出，「定性方法論」（qualitative methodology）可以很好的適應一項較鬆散的量化標準，諸如關於衝突或資訊的「高」（high）或「低」（low）測量標準，並且可對系絡情況獲得更完整的全貌。在此意義下，前述 Ingram 與 Matland 所提出的矩陣，對於多談論執行的過程而非毒品就具有相當的價值。更有進者，Ann Chih Lin 於 1998 年指出，良好的定性研究（質的研究），可應用來發展可供以後採取歸納方式進行驗證的各項假設。

　　最後，我們必須對可應用於執行的標準加以合理化。例如 Ferman 與 O'Toole, Jr. 所指出的，執行只不過是對預期達到的與已經達到的進行比較而已。雖然沒有必要降低我們對公共方案的期望，但也不需要期望方案能夠完全的實現，亦即要求一項成功的方案應在特殊時間限制內完全實現大家對方案的期望。從歷史的角度來看，現在的執行研究途徑已經有效的使「最好」的研究人員成為「好」研究人員的敵人，而同蒙其害。

　　總結而言，將較著重執行的民主取向，並輔以更後實證邏輯取向及方法論，與務實的評量執行可傳輸的東西為何（對照政策所承諾的東西）兩者結合起來，以進行政策執行研究，雖然可能不會獲得任何諾貝爾獎（Nobel Prizes），但此舉將給予政策社群在處理政策產品傳輸階段，能夠

做得更好。而它也可說為「第四代政策執行研究」立下了充分的基礎。簡言之，未來第四代執行研究的重點如下：一、更重視執行的民主取向（即由下而上的執行途徑）；二、更後實證邏輯取向及其方法論，包括多採辯論的、詮釋的、溝通的、對話的、參與的、調停的執行研究途徑。三、在視情況權變採取定量或定性研究途徑原則下，更著重定性研究途徑的應用；四、務實的同時研究政策執行的成功與失敗案例，並從中學習獲得良好教訓，勿像從前偏向例外失敗個案的研究，因此也就非常強調「政策學習」（policy learning）的重要。

27
政策執行失敗案例舉述

壹、前言

　　公共政策的運作過程通常包括政策問題認定、政策規劃、政策合法化、政策執行及政策評估等五大階段的相關活動。而一般學者認為，在 1970 年代以前，有關政策執行的研究與其他方面相較，似乎較為不足，因此被認為是「失落的聯結」（missing link）。不過，自從 1973 年普里斯曼（Jeffrey L. Pressman）與衛達夫斯基（Aaron Wildavsky）兩人出版《執行：華盛頓的偉大期望如何在奧克蘭破碎》一書後，情況隨即改觀，有關政策執行的研究論著大量的湧現，是以如果說，該書是政策執行的一個里程碑應不為過，因此吾人對該書的內涵應具有一般性的了解。

　　本書主要是由加州大學柏克萊分校的奧克蘭專案小組（Oakland Project）研究人員採取文獻檢視法及深度訪問法，追溯探討一項為數二千三百多萬美元的聯邦政策方案，在加州奧克蘭市執行失敗的經過、原因及教訓。其重點置於該方案初始目標的設定、各項協議的達成及經費承諾的部分。聯邦政府為執行此項方案，特別由商業部之下「經濟發展署」（Economic Development Administration）作為專責機關。該署決定走入城市並透過經濟發展，以達到為少數民族提供永久工作的機會。奧克蘭市因而被選為實驗地區，以展示公共工程建設與企業融資，如何可提供雇主僱用少數民族勞工工作的誘因。美國國會核撥了必要的經費，奧克蘭市政府官員及雇主也同意了這項做法，方案也順利的向大眾宣布付諸實施。然而

幾年之後，公共工程建設卻只完成一小部分，企業融資毫無進展，而少數民族勞工的就業改善乏善可陳且令人失望。其原因究係為何？一般言之，有些方案之執行失敗，乃是無法取得政治協議之故；有些方案之執行虎頭蛇尾、屢受挫折，乃是無法確保經費提供之故；另外有些方案之胎死腹中，乃是因當初地方政府官員與私人利害關係者之協議無法兌現之故。而經濟發展署的此項方案均符合此些執行的條件，然而該方案卻無法及時執行，以達成期望的結果，原因何在？凡此均有值得進一步探討的必要。本文即簡單探述此項方案的來龍去脈、方案內容、執行失敗的原因與所獲教訓等，以收「他山之石，可以攻錯」的效果。

貳、奧克蘭方案大事記表

1965.8.26	美國國會通過「公共工程與經濟發展法」（The Public Works and Economic Development Act）
1965.10	Eugene Foley 被任命為商業部助理部長，並出掌所屬經濟發展署
1965.12	Eugene Foley 與奧克蘭方案實施第一個月擔任 Foley 在奧克蘭特別代表的 Amory Bradford 短暫訪問奧克蘭，並與當地黑人社區領袖會面，但未會晤市長
1966.1.28-29	經濟發展署官員與奧克蘭企業及政界領袖舉行會議，Eugene Foley 承諾至少提供 1,500 萬美元的協助
1966.2	Bradford 與企業、勞工及政界領袖進行廣泛晤談，以形成可接受的就業政策
1966.3	Foley 批准就業計畫的構想
1966.4.29	Foley 宣布對公共工程提供 2,300 萬美元的補助計畫
1966.10.5	Foley 辭職
1966.11.12	就業計畫審核委員會批准世界航空公司的計畫；Bradford 離職
1967.1	Charles Patterson 接掌經濟發展署駐奧克蘭的代表
1967.1.27	奧克蘭港務局決定將航運大廈（海運站）興建專案移往新地點，因而終止有關補充先前地點相關資料的爭論
1967.5.6	港務局與 Charles Luckman and Associates 公司簽約，委託設計停機坪
1968.4.1	海軍單位抱怨海運站妨害飛行安全

1968.4.2	Charles Luckman and Associates 公司通知奧克蘭港務局，停機坪的實際費用將較原先超出許多，港務局要求經濟發展署給予額外經費補助
1968.4.7	港務局向經濟發展署提出在海運站興建旋轉餐廳的計畫
1968.6	經濟發展署同意資助西奧克蘭衛生中心的興建
1968.6	世界航空公司的執行報告顯示，僱用少數民族勞工的數目由 129 人降為 111 人
1968.8	美國國會會計總署批評經濟發展署對奧克蘭港務局所做的補助與融資安排
1968.12.23	Hugh Taylor 取代 Charles Patterson 成為經濟發展署駐奧克蘭市的代表，Patterson 轉任世界航空公司的副總裁
1969.2月初	各造集會簽訂興建西奧克蘭衛生中心的計畫
1969.2.26	經濟發展署署長 Ross Davis 拒絕追加興建停機坪額外經費的要求
1969.4.4	Robert A. Podesta 取代 Ross Davis 成為商業部助理部長並掌經濟發展署
1969.4.7	海軍與港務局終於解決興建海運站的歧見
1969.12	海運站興建工程招標完成
1969.12.11	經濟發展署駁回港務局在海運站興建旋轉餐廳的經費補助要求
1970.2.12	經濟發展署通知港務局，在 1970 年12月 31 日前，必須提出少於 950 萬美元的興建停機坪的最後計畫與細節，並保證提供就業機會
1970.4.8	港務局為停機坪專案聘請一位新的建築師
1970.5.15	世界航空公司提出一項少數民族勞工優先計畫，但受到聯邦就業機構的批評
1970.6.30	經濟發展署核准斥資 920 萬美元興建停機坪的初步計畫與細節
1971.5	海運站完成
1971.6	興建停機坪的合約生效

參、奧克蘭獲選為方案實驗對象的理由

一、奧克蘭以往與「區域重開發署」（Area Redevelopment Administration）有過接觸的經驗。奧克蘭市因失業率一直居高不下，在1964 年它就符合「區域重開發署」（即經濟發展署前身）中「經濟蕭條地區」的要件，而實施過全盤的經濟發展計畫。

二、奧克蘭市存在著潛在的暴動威脅。奧克蘭的高失業率（尤其是在黑人區）與種族對立情況，使得暴動可能隨時一觸即發，因而認為在該市

實施經濟發展方案，實屬刻不容緩之事。

三、奧克蘭市的高失業統計數字。奧克蘭的失業率為百分之八‧四，為全美平均失業率百分之四‧一的兩倍，因而奧克蘭被選為經濟發展署的實驗對象似乎已成定局。

四、奧克蘭市的政治情勢。奧克蘭市市長為共和黨籍，此亦為獲選的理由之一。因為若市長屬民主黨籍，則經濟發展署的方案萬一執行不順，市長可能會立刻一通電話告到同為民主黨籍的詹森總統，此對經濟發展署的工作將構成妨礙。

由於以上這些社會的、經濟的、行政的及政治的理由，奧克蘭終於獲選為經濟發展署都市實驗的對象。

肆、奧克蘭實驗方案的宣布

1966 年 4 月 29 日經濟發展署署長 Eugene Foley 與加州州長 E. Brown 在記者會上介紹 Foley，指出他「決定在奧克蘭主導一項龐大的實驗，以解決主要的都市問題：失業」。接著，Foley 宣讀他的聲明，討論奧克蘭所遭遇的困境——包括高達百分之八‧四的失業率，為全國平均失業率的兩倍。隨後他正式宣布經濟發展署同意提供總數二千三百二十八萬九千美元的公共工程建設補助款與融資，以推動奧克蘭各項專案計畫，其中百分之六十為補助類，百分之四十為融資。他聲稱，當這些計畫完成時，將可提供二千二百個工作機會，而後續的措施將提供更多的工作機會。此外，一百六十萬美元的企業融資可以創造八百個工作機會，因此 Foley 承諾至少總共可創造三千個工作機會。

伍、奧克蘭實驗方案的內容

一、提供公共工程建設補助款與融資款數為二千三百二十八萬九千美

元。

二、公共工程建設項目包括：

1. 興建奧克蘭機場停機坪及輔助設施。
2. 興建海運站（航運大廈）。
3. 興建三十英畝的工業園區。
4. 興建通往體育館的連接道路。
5. 視方案執行狀況，可能會補助更多的建設專案。

三、方案的主要目標：

1. 透過公共工程建設，促進奧克蘭的都市發展。
2. 至少可創造三千個工作機會（主要提供對象為黑人及少數民族的勞工）。為此，經濟發展署特別提出一項就業訓練計畫。

陸、奧克蘭實驗方案執行簡況

奧克蘭實驗方案在 1966 年 4 月 29 日正式宣布後，本來預計在短期間內（也許是五年內）可以達成該方案的兩大目標：完成多項公共工程建設、促進都市發展及創造三千個工作機會。不過事實上主要的目標是放在後者，亦即為求職不易的奧克蘭市失業者（特別是黑人）提供工作機會。為此，經濟發展署規定，凡是尋求此方案補助或融資的雇主，均須附帶提出「僱用勞工計畫」，並由「就業審核委員會」（Employment Review Board）審核通過，該委員會係由企業、勞工及貧民所組成。雇主獲補助後，每月均須提出僱用勞工報告書，如未能遵守規定或有爭端，可經由仲裁解決。儘管設有此種控制執行機制，但整個實驗方案的進度，因受種種因素的影響，嚴重的延擱，故被評估是一項失敗的案例。該方案主要項目之執行結果如下：

一、海運站的興建，因在執行之前，未預料到執行後出現許多新的或未預期的參與者，且在執行的技術細節上遭遇許多阻擾及延誤，使海運站

在延誤四年半之後才開始動工興建。

二、世界航空公司的停機坪（維修棚）因財務及計畫修正，與未能有效創造就業機會問題，延誤了五年又兩個月後，才正式簽約興建。

三、經濟發展署所負責推動的就業訓練計畫，因為從中央到地方政府各相關單位的意見不一致，過程繁文縟節，相互猜忌，各單位目標不一致，使訓練計畫宣告失敗。

四、對中小企業的融資手續繁瑣，條件苛刻，申請手續依規定不超過九十天，但實際卻超過六個月尚無結果，以致方案執行三年後，只對中小企業融資一百零八萬五千六百美元，僅創造出四十三個工作機會。

五、方案執行三年後的 1969 年 3 月，只有工業園區與通往體育館的連接道路完工，而海運站直到 1971 年 5 月才完工；停機坪工程的建築合約則於 1971 年 6 月才生效發包。

六、方案原來目標之一的創造三千個工作機會，只創造了幾百個工作機會而已，根本未能達成。

柒、奧克蘭實驗方案失敗的主要原因

奧克蘭實驗方案失敗的原因甚多，幾乎所有政策執行所遭遇的困境，該方案都碰到了，其犖犖大者如下：

一、政策規劃與政策執行嚴重脫節，同時高估方案執行成功的可能性及執行機關的執行能力。

二、方案執行時面臨多元參與、多方觀點、多元利益衝突、多元立場的問題，無法同心協力，共赴事功。

三、方案執行所涉及的決策點太多，造成申請案件極度的延擱。以興建公共工程申請案為例，必須經過三十決策點以及七十個人的同意，使執行工作極不順暢。

四、各參與者對方案的目標看法不一致，亦即未能對目標達成共識。

五、各參與者大都同意目標，但卻不同意達成目標所使用的手段。

　　六、各參與者對於評估方案績效的標準，看法不一致。

　　七、各參與者本位主義濃厚，無法進行有效的協調溝通，彼此相互埋怨，無法合作。

　　八、負責推動方案的機關不恰當（由現有機關負責推動）。

　　九、方案執行過程未能適應環境變化做必要的調整修正。

　　十、各參與者對領導與組織角色的意見不同。

捌、奧克蘭實驗方案的教訓

　　機關組織集合了眾人之力，處理許多的資訊與產生知識，不斷的對環境進行試驗，改進錯誤，增進績效。因為組織是由眾人所組成，故組織學習相當不容易，必須所有的人共同努力，始能有成。就奧克蘭實驗方案而言，它所受到的最大批評是，經濟發展署所推動的各項公共工程建設，本身就關閉了學習的可能性，形成一個缺乏學習精神的組織，難以從過去的失敗經驗中得到教訓。

　　我們常以實驗設計方式從失敗經驗中獲得知識與學習，但是奧克蘭方案的運作方式，最大的缺點是其都市實驗的特性。經濟發展署企圖以簡潔、戲劇化及公開的方式，突顯奧克蘭失業及種族問題的嚴重性，但它是否真的是美國當時問題最嚴重的地方，是否還有其他解決該等問題的方案，答案是不確定的。

　　雖然從經濟發展署的「實驗」中我們無法學習到如何選擇一個好的公共工程方案，但我們仍希望從執行過程所遇到的困難及經驗，而了解如何設計一個較理想的政策方案，專責執行機關及其運作方式。鑑於奧克蘭實驗方案所呈現的諸多缺失，如阻礙、延誤、官樣文章、高度重疊性、重複性、猶豫不決及延遲等，似乎可採取以下兩項做法以解決或改善此些現象：

　　第一，可以採取走出官僚組織（going outside the bureaucracy）的策略，其做法有三：(一) 成立新的組織、僱用新的人員、建立新的規則與新

的運作模式去執行方案；(二) 成立獨立委員會或半獨立的董事會，負責執行方案；(三) 在舊有的組織體系中成立新的單位，且採專案小組的方式以執行方案。以上三種方式各有優缺點，難說何者最優。其主要著眼點在減少官僚組織與生俱來的弊端，故應謹慎因應特殊狀況，採用適當的組織方式。

　　第二，加強機關組織間的協調（coordination），以獲得彼此對於政策方案內容、目標及手段的共識。惟有透過協調、溝通、協商的方式，才能將彼此衝突的或對立的看法加以調和，而變成合作的基礎。

　　總結而言，奧克蘭實驗方案在規劃之初充滿著偉大的期望，目標遠大，信心滿滿，但是因為規劃時未做好「執行力」研究，因而未預測執行過程可能發生的種種問題，以致缺乏未雨綢繆的準備；且在執行過程中，又未能針對問題速採補救之道，調整執行方法，亦即執行機關與執行人員缺乏反省及學習的能力，以致偉大的期望宣告破滅，令人為之惋惜。

　　政策執行研究已經成為一門成長的專科，為數眾多的相關研究已經完成或正在進行中。可是，執行研究人員卻面臨極大的難題。問題並不全在於他們期望發現所有正確的答案，而是他們甚至不敢確定是否問對了問題。政策執行研究人員面臨各種難題，其實並不令人吃驚，因為意圖研究執行產生了一項最基本的問題，它涉及「思想」（thought）與「行動」（action）之間的關係：在「行為」（behavior）的主流世界中，「理念」（ideas）如何展示自己的實力？

28

政策執行的演進本質

壹、何者優先的問題

在界定「執行」範圍時，Jeffrey L. Pressman 與 Aaron Wildavsky 於 1973 年的《執行》（*Implementation*）一書中，將執行與政策運作過程的另外階段予以區分，雖然各階段均糾纏不清。然則當我們在分析上，將「語言」（language）與「行為」連結在一起時，我們把「目的」（objectives）與「行動」（actions）予以分開是否適當？雖然他們兩人說，在判斷執行成敗之前，必須先設定目標（goal）；但他們也表示，目標與執行行動均為互動過程的一部分。那麼，到底孰先孰後？亦即到底是先有「雞」（目標），還是先有「蛋」（執行）的問題。他們的回答是：每項要素均依賴其他的要素，因此「方案執行乃變成一張無縫的網」（program implementation thus becomes a seamless web）。他們在指出執行涉及構成一個由目的到結果的因果鏈（causal chain）後，他們緊接著將因果方向倒轉過來。他們說：我們常過度簡化，認為一旦一項方案付諸執行後，執行者就同時要為原先的情況（initial conditions）及為所要達成的目的負責。

如果執行如同 Aaron Wildavsky 所說的是無所不在的話，那麼是否意味著執行是無處可尋的呢？的確，Pressman 與 Wildavsky 警告說，將政策設計與執行分開乃是錯誤的。不過，如果此兩者不能分開，那麼政策分析的揮灑空間在哪裡？是否除了「行動」之外的所有事項，都是它著力之

處？他們繼續強調：「雖然我們無法將政策孤立起來，與執行分開討論，但是我們分析的目的是希望將此兩者結合在一起，做更緊密的對應。」我們只能夠說，在心中將實際行動應結合在一起的主題，予以分開思考，也許是合理的，然則目的何在？答案是為了改善「政策設計」（policy design）。然而，政策不是常常一再的重新設計嗎？是的，這就是它的困難所在。難怪有許多政策執行的研習者常常抱怨說，政策執行這個主題實在太令人捉摸不定，它常因某人從何種觀點、以何種歷史點、做何種解釋，而有極大的差異。

貳、執行被視為一種控制

　　將政策與執行兩者分立予以概念化的方法之一，是將兩者結合起來。我們可以將執行納入規劃與設計裡面——當進行完整設計時，可研究將來應當及會是什麼樣子，因為有人會否認有任何事情會先於執行存在，所以執行應被納入互動過程中。某人所持立場依其如何回答以下問題而定：在執行之前，政策屬於何種「實體」（entity）？政策是一項充分展示的計畫，只需要去執行就可以嗎？或者，政策乃是以後每項活動的「前提」（premise）嗎？或是另一種情形，執行階段只像是一個政策鬼魂等待慈悲的執行者到來之地獄之所？在規劃與控制的執行模式（the planning-and-control model of implementation）中，最初的計畫稱為P0，計畫的實現稱為Pl，兩者處於相同的邏輯層次。據使用該模式者的看法是，執行的問題是如何透過適當的理論或「生產函數」（production function），將兩者之一轉換成另一者。此模式清楚的指出目標、詳細的計畫、嚴密的控制，並兼顧兩者的人性面問題——誘因與教化（indoctrination）。

　　此項規劃模式承認由於原先計畫的不可行，故執行可能會失敗。但是它並未了解重要的一點，那就是在規劃階段，可能大部分的限制仍然隱而未見，只有等到執行階段才會被發現。更有進者，可行性的條件隨著時間不斷的改變，舊的限制可能因透過「學習」（learning）而消失或被克

服，但是新的限制可能又告發生。所以解決方案的空間持續的轉變中，某一個努力的方向被壓縮，但另一個努力方向卻又擴充中。其結果是，執行人員的左手要不斷的探尋執行可行性的範圍，而右手則須嘗試組合各種方案的成分。由於同時存在著好的執行與壞的執行，就像有好的規劃與壞的規劃一樣，所以我們不能簡單的說：去執行吧！而應當要選擇正確的執行計畫。但同時，我們也必須知道何者是執行計畫的正確執行方法。故就實務而言，政策執行乃是一套單一的過程或程序，而非只設定目標，然後再執行計畫的先後順序運作方式。

參、執行被視為一種互動

第二個主要的執行分析模式是，將目標與計畫的重要性予以極小化。一項經由權威機關或人員接納的政策，只不過是執行之前的「文字集合」（a collection of words）而已，頂多它只是執行人員間議價協商的出發點罷了。政策標準亦即政策目標如何執行的要件，所代表的只不過是一堆規誡書，只是必須向負責執行政策者溝通的無生命訊息而已。此學派的分析家否認以下的說法：執行過程將政策規定轉換成行動；執行實現了政策目標；或執行將處方轉變成結果等。

就更深的層次而言，Giandomenico Majone 與 Aaron Wildavsky 兩人不同意此項看法：執行過程的功能是要滿足政策參與者的心理及社會需求，而不論政策的結果如何。因為此種觀點讓人聯想到工團主義者（Syndicalists）所歸納出的若干標語，如「鐵路是屬於鐵路工人的」，「煤礦是屬於礦工的」。工團主義者要求「產業民主」（industrial democracy），實際上隱藏了將生產視為目的本身，而非視為滿足消費者需要的手段之觀點。他們兩人覺得，對於共識、議價協商及政治權謀的強調，將很容易導致執行自行其是之概念的產生。他們也認為，互動的執行模式具有有趣的演進意涵；政策結果是無法預料的，其結果可能與任何一位參與者所尋求的不同。執行的演進概念是否意味著：任何途徑、任何活

躍份子的作為都是很適當的,因此就像 Hegel 所說的,「真實就是對的」
(real is right)。事實當然並非如此,不過該模式給人的印象就是這樣主
張的。他們兩人認為,此項模式在評量政策理念的內在價值與其對政策演
進的意義方面,乃是不夠充分的。因此,基於此項模式所做的解釋至多只
是部分的。

肆、政策被視為一種傾向

任何一項政策的基本要素是目的與資源,在大多數涉及利益的政策
中,目的的特徵是多元的(因為我們想要許多東西,而不只是一件),是
衝突的(因為我們想要的東西是互相衝突的),是模糊的(因為我們可以
在無須同意究竟要做些什麼的情況下,同意開始去做)。因此,如果目的
未被清楚的決定,則達成這些目的的執行方式也就無法確定。

執行並非始自政策語言或法令規章,而是始自採取行動的多元傾
向(dispositions),或是以某種方式去處理某些情境的傾向。計畫、
方案、司法決定及行政規章等,可能會由法案起草者、律師、行政專才
或歷史學者,在加以評估後,認定為某些特殊的發生事件或結果。就執
行分析家的立場來說,此些計畫、方案等的存在只不過是一種「潛在
性」(potentialities)而已,要實現它們必須同時視內在特性(intrinsic
qualities)與「外在環境」(external circumstances)的狀況而定。如果我
們要把一項計畫視為執行人員手中的一項工具,我們在心中必須想到,即
使一項工具也只是各種傾向的聚集而已。當我們說某種東西是一項工具,
也就是說,它在適當環境中,能夠產生某些結果,而不是說它在任何一個
特定時刻,用來鑽孔、鋸木或銲接等。

韋氏字典(Webster Dictionary)對「傾向」一詞的界定是:某種東西
在某種既定環境下,以某種方式採取行動的趨勢。此項定義模糊了一項
重點:許多傾向乃是一般性的而非特殊性的。傾向一詞就像「靈巧的」
(skillful)、「智慧的」(intelligent)、「公平的」(fair)、「有知識

的」（knowledgeable）一樣，蘊含著可能行動及行為類型的廣大範圍，而非指某些特殊成就的趨勢或能力。

伍、執行形塑政策

政策藉由執行行動而不斷的被轉換，因而資源與目的也同時被改變，改變資源的數量並不一定要對同樣的事情做得更多或更少，例如某人擁有美金一百萬元與擁有一千萬元，便可能會做極不相同的事情，是以變更目的可能會改變看起來是同樣行為的意義。

那些目的應以何種順序及何種可用資源的前提予以執行？限制（constraints）也是一種目的。其實並沒有像「目的」——降低貧窮或增進健康這種事情存在。相反的，永遠會存在著諸如此類的限制：可用的時間、可用的經費、可行的程序、自由正義的考慮等。我們注意其中之一並列為我們的目的，並不意味我們就沒有其他應履行的目的或可放棄的目的。只知道程式化的目的而不了解其他各項限制，對預測或控制結果是不夠的。

政策如何良好回應機會？政策如何良好的便利適應及改正錯誤，乃是未經充分討論的特質。不過，更重要的是，我們應觀察如何讓事情繼續做下去，而非如何讓事情開始進行，乃是執行的正常情況。大部分時間所發生的不是政策的設計，而是政策的再設計（redesign）。有人認為，執行包含變更目的，以對應可用的資源（如社會福利經費減少、通貨膨脹增加），或包含動員新的資源以完成舊的目的（例如，購買外匯以捍衛本國幣值）。確實的，舊的行為樣式常常被回溯性的合理化，以迎合有關適當目的的新概念。我們通常並非決定要做何事，以及該事做成功與否，而是將所做的在回溯上使它趨於一致。例如，如果發現美國的「啟智方案」（Head Start），很難證明可持續增進兒童的閱讀能力，則可能會強調該方案可明確的增加父母親的參與能力，並因而導致兒童教育的改善。我們一般會在行動之後及之前進行選擇。舉例言之，決策者常會在某事件的壓力

下或在先前所做的承諾下，或在自我堅信的情況下，做出某種的結論。因此，一項政策可能會在缺乏解釋它的「學理」（doctrine）情況下，仍然可以在擁擠的政策空間內，獲得支持並發現它的「利基」（niche）。

陸、政策會形塑執行嗎？

雖然有關執行失敗例子的文獻至為豐富，但似乎很少有人會認為，政策結果與其原始理念並無顯著相關。就如同 Eugene Bardach 所說的：大部分的執行過程參與者都是在「某事將會發生」的預期下採取行動。而某事之發生，至少與原來政策決定所規定的狀況是相似的。此項「預期」實有進一步解釋的必要：為何要合理的假定，最後的結果將大致上與起初的政策理念有關？為何執行某些領域的政策會較執行其他領域的政策更有問題？從政府制訂與執行管制性政策所依據的「被擄獲理論」（captive theory）（即政府機關常被它管轄的利益團體牽著鼻子走），可以發現執行失敗的案例，可利用「理論的不充分性」滿意的加以解釋。它顯示，在解釋執行結果時，政策的客觀性特質、實質性內容及理論等，均必須列為解釋的變項。

某些政策影響執行的方法是相當明顯的，政策內容以界定執行過程場域的方式形塑了執行：主要參與者的確定及角色、採取行動可用工具的範圍；另外，當然也藉由資源的提供而形塑了政策。政策所根據的理論不僅提供後續辯論與行動所需的資料、資訊及假設，而且更重要的是，提供了政策問題的概念化。

由數目漸增的個案研究所提供的實證證據，是否足以顯示：不同的政策特徵與不同類別的政策問題間，具有系統性的關係呢？目前此項問題尚未經過廣泛的討論，但卻是一項有關研究執行最具潛力的途徑。具備此方面知識後，政策分析人員將具有能力去處理為數龐大，但並非毫無限制的政策發展事項。

柒、演進性的政策執行

在互動的執行模式中，執行被認為是經由各種方式所進行的持續性「政治」（politics）現象。而在規劃的執行模式中，執行被認為是組織設計的延伸。說執行應當是設計的一部分，也就是主張政策理論應當從執行的觀點加以建構。這至少意味兩件事：第一，政策相關性（即理論的變項）應由具有權責者操控。第二，在指示於不同環境下應做何事的情況下，對可能發生的各種狀況必須予以明確化。但是有關理論變項及各種狀況列舉的清單，若是相當簡短，肯定是不夠充分的。雖然我們通常說，行政官員要權責相稱適，但事實上，很少有一個官員可以強迫所有其他人服從，這是因為政治系統分割了權威；同時因為使用說服以遂此目的的代價太大。因此，在不必一定要能夠預測所有相關參與者可能反對的情況下，可設法去獲得額外的權威。

由於行政裁量（administrative discretion）可被利用為與政策意圖無關之獨斷行為的封面（cover），所以有些學者覺得，執行的問題純粹上及簡單的說，就是一個如何控制裁量權的問題。然則如何控制呢？除非有人願意假定：政策係完全從一位無所不能的決策者腦海中迸出來的，否則，自由裁量既不可避免，也是必須的。除非執行是程式化的，就像機器人的動作一樣，否則自由裁量僅能透過間接的方式予以控制。我們必須依賴學習與創意，而非依賴指示與命令去控制。當我們對行政人員期望他們既是忠實的行政首長，又是成功的政策執行者時，事實上是在對他們做不可能的要求。有些事情必須委諸於「機會」（chance），因為在一個不確定的世界中，成功與努力只具有鬆散的關係，而永不能排除機會可能是事情成敗的主要原因。就成功與努力的關係來說，它依賴於「知道如何」（knowing how）（即選擇適當行為類型與處理規則的能力），要多於依賴「知道何事」（knowing what）（即具有決定規則的抽象知識或盲目的服從指令）。

當問題面臨不知有哪些獨特的解決方案存在時，「技術匠」

（technicians）可接手發揮長才，但是當問題經由嘗試起草解決方案的過程而加以界定時，「分析家」（analysts）就成為政策的創造者與執行者。分析家可能會告訴他的委託者說：「此項問題可能無法解決」，「我們何不換一個可以解決的問題！」換言之，如果問題最好以解決方案加以了解的話，執行便不只是包括找尋答案而已，它還包括如何建構問題。

執行就是演進（evolution），因為它發生於並非由我們所製造的世界中，我們通常處於此項演進過程的中間，各種事件以前曾經發生過，以後也可能會再繼續發生。在每一個時間點上，我們必須處理新的環境，以使我們在執行政策理念時，可以激發下屬的潛能。當我們採取行動執行某項政策時，事實上，我們就在改變政策。例如，當我們改變資源投入的數量或類型時，事實上，我們也意圖變更政策產出。在此種方式下，政策理論就被轉換去製造不同的結果。當我們從經驗中學習到，何者是可行的，或何者是偏好的，我們就可改正錯誤，此類改正基本上就改變了政策理念與政策結果，因為理念乃深嵌於行動之中。

捌、決策與執行的關係

在 Herbert A. Simon 所稱「程式化決策」（programmed decisions）的領域中，目的是已知的，是大家同意的，並且是單一的，所留下要做的是進行必要的計算──假定人們知道如何區別執行的特質與決策的特質。四種可能的情況可用圖 28-1 表示之。

由圖 28-1 中可知，如果決策與執行都是好的（#1），則顯示沒有問題；如果兩者都是壞的（#4），則我們只能對不良決策及無效的不良行動感到遺憾；如果決策是好的，而執行是壞的（#2），則在連結前提（premises）與結論（conclusions）時，它只是一項控制的問題（如愚蠢言行或懶惰的結果），此時執行問題與控制問題是分不清的；如果執行是好的，但是決策是壞的（因結果是次適的或不可行的）（#3），在此種前程式化世界（pre-programmed world）中，執行人員英雄無用武

程式化世界的執行決策

圖 28-1

之地，無能為力。因為決策是唯一的積極要素，所以唯一能做的就是將
「決策」送回原來的決策單位去處理。

　　在靜態的程式化決策世界之外，「好的」（good）或「壞的」
（bad）具有不同的意義。在演進的系絡中，「好的」意味「忠實的」
（faithful），但是有趣的是，它也可能意味「欠缺忠實」（faithless）。
對於一項未良好知會的政策理念或理論加以忠實的轉換成行動，將會對原
先概念造成不一致、不充分及不幸的結果；另一方面，一項「欠缺忠實」
的政策闡釋可能會釐清某些邏輯上的缺陷並變更若干要素，因而使結果比
原先計畫所期望的要來得好。然而有人馬上會質疑：這根本不是原先的政
策理念，而是轉換成完全不同東西的新政策理念。的確是這樣，如果執行
是忠實的話，一項不完美的政策理念將只會產生令人不滿意的結果。而證
據顯示，如果不完美的政策理念可利用良好的執行予以調和的話，則應讓
執行可以變更政策。確實的，如果所有的活動都完全包含著結合不可分割
的理念與行動在內之行為，則對執行的任何改變，必然會導致政策的改
變。

　　忠實執行並不是一個空虛的概念，它可利用幾種不同的方法予以驗
證。除非一項政策的範圍是狹窄的與事先程式化的，否則政策絕沒有辦
法涵蓋它本身的結果在內。執行永遠是演進性的，它不可避免的要一再

重新規劃及執行。政策執行確實值得加以研究，因為它是有關理念實現
與否的奮鬥。它相等於分析上的「原罪」（original sin），分析人員不能
逃避對政策執行研究的責任（本文主要取材自 Giandomenico Majone and
Aaron Wildavsky, "Implementation as Evolution," in *Implementation*, Jeffrey
L. Pressman and Aaron Wildavsky, Regerts of the University of California,
Berkerly, 1984, pp. 163-150）。

29
政策執行研究途徑：
由上而下或由下而上

在有關政策執行的各種文獻中，對於諸多論題應如何「調和」（reconciliation）的問題往往被「躊躇不定」的情況所掩蓋，就政策執行研究途徑而言，儘管大家幾乎一致的不以為然，政策執行的文獻仍然將研究途徑分成兩種不同的觀點：一種是較廣泛流行的「由上而下的觀點」（top-down perspective），它認為政策執行應忠實的實現民選官員的意圖；另一種是「由下而上的觀點」（bottom-up perspective），它認為基層執行機關及執行應給予較大參與權，執行的結果與執行機關的經驗乃是相符合的。此兩種觀點的爭論，涉及從什麼人的觀點來研究政策執行的問題，以下即進行簡單的討論。

壹、由上而下的觀點

由上而下的執行觀點假定，最適當的政策執行主要是從清晰敘明的法律或政策方案出發，亦即它假定，執行可以完全掌握政策的意圖。由上而下的執行觀點是屬於規範性的，它獨斷的假定，將可欲的政策意圖融入其中的法律，值得加以實現。此項規範性觀點在時間順序上也認為政策意圖的確立先於政策執行，雖然由上而下的執行觀點具有規範性，但是它代表執行研究的一項理想型態。此項觀點具有以下六項假定：

一、明確的法規可建構有效的執行，由此可推論，強化政策執行的法

律能力,深受界定政策意圖所使用因果理論之明確度的影響。然而,由上而下的觀點指涉政策形成已經「解決了」(resolved)政治性議題,而不是「調和了」(reconciled)它們。

二、因果理論的明確性要求法律應提供適當的管轄權限及各項資源,以解決政策所根據的「原因」(causes)。

三、在傳送服務時,要求法律規定執行人員與服務對象應順服政策執行。其假定是,行政人員與服務對象不應被授權賦能去建立自己偏好的優先順序。不過,此項觀點堅持執行應受到可被接受之法律環境的支持。

四、不論要求執行人員應當具有何種的技能及對執行工作許下何種承諾,他們通常被預料會以「本身興趣」的立場採取行動。

五、為獲得執行人員必要的合作,行政首長及立法人員應提供誘因以維繫他們的支持。同樣的,讓利益團體涉入也是使執行能夠有效的重要因素。

六、由上而下的執行觀點否認執行必須偏離正軌,才可以對抗重大的社會經濟變遷情況。

貳、由下而上的觀點

由下而上的執行觀點強調如何傳送執行結果的關鍵性。此觀點認為,政策意圖在協商完成之前,並未完全的發展出來。此觀點不像由上而下的觀點,它的分析取向大致上乃是一種現象學上的論點(phenomenological),亦即對現象加以客觀的描述,而避免予以解釋或評價者;同時,它也是一種多元組織性質者,亦即它涉及各層級機關組織之間的關係。從表面上來看,由下而上的觀點質疑政策制訂是否可以由上而下的加以控制,至少不能缺少基層人員的參與。批評由下而上觀點的人則認為,此項質疑可說是對民主政體持續性的一種懷疑,因為由下而上的觀點以政策結果的可行性,取代了政策意圖的可欲性。不過平心而論,由上而下的執行觀點藉由專注於政治偏好的彙整,而非專注於利益的分配,

而妨害了政策意圖的可欲性。究實言之，由上而下的觀點迴避討論涉及調和利益分配的議題，特別是有關重分配性政策的議題。由下而上的觀點則從民主政治的立場，建立了它的規範性認同。它認為，民主政治可以藉由擴充執行所扮演的調解角色而獲得強化。因此，在由下而上觀點的概念架構下，政策執行不必然會迫使執行人員成為公共利益的敵人。

雖因政策分析人員很早就熟悉政策執行人員在從事自由裁量時進行權力協商的方式，但是一直到 1971 年 Michael Lipsky 在〈基層官僚體系與都市改革分析〉（Street-level Bureaucracy and the Analysis of Urban Reform）一文中，將基層官僚人員予以概念化，才使得由下而上觀點的政策制訂主張，突顯了它的重要性。由下而上觀點的三項主要研究發現如下：一、在分配性政策的系絡中，官僚具有主導性的影響力；二、在將政策意圖轉變成政策結果的過程中，相關機關組織的互動關係獲得確認；三、執行的議價協商對於創造可欲的意圖具有相當的貢獻。

以上三項研究發現在政策執行的結構中已被掌控。所謂執行結構（implementation structure）是一種兼具穩定性與流動性的協調機制。其穩定性來自於程式化政策取向的展現，此種取向將公共機關與私人機構拉在一起，共同釐清它們的各種優先順序並決定政策結果。執行的流動性則有兩個層面：其一，流動性來自於在尋找與分配資源時所發生的議價協商活動。其二，流動性來自於將新方案整合到既有方案內，或變更既有方案之內部與外部的需求。此項概念雖然在實用上受到限制，但是它卻是由下而上觀點的重要訴求。

參、整合的觀點

由下而上觀點的最廣博性展現，來自於 Richard Elmore（1982）。其論點聚焦於政策過程參與者如何在多重的目標環境中，創造共同的目標。亦即政策參與者知道有關他們想要什麼，多於知道如何去獲得他們想要的東西。政策結果源自於政策參與者交換有關政策執行的各項提案，這些提

案導致他們創造政策意圖，因此事實上，政策制訂過程乃是一項「由後推進」（backward mapping）的過程。

Richard Elmore 後來在 1985 年應用「反轉的邏輯」（reversible logic）的概念，解釋政策參與者如何交換政策執行的資訊，以協商政策的意圖。基本上，政策資訊與執行並非是互斥的。由後推進的策略獲悉了政策參與者（包括標的人口）所需要的是什麼；的確，政策參與者之間的目標澄清，就是來自於這種過程。因此，合作乃是必要的，因為政策參與者需要防止他人妨礙其利益的獲得。是以，他們經由知道別人想要什麼東西，而獲得了既得利益（vested interest）。此種過程近似「目的－原因－手段邏輯」（an ends-causing-means logic）的概念，除了說手段通常來自於難以相容的目的之外，政策參與者對於此項過程具有三項假定：第一，對於應當做些什麼及以何種政策工具去做，持規範性的觀點（normative view）。第二，對於政策執行成功的潛在性，採實證為基礎的觀點。第三，對於是否受到其他政策參與者的利益侵犯，採評估的做法。沒有人能夠對如何成功的執行政策結果，具有整體（whole）的觀點。表面可見的是，在不同的制度系絡下，如何合併政策參與者的偏好順序，即使此些偏好的來源各有不同。

「反轉的邏輯」對「由後推進的策略」具有補充作用：當面臨一項問題時，政策制訂者利用他們能夠施予最大控制的要素，去建構解決方案。在機關組織中，任一層級的政策內容，乃是該層級執行者對執行的控制狀況與他們在其他層級試圖產生影響的函數 （function）。執行狀況包括：政策參與者掌控的資源、資訊與使用何種政策工具、最有效的知識。換言之，在缺乏良好的機制下，政治性及實務性的參與者，必須藉由他們能將可控制的執行狀況推進多遠，而判斷政策執行是否能夠成功。雖然政策參與者均有增加控制其他人的誘因，但是卻受到本身能夠處理執行狀況之能力的限制；參與者也受到無法認定整體系絡因素的限制，而無法對政策執行隨心所欲的控制。

雖然在政策運作過程中，參與者彼此透過各種形式進行監督，然而政策系統的運作仍被認為惡名昭彰。以被認為最中央集權的法國來說，它

擁有由分析人員與行政人員所組成的菁英集團，但仍然無法避免犯下政策系統最典型的缺失「不完整性」（incompleteness）。法國制度的特徵是「封閉性」（closure），只有經由整合由相當少數的統治菁英所制訂的分割政策，才能得到全貌（wholeness）。因此有學者指出，在創用制度性工具以建立符合市場發展之社會政策之前，在法國很難調和民主的原則與市場的狀況：一方面是保險（insurance），另一方面則是公共服務（public service）。反轉的邏輯指政策參與者，大體上透過嘗試錯誤法（trial and error）的過程進行互動，一直到政策工具最後符合政治文化的狀況為止。

在民主多元的社會中，政策執行顯然既非由上而下的，也不是由下而上的，更可能的情形是「由中間出」（middle-out），它可以平衡跨機關系絡所進行的政策執行情況。這些系絡因素涉及在不同執行環境中從事參與，而加深了整個政策系統的民主特性。如果我們拋開由上而下及由下而上的二分論的話，將可提供我們更多的機會去發展一項富饒的政策執行理論（本文取材自 Donald J. Calista, "Policy Implementation," in Stuart S. Nagel, ed., *Encyclopedia of Policy Studies*, Marcel Dekker, Inc., 1994, pp. 132-137）。

30

政策行銷的時代意義

時序已進入公元 2000 年，一切事物均在劇烈變遷中。人民對政府所提供的服務，不但在服務項目上不斷推陳出新，在服務品質方面也不斷的要求提高。因此，政府如何迅速、充分回應並滿足民眾的需求，以獲得民眾的支持，乃是當務之急。而隨著時代的進步，調整政策行銷（policy marketing）的觀念及做法，即是回應與滿足民眾需求的一帖良方。

如果我們將公共政策界定為「政府機關為解決公共問題或滿足公眾需求，決定作為或不作為，以及如何作為的相關活動」，則政策行銷的意涵就幾乎包括了對政府絕大部分的活動進行行銷工作，外交工作如此、內政工作也是如此；中央機關如此、地方機關亦如此。「政策行銷」可以簡單界定為：政府機關及人員採取有效的行銷策略與方法，促使內部執行人員及外部服務對象，對研議中或已形成之公共政策產生共識或共鳴的動態性過程；其目的在增加政策執行的成功率、提高國家競爭力、達成為公眾謀福利的目標。由此一定義可知，政策行銷欲收實效，必須採取有效的行銷策略及方法，而策略及方法之有效與否，則須視時空環境變化而定。

首先必須指出，在當前時空環境下，政策行銷應當揚棄以往「為政不在多言」、「多做少說」的錯誤觀念，而代之以「多做多說」、「做多少說多少」，以爭取服務對象認同及支持的做法。就「內部行銷」而言，機關首長應採各種方式，讓內部執行人員建立共同「願景」（vision），相信某項政策的確「值得做」、「必須做」及「只要努力就有希望做成功」。就「外部行銷」而言，機關行銷團隊或人員應採適當行銷工具，透

過多元參與、溝通對話、宣導說服等做法，爭取服務對象支持並配合政策的推動。而欲達成上述行銷的目的，則必須了解目前政策行銷活動的下列發展趨勢，採取對應的行銷活動：

一、由「機關導向」趨向「顧客導向」。

二、由「消極被動」趨向「積極主動」。

三、由「資訊壟斷」趨向「資訊公開」。

四、由「權威主導」趨向「多元參與」。

五、由「公關部門行銷」趨向「團隊合作行銷」。

六、由「宣導勸服」趨向「溝通對話」。

七、由「隱瞞祕密」趨向「誠信公開」。

八、由「強調外部行銷」趨向「外部與內部行銷並重」。

其次，不論是目前或未來，政策行銷單位及人員在進行行銷活動時，除了應以上述發展趨勢為依據外，並且應把握以下政策行銷的原則，才能獲得行銷對象的信服，收到實際的效果：

一、公開的原則：即政策制訂過程及相關資訊，應適時公開。

二、設身處地的原則：即站在行銷對象的立場，以同理心進行行銷，才能夠被接受。

三、誠信的原則：即所有政策內容與相關資訊，必須透明化而據實呈現。

四、可靠的原則：即做任何政策承諾，均應設法兌現。

五、主動積極的原則：即政策行銷單位與人員應以前瞻及宏觀的眼光，主動積極的進行必要的行銷活動。

最後，一項成功的政策行銷活動，除了掌握時代脈動及把握行銷的原則外，尚須以下條件的配合：

一、須擬訂卓越的行銷策略與方法。

二、須具有明確可行的具體行銷活動設計。

三、行銷活動須機關首長全力的支持及參與。

四、行銷活動須機關成員全體的參與。

五、須擁有具備雄辯、協調、溝通、說服、專業等能力的優秀行銷人

員。

六、須具有充分政治、經濟、社會等資源條件的配合。

總結而言，全世界早已進入一個「自我行銷」的時代，企業如此，公部門亦復如此。一個民主與福利的政府必須適當的運用各種行銷策略、方法與工具，讓公眾充分了解政府究竟「應當」、「能夠」、「將會」、「正在」為他們做些什麼事，以及事情做了之後將產生什麼樣的結果。只有透過有效的政策行銷，人民和政府才能形成共同的願景，才能在互信互諒的基礎上，同心協力，從事福國利民的國家建設。

政策評估篇

31

評估的意義、歷史及與其他研究的比較

　　美國哈佛大學教授魏斯女士（Carol H. Weiss）曾於 1989 年 6 月中旬前來我國參加由行政院研究發展考核委員會所舉辦的「政策規劃國際研討會」，並代表外國學者在「歡迎會」上致詞。她曾於 1972 年出版膾炙人口的《評估研究：評量方案效能的方法》（*Evaluation: Methods of Assessing Program Effectiveness*）一書。在經過二十多年的教學經驗及增補之後，又在 1998 年出版《評估：研究方案與政策的方法》（*Evaluation: Methods of Studying Programs and Policies*）一書。而本書較前書在內容方面及在資料方面更為豐富、充實，全書分成十四章，共計三百多頁，精簡扼要，極富參考價值。

　　本文係就魏斯教授該書第一章之相關部分做重點摘述，以增進吾人對評估研究的了解。

壹、評估的意義

　　評估指對某一方案或政策之運作與結果所做的系統性評量，其方式係與一套明示的或隱示的標準進行比較，並作為改進方案或政策的一種手段（means）。此項定義包含以下五項重要的要素：

1. 系統性評量（**systematic assessment**）：它指出評估程序具有研究的本質，即不論是定量的或定性的評估，它是依據大家所接受的社會研

究標準，而進行的正式及嚴格的評估工作。

2. 評量方案的運作（**operation**）：某些評估集中於研究「過程」
   （process），亦即研究方案執行的方法，包括想了解方案遵循原訂方
   法做的程度如何及方案究竟進行得如何。

3. 評量方案的結果（**outcomes**）：某些評估集中於研究方案對預定受益
   者的結果及影響如何，包括想了解方案參與者是否獲得他們原先意圖
   得到的利益，及想了解方案參與者究竟受方案什麼樣的影響等。

4. 設定比較的標準（**standards for comparison**）：當蒐集方案執行過程
   與結果的資料後，即將方案的成就與某些預定的標準相互比較，以定
   成敗。

5. 評估目的在改善方案與政策（**the improvement of program and
   policy**）：評估是一項實際性的技藝，其目的在促使方案運作良好，
   並將資源分配予較佳的方案。

　　目前在美國及其他國家，有各種各樣的社會方案正在執行著，而新的
需要又正在激發提出更多的方案。在過去十年中，方案大多屬於以下這些
面向：照顧無家可歸者、照護愛滋病患、教育年輕人吸毒的危險性、減少
衛生醫療成本、協助全球因各種災難遭受重創者重生。這些方案有些是過
去的擴大與延伸，有些則是新興且激進式的方案，與過去做法迥然不同。

　　許多人想知道方案是如何執行的？方案實際上是怎麼做的？它遵循
原先設定之綱領指南的程度如何？它產生何種結果？它符合原先設定的目
標或目的之程度如何？它所花費的成本值得嗎？它是否應當繼續執行、擴
充、減縮、改變或放棄？方案只是對某一類人執行得很好，或是對所有的
人均運作得很好？凡此問題如欲獲得解答，必須透過系統的、科學的及嚴
格的政策評估，始克為功。

貳、評估的歷史

　　評估研究的歷史可以追溯到 1660 年代。基本上，評估是植根在社會問題的實證研究（empirical study）中，而此項實證研究就是始自 1660 年代的英國。17 世紀當物理學發展的時候，也就是開始尋找社會法則之時。不過，稱得上具有評估性質的第一個研究，可能是在兩百年之後。法國人 A. M. Guerry 在 1883 年出版了一項統計研究，企圖顯示教育並無法減低犯罪率。而其他的統計學家則蒐集不同的資料，以反駁 Guerry 的研究發現。更有甚者，這些統計學家不但以不同的資料進行反駁，甚至批評 Guerry 所使用的評估方法不當。幾乎就在同時，另一位法國人 Jules Depuit 也對公共工程，諸如道路及運河等，進行「實用性」（usefulness）的評估研究，並在 1884 年出版研究報告。

　　儘管有前述的發展事實，然而如果談到今天我們所指涉的評估內涵，則它在世界的歷史中或甚至在社會方案規劃的歷史演進中，都還是一項較近的發展。早期有關改善社會狀況的各項政策，並未包括有關評估的規定在內，當 19 世紀及 20 世紀初期的改革者應用社會科學研究程序去進行研究時，其實只是為了要廣泛蒐集問題的資料，及發現需要服務的對象而已，他們認為政府所提出的各項方案，必然可以解決各種社會問題，因此用不著評估。例如，當美國在 1920 年代禁止雇主僱用童工時，並沒有人想到要進行評估，因為他們假定童工必然因此就絕跡，而結果將非常良好。同樣的，美國在 1935 年建立失業福利制度時，也沒有同時提出評估的做法。

　　在教育與衛生領域的工作者，可說是對其工作結果從事系統性研究的先驅者，R. C. Cabot 在 1912 年檢視了一千個驗屍報告，並將它們與每一個案的治療經過進行比較後，在美國醫學會期刊發表文章，此篇文章基本上就是對醫療品質所做的評估。1914 年時，麻州通用醫院（Massachusetts General Hospital）的外科醫生 Errest Codman，主張藉由評量病人手術離院的狀況，以評估外科醫生的績效；他本身蒐集到非常多的資料，但是他的

研究工作大致上為當時的醫療界所忽視。至於教育界的情況是，在 1933 年美國的進步教育協會（the Progressive Education Association）資助從事著名的「八年研究」（Eight-Year Study），由 Ralph Tyler 主持，研究十五個進步高中與十五個傳統高中的辦學結果。

另外，對於學校健康方案效能的早期評估，有一項是由美國兒童健康協會之研究部主任 George Palmer 所進行的，其研究報告在 1934 年發表。

在 1940 年代，私人基金會開始對他們所贊助的許多創新性社會方案資助評估的經費，其中一項著名的研究是「劍橋索馬威利青年工作者方案」（Cambridge-Somerville youth worker program），其目的在防止波士頓郊區附近的青少年犯罪。起先的研究結果顯示前景看好，但是較長期的追蹤結果發現，那些接受方案服務的青少年，很少和未接受服務者表現一樣的好，其中一項解釋的理由是，該批依賴方案極深而長大的青少年，並未隨著他們的成長而發展出解決本身問題的能力。

美國聯邦政府在 1950 年代贊助許多新課程的方案，主要是回應蘇聯發射人造衛星後，美國人對該國科學教育落後及識字率低的隱憂與害怕。聯邦政府並提供經費，評估這些課程方案是否成功。在 1960 年代初期，美國總統的青少年犯罪委員會提供大量經費發動一連串的方案，以減少全國青少年犯罪的情況，而聯邦政府官員要求每一項方案均須評估各項活動的結果。

1960 年中期的「抗貧之戰」（The War on Poverty），乃是政府資助進行大規模評估活動的里程碑。聯邦政府投入大量經費，透過各種方案以協助貧窮者，並開始要求對各方案進行系統性的評估。在 1965 年的中小學教育法中，包括要求對該法的執行情形進行評估，此項要求主要由甘迺迪參議員（Robert Kennedy）所推動，因為他希望確保新的聯邦經費並非要支持學校實施不合時宜的舊做法，而是要以新的方法幫助弱勢族群的孩童。他希望貧童的父母親都能夠知道學校正在發生的變革，使他們因而能夠督促辦學者更有效的為他們的孩子服務，而他將評估視為提供這些父母親所需資訊的一項工具。

「抗貧之戰」的其他方案也受到評估，包括以下這些方案：法律服

務的提供、社區衛生服務、工作訓練、孕婦及嬰兒的營養補充、食物抵用券、房租抵用券、社會服務之多元服務中心、學前教育、少年犯罪預防與矯正創新方案、心理衛生服務、動員貧民社區居民以決定本身需要優先順序及所需服務之社區行動方案。評估人員針對各種方案之內容及環境，而設計新的方法與工具。此時期的評估發展主要係歸功於「貧窮」問題，正如同稱稍早時期評估發展多歸功於解決「識字」及「犯罪」問題一樣。

同一時期，蘭德公司（Rand Corporation）、國防部及其他地方發展出成本利益分析的技術（cost-benefit analysis）。當時國防部長 Robert McNamara 的政策分析家，就是利用此種技術分析比較各種武器系統的優缺點，以供決策參考。此時期的經濟分析方法對評估研究貢獻頗大。

評估歷史演進的一項高潮是在 1970 年代，當時美國政府發動了一系列的社會實驗，測試新奇的政策及方案效果，以供立法的參考，負面所得稅實驗（Negative Income Tax experiment）是其中規模最大及最著名的一項，接著是房屋津貼實驗、健康保險實驗、教育方面的「績效合約」（performance contracting）實驗，與其他類似實驗方案等。這些方案都是先進小型的實驗，然後依評估結果作為是否推行至全國的決策依據。

在雷根總統（President R. Reagan）於 1981 年就職之前，評估研究的成長極為快速，但雷根就職後，大幅刪減新社會方案的經費。通常新的及創新的方案乃是進行評估工作的可能對象，一旦新方案不再提出，也就很少人會再呼籲進行評估工作了。不過，評估仍然維持在中度發展的層次上，主要是針對正在執行的方案從事評估，包括以下方案：長期照護、未成年父母、補助單親家庭方案等。

在 1980 年代至 1990 年代初期，評估經費有了部分的回流，因為各行政機構的經費已較為寬裕。整體言之，評估在行政體系內維持了一定的地位，因行政機構推動了許多新的工作。在柯林頓總統（President Bill Clinton）主政時，推動了更多的社會方案及更多的評估工作。但在 1994 年大選時，共和黨革命性的呼籲聯邦政府進行大規模的精簡（downsizing）措施，並將許許多多的社會方案轉至州政府去執行。

保守派及自由派在過去均認為評估有其用處：當保守派主政時，評估

的重點置於成本的縮減（方案如何減少成本而仍能達到既定的效率），及如何消除不合格者接受服務的狀況；而當自由派主政時，評估的標準則趨向於如何從增進受益者生存機會的觀點，提供有效的服務。

當聯邦政府在來回擺盪之際，研究歷史上的最近一項評估趨勢是在州及地方政府的層次上，評估工作顯著的成長。另一項最近的發展趨勢是定性評估方法的增長。就在不久之前，從專業合法性來說，唯一的評估方式，就是最好以隨機實驗設計方式所進行的定量評估（quantitative evaluation）。然而，有些評估者對文字的依賴甚於數字，透過觀察及非正式晤談的方式蒐集資料，而非經由結構化的問題詢問或定量的記錄去蒐集資料，並藉由描述性分析去解釋方案執行過程與結果的意義。在 1970 年代至 1980 年代，此類評估研究之書籍、期刊、文章、研究報告大量的出籠。

在這一段時期，評估研究興起了所謂「典範之戰」（paradigm wars），即評估究竟應採定量或定性的途徑，各有主張者。許多評估領域的重要學者下結論說：評估就如同一棟擁有好多房間的屋子，它擁有採用多種途徑的空間。事實上，定性途徑與定量途徑可以相輔相成，並行不悖。因此，目前採用兩種途徑進行評估研究的風氣，正逐漸興盛中。

另外一項值得注意的發展是，專業性的評估社團，正如雨後春筍般湧現。這些社團提供了評估者一個分享彼此研究成果及關心事項的論壇，如美國的「美國評估學會」（American Evaluation Association），而加拿大、歐洲、英國、澳洲、紐西蘭及其他地區，均有類似的組織。

參、評估研究與其他研究的比較

基本上，評估係同時應用定性與定量的社會科學研究方法進行研究。所以，所有應用於其他類型的研究原則與方法，均適用於評估研究。亦即，每一項我們所知道的設計、衡量與分析，均可應用於評估研究的規劃與執行工作。評估研究與其他研究之不同處，不在於方法或主題問題，而

在於「意圖」（intent）問題，亦即進行研究的「目的」問題。以下即就其相異點與相似點略做敘述：

一、評估研究與其他研究的相異點

1. 實用性（**utility**）：評估研究主要是為了應用研究的結果。基礎研究的重點置於製造知識，而將「應用」與否留給研究結果的傳布與應用過程的狀況去做決定；評估則是一開始就想要應用其研究結果。

2. 由方案衍生的問題（**program-derived questions**）：評估研究所考慮的問題，係由政策及方案社群所關心之事項衍生而來，方案社群是指方案的涉及者或受影響者而言。基礎研究者發展自己的假設，而評估研究者則處理方案所涉事項的現狀。

3. 基本特質（**fundamental quality**）不同：評估研究趨向將「事實如何」（what is）與「事情應如何」（what should be）進行比較。雖然評估人員通常嘗試保持客觀態度，但他所關心的是方案是否運作良好及方案是否達成意圖的目的。此項依據標準而進行判斷的特質，乃是評估研究異於其他研究之處。

4. 行動環境（**action setting**）不同：評估研究發生於實際環境中，亦即在方案正在執行的情況下。實施方案是為了服務民眾，如果方案的需要與評估工作發生衝突時，應以方案的需要為優先。方案執行人員常常阻止評估人員接近被服務的民眾、記錄與檔案等。他們也負責指派參與者參加方案的活動及地點，因此當其他研究需要利用「前測」或「控制組」的方式進行研究工作，顯然就會與現行方案的程序有所衝突，而產生緊張（tension）的狀況，而基礎研究則常在「控制」的環境中進行。

5. 角色衝突（**role conflicts**）問題：評估人員與實作人員（practitioners）之間的衝突時常發生，實作人員由於受到服務專業所涉及的角色與規範之影響，使他們難以回應研究的要求及承諾。在他們的眼中，服務應擺在第一位，而評估工作不太可能對方案的改進做出貢獻，因此不

　　　　值得為評估工作而阻擾或延擱方案的實施。

6. 出版（**publication**）問題：基礎研究的結果通常都是要出版的，研究
   結果要讓研究及專業社群的人共同分享，而評估報告則可能大部分不
   會出版。方案的負責主管及執行人員常認為，評估所產生的資訊主要
   是為了解答他們的問題，因此並不熱中將評估結果向外界公開。

7. 忠誠性（**allegiance**）問題：評估研究人員具有雙重或三重的忠誠
   性。首先，他對資助評估工作的機關組織具有義務，必須提出高品質
   且對實務極有助益的評估報告，而對決策者、方案管理者、執行人員
   與方案參與者有所助益。其次，他對研究領域（如科學教育、福利衛
   生）之方案規劃的改進負有義務。不論委託評估機關是否支持評估結
   論，評估人員念茲在茲者，是希望研究結果能對該領域之方案與政策
   品質的提升有所貢獻。最後，他對知識的發展及其專業亦負有義務。
   作為一位社會科學家，他應尋求提升方案影響人類生活制度的知識領
   域。

二、評估研究與其他研究的相似點

　　評估研究與其他研究也有許多相似之處，像其他研究一樣，評估研究
也是嘗試要：1. 描述；2. 了解變項之間的關係；3. 探查某一變項到另一變
項的因果順序。由於評估係研究某一方案干預人類的生活，而導致意圖變
遷的情況，故有時候評估可以對方案產生結果的因果聯結關係進行直接的
推理。

　　如同其他研究人員一樣，評估人員也使用整套的研究方法去蒐集資
訊，包括晤談法、問卷法、測驗知識與技能、態度調查、觀察法、文件與
檔案的內容分析法、體檢法等。通常使用何種資料蒐集方法，係依需要何
種評估資訊而定。

　　傳統的評估設計是隨機實驗設計（randomized experiment），此項設
計涉及衡量至少兩個對等團體的相關變項問題——一個是方案的實施對
象，另一個團體則否。不過，許多其他的設計也被評估研究所採用，例如

個案研究、方案執行後調查、時間數列法、相關因素研究法等。

　　總結而言，評估人員必須具備有關設計研究問題、研究設計、抽樣方法、資料蒐集、分析與解釋之豐富知識。他必須知道研究方法、教科書中的主要內容及如何去應用所獲得的知識。因為如果他對教科書的內容無法靈活變通應用，則有很大的風險會使評估結果無法符合委託機關所需、觸怒方案執行者，及使評估結果被「傳閱存參，束諸高閣」。他必須發現進行評估的適當替代方法，但同時又須防衛其基本的學術專業倫理要求。最後，他還必須具備足夠的技能，設法說服決策者能夠採用評估結果，以改進政策及方案的執行。

32

如何規劃政策評估的工作

壹、前言

　　評估政策執行成敗是一項非常複雜的工作，因此必須從事縝密的思考與規劃。此項規劃工作涉及以下的步驟：

　　一、確定此項政策評估所要研究的主要問題；二、決定要採取定量方法、定性方法或結合兩者？三、研擬測量項目與技術以回答主要問題；四、研究如何蒐集必要的資料，以使測量項目操作化；五、規劃一項適當的研究設計，注意諸如比較對象的種類及資料蒐集的時機等問題；六、蒐集並分析資料；七、撰寫並傳布研究結果報告；八、促銷研究結果的適當採用。基本上，此項研究的每一個步驟都會影響其他步驟的工作。本文主要在介紹政策評估人員規劃評估工作時所要注意的議題，包括評估工作是否要處理方案執行及方案結果的相關問題，與如何選擇此項評估的核心問題；分析採用定性方法與定量方法的贊成與反對看法；討論諸如評估「時機」與顧問委員會委員的任命問題；最後將考慮此項評估工作所引起的倫理議題。

貳、評估的正確時機

思考評估時機問題的系統方法之一是透過「可評估性評估」

（evaluability assessment）的程序加以了解。根據在此方面最有研究的 J. S. Wholey 之說法，可評估性評估指同時從理論與實證層面檢視方案，以決定有否對該方案進行全面評估必要的系統性方法。他進一步認為，一項成功的方案應符合以下三項標準：第一，方案應按原先的意圖執行。第二，方案應相當的穩定。第三，方案應看起來達到正面的結果。評估人員應分析方案具備足夠好的結果，而值得做正式評估研究的「可能性」（likelihood）如何。

可評估性評估具有兩項重點：其一，它澄清聯結方案執行狀況與希望達成狀況兩者之一系列的「假定」（assumption）。評估人員與該方案有關之主要參與者共同研究，以建構「方案設計」（program design）（亦即方案理論）。評估人員分析各項聯結關係的「合理性」（plausibility），以估計預期的各項步驟是否能夠達到「可欲的目標」（desired goals）。其二，評估人員將既有的資料彙整在一起；與幕僚人員、委託評估者、資助者及觀察者等諮商；迅速到現場蒐集新的資訊。實證資訊也被放入實際服務狀況，以驗證理論的「合理性」，並檢視方案成功的「可能性」。

在認為方案運作良好且穩定，並至少已獲得若干正面結果後，評估人員就可以邁向評估的下一個階段工作，那就是集中心力去設計評估研究，以發現何種良好結果已經顯現（就那部分的參與者，及方案在何種情況下執行而言）。不過，可評估性評估不只是可篩檢出尚不值得做結果評估（outcome evaluation）的方案而已，它本身就是一項初步的評估工作。如果方案理論及方案資料，均顯示方案不會有成功的結果時，此項可評估性評估就可以告訴資助者及方案執行者，究竟障礙、邏輯的不一致性及缺失在哪裡，它使大家的注意力導向方案需要改進之處，而進一步做必要的改進，以使方案具有產生有利結果的機會。

參、評估問題的類型

在進行初步檢視並決定做全盤性評估之後，評估規劃的下一步工作

就是考慮要蒐集何種資訊，亦即要詢問有關方案的哪些問題以及多少問題。評估人員必須注意，問太多的問題可能不是很適當的，其理由如下：第一，向執行人員及服務對象要求提供過多的資訊，可能不會獲得他們的合作。第二，太多的資訊難以進行分析，並且會浪費太多的時間、精力及資源，不論是採用定性方法或定量方法均然。第三，過量的資訊可能會使評估人員在處理時忽視重要的、有用的資訊。故在規劃評估時，評估人員應做縝密的考慮及選擇。大致言之，蒐集評估資訊所要詢問的問題，可分為以下五類：一、方案運作過程的問題；二、方案結果的問題；三、將結果歸因於方案的問題；四、將過程與結果聯結的問題；五、解釋方面的問題。茲分別簡述之：

一、方案運作過程的問題

主要是了解方案進行得如何的問題。此可依方案是否按預定情況進行的方式建構問題，如問：該方案是否吸引了無家可歸的被服務者？他們之中有多少人被供應熱食等？或以更開放的方式建構問題，如問：誰前來接受方案的服務？方案執行人員對他們提供何種服務等？勿事先對哪些是好的活動做判斷，所要問的是：究竟方案進行得如何？簡言之，方案運作過程研究的重點置於執行方案時所涉及的人員招募、服務提供、服務對象的反應等過程上的問題。

二、方案結果的問題

重點置於評估方案對服務對象所產生的結果，亦即聚焦於服務對象情境改變的情況，如知識、行為、收入、健康情形、吸毒等方面的改變情況。有關方案結果問題的可能來源是官方對方案目標所做的聲明，如方案資助者及主辦機關期望方案能達成什麼？不過，因為方案目標有時會在執行過程中有所變更，所以另一項有關方案結果之問題的來源乃是當下對方案要做些什麼的信念（beliefs）。此外，還有另一項來源是方案執行人

員、服務對象、旁觀者或其他人對真正結果為何所做的預言，而不論方案
意圖的文字敘述如何。

三、將結果歸因於方案的問題

它主要是釐清在某一段時間所觀察到的改變情況，是否可歸因於方案
執行的結果。例如，評估工作訓練方案時，可能會發現參加訓練方案者，
收入確較參加訓練前要增加，但是即使他們未參加訓練，收入也照樣會增
加，這是因為經濟好轉，以致工作的待遇也較好；或是受訓者因年紀漸長
而知識見解較前成熟；或是受訓者當時的工作正處於其工作史上特別的低
潮（低薪）期，以致以後的往上「反彈」乃是理所當然的。以上任何一種
情形都不合適下結論說：受訓者工作收入增加，可歸功於方案執行的結
果。

總之，評估人員須致力想出一些問題，以了解「改變」可歸因於方案
執行的程度。

四、將過程與結果聯結的問題

如果我們對政策方案運作過程擁有正確的資訊，我們就可了解是否方
案的某些特性與結果之好壞具有相關。例如，假定我們知道服務對象是以
團體方式或以個人方式收到健康方面資訊的話，我們就可分析是否以團體
討論資訊的方式，會比個別給予同樣資訊得到更好的結果。如果我們知道
資訊的傳送者是一位護士或一位教育學者，則我們便可分析此項變數的影
響狀況。簡言之，我們手中必須握有必要的資訊，才能進行諸如此類的分
析。

五、解釋的問題

評估人員常常不只要知道方案到底發生了什麼事，還要知道它們是如

何及為何發生，這就牽涉到「解釋」（explanation）的問題。評估工作的主辦者與方案管理者、決策者與其他地區類似方案的管理者，可能很想知道為什麼結果是這樣產生的，因為他們想要增進方案成功的可能性，想要了解成就與缺失的原因何在。探討方案成功與失敗之「為什麼」的方法之一是以明示或隱示的方式，追蹤方案所根據的理論。評估人員可在一開始就確定理論，然後追蹤其發生的狀況；或者先蒐集資料，再從證據去演繹理論。

肆、規劃期間的其他決定

一、進行長期或短期的評估研究

　　評估人員應規劃要利用多久的時間進行評估研究。不過，時間長短的決定權往往在評估經費提供者或決策者，而非評估人員。但是假定評估人員有置喙餘地的話，他就應規劃研究的時間面向。事實上，即使評估人員不太能夠作主，不過只要他能擬訂令人信服的計畫，並證明較長期的資訊更具價值的話，他也可能說服其他人延長研究的時間。一般言之，長期研究要優於短期研究，因為它對於方案成敗的解釋力較強。

二、關於預期與非預期特性問題

　　當我們開始思考問題時，通常都會專注於詢問方案「意圖」影響的現象為何，這在有關方案運作「過程」與方案結果的問題方面確實是這樣。不過，方案也常常做一些非意圖去做的事，「非意圖的特性」（unintended features）可能是好的，或可能是壞的，評估人員也必須注意此類負面的特性。評估人員是如何知道會發生某些副作用呢？他可從三項來源加以了解：一、他對社會互動過程了解所累積的知識與本身的想像力；二、根據各方對方案所做的批評；三、根據類似方案先前所做的研究與評估報告。

伍、如何決定所要探討的問題

評估人員應利用何種標準以決定到底要探討哪些問題呢？大致言之，以下八項標準可供參考：

一、決策的時間表（decisional timetable）

如果在前頭已有一個主要的決策時間點，而評估結果資訊有助於做更周延的決策時，則應選擇可提供該決策所需之適當資訊的問題加以探討。

二、利害關係者的相對力量（the relative clout of stakeholders）

第二項標準是發現誰需要什麼東西。例如，國會委員會委員想要知道一項自由派的移民政策，是否會導致美國公民更高的失業率；移民與歸化局的官員想要知道，此項政策減少非法移民的程度如何；種族性利益團體則想知道，此項政策是否為公平的範例，或是某一國家的移民者比其他地區的人較難獲准移入。這些都是困難的問題，而評估人員並無資源可處理它們。解決此難題的方法之一是，向最具權威性力量的利害關係人，去進行了解要研究哪些問題，通常是向此項評估的主辦者詢問。

三、利害關係者的偏好（preference of stakeholder）

另一項克服問題過多的方法是與方案的所有利害關係者諮商，包括經費提供者、管理人員、執行者及服務對象等。評估人員可向他們蒐集有關的問題及關心事項，以了解他們心中的想法，然後自己決定這些問題的優先順序，或試圖建構一個可滿足他們所有人需要的計畫。

四、知識基礎的不確定性（uncertainties in knowledge base）

　　另一項選擇問題且是規劃階段核心的方法是透過確認知識差距的做法。從社會科學研究及以前的評估研究，可獲得許多累積性的知識。評估人員可設法找出他們尚未解決的或有爭論的議題，進行評估研究，此舉既可彌補知識的差距，也可解決實際的問題。

五、務實性（practicalities）

　　在規劃評估計畫時，有些選項可能會受限於時間、經費、評估人員的能力及資訊的取得等，而很快的就被剔除。例如，如果評估小組中無人具備定性研究的技能，則便不宜規劃一項以定性成分為主的評估計畫。

六、方案理論的假定（assumptions of program theory）

　　即可藉由檢視方案所蘊含的理論，而了解所要評估的問題方向。例如，如果評估人員與利害關係者一起確認在推理過程中，哪些步驟是方案成效最具關鍵性及最具有問題者，則評估問題的優先順序就可以清楚的得知。

七、研究發現應用的潛在性（the potential for use on the findings）

　　另一項設定評估問題優先順序的考慮標準是：評估的研究發現被實際應用的潛在性如何。如果某一類利害關係者對評估結果漠不關心，而另一類利害關係者則表示高度的興趣，後者所涉及的問題當然較會給予慎重的考慮和研究。

八、評估人員的專業判斷（the evaluator's professional judgment）

評估人員是在一個實作環境中，與各具問題優先順序的幕僚人員一起工作，同時他是為了別人心中的目的而進行評估工作。然而，這並不表示他們可以在研究內容及研究方法方面放棄本身的專業責任。他們比其他參與者知道得更多，因此他們有義務在評估規劃上，行使他們的判斷。例如，方案決策者及管理人員大概都不太有興趣進行方案縱貫性的長期評估，但評估人員如認為此類評估的確具有價值，即應設法說服他人進行此類評估。

陸、明確化評估的問題

清楚且良好表達所要研究的問題，乃是研究設計的基礎。明確化研究問題指確定研究對象（標的人口）、適當的研究層次（如學生、班級、系、機構等）、研究所包含的單位數目、適當的「結果」變項、主要預測指標與需測量的背景變項等。

柒、採取定量或定性研究

在規劃政策評估計畫的早期議題之一是究竟要使用定量途徑（quantitative approach）或定性途徑（qualitative approach）。簡言之，兩者的區別是定量評估處理「數字」（numbers）問題，而定性評估則處理「文字」（words）問題。定量評估蒐集可以轉化為數字的資料，因此分析大部分是統計性的，報告主要是依據統計關係影響的大小及重要性而撰寫。定性評估則是採取非結構性的晤談與觀察技術蒐集資料，因此分析及撰寫報告就使用文字描述的方式。精確的說，定性與定量的說法是屬於資料類型問題而非設計類別問題。定性資料通常藉由個案研究、人種學或其

他非標準化研究設計的方式蒐集；而定量資料則是藉由實驗設計或準實驗設計的方式蒐集。因此，有人將「資料類型」與「設計類型」視為同一版本，乃是可以理解的。

當中心問題是有關方案運作過程時，通常採取定性方法較為恰當。方案包含數十項的活動及變項，而沒有人能肯定說哪些特性就研究而言是重要的；或者是整個情境實在太複雜難以掌握，以致無法只將評估與少數獨斷的測量變項結合在一起，在此種情形下，就以採定性方法為恰當。採定性方法的評估者，可對方案是什麼及做些什麼所涉及的新資訊與新觀念，保留接納的空間。另一方面，當方案已明確界定其詳細活動時，定量方法就可應用以顯示方案運作過程的各項特性。在實質上，類似的方案先前已做過許多評估的情況下，使用定量方法尤其恰當。

捌、評估的設計問題

「設計」（design）在社會科學研究的領域中，並非是廣泛意義的「計畫」（plan），它指如何將研究的標的團體加以明確化、該團體中要研究多少單位、以何種方法選取該等單位、對它們做何種時間間距的研究，與採取何種比較途徑等。如果說「問題」（questions）是研究的內容，則「設計」便是研究的「結構」（structure）。

設計是隨著問題而來的，當評估人員知道他所要研究的問題後，他就開始選擇可以回答這些問題的設計類型。有些問題最好透過「隨機實驗」（randomized experiments）的方法予以處理；有些評估問題可能透過方案執行後調查（post-program survey）的方法，就可獲得所有所需的資訊；而其他問題可能就要透過全盤人種學研究方法才能得到所需的資訊。究竟是否需要採用方案實施前後比較設計（before-and-after designs），及需要哪些作為比較的團體，乃是視研究的本質而定，關鍵在於所提出的問題為何，及因而需要採取何種方法蒐集所需的證據，提供解決研究問題的答案。

玖、一次研究或多次小研究問題

在規劃評估計畫時，另一項要決定的事項是：在評估經費限制下，究竟做一次大型研究為宜，或做幾次小型研究為佳？評估人員幾乎都毫不猶豫的傾向於做一次大型研究就好，因為做一次研究比做多次研究要容易管理得多；評估經費常只夠做一次相當廣博性的評估研究而已；及認為兩次以上的評估研究，可能會出現不同的研究發現，而影響原先的評估目的等。

然而，有多項理由支持採取一系列評估研究的做法。首先，一項單一的研究，只能解決方案的某些顯著問題而已。因為它是從單一的一套假定著手進行的，因此它就受限於假定的本質及其所採取的觀點，具有不同假定的人就會懷疑研究結果。所以評估人員最好考慮採取多次小型研究的方式，每次可從不同的觀點進行研究。其次，如果整套小型多次的研究產生類似或互補的結論，此項研究當更具有公信力；如果不能產生類似或互補的結論，也可以從研究中得到明顯的理由，如果理由不明顯，則可留待後續研究去找出差異所在。第三，任何一次小型研究可能會產生一些新的問題，則稍後的另一項研究就可以設法去解決前項研究所提出的新問題，並非每一項小型研究都是同時從同樣的觀點出發；簡言之，評估人員可規劃進行一系列的研究，每項研究都分別針對先前研究所發現的議題進行進一步的探究。第四，多次小型研究可適應政策或方案的變遷性議題。時常會發生的情況是，當某一項評估工作正進行中，方案支持者及批評者會要求回答方案在實質變遷下所產生的問題，例如政治風向轉變、重要政治人物更換、預算緊縮，及方案執行人員採取更符合潮流的目標等，此時單一的大型評估研究就無能為力，而須採取另外更短時間的小型研究，以回應實際的需要。第五，一系列的研究可在不同時間，以不同的適當研究方法，探討不同的議題。

拾、不同類型方案的設計問題

　　評估人員必須考慮不同類型的方案是否要採取不同設計的問題，一項廣被使用的區別方式易將方案分成示範性質的創新方案，及既有進行中的方案兩類。就示範方案而言，其目的在發現此項方案是否值得大規模的予以接納採行，評估遂成為中心課題，而「效度」（validity）則為主要考量因素。評估人員通常會給予充分的權力去安排各種研究情況，以判斷方案實施的成效如何。他可以隨機的將人們指派入實施方案的「實驗組」，及未實施方案的「控制組」。他也常常要為一個特別強而有力，且實施狀況十分良好的方案「修正版」規劃評估工作，以發現該方案在最佳情況下能否達到期望的結果。如果評估後證明它是成功的，下一步將是把方案推出在正常運作條件下實施，而無須增加額外的資源或特別熱心努力的推動，或增加良好訓練的執行人員，於是該方案就變成可廣泛採行的考慮方案。

　　至於既有執行中的方案，其共同的問題是：是否有什麼方法可以增加方案的「效果」（effectiveness）。負責執行的專責機關對該方案負成敗之責，很想了解執行的績效如何，不過評估結果並非作為全盤判斷持續或終止方案執行的基礎。對於此類方案的評估，評估人員很少能夠控制方案參與者的指派工作，或控制方案執行的廣度或品質，他必須克服各種困難，在既有條件下進行評估工作。

拾壹、設立顧問委員會與時程安排

一、設立顧問委員會

　　評估人員在決定評估研究相關事項時，他必須考慮是否要為此項研究設立「顧問委員會」（advisory committee）。有兩類理由足以證明設立顧問委員會是一項不錯的主意：第一類是方法論方面的，第二類則為政治方面的。就方法論方面而言，此類委員會可協助評估人員處理研究的測量、

設計及分析上的棘手問題。如果委員會委員是方法論方面的專家，他們會知道諸如此類的事項：適當的測量尺度為何、特殊設計的陷阱為何及如何避免它們、最新的分析技術為何，及類似方案的最近證據為何等。此種做法將可使此項研究在主辦機關及其他閱讀研究報告者的眼中，具有較高的公信力。如果委員中有極富聲望的研究專家，將可使研究結果獲得保護，免受批評者或對研究者結果不滿者的攻擊，因為他們大多會從方法論方面百般挑剔。

其次，顧問委員會也具有政治性的功能，它可協助評估人員了解方案涉及者與受評估結果影響者的「興趣」所在，這些人包括決策者、方案管理者及方案的實施對象等。顧問委員會可以警告評估人員要對方案的參與者、方案支持者與反對者、可能的政策改變、預算實況、機關組織的限制及整個方案實施的系絡因素等，保持高度的敏感性。

基於以上兩類理由，評估人員可設立一個涵蓋具有研究方法論方面專長的專家，及在政治上具有影響力者的混合委員會。不過，如果此項評估研究規模較大，影響較廣，亦可考慮分別設立方法論方面及政治性方面的兩個顧問委員會，並分別賦予不同名稱及分別開會。

二、時程安排

評估研究的時程安排應仔細的規劃，一般來說，評估人員必須在一定的時間內完成評估工作。也就是說，他根據合約在一定時間內接受研究經費，在期限結束時，必須提出評估報告，在此種限制下，評估小組如果要依時限完成評估工作，就必須為各項評估工作設定完成的時間表。

評估研究的一個通病是花費太長的時間在蒐集資料方面，以致無足夠時間去做仔細的分析及解釋。事實上，撰寫報告也需要花很多的時間，尤其是當委託機關要求提出正式報告前須先繳交「初稿」時，更是費時。因此，整個研究的時程應為後面的工作給予額外的時間。此外，還要考慮發生特殊情況需要許多時間加以處理，例如執行人員不願提交檔案資料、電腦當機，及其他突如其來的阻礙進度事項等。

拾貳、評估研究的倫理問題

　　評估所處理的是真實方案中的真實人們，尤其處於極端需要協助情況下的人們之問題。評估結果可能對這些方案及方案涉及有產生實質的影響，因此，評估研究有必要比其他社會科學研究更注意倫理問題（ethical questions）。在規劃評估計畫時，倫理問題值得置於優先考慮的地位，評估人員將會侵犯到方案執行人員的工作領域，干擾他們的例行工作，可能要實際觀察他們的行動，並詢問許多有關他們做些什麼、知道什麼及想些什麼之類的問題。同樣的，評估人員會從方案實施對象蒐集資訊，而這些人則更可能處於容易受傷害的情況：生病、急難或處於生命的關鍵點等，評估人員具有接近他們不願為人所知的不利資訊。因此，評估人員如何妥善處理相關的倫理問題，頗值得注意。以下是五項依循的原則。

一、誠實原則

　　評估人員不可欺騙方案受測者，有些評估人員害怕「評估」字眼可能會嚇壞受測者，因此故意隱藏研究的目的，騙取受測者提供必要的資訊。事實上，評估結果是紙包不住火的，當欺騙被發現時，也就是評估研究走上絕路之時。簡言之，評估人員應尊重受測者，對待他們就如同他自己希望被對待的情形那樣，態度要坦白及誠實。

二、充分告知及同意原則

　　在任何一項研究計畫中，受測者應當充分知道研究結果究竟要給誰及做什麼用途，並且可以決定「同意」或拒絕參與此項研究工作。有時候評估人員會認為為機關、服務對象及國家而進行評估的社會價值——即發現方案的效果如何、是否需要修正及支持程度如何等，應當凌駕於個人拒絕參與研究計畫的權利之上。然而，個人權利不應如此理所當然的被剝奪，他們有權決定「是否」及「如何」提供資訊，而評估人員有義務尊重他們

的判斷。

三、保持祕密與匿名原則

在研究過程中所蒐集到的所有資訊，都應保持祕密。除了評估小組成員外，沒有人可以接近任何特殊個人的任何資訊，在評估報告中所揭露的資訊，只能是以大批人集體呈現而無法確認某單一個人的方式為之。如果報告中包含了引用由晤談或觀察時所得的談話內容，此時除了獲得當事人的同意外，不可以其名顯示，而須以假名或代號的方式處理。通常，評估人員會向受測者承諾，他們對問題的回答，將會嚴守祕密不會外洩，因此受測者會放心的給予誠實的回答，而不管其回答是否能為社會所接受。在此情況下，評估人員就必須確實遵守諾言，不可告訴任何人其他人說了些什麼；而在談話中也要小心，不能讓受測者可以聯想到某人說了些什麼。

四、具備高度能力原則

評估人員應具備高度處理倫理問題的能力。美國評估學會（American Evaluation Association）曾於 1995 年的「評估人員指導原則」（Guiding Principles for Evaluators）中，做如下的規定：

(一) 評估人員應具備適於從事評估各項工作所需的教育、能力、技能與經驗。

(二) 評估人員應在其專業訓練及專業能力限制範圍內進行實務實習，並且不可從事超出此實質限制外的評估工作；評估人員應盡力直接獲取評估能力，或經由具專業技能者之協助，增進本身的專業能力。

(三) 評估人員應持續設法維持並增進其才能，以對其評估工作提供最高水準的績效，此類持續性的發展包括選讀正式的評估課程、參加評估研習會、自習、對自身實務的評估，及與其他評估人員一起工作等，以學習其技能及專業知識等。

五、互惠原則

評估人員要求受測者付出時間與資訊，而有時並未回饋任何具體的東西給他們，評估人員所產生的就是一本送給方案主管官員或主辦機關的評估報告而已。某些評估人員認為，在倫理上他們應該有義務將研究結果回饋給對此研究提供資訊者，事實上的確應該如此。不過，就受測者的目的而言，此類回饋性的報告應當是簡短的，並且以簡單的方式表達，但是它必須包含受測者可能較關心的議題在內。這種互惠式的做法，將令大家都欣然接受且高興。接受此類回饋性報告的受測者，將很有興趣知道報告中的建議事項，被決策層人們重視到什麼程度。而在某些情況下，當他們了解他們同時在方案的實施及方案的評估方面均「參與一份」時，他們將較願意採取步驟執行評估報告所提出的各項改革建議（本文取材自 Carol H. Weiss, *Evaluation: Methods of Studying Programs and Policies*, Second Edition, Prentice-Hall, 1998, Chapter 4）。

33

定性方法在政策評估上
的應用

壹、定性評估法的意義

　　一般而言，從事政策評估時，可視政策性質就定量方法（quantitative methods）與定性方法（qualitative methods）選擇其一或兼併採用。定性方法也稱為「質」的研究法，它包含下面三種資料蒐集方法：第一，深度及開放式的晤談。第二，直接觀察。第三，書面文件檢視，如問卷中開放性問題的回答、個人日記及政策方案的執行紀錄等。引用開放式晤談資料時，應直接引註受訪者的經驗、意見、感覺及了解等。引用觀察所獲資料時，應詳細敘述政策方案的活動，方案參與者的行為、執行人員的做法，及方案執行相關的所有人類互動的狀況。引用書面文件資料時，應對方案檔案、函件、官方報告及開放性調查的資料予以摘要、引註、分析使用。政策評估人員必須將由以上三種方法所獲得的資料，透過「內容分析」（content analysis）的方式，依主題、類別及個案予以組合。一份典型的「定性評估報告」（qualitative evaluation report）通常應提供以下的資訊：

1. 有關方案執行的詳細描述。
2. 主要方案過程的分析。
3. 不同參與者類型與不同參與方式的描述。
4. 方案如何影響參與者的描述。
5. 記載觀察到的變化、結果及影響。
6. 受訪者所提供方案優點與缺失的分析。

貳、定性方法的要旨

一、自然性探究（naturalistic inquiry）

　　政策評估人員只是就政策方案在執行時自然產生的活動及過程予以探究，而不必基於評估目的，對方案或其參與者加以操縱（定量方法有時須採實驗法進行評估，就須對方案及參與者加以操控）。此種自然性探究途徑對方案執行變化情況的研究特別有用，因為政策方案常會隨著參與者及環境的改變而發生變化，透過定性方法可對不同地區所執行的相同方案，展現其重要的差異之處，而此種變化及差異是無法完全預測得到的。簡言之，自然性探究可對那些偶發的、與原計畫有出入的、未預料到的變化等重要事項，加以深入的分析探討。

二、歸納性分析（inductive analysis）

　　定性方法特別傾向於探索性、發現性及歸納性的邏輯。政策評估人員進行歸納性分析時，不必對政策環境強加一些預存的期望，而只對真實狀況予以研究。評估工作的歸納性分析有兩種方法：其一為就政策方案本身而言，歸納性途徑始自詢問方案參與者個人經驗的相關問題。其二為就政策方案彼此間而言，歸納性途徑尋求每一個案獨特的「制度性特徵」（institutional characteristics）。不過不論哪一種方法，當個案的資料被分析後，常須做「外推」（extrapolations）的工作，但基本條件是必須對每一個案具有充分的了解，這意味著評估研究的發現乃是植基於特殊的環境系絡（context），而由這些研究發現所產生的理論乃是植基於真實世界的樣式。

三、直接接觸方案（direct contact with the program）

　　定性評估研究法的中心活動乃是所謂「田野工作」（fieldwork），亦

即評估人員親身且直接的與方案執行地區的相關人員接觸。它強調接近方案執行相關人員及地區的重要性，認為如此才能親自了解方案的真實狀況及日常的執行狀況。評估人員除了對研究中的人員做親自接觸外，還必須與他們發展出一種分享經驗與機密的社會意識。

四、整體的觀點（a holistic perspective）

政策評估人員利用定性方法時，主要是以整體觀點去了解政策方案及其情境，亦即評估人員所尋求的是「全體性」（totality）——特殊環境的統一性質。整體觀點途徑假定整體大於部分的總和，並假定對方案的社會及政治系絡加以描述及了解，乃是了解該方案全貌的基本。以整體觀點對政策方案進行定性研究的主要優點是，可以對方案的細微差異、環境、相依性、複雜性、特質及系絡等，予以特別的注意。

五、動態與發展的觀點（a dynamic, developmental perspective）

政策評估採取定性—自然的途徑，主要是將方案視為動態的及發展性的，認為當執行人員邊做邊學、服務對象進進出出及服務傳送改變時，方案會產生微妙及重要的變化。此途徑的主要興趣在描述並了解這些方案的運作過程及對參與者的整體影響，以提供方案改善的資訊。此類評估稱為形成性評估（formative evaluation）。

定性—自然的—形成的途徑因此特別適合發展性、創新性或變遷性的方案，其焦點在「方案改善」，便利更有效的執行，及發掘方案對參與者的各種影響。此途徑對方案執行初期及執行中的各個主要轉捩點尤其重要。

六、個案研究（case studies）

　　深度及詳細的定性方法基本上來自對少數個案進行研究，但由於數目太少以至於難做令人信服的「類推」（generalization）。個案主要係基於評估的目的而選擇的。當評估者需要深入了解某項特殊問題或情勢，及認為可以對該個案蒐集到豐富資訊時，個案研究就變得特別有用。進而言之，當評估的目的在掌握各個個案的個別差異性及獨特變化性時，個案研究法就顯得特別有價值。此處所謂個案，是指某個人、某一事件、某一方案、某一段時間、某一關鍵事件或某一個社區等。不論分析的單位如何，定性個案研究法尋求深入的、詳細的、系絡性的、整體性的描述該特殊的單位。

參、何時採用定性評估方法

　　定性評估方法適合下列類型的評估工作：

一、過程評估（process evaluations）

　　過程評估的目的在了解方案執行的內在動態狀況，焦點置於以下的問題：此方案的主要涉及因素為何？此方案的優點與缺點為何？此方案的服務對象為何？及如果他們變成政策參與者，他們的表現會有何不同？執行人員與服務對象互動的本質如何？過程評估基本上最需要對政策方案執行做詳盡的描述。這些描述也許是根據觀察所獲的資料，或與工作人員、服務對象及方案負責人晤談所獲的資料。許多的過程評估將焦點置於方案如何為參與者及工作人員所看待，欲對方案的執行狀況做準確及詳盡的描述，則定性評估方法特別有用。

二、評估個別性結果（evaluating individualized outcomes）

　　許多政策方案最關心的是「個別性」（individualization），亦即研究方案所提供的服務是否迎合個別服務對象的需求。高度個別性的方案基於不同服務對象會產生不同結果的假定而運作。不僅政策執行結果會因特殊共同面向發生變化，而且結果在定性方面也會有所差異，不同服務對象會涉及不同定性方面的面向。因此，政策評估人員常常不願對所有服務對象採取標準化的評估準則及量表，他們認為對所有服務對象以標準化準則衡量並比較執行結果，不如對個別服務對象記載其獨特的執行結果，例如評估某些教育政策即然。

三、個案研究（case studies）

　　個案研究法是定性評估方法的要旨之一，因為它可研究某個案的個別執行狀況，尤其是當執行人員或經費贊助者想了解為何方案不尋常的成功、失敗或半途而廢時，更可藉助具定性研究本質的個案研究法。

四、執行評估（implementation evaluation）

　　決策者通常可以利用執行的資訊以確定某一項政策是否按預先設計的方式付諸實施，或測試某一項政策是否非常可行。除非決策者知道某項政策是否依原先設計實施，否則沒有理由預期政策可以提供可欲的結果，也只有在了解政策是否已被執行，才有必要評估其結果。在不了解執行的情況下就進行評估，其結果很難作為改善行動方向的參考，因為決策者缺乏政策產生何種結果的資訊，這種評估可說是一種「黑箱」（black box）評估途徑。

　　研究政策方案執行狀況的一項重要方法，乃是蒐集詳盡的及描述性的方案執行狀況的資訊，以回答以下問題：服務對象經歷到什麼？為服務對

象提供哪些服務？執行人員做些什麼？方案如何被組織起來？執行評估可以為決策者提供方案執行情況及發展狀況的相關資訊。欲研究這些重要的方案執行問題，可以透過定性研究法的個案分析，獲得有關該方案內容及系絡的資料。

五、描述方案在不同地點執行的差異性（describing diversity across program sites）

　　一般而言，某項由中央政府機關發動的政策常須由各地方政府負責執行，因此政策方案必須適應各地方的需要及環境，因而在許多方面產生相當的差異，諸如內容、過程、目標、執行、政治性、系絡、結果與方案品質等。欲了解這些差異，便須對每一地區的執行情形進行整觀的評估，以掌握他方性方案的獨特差異性及對比性，並了解何以方案會偏離原先的計畫與期望。明顯的，採行定性方法可以達到以上的目的。

六、形成性評估（formative evaluation）

　　許多公共政策學者將政策評估分成「形成性評估」（formative evaluation）與「總結性評估」（summative evaluation）兩類。前者指以改善方案執行為目的所進行的評估，後者指對方案是否有效及是否應賡續做基本決定所進行的評估。形成性評估常包括一項過程評估的策略在內，而利用定性方法，可以達到高度描述性的效果，因為它可深入的且詳盡的提供方案的優缺點：哪些部分執行良好？哪些部分執行不佳？方案參與者的看法如何？方案執行者的看法如何等。形成性評估的目的在改善方案的品質，而判斷方案品質如何，便需要相當深入及詳盡的定性資料。

七、利用定性方法評估品質（using qualitative methods to evaluate quality）

　　許多政策方案的執行活動及結果，可以採用定量方法加以計算，但仍有許多方案的歸因（attributes）是無法量化計算的，因為它們涉及「品質」（quality）的層面。以學校教學成效為例，它同時涉及「改變數量」（quantity of change）與「改變品質」（quality of change）兩個層面。就前者而言，它涉及閱讀幾本書、標準成就測驗的得分、正確拼字的字數、與其他學生、老師互動的次數等。事實上，以上每一項計量項目均有其相對的品質面向，它需要採「描述」的方式而非「量度」（scaling）的方式，例如以描述的方式了解學生如何因閱讀而增進智慧，如何將拼字整合進日常生活等。

八、立法監測（legislative monitoring）

　　在許多情況下，某些立法機關批准某一新方案並撥款執行後，常希望了解該方案是否依「立法意旨」（legislative intent）在執行中。而立法意旨雖可能涉及達成某種結果，但更多的是將焦點置於方案所提供的某種「傳輸系統」（delivery system）。此類傳輸系統的精確本質往往是難以明白表示的。因此諸如「非制度化」（deinstutionalization）、「分權」（decentralization）、「服務整合」（services integration）、「社區為主的方案」（community-based programs）等概念與立法意旨是否契合，就很難以量化的方式予以敘明。立法監測包括描述以下事項：執行方案的設施、執行努力程度、執行人員選用程序、對民眾提供服務的本質、實際的服務活動、服務對象的感受等。這些資訊的提供當有賴定性方法的應用。

　　除以上所說的各種情況可採用定性評估方法外，當有以下情況之一時，也可以考慮採用該項方法：

1. 在必須進行「謹慎的觀察」（unobtrusive observations）時。
2. 在進行「人性化的評估」（personalizing evaluation）時。

3. 在進行「回應性的評估」（responsive evaluation）時。
4. 在進行「目標中立的評估」（goal-free evaluation）時。
5. 在缺乏公認的量化工具時（lack of proven quantitative instrumen-tation）。
6. 在進行「探索性評估研究」（exploratory evaluation research）及「可評估性評估」（evaluability assessment）時。
7. 為增加定量分析的深度、詳盡度及意義（adding depth, detail, and meaning to quantitative analysis）時。
8. 為突破例常化、激發新洞察力（breaking the routine, generating new insights）時。
9. 為建立基本評估理論（grounded evaluation theory）時。

（本文主要參考 Michael Quinn Patton, *How to Use Qualitative Methods in Evaluation*, Newbury Park, CA: SAGE Publications, Inc., 1987）。

34

環境影響評估與政策合法化的策略

壹、環境影響評估

目前不論是政府部門或私人企業機構提出較重大的投資建設計畫時，均必須通過「環境影響評估」（Environment Impact Assessment）的審核才能進行。環境影響評估係指在擬訂經濟開發建設計畫時，或在計畫正式實施前，就該開發行為對環境（包括空氣、水體、土地、動植物等自然環境乃至自然景觀，甚至文化遺產等社會、文化環境）可能造成的影響（包括污染及破壞等），就其程度及範圍，事前利用科學上之客觀的、綜合的調查、預測、估計，進而提出公開說明，並付諸審議，作為決定該項開發計畫的功能，如何在權衡各種開發建設方案計畫的整體環境品質後，提出「環境影響評估報告書」，作為決策的依據之一。其目的則在預防環境遭受破壞或污染，消弭各種經濟發展活動可能造成的公害現象，從而保全優適的生活環境，維護國民身心的健康，乃至文化生活的健全。

以往世界各國對於計畫採行與否的評估，常著重於經濟效益性、財務健全性及技術可行性。可是近三十年來，先進國家已逐漸發現，重大的建設計畫，常對周遭環境造成嚴重的損害，甚至抵銷計畫的效益。因此目前對於重大建設開發計畫，在做執行前的評估時，除從經濟、財務及技術等層面進行評估外，並同等重視計畫對環境的影響程度。我國也因此在1995 年通過「環境影響評估法」。

美國 1969 年通過「國家環境政策法」（National Environment Policy

Act），規定所有聯邦政府機構必須對其所主持的計畫做環境影響評估以來，每年所辦理的環境影響評估案件日漸增加，而其他先進國家也日漸重視，積極推動。但由於環境影響評估具有很高的不可捉摸性及主觀性，無法在現有的成本利益分析架構和金錢價值上做適當的量化，故有許多計畫實際上並未進行此類評估。

　　環境影響評估的內容，是對所有受經濟開發活動影響的事項均做評估，其對象極為廣泛複雜，舉凡該活動對自然環境、生態關係、人體健康、精神衛生、安全係數，乃至文化景觀所有預期可能造成的影響，不論可否避免、可否復原、長期或短期有否替選方案等，均須列為評估對象。就評估程序而言，可分為：一、調查現況；二、預測及評估環境影響；三、製作初步評估報告；四、參考外部學者專家及各方面意見；五、完成評估報告並送請審議。就評估報告的審議而言，涉及主管機關與環境保護機關職權及功能的協調。負責從事環境影響評估者，除須進行事先的調查、預測及評估環境的影響外，尤其應藉各種程序的進行，逐步整合、分析，並斟酌有關地區、居民、主管機關及環境保護機關等關係主體在各階段所提出的資訊及意見，並於最後階段，完成公正及具有實效的「環境影響評估報告書」，供決策機關做核准與否的參考。

貳、政策合法化的一般策略

　　任何政策方案在制訂的過程中都希望能獲得相關參與者的支持，以便能順利取得執行的合法地位。對於各部門（尤其是行政部門）在爭取政策方案合法時所採取的策略，美國三位學者 Carl E. van Horn、Donald C. Baumer 及 William T. Gormley, Jr. 在《政治與公共政策》（*Politics and Public Policy*, 1992）一書中，歸納為三大類：包容性策略（inclusionary strategies）、排除性策略（exclusionary strategies）及說服性策略

（persuasive strategies）。茲簡單說明如下 [1]：

一、包容性策略

（一）諮商策略（consultation strategy）

　　對於某些公共負責任的事務，各部門的政治人物在事情變得棘手之前總是會彼此諮商。在一個分裂政府的情況下，方案如果要獲得接納，諮商策略顯得更為需要。所謂分裂政府，指行政部門的民選首長與民意機關多數民意代表分屬不同的政黨。諮商不僅在機關之間極為重要，諮商的方式也因不同的情境而有所差異，例如在民意機關，主要的諮商方式採口頭式的，如此可方便討價還價及從事個人的訴求。

（二）聯盟建立策略（coalition building strategy）

　　大部分的政策方案除非花相當多的心力去建立聯盟，爭取支持的多數，否則必然難以過關。就重大的新提案而言，更非採取建立聯盟的策略不可。在美國的實際政治中，雖然從政人物及遊說人員是最主要的聯盟建立者，但此項策略之應用不限於立法機關。例如美國上訴法院的法官，在以多數裁決案件下，必須設法爭取多數同僚的支持，才能使自己的立場獲得接受。

（三）妥協策略（compromise strategy）

　　就國內外的情形觀之，很少有重大法案不經過取捨交易（take and give）的過程而能夠通過的。此種討價還價、折衷妥協的結果，可令雙方覺得「雖不滿意但可以接受」。我們可以說，妥協是民主政治的一種基本

---

[1] Carl E. Van Horn, Donald C. Baumer & William T. Gormley, Jr., *Politics and Public Policy*, Washington, DC: Congressional Quarterly, Inc., 1992, pp. 298-305.

生活方式。雖然妥協非常重要，但在某種特殊的機關環境中，有時候不容易做到。例如，一旦某方案已放進公民投票的選票中，公民只能投「贊成」或「反對」票，而無法對方案的文字及內容做任何的修改，也就沒有辦法做討價還價的協商了。

二、排除性策略

（一）繞道策略（bypass strategy）

當某方案面臨重大障礙時，可採取繞道方式以避免或延緩一場爭鬥。此策略可使方案在批評者有機會予以封殺前，取得暫時性的協議。成功的例證之一是發生在 1983 年的美國國會，當時一小批國會議員及行政部門的政務官共同策劃，希望能對棘手的社會安全改革法案達成協議，於是被稱為「九人幫」（the Gang of Nine）的這批人在私人家庭裡祕密集會，他們都是務實主義者，認為可在不太傷害那些較富意識型態之同僚們的立場下，推動實質的進展。他們終於能夠解決彼此間許多不同的見解而取得足夠的一致性，使他們的提案最後在稍做修改的情況下，贏得「全國社會安全改革委員會」的支持，並且制定成法律。

（二）保持祕密策略（secrecy strategy）

保持祕密策略有時候與繞道策略具有相當關聯性，其目的主要是將新聞記者排除在政策制訂過程之外。此項策略在立法部門漸難以施展，因立法改革的結果要求委員會所舉行的公聽會必須是公開的，除非委員們公開投票贊成召開祕密公聽會。在行政部門祕密策略也比較行不通，因為「陽光法案」（sunshine laws）通過後，也要求行政部門必須舉行公開的會議。至於法院在審理案件時，則較能透過關門審理而保持其祕密性。保持祕密策略應用成功的例子之一是 1990 至 1991 年的波斯灣戰爭（the Persian Gulf war），當時美國布希總統保持調兵遣將整個過程的祕密性，

未讓新聞界知悉，終能獲得成功。

（三）欺騙策略（deception strategy）

　　較保持祕密策略難為人接受的是欺騙策略，包括從率直的謊言至對相關資訊的隱瞞。如果所涉及的率直謊言後來被揭露的話，欺騙策略的運用將是有害的。美國雷根總統當年的伊朗軍售案，以及後來轉而支持尼加拉瓜叛軍案，都因未說實話而引起國人的不滿，而導致國會發動重大調查案，聯邦法院也予以起訴；相對的，民意代表與遊說者之間的相互欺騙行為，則較為司空見慣，且可被容忍。

三、說服性策略

（一）雄辯策略（eloquence strategy）

　　政策方案欲成功的為別人所接受，雄辯策略是一項基本的技術，尤其在訴諸大眾選民支持的情況下更是如此。值得注意的是，為了爭取支持，方案辯護者往往誇張方案的重要性，就短期而言，此項做法的確可引起他人的興趣而動員足夠的支持者。但一旦辯護者由議題設定部分延伸到政策制訂及政策接納階段時，就長期而言，可能就變成一項致命傷。因為對方案誇張重要性的結果雖強化了支持力量，但同時也強化了反對力量。

（二）政策分析策略（policy analysis strategy）

　　基於運用嚴格的實證研究以提供決策資訊的政策分析策略，有時候較雄辯策略更能達成良好效果。Martha Derthick 及 Paul Quirk 在《解制的政治》（*The Politics of Deregulation*, 1985）一書中指出，美國 1970 年代「解制浪潮」（the wave of deregulation）的發生，主要是經濟分析與實證研究的貢獻所致。他們的結論是：理念常與利益同等重要（ideas often count as much as interests）。政策分析資訊固然有相當大的說服力，但就

民意代表而言，是否充分利用這些資訊，依論題本質、分析報告的詳盡度，及民意代表與政策分析人員間互動的深度而定。

（三）抗議策略（protest strategy）

在某些議題方面，「價值的爭論」重於「事實的爭論」，「政治角力」甚於「證據呈現」。在這種情境下，抗議策略是一項有效的方式，尤其在輿論對其有利的情況下更是如此。國內外在這方面成功運用抗議策略的例子屢見不鮮。我們應注意的是，抗議在政治戰場上固然是一強有力的武器，但同時也是一件危險的策略，因為它容易激發大眾正面或負面的情緒反應。例如美國的反戰示威活動，在民眾認為示威者不愛國的情況下，常激起極大的反彈及對抗，故應小心運用策略。美國波斯灣戰爭的反戰示威者就了解這一點，因此他們特別把「戰爭」（war）和「戰士」（warriors）區分開，他們表示反對戰爭，但是支持戰士。此項做法使他們能夠保持相當微妙的平衡狀態，也因此較能為美國人所接受。正如Albert Hirschman 所言：這是一種「聲音」（抗議）與「忠誠」（愛國主義）之間的奧妙平衡。

政策相關議題篇

35

政策學習與政府再造

壹、緒言

　　21 世紀已經屆臨，各國政府莫不竭智盡力的推動行政革新、政府再造、組織重組、員額精簡等工作。但是如何學習別人的長處，及如何反省本身過去的失敗教訓，乃是政策學習（policy learning）研究的課題。基本上，政策問題乃是一種社會建構的產物，亦是政策利害關係人對環境系統反應的思考產物。因此，政策方案規劃著、執行者與標的人口對人性、政府作為與社會變遷的不同假定，就會對政策問題做不同的界定與解釋。是以政策設計者主張，透過開放的溝通、社會互動及參與方式，人們將更能理解問題內的政治、經濟、社會議題，從而提供多重的學習機會。所以政策設計與執行的過程可以說是一種決策者、執行者及利害關係者之間政策學習的過程。

　　全鍾燮（Jong S. Jun）指出，行政改革的最佳途徑在營造組織成為一個良好的政策學習系統，增進組織理解環境需求與資訊處理的能力，使機關組織能夠清晰的認定面臨的問題，以廣博的視野找出有效的解決方法（全鍾燮，1994）。此段話說明了行政革新方案（或政府再造方案）的努力方向與革新方案執行的成敗，實繫於如何建立一套有效的政策學習機制（policy learning mechanism），及如何有效的應用此項機制。基於此項立論，本文旨在簡略敘述我國前一階段（即 2000 年以前）政府再造方案的推動狀況（2000 年後的政府改造運動則不在論述之列）、簡介政策學習論的要點，及探討政策學習論對當時我國政府再造所具的啟示及意涵。

貳、我國「政府再造」推動簡況

　　過去我國曾推動相當多次的行政革新工作，尤其自 1993 年 9 月後，更積極從事一系列的行政革新工作，主要革新重點為「廉潔」、「效能」及「肅貪」。蕭萬長先生於 1997 年 9 月 1 日就任行政院院長後，在過去行政革新的既有基礎上，推動「政府再造運動」。在經過數月規劃後，行政院於 1998 年 1 月 2 日第 2560 次會議通過「政府再造綱領」，並於發布「政府再造方案」及「政府再造推動計畫」後，正式推動再造工作。由綱領及方案的內涵觀之，革新的深度及廣度均較以往為深為廣。

　　「政府再造綱領」的總目標為「引進企業管理精神：建立一個創新、彈性、有應變能力的政府，以提升國家競爭力」。其推動策略如下（政府再造推動委員會，《政府再造推動計畫》，1998：4）：一、以建立共同願景、潛能激發及團隊學習之方式，重建組織文化，提振公務人員士氣；二、以組織與人力之再造為軸心，輔以制度再造，達成政府再造目標；三、全體公務員共同參與，鼓勵創新，勇於改變；四、引進企業管理技術，建立以顧客及績效為導向之政府服務管理制度；五、參考民意遴選優先推動項目，突顯再造成效，重塑民眾對政府之信心；六、結合民間及政府資源，中央與地方共同推動，發揮協力效果。

　　至於推動政府再造工作的組織則有如下三個層次：第一，成立「政府再造推動委員會」，委員由政府機關首長、中層、基層公務員各三分之一組成。第二，成立「政府再造諮詢委員會」，委員由具有成功「企業再造」經驗之民間企業人士及學者專家組成。第三，成立三個推動工作小組，並分別由行政院研考會、人事行政局、經建會負責推動，即「組織再造」、「人力及服務再造」、「法制再造」小組。

　　有關推動時程為：一、1998 年 1 月召開政府再造推動委員會議及政府再造諮詢委員會議；二、1998 年 2 月各工作小組諮商諮詢委員研提具體推動計畫並推動實施；三、1998 年 5 月 3 日起各機關擬訂以六個月為期之具體改革項目與績效指標；四、每六個月檢查推動成果並研定續行推

動之重點，具體推動項目及時程。

綱領所揭櫫的預期績效有六項：一、重塑公務人員形象，提升社會地位；二、調整政府角色，擴大民間參與；三、靈活彈性組織人力，增強應變能力；四、鬆綁法規，簡化流程，貫徹便民精神；五、強化服務品質，顯著提升民眾滿意度；六、健全政府財政，提高資源管理績效。

政府再造的主要內涵表現在三項子計畫中，即「組織再造推動計畫」、「人力及服務推動計畫」與「法制推動計畫」。茲就此三項子計畫之重要工作項目列述於下，即可知全貌。組織再造推動計畫之重要工作項目為：一、訂定「中央政府機關組織基準法」及「中央政府機關總員額法」；二、中央行政機關組織調整；三、台灣省政府及台灣省議會組織調整；四、地方政府組織調整；五、建立組織及員額績效評鑑制度。

人力及服務推動計畫之重要工作項目為：一、進行人事制度全面再造；二、全面修正、簡併、鬆綁人事法規；三、推動全國行政單一窗口化運動；四、建立電子化政府；五、全面提升服務品質。

法制推動計畫之重要工作項目為：一、調整政府角色，包括公營事業民營化、獎勵民間參與公共建設及政府業務委託民間辦理等法制事項；二、改革重大業務制度：針對能增進效率、提升品質、健全財政、和諧社會等應興應革重大制度，積極進行法制改革工作；三、檢討管制方式，進行法規鬆綁，管制方式合理化、行政流程簡化及標準化，以提升行政效率。

以上所舉重大工作項目涵蓋面甚廣，涉及組織結構、實際運作，乃至行政價值典範的調整。本文主要在就當時政府再造綱領之制訂經過、內涵及執行情形，自政策學習理論觀點稍做檢視，俾有助於政府再造方案之持續推動。

參、政策學習理論對政府再造的啟示

從相關文獻中發現，至少有五種政策學習理論可應用於政府再造方案的設計與執行。下面先略述此些理論之內涵，藉以說明政策學習與政府再造方案設計的關係，進而闡明政策學習理論如何應用於政府再造方案的設計與執行。

一、P. A. Hall 的社會學習論

根據 Hall 的看法，政策學習乃是一種以過去的政策結果和新的資訊為基礎，經由充分討論後，嘗試調整政策的目標或技術，以有效達成治理的最終目標（Hall, 1988）。此種學習可分成三種類型：有關現行政策工具選擇系絡的學習、有關政策工具使用的學習及有關政策目標的學習。前兩者涉及有效執行政策的技術與過程的改善；後者則須在某一盛行的政策典範發生變遷，或主流政策理念已形成一種政策對話（policy discourse）的情境，才會產生學習的效果。因此，社會學習過程下的政策制訂乃是一種政策典範變遷、主流理念解體的過程。在此過程中，經由各政策行動者（policy actors）（如決策者、執行者、學者專家及社會大眾等）之社會價值的聯結，對政策問題的本質、政策的範圍及政策目標等進行重新建構，行動者始能在政策與環境共變的現象中，了解到政策會隨時間推移而有不同的意涵；學習到政策的意義及如何與時俱移，而勿固守原定政策目標，以免造成不必要的時間、金錢與人力的浪費；並將本身的政策理念與他人做坦誠的溝通。因此，社會學習觀點下的政策制訂，乃是一種社會互動的過程與結果。

以社會學習觀點反省我國過去行政革新與目前政府再造的推動情形，可以發現，基本上行政革新是一種政策演化的過程，在不同時空環境下應具有不同的革新意涵，即革新方案的本質、目標及所使用的政策工具應有所不同。不過，從我國過去推動十餘次規模不等的行政革新方案，乃至前

一階段所推動的「政府再造」方案觀之，這些革新方案之意涵，幾乎均大同小異，鮮有變動（政府再造的內涵變動較大）。其主要理由是我國的行政組織與運作，大致上是受理性組織模式之行政典範所主導，將「技術」、「效率」、「控制」等視為核心的行政價值。因而歷次行政革新工作，多以提升行政效率、改進行政運作技術為努力重點；甚至堅信，只要建立一個效率化的政府，就可以提升政府整體的行政服務品質。事實上，此種以提升行政效率為主的革新計畫，將效率的提升視為行政革新的本質與最高標準，極易陷入效率觀點上的迷思，會忽略或扭曲行政革新的真正本質。欲解決效率觀的迷思，從 Hall 社會學習理論的觀點而言，行政革新或政府再造應當在思維上進行巨大的「典範變遷」（paradigm shift），亦即應同時強調效率、效能、參與、公平、民主等行政價值，始能奏效。

二、Hugh Heclo 的政治學習論

依 Heclo 的看法，「政治學習」乃是從政治決策系統的外在環境面向，論述行政革新或制度變革，可經由適應外在環境的過程，而達到政策學習的效果。他們認為，決策者從事某一項活動，乃是為因應外在環境變動所做的回應（Bennett & Howlett, 1992: 127）。當政策環境發生變化時，政策制訂者必須設法予以因應，使政策執行不致因受干擾而導致失敗。進一步言之，政治學習理論將政策制訂視為一種適應外在環境變化的過程。根據行政生態學者雷格斯（Fred W. Riggs）的看法，此種過程指一個已經完成改革創造的社會和另一個正待改革的社會接觸後，前一個社會的改革或成果，可能為後一社會所「借取」而形成為該社會的一部分，在該社會借取後，其社會結構或行為模式所做的一種調適過程，稱為「適應過程」（adaptation process）（彭文賢，1996：268）。是以政治學習乃是為使政策有效推動，而輸入外在環境的思想、制度與方法，並使之融合於原有政策架構中的一種調適與整合的過程。

政治學習理論所給予我們的啟示是，任何一個行政組織為因應國內外環境變遷所做的各種革新或再造努力，乃是政治系統適應環境的表現，它

源自於「外發的壓力」（exogenous pressures）。前一階段所推動的「政府再造方案」可說是政府對外發壓力所做的主動性與被動性回應工作。以1998年4月由「政府再造推動委員會」所通過的「政府再造推動計畫」之內容來看，其中「組織再造推動計畫」有關各級政府之組織調整，應是政府主動因應世界「新政府運動」趨勢所做的努力，此可由其以下目標獲知：「引進企業管理精神，調整政府職能與角色，建立小而能的政府，以提升國家競爭力。」至於其中「法制再造推動計畫」部分，其工作項目有甚多係被動性的因應民眾的要求而提出的，如公營事業與公共服務民營化、法規鬆綁、行政流程簡化等。由此觀之，此次政府再造工作似乎已從以前歷次行政革新的失敗或成效不彰，做了政策學習，了解到須以主動、積極與前瞻的眼光，從事方案的制訂與推動。此外，此次政府再造工作也了解到借取外國新知、技術、理念、制度的重要性，而強調「新政府運動」、「參與管理」、「團隊學習」、「再造工程」、「全面品質管理」、「民營化」等理念的實踐。

三、Lloyd S. Etheredge 的政府學習論

為充分討論與政策學習相關的概念，Etheredge 試圖從「政府學習」（government learning）的角度建構有關學習的理論。依他的看法，政府學習指政府透過學習的方式，增加其智慧（intelligence）與精湛技術（sophistication），以增進其行動效能的過程（Etheredge, 1981: 77-78）。在此過程中。政府所學習的並非是正式的決策過程或是統治方式之改變，而是學習如何對政府的思考及學習方式，獲得較大的啟發及改變。此種學習的目的主要在促進政府具有學習的能力，使行政人員具有獲得並利用資訊的能力，並以長遠的眼光思考決策問題。

政府學習是一項社會科學研究領域的科際整合之學問。Etheredge 在建構此一概念時，曾吸取 Charles Lindblom、D. K. Cohen 及 L. Lynn 等學者有關知識與政策聯結的概念，並採納組織學習在政策研究上的分析要素，加以歸納整合而成。他指出，雖然組織學習與政策研究之間對學習的

定義有不同的看法，組織理論家認為組織行為變遷是由於制度及其成員的知識累積和價值改變所促成。但這些概念在 Etheredge 的眼中均可應用於公共組織和私人公司，甚至透過對學習的了解，也可應用於政府處理國際間的問題。

政府學習論之所以受到大家重視，乃因它著重如何提升政府行政部門的智慧，以有效率和有效能的方式進行管理。它的學習概念有二：即「智慧」與「效能」。透過此二概念的分析可以了解：政府機關從過去的經驗學習到什麼？學習的過程為何？有何阻礙學習的因素存在？及何種學習有助於政府的政策更具智慧性及更有效能性（Etheredge, 1987: 73; Etheredge & Short, 1983: 41-42）。換言之，政府學習的主要用意在增進政府行政部門的思考能力，以便對快速變遷的環境能夠迅速且充分的回應。

由以上論點可推知，Etheredge 的政府學習論對我國的政府再造具有如下的啟示：任何一項制度改革之主體與對象，基本上多源自於政府部門或官僚組織，因此如何誘導政府機關成為一種自我學習的組織，乃是政府再造成功的基石。此外，在政府學習論的激發下，為使政府能適應快速變遷的環境，及滿足民眾日益增加的需求，必須設法增進政府的學習能力。而增進政府學習能力的有效途徑之一，即營造政府組織成為一個良好的學習系統：一方面成為具有廣泛蒐集並處理資訊能力的資訊系統；另一方面成為一個具有系統性與前瞻性之思維能力、干預能力及預估政策影響力的單位。經由此種學習過程與效果，才能使政府組織清晰的認定並診斷所面臨的各種問題，以廣博、宏觀的視野，制訂並執行有效的政府再造方案。

四、Richard Rose 的吸取教訓論

Richard Rose 指出，雖然每一個國家或政府都有獨特困擾的問題，但在不同國家中，或在同一國家中的不同地方政府間，相同的政策領域可能有類似解決問題的經驗；或在同一國家中不同的政策領域也可發現有互相可供借鏡的經驗。因此，無論是區域性政府或中央政府的各級決策制訂者，在面臨同樣問題時，可將解決問題的經驗彼此分享，達到相互學習

的效果（Rose, 1991: 4）。以上這段話說明了 Rose「吸取教訓」（lesson drawing）之政策學習理念的要義，Rose 利用吸取教訓論描述一個國家所發展的政策或方案被其他國家仿效的過程。此種學習方式乃是一種特定的學習概念，決策制訂者或行政改革者可從別人的經歷中，學習到一些正面或負面的經驗，協助處理自己本身的問題。是以，吸取教訓論的學習方式，乃是探討在何種情況下，某一項政策方案的內容，如何能夠有效的從一個地方移轉到另一個地方的過程。

大致而言，吸取教訓論的學習方式，較前述各項學習論更能說明政府再造與政策學習間的關係。事實上，政府再造的過程，就某種程度而言，乃是一種吸取別人教訓與改革經驗的過程。其理由可自以下「吸取教訓論」之特性獲得理解（Rose, 1991）：

（一）教訓為工具性知識

根據 Rose 的看法，教訓（lessons）是一種具有指導性的知識，是有關方案運作的行動取向，政策制訂可依此行動取向規劃特定的方案，並可依此有系統的評估此項方案。其次，吸取教訓論之最大特色為重視一項方案或改革的「可移轉性」（transferring），亦即如何吸取別人的教訓或經驗，以補充本身不足或修正錯誤之處。再者，教訓並非是一種象徵性符號，而是實際檢測一項方案成功或失敗的結果，亦是一種有用的修正自己錯誤的方法。

（二）尋找教訓的動力為「不滿意」

Rose 指出，找尋教訓或新方案的動力，並非由於人類的好奇心所驅使，而是決策者有感於現行例行做法已無法有效處理日漸嚴重的問題，遂衍生出對維持現狀或不採取行動之不滿意呼聲日增的結果。此種不滿意的呼聲，主要源自於決策者對現行方案的預期效果和實際成果間出現「嚴重差距」，差距的大小便決定了決策者是否採取某項行動。綜言之，決策者採取具體行動或尋找新方案的動力，在於對現行方案或維持現狀的不滿

意，它可以說是一種工具性導向，其目的在消除或減輕對方案的不滿意。

（三）吸取教訓的方法

Rose 認為，某項政策方案在某地有效實施，未來能否有效應用於另一地，可依兩項方法予以檢測：其一為隨時偵測其他地方所實施的方案，透過檢視其他國家解決處理各類問題的經驗，獲取有關控制某項問題的新觀念。其二為依所獲經驗建立一項新方案，建立的方式有四：第一，複製（copying），指採用某一國家已推動的完整方案為藍圖。第二，效法（emulation），指接受某一特定方案以提供自己方案設計的最佳標準，惟需考量適用時的不同國情背景。第三，混合（hybridization），指結合來自兩個不同國家或地區的方案要素予以應用。第四，激發（inspiration），指透過創造力與知識的刺激，建構一項創新性的政策方案。

（四）吸取教訓的可行性與可欲性

基本上，可以利用兩種不同的標準評估某一方案在「吸取教訓」方面的效用，即可行性（feasibility）與可欲性（desirability）。此兩項標準可使我們得知方案移轉時，技術上是否可行？理論基礎是否穩固？方案的分析單位、不確定性，及不穩定的偏好，與知識對方案移轉之影響為何等。

五、Paul Sabatier 的政策取向學習論

在〈政策網絡與政策社群〉（Policy Network and Policy Communities）一文中，Paul Sabatier 提出政策取向學習論，主要是有感於傳統政策科學家不足以解釋長時間幅度的政策變遷情形。因此，他採取 Hugh Heclo 的政策變遷觀點，發展出倡導性聯盟架構（advocacy coalition framework）的政策變遷論（Sabatier & Jenkins-Smith, 1993: 15）。其主要論點為政策菁英在回應外在社會經濟與政治變遷的互動中，利用政策次級

系統、政策取向學習及政策變遷為概念基礎，解釋政策變遷與執行過程。依 Sabatier 的看法，政策次級系統指一群來自公私組織的參與者，共同處理一項問題的情境，它是隨時變動的。這些公私組織參與者均設法影響政策的決策過程，包括各級政府、學術社群、企業菁英及政策利害關係者等。當政策次級系統的參與者對核心政策議題具有共同基本價值、因果信念與問題認知時，就會組成倡導性聯盟。

政策取向學習涉及來自個人經驗上相當持續地改變其對政策議題的理念及行為意圖，並強調對某一個人的信念系統知覺的修正或改變。此種信念系統的內涵係指政策菁英份子的信念系統，因為支持性聯盟的組成份子大都是菁英。至於政策信念系統的結構如何才會發生改變，以促使政策產生變遷？Sabatier 認為，可透過政策分析和資訊的運用而導致政策變遷。

由上述政策取向學習的概念可知，任何一項政策的變遷基本上涉及政策菁英信念系統的改變與學習，政府再造的推動亦復如此。我們從政府再造的內容及推動過程可發現，它充分反映政策菁英的偏好或信念系統，因此再造工作能否成功，在於能否改變政策菁英的信念系統，促使他們在政策變遷過程中，發揮政策學習精神，引導政策朝向期望的方向變遷。當然，欲改變政策菁英的信念系統並非易事，不過可透過再造過程中，各參與者（例如：各級政府執行者、社會大眾、利害關係者等）彼此充分的對話與辯論，使大家學習到如何順暢再造工作的推動。簡言之，政策取向學習論對我們的啟示是：政府再造乃是一種動態變遷的過程，在此過程中，政策菁英應當學習到再造方案的制訂與推動，絕非受本身偏好與信念所左右，而是須將大家的偏好與信念提出來公開辯論，讓再造過程各有關參與者相互對話，至此始有助於再造方案的推動。

肆、政策學習對政府再造的意涵

整體而言，上述五種學習概念及其在政策形成或行政改革過程的角色分析顯示：政治學習論指出，政府再造是一種為因應外在環境變化所做

的回應；社會學習論指出，政府再造是一種政策典範的變遷，社會互動的產物；政府學習論指出，必須增強政府行政機關的智慧與效能，以進行有效的政府再造；吸取教訓論指出，政府再造應以別人過去的改革經驗，透過學習過程，加以運用，以修正本身的缺失；政策取向學習論指出，在變動的政治經濟環境下，政策社群與次級系統中的政治菁英通常會進行密切的互動，因此在推動政府再造工作時，必須透過充分的辯論與對話，而改變政策菁英的信念系統，以遂現再造的成效。為進一步了解此些政策學習論對政府再造推動所具的意涵，我們可運用學習理論（learning theory）的三項要素：即誰要學習（who learns）、學習什麼（what learns）及學習效果對政府再造所造成的影響（effects of learning on reform）（Bennett & Howlett, 1992: 278-282），來分析推動政府再造工作應考量的情境因素。

一、誰要學習

在政府再造工作的推動過程中，首先必須考慮的因素是誰是政策學習的主體，亦即誰參與了政府再造方案的制訂及誰影響方案的改變。一般而言，這些參與者都是政策學習的主體。不過，如果我們從上述五種政策學習論的論點來看，可以發現政策學習主體是複雜的及多元的，他們的論點可簡單歸為以下三類：(一) Heclo 指出，學習的主體為高級文官與政治人物；(二) Etheredge 認為，所有的文官都是學習的主體；(三) Hall、Sabatier 及 Rose 均指出，學習的主體乃是在不同國內和跨國間的政策網絡與政策社群中的國家或社會行動者。由此進一步言之，現階段我們所推動的政府再造工作，在方案制訂與執行過程中，參與者甚多，除涉及政府部門的所有人員外，尚涉及民意代表、學者專家、傳播媒體、一般社會大眾等，層面相當廣泛。這些學習主體有否政策學習的動機；能否從過去國內外的行政改革教訓中，學習到如何調適方案的制訂過程與內容；如何充分的、坦誠的溝通互動，調適彼此的信念系統，乃是方案能否順利推動的關鍵。

二、學習什麼

　　上述五種政策學習論對於「學習的客體」（即學習什麼）的見解並不一致。Heclo 認為，政策學習的內容在了解政策本身的特性，亦即政策學習在了解選擇政策或改革方案時，政治過程和制度對政策本身的影響。Etheredge 從組織的觀點界定學習的客體，認為學習乃是取決於知識的成長，而政府學習並不是一種自我導向和資訊自然累積的過程，而是受到許多政治、社會變項影響的過程。亦即政府學習乃是一種政治衝突和經由既定政策的反對者公開辯論的過程，透過這項過程的研究，可提高政府的智慧。Sabatier 則視學習並非是有關組織本身的了解，而是有關思想的探究，因此政策取向學習就是要了解一個人的信念系統並改善它、界定一個人的信念系統以了解其內在的因果關係，及回應一個人信念系統的挑戰。它是一種找尋與適應變遷的過程，其內涵在了解核心的政策信念、如何更有效的達成目的，及更有效的執行公共政策。Rose 認為政策學習是要了解並減低對現有政策的不滿意，其方式有三：一為回溯政府過去的經驗；二為有關未來發展的思索；三為從其他地方找尋教訓，以獲得改善現有政策不滿意的方案或工具。至於 Hall 的政策學習概念，則將範圍擴及決策制訂者的政策目標、基本理念和信念。此種學習方式主要在學習政策工具和目標間的關係，其過程涉及三種不同類型的學習：第一層類型是以源自過去經驗所得的教訓來設計現在的政策工具；第二層類型是考量使用不同的政策工具；第三層類型則涉及政策本身背後的目標層級的改變（Hall, 1988: 7-8）。

　　雖然上述三種政策學習論對學習客體的看法並不完全一樣，不過大致上可歸納為兩方面：一方面是要學習如何了解執行政府再造方案之行政機關及行政人員的特性；另一方面是要學習如何釐清政府執行方案所採取的政策工具，及再造方案背後所蘊含的基本信念與價值。

三、學習的效果

　　根據 Heclo 的看法，政策學習會導致兩種改革的發生：一為採取漸進式的改革；另一為採用政策創新和變革的嘗試錯誤過程。Etheredge 則指出，學習的效果將有助於政府的智慧成長與效益的增加、導致新科技的產生，造成對現存政策的影響。Sabatier 指出，從過去的經驗中學習，可以更有效的執行並達成核心信念。是以政策學習就是要了解個人或團體如何改變別人的核心信念與價值，使政策網絡中的參與者，可以相互結盟以影響政策的發展。至於 Rose 則強調政策工具與方案的變革，乃是政策學習的效果（Rose, 1991）。Hall 所強調的是，政策學習的效果乃是一種價值的改變，亦即經由科學技術的移轉，而導致政策典範的移轉（Bennett & Howlett, 1992: 287-288）。

　　總結而言，雖然五種政策學習論對學習效果的見解並不一致，但是將它們應用在政府再造方案推動時，可了解欲有效的達成再造的目標，一方面必須進行組織變革（organizational change）及政策工具或方案的改變；另一方面必須進行政策典範（行政價值、信念）的轉變。

　　上述五種政策學習論與政府再造的關係可簡列如表 35-1 所示：

表 35-1　五種政策學習論與政府再造的關係

學習類型	學習主體（誰要學習）	學習客體（學習內容）	學習效果
社會學習論	政策社群	政策理念	政策典範轉移
政治學習論	政治參與者	政策本身	漸進改革、嘗試錯誤
政府學習論	行政人員	組織運作過程	組織變革
吸取教訓論	政策網絡	政策工具	方案的改變
政策取向論	政策網絡	政策理念	價值、信仰的改變

資料來源：取材自吳定主持，行政革新方案執行力之研究，行政院國科會專題研究計畫成果報告，1997，4：139。

伍、結語

組織學習（organizational learning）是目前廣受重視的一個研究領域；簡言之，組織學習指組織對其所獲經驗之特質、樣式與結果之知覺，並發展了解此些經驗之心智模式（mental models）的過程（Smither, Houston and McIntire, 1996: 18）。進一步言之，組織學習為組織轉型（organizational transforming）的一項技術，乃是一項目的在協助組織發展，並應用知識以不斷改善本身的變革過程。此項過程涉及四項步驟：

1. 發現（**discovery**）：即偵知期望與現狀之間的落差。
2. 設計（**invention**）：即設計解決落差的方案。
3. 製造（**production**）：即執行解決落差方案。
4. 類推（**generalization**）：即將所學習得到的知識應用於其他相關的情勢（Cummings & Worley, 1997: 492）。

是以一個具有學習能力的機關組織，必須能夠從過去所有作為的經驗中，學習成功與失敗的教訓，而改正缺失，調整做法，使運作更為暢順，績效更為良好。而政策制訂、執行與評估的運作過程，正是本文所述政策學習的主要內涵之一。

就我國所推動的政府再造過程觀察，負主要責任的政府機關及人員，似乎已能從本身過去歷次的行政革新及外國的行政改革經驗中，獲得一些教訓，而採取若干較以往不同的做法，茲舉犖犖大者數項，即可推知一般：

1. **擴大政府再造方案制訂的參與面**：例如「政府再造推動委員會」係由政府機關首長、中層及基層公務員各三分之一委員共同組成，即考慮各階層公務員的參與性。
2. **學習企業界成功的再造經驗**：例如「政府再造綱領」的總目標即訂為：「引進企業管理精神，建立一個創新、彈性、有應變能力的政府，以提升國家競爭力。」又如「政府再造諮詢委員會」特別邀請具有成功「企業再造」經驗之民間企業人士擔任委員。

3. 學習外國行政改革成功的經驗：例如導入外國之「組織精簡」、「人員精實」、「企業型政府」、「顧客導向」、「民營化」、「建立共同願景」、「團隊學習」、「小而能政府」、「行政單一窗口化」等概念。

4. 注意環境系絡的配合：例如強調「結合政府民間資源，發揮協力效果」、「參考民意遴選優先推動項目」、「設置政府再造意見信箱，與各界意見保持互動」、舉行「政府再造推動座談會」及辦理「政府再造民意調查」等。

　　凡此均顯示目前政府至少具有相當程度的政策學習精神，也多少付諸行動，因為這些做法大致上與本文所述五種政策學習論的內涵是相契合的。不過，形式上的契合是一回事，在實際運作上能否真正落實又是另一回事。我們認為，所有的政策在制訂及執行過程中，所有主要的參與者必須透過政策學習中之充分溝通、參與、對話、協調等做法，求取共識，化解歧異，圓滿解決相關問題。總之，我們期盼政府及全民能夠真正發揮政策學習的精神，吸取各種經驗及教訓，融入此次「政府再造」工程，使具跨世紀意義的改革大業能在全民共同努力下，達成預期的目標，讓我國早日躋身現代化國家的行列。

參考書目

1. 全鍾燮 （1994），「全球化趨勢下公共行政的新挑戰——行政改革、創新與變遷」，人事月刊，第 18 卷第 5 期，頁 8-12。

2. 吳定（1997），行政革新方案執行力之研究，行政院國科會專題研究計畫成果報告。

3. 行政院政府再造推動委員會 （1998）， 政府再造推動計畫。

4. 彭文賢（1996），組織結構，台北：三民書局。

5. Bennett, Cohen J. & Michael Howlett (1992), "The Lessons of Learning:

Reconciling Theories of Policy Learning and Policy Change," *Policy Sciences*, 25, pp. 115-137.

6.　Cummings, Thomas G. & Christopher G. Worley (1997), *Organization Development & Change*, Cincinnati, Ohio: South-Western College Publishing.

7.　Etheredge, Lloyd S. (1981), "Government Learning: An Overview," in Samuel L. Long, ed., *The Handbook of Political Behavior*, Vol. 2, New York: Plenum Press, pp. 73-78.

8.　Etheredge, Lloyd S. & J. Short (1983), "Thinking about Government Learning," *Journal of Management Studies*, 20.1, pp. 41-42.

9.　Hall, P. A. (1988), *Policy Paradigms, Social Learning and the State*, Washington, DC: International Political Science Association.

10.　Rose, Richard. (1991), "What is Lesson Drawing?" *Journal of Public Policy*, Vol. 11, No. 1, pp. 3-30.

11.　Sabatier, Paul A. & Jenkins-Smith Hank C.(eds) (1993), *Policy Change and Learning: An Advocacy Coalition Approach*, San Francisco: Westview Press.

12.　Smither, Robert D., John M. Houston, and Sandra D. McIntire (1996), *Organization Development: Strategies for Changing Environments*, Harper Collins College Publishers.

36

不應操槳、無法掌舵：政府所為何事

壹、前言

自從 1980 年代全球捲起民營化的浪潮，以及 David Osborne 與 Ted Gaebler 於 1992 年發表《新政府運動：企業精神正如何轉化公部門》（*Reinventing Government: How the Entrepreneurial Spirit is Transforming the Public Sector*）一書後，所謂「企業型政府」、「民營化」、「空心國家」（hollow state）、「無政府的治理」（governing without government）等名詞便成篇累牘，大行其道。這些概念的共同著眼點是：政府不應親自操槳，而應成為掌舵者。但是它的實際意義是什麼？能否做得到？政府該如何做？這些問題實值得深入探討。美國匹茲堡大學政治系教授 B. Guy Peters 在 1997 年所發表的〈不應操槳、無法掌舵：政府所為何事〉（Shouldn't Row, Can't Steer: What's A Government To Do? *Public Policy and Administration,* Vol. 12, No. 2, Summer）一文，對此有精闢的解析與評論，值得大家進一步討論，爰摘述其大要，以明梗概。以下即本文之大要。

最近幾年來，許多專家學者乃至政治領導人，紛紛從政府應扮演的角色層面思考「治理」（governance）的問題。有些學者甚至強烈的要求，公部門應準備將在社會中的主角（major actor）地位讓賢了。治理過程的本質正在改變中，這是不爭的事實，但是說政府已宣告死亡（the death of the State），及說政府沒有能力為社會提供正確的方向，恐怕就是言過其實了。政府繼續對社會價值做權威性的分配（authoritative allocations of values for a society），即使它的做法曾經一度與傳統做法頗有不同。基本問題是：政府是否具有權威，及是否有能力去行使該權威，即使必須與人民代理人或私部門合作去行使該權威。

分析變遷中治理本質的方式之一是採取所謂「空心國家」的概念。此項比喻一方面指出，當代公部門傳送服務的方式已面臨有趣及重要的轉變；另一方面指出大家對政府治理能力的關心，不論它是以傳統方式或是以新近發展出來的形式進行治理。在學術界及一般社會大眾的關心下，公部門本身也興起不滿的自覺，而推動一連串的改革，以找尋更佳及更有效治理的良方。

上述的主張及關注，並未對政府應採何種方式對社會價值做權威性分配，給予清晰的概念。我們必須區分「政府」（government）與「治理」的不同：前者指公部門的傳統性制度安排與運作過程；而後者則指提供方向給社會的一個較一般性的名詞。例如 R. A. W. Rhodes 在 1996 年認為，當時的趨勢顯然是提倡「無政府的治理」。Rhodes 認為，「治理」一詞在文獻上至少有六種不同的意義，而除了在私部門領域外，在其他領域該詞沒有一個明確的概念。不過，在漸增的治理文獻中，該名詞傾向於主張對政府正式機關對社會提供方向的角色予以極小化，特別是中央政府的機關。另外，J. Kooiman 及其他歐洲學者於 1993 年及 1997 年主張，現代治理應較少涉及政府的直接干預，而應較多於創造私部門可以活動的環境及方法。

以上的論述屬於學術性的討論，是治理一詞的最差意義。在所有已開發的民主國家，政府是不太可能完全不碰觸企業的，因為它是「合法性」（legitimacy）的基本所在。但是對於究竟何種角色能夠為大眾所接受，已不像以往清晰；甚至何種角色可為政策分析人員及主張對當代政府職能重新界定者所接受，也不是很清楚。此項重新界定的壓力，很清楚的來自政治的右派（political right），他們主張應用市場作為分配所有資源給社會的手段，因而減除許多政府的傳統性活動。不過，此項重新界定的壓力也來自政治的左派（political left），尤其是社群主義者（communitarians），他們希望將治理重新界定為社區的責任及非官僚組

織的責任，亦即盡可能由社會最低層級的單位執行相關活動，由此而降低政府的傳統角色。

　　目前比較清楚的情況是，關於治理的傳統命令及控制的概念已不再是完全描述性的，也不再是可被完全接受的，並且對當代先進民主國家的政府如何運作，提供了一個非常不完整的概念。然而它也顯示，「無政府的治理」觀念常被過分的強調且不完整。事實上，空心船舶（hollow vessels）有時候也可以裝載許許多多的東西，因此需要的可能是在一個懷疑的及全球化的年代，對於空心國家應如何行使治理，應給予較佳的概念。許多對政府治理角色提出批評者，可說是太犀利了一點，並且顯然忽視有必要存在某種形式，以對社會方向做集中式的指導，並需要有能力將各種決定轉換成行動這件事情。因此，這些有關公部門角色變遷的觀念應予以敘明。

貳、對政府治理能力批評的解析

　　一般人對政府的不滿，常常表現在租稅、支出與官僚體系方面，這些較少涉及治理的實際能力問題，而是涉及政治運作及對政府統治正當性產生威脅的問題。儘管我們沒有能力將治理問題與政治問題明白釐清，但是愈來愈多的分析文獻都提出了中央政府角色的問題。一方面政府被告知，它們在管理實際運作方面做得不好，所以應當緊守政策的制訂即可；換言之，應從事「掌舵」（steering）的工作（或稱領航工作），例如 Osborne 與 Gaebler 就主張，政府應掌舵而不必親自操槳。然而，另一方面政府又被告知，它們在導引社會努力方向上表現不佳，因此政府應僅繼續從事相當例行性的公共功能即可，那麼在此種當代治理過程的觀點下，政府還擁有什麼樣的角色呢？

　　對於國家行政層面的批評，通常認為為處理集體福利與爭端問題而設立的機構，在管理本身業務時表現不太好，因此不應當自己操槳。其假定是，如果深知如何良好操槳的組織，如私部門及第三部門等，能夠

參與處理公共事務的話，政府將表現得更好。其邏輯是：政府的執行工作失靈，因此欲改善政府績效，可藉助應用「新公共管理」（New Public Management）的某些技術。就某種較極端的立場而言，它顯現在英國及其他地區所推動的「續階計畫」（Next Steps）及準市場的方案，其目的在為公部門本身創造競爭性。這項邏輯的一個極端版本是，政府本身應當盡可能從服務的傳送上抽身，而允許私部門組織去做這些工作，政府勿加以干預。

除了被告知在操槳方面表現不佳且的確不應親自操槳外，公部門組織也被某些批評者警告，它們在領航方面也同樣表現笨拙。同樣的，這些批評也出現了較溫和及較極端的版本。就較溫和的一端而言，所關心的問題為在財政因素限制及缺乏公共支持的情況下，政府是否具有制訂及執行政策的能力。在此觀點下，國家可以行動的範圍受限於政治及財政的變數，及受限於政治領袖所願投入的政治資本。

就較極端的一端而言，學者們認為從社會組織的「自我組織」（self-organizing）能力來看，由政府負起領航工作注定是要失敗的。這項觀點將重點放在「領航」的問題上，尤其是認為政府採取介入性的政策工具進行直接領航，可能會引起政治上的反彈與推托。他們更認為，政府嘗試領航的淨效果乃是耗盡資源，而得不到什麼正面結果。因此，政府充其量只能進行「遠距領航」（steering at a distance），或是利用其辦公室作為利害關係人仲裁與協議協商場所而已，而無法作為更積極的決策者。

對於政府無法有效領航的抱怨，來自於若干不同的學術傳統。其中最明顯的是來自主張將市場作為分配社會資源之手段者。這些對公部門提出批評者認為，基本上市場一直就可以做各種領航的決定，而政府只能藉由採用市場的價值與技術而獲得改進。同樣的，市場機制在治理的操槳方面也被認為優於政府，因此準市場或市場本身就被應用來作為傳輸服務的手段。

另一方面，政治左派的批評者，也發現公部門在領航潛力上有其弱點。他們認為政府過分官僚化且太自我服務取向，它們在為民服務、社區發展及公共政策管理方面，仍擁有大量未開發的能力。

政府被許多人批評，不論是在直接執行方案方面，或在提供社會方向方面，表現均不太好。然而儘管有這些批評，愈來愈多的需要又顯示，政府對社會必須行使某種控制的權力。舉例言之，雖然全球化的現象，顯示政府在管理內部經濟活動的能力上受到極大限制，但民眾卻不斷要求政府保護他們不受國際經濟因素的不利影響。隨時可見的情況下，一旦某一企業受到國際市場威脅時，雇主及其員工便立刻對市場機制失去信心，轉而尋求透過政府協助的某種集體行動以資因應。假定經濟管理是任何現代政府的重大角色之一，則將應負責任與實際控制兩者予以分離的做法，乃是一項值得深思的重大問題。

政府正被要求處理市場上所發生的各種問題，但同時又要求它在市場管制的若干層面予以放手。目前所顯示的是，政府較適合以相當強制性力量去干預因環境管制與消費者主義所引起的問題，而較不適合干預因規制競爭或矯正對財富或所得錯誤分配所產生的問題。不過如此一來，評量治理能力的缺點及評量領航能力的缺乏，其標準是模糊的。

參、政府過早豎起白旗

事實上，有人認為，政府並非被打敗，而只是過早豎起白旗表示投降而已。全球化是否就意味著政府的經濟角色必須較以前為少，目前仍不清楚。的確，有人主張，政府的角色應予以強化，即使採取不同的政策工具亦無所謂。同樣的，一般民眾也可能感到疑惑，因為他們要求更多只有政府才能提供的方案與政策。投降（capitulation）就某種程度而言，乃是在職官員欲降低對本身績效的期望，所採取的一項簡便策略（ploy）。如果績效期望可以充分降低的話，官員就可以採取任何有效的行動，以達到期望的績效而強化自己的領導地位。

因此，雖然大家很容易辯稱，政府很難隨時控制極端難以駕馭的各種社會實體，但是當代對政府治理能力的看法可能是太悲觀了一點。我們確實常常發現法律被侵犯或逃避法律的行徑，不過，我們也可以看到政府在

履行公共任務時，有時也的確非常有效率和有效能。確實的，民眾在表示他們與政府互動情況是正面的同時，卻對整體政府懷有極端負面的認知。所有這些懷疑只是「公眾關係」（public relations）的問題？還是存在著一個影響政府治理能力的根本問題？在此方面最令人震驚的情況是，許多政府在服務的效率及品質上已獲得實際的進展。世界上許多國家所推動的改革方案並非是萬靈丹，確實產生了各自本身的問題，但是它們在若干情況下，也確實達到了有效的治理。

　　同樣的，政府日增的財政壓力，使它們必須對公共經費的使用做良好的判斷，也因此限制了經費支出的水準。有些財政壓力來自各國本身的因素，例如著名的公共預算平衡論；另外的壓力則來自外國政府所強加的保守財政政策。許多發起「歐洲貨幣系統」（European Monetary System）的會員國目前就面臨極大的壓力，它們必須降低「公債」（public debt），以符合該系統的要求。這些財政壓力迫使政府必須設定並執行政策的優先順序，及引領各項經濟活動，而使政府不被認為在這些方面會做得特別好。政府在做這些事時，難免會冒政治性的風險。不過，有許多國家在處理本身財政問題時做得不錯，例如在「經濟合作發展組織」（Organization for Economic Cooperation and Development）中，被認為最沒有治理能力的若干南歐國家即然。

　　另一種政策優先順序設定的形式，涉及要求政府應具更強大的角色或至少是較集權的政府。這是一項協調的問題或是許多國家所稱的「水平性政府」（horizontal government）所發生的問題：當傳統的部會型政府組織型態被貶抑價值，而欲以較分權的政府型態取代時，政府就較無能力去降低各項政策的不一致性及重複性，而這是屬於政府建立及執行政策優先順序的問題。因此，真正的問題是：當論者倡議限制政府的治理能力時，卻也產生了如下的需求：政府應更有效的進行集中協調，甚至更具控制的能力。

肆、強化政府治理能力的選項

如上所述，傳統的治理觀念正遭受某種程度的質疑。不過，目前有若干選項已被發展出來以彌補傳統治理方式之不足，通常是涉及中央政府角色的縮減，及特別是官僚機構作為政策執行推動者角色的縮減。這些都是有趣的選項，但每一項也都呈現某些潛在性的問題。確實，某些選項的爭議性，正如同傳統政府所受的批評一樣。

一、社會治理的問題（societal governance）

彌補公部門治理能力不足的選項之一，是透過各種社會組織（social organizations）提供治理。此為社群主義者夢想的一部分，而稍微修改其形式後，也是市場取向分析家的夢想。這種以社區為基礎之政府與「自我組織的系統」（self-organizing systems）的理念具有「世外桃源式的吸引力」（Arcadia appeal），不過我們必須探究它在真實世界中的當代治理層面之應用性（applicability）如何。

首先，如果全球性的財政壓力及政府各種因素的壓力的確是相當盛行的話，則這種較分權式的管理型態，似乎比傳統的集權行政型態還不合適處理相關事務。如果強大與富有的國家，如美國及英國，都沒有能力處理這些壓力，如何能要求中央政府之下的地方政府，及各種社會團體做得好呢？當然這是一種「反證論法」（reduction ad absurdum）的辯論，不過，如果我們要思考應採取何種方法以處理全球化及所有其他變遷所帶來的真正治理問題時，我們便必須考慮這些正被發展出來的選項。

有關以社會組織取代政府無能力領航與操槳之辯論的另一項有趣層面，是對於目前某些國家中之公民社會（civil society）活力的關注。雖然有證據顯示，某些傳統上社會力比較薄弱的地方，其公民社會有成長茁壯的趨勢。但是也有人宣稱，許多歐洲及北美洲國家的社會，卻正變得衰弱中，並且較過去愈無法提供某種集體的、非政府的治理型態。套一

句 R. D. Putamn 所說的話:現在的民眾常常是「自掃門前雪」(bowling alone),而非成為較合作的團體及組織的部分,這些團體及組織被認為是提供社會「自治」(self-governance)的一種重要手段。論者說,即使這些組織並未直接涉及合作性的治理,它們也可以提供民眾參與的基本架構,有助於培養各類型的社會行動,包括政治性及政府性的活動在內。

如果最後這項有關社會組織的訴求可以成立的話,則顯然更沒有希望達到有效治理的目標。一方面被政府作為提供社會努力方向的這項傳統工具,其價值與效力已較前為低;另一方面社會本身已經變得更為原子化,更無法對更政治化的治理型態,提供大家都同意的替選方案。在這種觀點下,社會組織無法成為集中式方向與政策管理的來源;換言之,所謂政府的中心意向(central mind)並不存在。

二、網絡管理的問題(network management)

另一項補救傳統治理問題的推定選項是,對於網絡及「互動的自我組織系統」進行管理。然而,網絡、政策社群、利害關係者、政治人物等所有的政策參與者是非常多元且分歧的。政策世界乃是由許許多多在制訂與執行政策方面扮演重要角色的網絡及社群所構成的。然而,不可否認的,公部門在該政策世界中仍扮演主要的角色。其中最明顯的例子是政府授予各網絡具有制訂或影響決策的權利,但必要時政府也可將這項權力收回。

進一步言之,聰明的政府官員可以不必直接碰觸社會網絡的權力問題,而只是設法操縱這些網絡,以實現他的期望結果。這項對社會網絡的操縱,在社會網絡趨近政府所設下的「共同決定陷阱」(joint decision trap)之情況下,尤其重要。在社會網絡缺乏某種形式的集中式政策形成與缺乏反覆商議之本質的情形下,政府網絡很容易就可以腐蝕社會網絡的最適運作樣式。

最後,政府有能力創造許多的網絡,而非只是被動接受由自主方式所形成的各種網絡。統合主義樣式(corporatist pattern)的做法是選擇少數幾個團體,作為它在經濟領域中的官方發言人(official spokespersons)。

而統合多元主義者（corporate pluralist）對此問題的做法，是允許較多的實體參與，並期望以議價協商的方式產生共識，雖然是在公部門的引導之下。這兩種模式都是在具有充分時間與資源重分配之情況下的產物。不過，即使在這些依賴自主性及衝突性團體的模式下，最終還是要由某一個人做選擇，而這個人通常是在公部門工作的人。

三、分權操槳的問題（decentralized rowing）

補救政府操槳困難的一項選項是，將完全無法民營化的活動予以分權化。在英國，這種主張出現在「續階計畫」，不過，企圖將政府推向這個方向的努力，在世界各地可說無所不在。將政策執行與政策形成分開的觀念，是要「讓管理者從事管理」（let the managers manage），以及讓分開後的各機關能集中精力執行它們特殊的功能。同時，它也要將執行機關從某種中央控制的情況下解放出來，使它們能夠更像私部門一樣的運作。

這種執行形式的問題過去曾討論很多，但此處仍可從治理系絡簡略探述。首先，如果治理是指「領航」的話（即使是遠距離的領航），則分權顯然會削弱領航的能力。對於分權與「分散化」（deconcentration）的批評之一，是它們限制了政府一般設定目標之能力，及協調政府各種活動的能力。的確，分權操槳的模式使政策優先順序的設定非常困難，從而使政府策略性規劃的能力限縮至極小化，只有在最需要的時候，才得以展現。

分權或分散操槳模式的另一個明顯問題是課責（accountability）問題，它是一個古典的老問題，但卻是極端的重要。此問題是英國續階計畫及其他類似方案所衍生出來的部分問題，但它與下面的情況甚至更為相關：依賴準私人組織（quasi-private organizations）與各種參與者協力（partnership），或經由私部門直接執行政策等，作為更分散式提供服務的機制。如果對當代政府及其操槳能力的常見抱怨之一是民眾對於由政府所做的政策選擇沒有什麼影響力的話，則這種功能的分散化可能使民眾的疏離感更深。

伍、結語

　　治理是社會所面臨不斷挑戰中的一項。在傳統上，任務總是指派給政府去承擔，可是這項傳統已日益受到質疑。目前政府的角色已被認為只是一套更複雜之機關行動（institutional actions）的一部分而已，這些機關行動係被應用來對社會及經濟提供某種「領航」的功能。治理日前已被認為可能不需要政府就可以做到，政府只要具備控制的能力，社會組織將如同正式的政府機關一樣，在操槳方面做得一樣好。

　　儘管在趨勢上，政府的治理受到諸多的威脅，例如全球化與民眾的批評譏誚，質疑政府有效運作的能力，然而也有某些壓力，要求政府的角色應予以強化。治理必須持續，但可能不再以相同的方法及相同的程度去持續治理。B. Guy Peters 的這篇文章可以說只對國家在治理過程中，若干增加治理能力的選項及政府的變遷角色做初步性的檢視，是一種反向的思考方式。其論點究竟是否妥適，尚須經本學科中的專家學者繼續進行對話討論，並經真實的政府世界予以驗證，才有定論。

37

迎接公部門變革的浪潮

壹、緒言

時序已進入 21 世紀，人類生存的物質與心理環境均在急遽的變遷中，個人如要適存於變遷的環境，必須在觀念上及行為上做必要的修正；同樣的，公部門（public sector）如要做好「公務管理」工作，也必須迎接變革的浪潮，在各方面做必要的回應。

本文將著重以下五方面的探述：

1. 公部門的廣泛性變革雖然不是新生事物，不過 1980 年代之後的變革較 1960 年代及 1970 年代的變革，更具有「轉型的」（transformational）特性。

2. 導致變革的「系絡」（context）因素，可能來自於 1970 年代之經濟與社會情況變遷的結果；同時，公共選擇理論學者的理念也獲得影響公部門進行改革的機會。

3. 民營化（privatization）、解制（deregulation）及管理主義（managerialism）等變革的內容，已將政府原本的責任，經由課責管理（accountable management）、市場力（market forces）及競爭（competition）等方式予以體現；簡言之，私部門的做法已侵入了公部門的管理領域。

4. 公部門的變革過程及內容（至少在某些方面）已受到若干方法上的威脅，此舉可能使「課責」（accountability）及「廉潔」（probity）在

變革過程中被犧牲。

5. 在迎接此種變革的浪潮中，公部門面臨諸多重要問題，欲回應此類問題，公部門必須重新界定其角色，並尋找可扮演的新角色。

貳、變革中的公共行政

1979 年英國保守黨在柴契爾夫人（Margaret Thatcher）的領導下，取得執政權，歷經四次選舉的勝利，直到 1996 年，保守黨仍然執政。此期間英國公共行政及公共組織的結構與文化發生了巨大的變化。「新公共管理」（New Public Management）一詞說明這些巨大變化的本質。接下來是所謂「新政府運動」（reinverting government movement）的興起，時為1992 年。自此之後，論者皆主張政府及其行政應由「划槳者」（rowers）轉為「領航者」（steerers）。此時期，政府奉私部門之經營理念及方法為師，極力主張學習企業界的管理方法，學者認為，1970 年代是已有良好建制之公共行政的最後十年，這項建制包括公共行政之價值，涵括課責與責任在內，已清楚的為大家所了解並接受。不過，公部門面臨變革的衝擊，並非陌生之事，在 1980 年代及 1990 年代的二十年中，公部門已嘗試修正其組織結構，使其更有效率及更有效能。是以晚近公部門的變革發展有何新奇之處呢？

簡言之，自 1975 年之後，公部門所遭遇的變革衝擊如下：

1. 公部門較往昔數十年面臨更具轉型性的劇烈變遷環境，例如資訊與通訊技藝的快速發展、全球化，及經濟、社會與政治秩序的變遷等。

2. 從前有關公共部門組織之存在，及實務所具有的共識已被打破，目前幾乎沒有哪一個部分是被在位者認為神聖不可改變者。

3. 目前支持公部門變革的哲學已異於先前各時期。1960 年代及 1970 年代所強調的公部門變革哲學是統一、合作、協調及規模擴增；目前的主旨則為分權、分割（desegregation）、競爭、市場與效率策略等。

參、變革的系絡因素

變革的系絡因素（context of change） 指影響、限制與驅策組織發生變革的環境因素，包括經濟的、政治的、社會的及科技的因素。雖然每一項因素各自均很重要，但它們並非是孤立的運作，而是回應並與其他因素互動。它們彼此常常互相強化、創發、增強，甚至壓制其他的因素。當然，公部門組織內部的因素也不能被忽視。組織的歷史、結構及文化等均為促成或限制組織變革的重要因素。最近一段時間的公部門變革，主要是受到以下系絡因素的影響：

一、受新右派與柴契爾主義理念的影響（ideas of the New Right and Thatcherism）

學者認為，1980 年代英國公部門的變革，主要是受到以下因素匯集的影響：政治意識型態、經濟理論與來自私部門的管理觀點。1979 年的保守黨政府，顯然深受公共選擇理論學者之經濟、政治與社會理論的影響及支持。這些學者反對 1945 至 1979 年期間英國政府所抱持的經濟理念、政府的實務與政策，因而採取與凱恩斯（Keynes）經濟管理理論不同的觀點。此派學者的先驅者是海耶克（Hayek）及傅利曼（Friedman），他們兩人認為政府對市場的干預活動，在實務上及在道德原則上都是錯誤的。在實務上錯誤的原因是，它會導致獨占、有限的企業、鼓勵浪費與無效率情況的發生。在道德上錯誤的原因是，它限制了個人選擇的自由，並養成個人依賴政府的文化。另一方面，強調競爭的市場機制，可以鼓勵個人選擇的自由、發展個人的效益及企業精神、增進效率，並透過價格機制，確保效能的獲得。市場機制乃是防止浪費，及防止公務人員以犧牲納稅人的權益而極大化預算之弊端的「解毒劑」。因此，公共選擇理論學者主張，政府只要扮演有限的角色即可。在此種情況下，法規能夠被有效的執行，人民能夠充分享受經濟自由及私有財產權。

　　事實上，此觀點早在 1950 年代即已存在，何以到了保守黨政府才被接受而非以前呢？原因是：時機已經來到！John Stuart Mill 曾說：理念如要成功的被接受，必須與環境情況相結合，這些環境情況包括資源可得性、菁英份子與民意的政治性支持，與普遍認為其他理念曾經嘗試後失敗。

　　影響英國公部門變革的最主要因素，顯然是 1980 年代的經濟情況。第二次世界大戰後的一段時間，政黨菁英對於擴張福利國家及充分就業的目標具有共識。有人認為，一直到 1970 年為止，這些政策目標已被達成，因為這一段時間，英國的失業率從未超過百分之三、通貨膨脹率很低、經濟不斷的成長。然而，1973 年的阿拉伯國家與以色列之戰，導致西方民主國家的經濟開始走下坡，其負面影響是石油產量減少及價格上揚，使政府沒有能力財援公部門。經濟擴張與維持充分就業的假定，必須重新檢視；而同時，要求政府提供服務的需求並未減少，反而因其他因素的推波助瀾而不斷增加。

　　1970 年代也是英國工業基礎加速衰退的十年。英國市場深受新興工業國家的滲透，這種情形肇因於自由競爭、經濟、文化及政治的更加國際化，包括來自「歐洲經濟共同體」（European Economic Community）的漸增影響（目前已改為「歐洲聯盟」）。確實，歐洲的發展與整合提供了英國政治與公共組織發展及變革的重要背景因素。一般認為，歐洲市場的整合，對英國不見得有利。總之，無法有效管理及控制經濟，導致英國政治層面之左派與右派人士開始拒絕採用老式的解決方法，及採取某些傳統的組織結構，而必須尋求新的解決方法。

二、受社會與文化變遷的影響（social and cultural changes）

　　其他社會與文化因素的變遷也影響了政府的變革，人口結構的改變是其中最重要的原因，尤其是一方面老年人口激增，而另一方面則年輕人口逐漸缺乏。在 1976 至 1984 年間，七十五歲以上的人口增加了百分之三十；到了 1996 年，另外增加了百分之十五。這種增加情況對社會安

全、老人年金及健康，增加了財政上及其他方面的負擔，並對政府的許多公共政策產生極大的影響。例如，英國在 1980 年代採行「家庭收入信用制」（Family Income Credit）及建立「社會公積金」（Social Fund）等。

　　人們的文化特質也發生了變化，在官員的眼中，人們變得更為世故化、更要求差別待遇、更好辯及更為阿諛奉承。他們不但要求政府提供更多的服務，而且要求更好品質的服務。同時，他們及代表他們的利益團體，常常質疑行政人員與專業人員的動機、價值觀與能力。他們的行為開始以「顧客」（customers），而非以「服務對象」（clients）的姿態出現。

　　由於上述的變化，顯示有必要將既有資源做最佳運用，以獲得最佳效果。因此，強調「效率」及「金錢價值」的意識型態就開始大行其道。同時，在宣告「擴張的公共服務」結束之際，英國左派與右派基於共識制訂政策的做法也改變了，它們各自尋求新的做法。

三、受不再以共識制訂政策的影響（the end of consensus）

　　「新右派」（New Right）及公共選擇理論學者的觀點，為變遷中的英國社會掀起了後來導致波瀾壯闊的漣漪。他們的觀點開始獲得若干重要且具影響力者的支持，其中最主要的是 Sir Keith Joseph，他是第二次世界大戰後所發展出來之福利國家思想的重要貢獻者，而此時他已說服別人相信：國家可透過分權的、追求利潤的經濟制度而做得更好。作為保守黨的軍師，他的影響相當大。不過，更重要的一項因素，是具有獨特性格、衝勁十足、信念堅定，且早已是自由派經濟學信徒的柴契爾夫人（Mrs. Thatcher）於 1975 年成為保守黨的領袖。其優勢來自於她深信她所追求的政策將是正確的政策，及來自於她有能力將她的訊息傳達給社會大眾。在 1979 至 1992 年間，保守黨數度選舉獲勝，似乎使公共選擇理論的立場被強化了，也大致可看成政策深受此派思想的影響。

　　第二次世界大戰後，英國左派及右派基於社會福利國家及擴充政府規模而制訂政策的共識，在 1979 年右派主導下宣告終結。他們要重新界定

政府的角色，他們相信應放棄中間立場，而整個二次戰後福利國家的思想及公部門的擴充都是有問題的。他們認為整個模型必須予以打破，而不只是修正某些現行哲學的若干因素而已，而這項看法，也成為各方的共識。

肆、變革的內容

某些評論者認為，英國公部門的變革並未如本文作者所說的那麼深遠，並認為似乎有「雷聲大雨點小」的樣子。儘管這種講法並非全無道理，但無論如何，自1979年後，英國公部門的確在整體物理層面上有了重大的改變，對公部門「心理的」（mental）及「文化的」（cultural）狀態，產生巨大的影響。這些變革可以總結在以下三個項目之下：民營化（privatization）、管理主義（managerialism）及授能（enabling）。茲分別簡述之：

一、民營化方面

民營化係指有關公部門的活動更接近私部門活動之若干發展。第一，民營化最廣為大家所知的形式是將組織的所有權（ownership of organization）由公部門移轉至私部門。因此，從前公營的企業及事業機構，如水電、瓦斯、通訊事業等，現在均逐漸移轉至私部門手中。不過政府被認為應以創立監督的機制，而維持某種形式的管制功能及架構，如水電或通訊管制委員會，以監督民營化後企業之商業決定，尤其是它們與競爭者、供應商、消費者之間的關係。第二，某些公共服務事項予以解制（deregulation），以降低它們的獨占趨向，並訴諸公平競爭。第三，將某些公共服務的傳輸，透過簽約外包（contracting out）的方式，由私人或志願性組織執行。政府機關可選擇簽約者，並監督執行的成效。第四，英國政府於1988年的「教育與住宅法」（Education and Housing Acts）中，介紹了所謂「選擇退出」（opting out）的觀念，雖然英國實施全民健康保險

後，醫院變成自治的信託機構，以逃避地方衛生機關的影響及管制，但政府堅稱，人們並無選擇退出全民健保的自由。第五，有人認為，公部門組織充分採用私部門的管理實務，也應視為民營化的一種形式。

一直到 1990 年代中期以前，就民眾與其他政黨的接受度而言，民營化作為一項政策，乃是英國政府的成功故事。此時期民營化的目標顯然包含減少公共服務及活動、藉由競爭增加效率、透過民營化挹注政府財政以減少政府舉債與增稅、減少企業團體與專業人員的角色，及發展財產與持股自由的民主制度。

然而，自 1990 年中期以後，許多人（包括保守黨的核心人物）認為，將國營事業移轉給私部門的做法，已經做得太過了。於是自來水事業的民營化不再像以前一樣受歡迎；鐵路的民營化也相當不受歡迎；郵局的民營化也在 1994 年因眾多保守派核心人物的不悅而暫緩；許多公用事業的民營化也同樣不受歡迎。總之，公營事業民營化意識型態的功用被認為實在是太自我吹噓了。

二、管理主義方面

到了 1990 年代後期，管理主義的盛行，被認為是公部門變革的最明確現象。主張公部門應採用管理主義者的理由如下：

第一，1980 年代以前，公部門之失敗，主要是太缺乏「適當管理」（proper management）。

第二，適當管理應取法私部門的實務、經驗與風氣。

第三，專業管理來自以下的做法：衡量績效、極為強調產出、分權及授權管理、藉由引入競爭機制與強調顧客角色，導致品質改進及成本降低。

第四，將政策與行政分離，公部門機關負責政策及策略規劃，而政策的傳輸則交由具競爭性質之不同主體執行。

在 1980 年代的管理主義浪潮衝擊下，公部門在下列方面產生重大的變革：

（一）適當管理方面

　　此時論者認為，公共服務必須基於私部門實務，而非根據傳統的專業價值觀與風氣，採取「像企業一樣」（businesslike）的管理途徑。由專業人員所做的管理，因下面三項理由而遭人質疑：第一，公部門所做的許多決策，主要是為專業人員服務，而非為公共利益服務，且其運作過程會增加服務的成本。第二，公部門的管理通常是根據漸進主義的精神，採共識與協商的方式進行，因此無法做激烈的變革。第三，公部門的管理方式被認為缺乏執行必要變革所需的「堅毅性」（toughness）及技能。於是，政府鼓勵對於具有技能的個別管理者，給予責任、地位及權力去進行管理，並為整個組織做決策。這是目前英國許多地方政府所正進行的變革。

（二）課責管理

　　「預算下授」（devolved budgets）、「成本中心」（cost centers），及「分權」（decentralization）等，目前已成為公部門辭彙中常見的名詞。這些名詞常常在「課責管理」（accountable management）的名稱下被討論。課責管理主要是將龐大的及官僚化的組織，分裂成較小的易於管理的單位，並對個人或團體授權。有人以為，此種做法只不過是為了更緊密的控制成本而已。不過，此種課責管理的確具有如下的優點：

1. 藉由使組織更回應環境因素的方式，而減輕官僚組織的負擔。
2. 目標、責任與期望之明確設定，可導致「效率」、「效能」及「經濟」的增進，並同時給予中央及地方政府努力的方向。
3. 將運作業務與策略規劃分離，可使中央機關專注於後者的思考。

（三）市場力與競爭

　　市場力（market forces）是管理主義的核心支柱之一，它顯示在政府希望將公共服務訴諸競爭，同時要提升以前稱為「服務對象」，現在則稱為「顧客」之角色、地位與權力。不過，目前公部門引進市場機制與競爭

的做法，一般而言，仍離自由與競爭市場的精神甚遠。競爭與市場機制的功能已經透過三種方式獲得提升：「強制的競爭性招標」（compulsory competitative tendering）、「市場測試」（market testing）及「內部市場」（internal markets）。強制的競爭性招標指某些公共服務項目，必須經由公開招標的方式，選定公部門以外之企業或團體，透過簽約外包的做法提供服務，目的在節省服務成本並提高服務品質。市場測試是鼓勵公共服務機關進行簽約外包的另一種方式，此在 1991 年後英國的「公民憲章」（Citizens Charter）及「續階計畫」中被廣泛採用。市場測試意圖將更多的私部門實務競爭及風氣等引進公共服務中，其做法是在市場中測試公共服務活動的新領域，以了解是否有替代性的做法，可使經費的支出更具價值。雖然政府並未規定哪些活動須在市場測試，但基本上鼓勵各部會儘量去做。至於內在市場則指英國政府於 1992 年公布「公共財政措施」（Public Finance Initiative），使私部門更加介入公部門的活動，並對公部門更具競爭性。該措施鼓勵私部門採取如下作為：

1. 私部門以自己的資金投資於公部門的專案，俾助於減少公共支出，同時改善國家的基礎建設。
2. 在假定私部門具有風險管理的專業下，降低公部門介入執行此些專案所承擔的風險。
3. 由私部門向銀行借貸。
4. 以提供競爭的方式，作為增進金錢價值的「觸媒」（catalyst）。

　　因此，在進行任何重大公共建設之前，如興建橋樑、道路、醫院、學校等，專責機關必須先研究私部門介入「公共財政措施」的可能性後，才能做預算的分配。

（四）消費者主義

　　消費者主義（consumerism）是市場與競爭概念下的一項附屬物。市場與競爭兩項概念均假定「顧客」（customer）及「消費者」（consumer）的存在，公共服務必須更加回應接受服務者的需求。顧客一

詞泛指接受服務及進行選擇，並因而影響服務數量及品質的個人或團體等。顧客概念一詞如果要在公部門落實，公部門的結構、政策與態度必須有所改變。此項顧客的概念，也包含消費者可在實際上或資訊上接近政府機關，提出適當的抱怨，可代表及參與政府機關的決策過程等。

　　公共服務機關如欲迎接管理的挑戰，就必須採納如下的基本原則：公共服務機關之所以存在，乃是要「為」民眾提供服務，而非只是「向」民眾提供服務。一旦此原則被接納，則有關服務項目選擇、接近性、程序及績效等方面的問題，就會一一浮上檯面。

（五）績效管理

　　在公部門強調績效的重要性，並非是一項新課題，它早就是 1970 年代政府變革的主要論題之一。不過，著重降低浪費、增進效率、效能與品質、績效管理（performance management）等，一向是管理變革的核心項目。目前管理者的績效已透過與原訂標的及指標比較的方式，加以評量、評鑑及檢視。績效管理的優點在賦予機關組織明確的目標與方向，因為它的做法是界定清晰的責任、設定目的、提供評量結果的方法、發展適當的資訊與訓練方法等。最近在公部門管理方面的許多發展是將目標放在協助設定目的及產出評量的結果，已使公共組織更聚焦於它們究竟要做些什麼、如何去做、所要求的服務標準為何，及缺乏績效應受何種懲罰等。值得注意的是公部門的績效管理，並非如某些提倡者所暗示的是「政治中立」（politically neutral）的。因為有許多利害關係者，常常各具不同的觀點及利益訴求，並同時會受「評量什麼」與「評量方法」的不同程度影響。同樣重要的是，對公部門而言，績效並不只是一項終端後果（end results），同時也是一件如何把事情完成的概念。

三、授能情況方面

　　由於公部門趨向民營化的結果，專業性政府組織的某些功能與角色宣

告喪失，導致無法對其服務對象提供公共服務，某些機關乃藉由與其他機關一起提供、支持及鼓勵其他機關提供該等服務的方式，而轉變成「授能式」（enabling）的角色。此種情形在英國的地方政府層級，尤其顯著。

長期以來，「保守右派」（Conservative Right）一直認為，公部門天生的無效率，乃是因缺乏像私部門所遭遇競爭壓力的結果。施加此種競爭壓力的一項做法是，要求公部門採「簽約外包」的方式提供服務。理想的形式是地方政府被視為只是提供市場沒有能力，或不願提供之服務的眾多地方代理人（local agents）之一而已。自此以後，授能的概念就廣為人知並受到更有利的詮釋。有人認為，它為地方政府開啟了一扇「機會之窗」（a window of opportunity），其方式是增加地方政府管理社區的角色。由於減少受到服務傳輸及操作性事務分心的影響，地方政府可充分注意策略性事項，並負責治理地方上的社區。這類地方政府欲有效的支持或反對其他的行政機關，將不能僅依靠其法定的權力，而且要依靠其影響力、談判協商技巧及能力等。此舉將使地方政府積極努力設法與社區組織一起工作，並將社區的所有利害關係人融入其中，此處之社區包括私部門、其他公共組織及志願性組織在內。因此，管理將是一項影響力行使及建立「網絡」的工作，而非直接推動各項行動。在此種情況下，著重「參與」及「代表性」的行使；同時，作為一個公民的個人，雖然仍被認為是一個顧客而受到尊重，但其公民權利與責任的履行，將被特別的強調。

伍、變革的過程

發展新管理典範（paradigms）的本身，乃是影響組織變革的一項重要系絡因素。過去十五年左右，在管理思想方面的一個著名論點是「必須進行策略性及轉型性的變革」。而欲有效進行此項工作，應了解組織的外在及內在環境狀況、優勢、弱勢、信念與價值系統等。唯有如此，才能決定組織的任務、目標，及達成任務與目標的策略。總之，整個變革的過程應加以整合、引導與管理。

有關進行轉型變革可能遇到的陷阱，討論者相當多。在抗拒變革方面，最常見的理由不外乎：抗拒者自私自利、誤解變革、缺乏信任、對變革具不同認知，及不願放棄舊程序與習俗等。對於如何減少組織成員對變革抗拒的建議，可說汗牛充棟。不過，大部分論者都主張，組織欲進行有效的變革，必須改變組織成員的文化。變革不能太仰賴涉及者的「順從」（compliance），而應多仰賴涉及者的「承諾」（commitment）。強迫式的變革而非成員所同意的變革，往往很少會成功。故目前與未來的公部門各項變革活動，應多讓涉及者參與及涉入（involvement）。

陸、結語

本文所論述者為 1980 年代至 20 世紀末，英國公部門因應環境變遷所做的變革狀況。歸納言之，其變革重點在強調民營化的推動、管理主義的重要、授能做法的好處，及提升服務品質的必要等。事實上，這些觀念已廣為歐美國家所重視應用，而從事名異實同的各種政府組織變革運動。儘管對於政府能否完全師法私部門的管理理念、實務與經驗，論者仁智互見，爭議殊多，然就縮減政府不必要的功能、減輕政府財政負擔、鼓勵民間積極參與公共事務，增進私部門與社區的活力、提升政府各項服務品質而言，英國所採取的各項變革策略，確實具有參考價值（本文取材自 Kester Isaac-Henry, "Development and Change in the Public Sector," in Kester Isaac-Henry, Chris Painter and Chris Barnes, eds., *Management in the Public Sector: Challenge and Change*, Thomas Business Press, 1997）。

38

如何培訓機關組織內部
變革推動者

壹、前言

　　這是一個詭譎多變的時代，所有的事物都在「變」，唯一不變的就是
「變」的本身。目前公部門及私部門的機關組織所面臨的變遷挑戰至少來
自以下數方面：全球性的競爭、組織更新的需求、策略優勢的尋求、新員
工關係的管理、多樣化員工的趨勢及遵循倫理與社會責任的高標準（李再
長編譯，2004：9-13）。機關組織若要因應這些挑戰，力求存活、更新、
茁壯，就必須從事組織變革（organizational change），這就是為什麼最近
幾十年來私人企業機構及政府機關，不斷進行改造或改革工作的原因。何
謂組織變革？Gareth R. Jones 說：組織變革是組織從他們現在的狀態轉變
到期望的未來狀態，以增進其效能的過程 （楊仁壽、俞慧芸、許碧芬等
合譯，2003：472）。

　　本文則將組織變革界定為機關組織因遭受內外在環境衝擊，而採取行
動調整內部組織結構及運作方法，以維持本身的均衡，進而達成機關組織
生存、更新與發展目的的努力過程。而負責推動機關組織變革工作的人，
就是本文所謂的「變革推動者」（change agent）。由於他們是機關組織
變革能否成功的關鍵所在，所以本文特別就變革推動者的意義、類別、角
色、條件、培訓的做法等問題，進行簡略的探討，以明梗概。

貳、變革推動者的意義與類別

一、變革推動者的意義

任何一項組織變革方案，不論其型態如何，以及其所使用的技術為何，都必須要有專人來負責總其成；也就是說，機關組織必須要找一位或一位以上的推動者來負責，這些推動者一般稱為變革推動者，或稱為變革觸媒（change catalyst），事實上也就是「組織發展實務人員」（organization development practitioner）。根據 Donald F. Harvey 與 Donald R. Brown（1976: 75）兩人的看法：變革推動者是一位發起、激發與推動組織改變或創新者 。另外，Charles R. Milton（1982: 399）則指出，變革推動者就是一位發動、鼓舞與推動一項變革計畫者，他可能是一位首長或是組織的一員，也可能是外面的顧問。而 Thomas G. Cummings 與 Christopher G. Worley（2001: 669, 674）對變革推動者的界定是：一位嘗試變更某一組織或環境之某些層面的人；他們進一步對組織發展實務人員做如下的解釋：它是實際從事組織發展工作者的通稱，這些人可能包括負責發展其組織或部門的主管人員，他們具有組織發展這個專業的專長及能力。

綜合來說，組織變革推動者就是一個機關組織進行變革時，實際負責變革問題診斷、變革方案規劃、執行及評估等工作的專業人員或顧問學者，包括組織內部的專業人員、來自組織外面之學術機構的學者，以及顧問公司的顧問。他們是組織產生變革的觸媒，他們不但是組織各項方案成敗關鍵之所繫，也是組織能否適應瞬息萬變環境、解決困境的寄託。由此可知，一位成功的變革推動者，必須要對機關組織的環境，及組織在個人、團體及組織整體所面臨的問題，具有深入的了解與解決的能力，因此他們應當具備相當的條件及修養，始能勝任此項工作。

二、變革推動者的類別

對於變革推動者的分類，學者從不同角度做不同的分類。不過，基於研究需要，本文擬採 Charles R. Milton（1982: 399-401）的看法，他將變革推動者分成外來變革推動者（external change agent）與內部變革推動者（internal change agent）兩類。

（一）外來變革推動者

指由機關組織邀請一位或數位與該組織沒有關係的人員，例如從顧問公司、學術機構、研究機構等邀請適當的人員來協助解決問題。由於他是一位外來者，所以可以從不同的觀點，更客觀地檢視該組織的問題。

（二）內部變革推動者

指由組織內部的高階主管、人事部門人員或機關組織內的變革專家，協助推動變革方案（在行政機關通常稱為改造、改革或革新方案）。在美國，有些大型公司就設有負責推動變革方案的職位，通常是置於人力資源或人事部門、公共關係部門、規劃或管制考核部門之內。內部變革推動者一般都直屬於公司的首長，直接向他提供建議及報告。利用外來變革推動者或內部變革推動者，均各有優缺點。各機關組織在從事組織變革時，必須審度各種情勢而做適當的選擇。最好是採取綜合的做法，由外來變革推動者與內部變革推動者共同組成一個推動團隊，以便擷取兩者之長而避兩者之短。例如外來變革推動者可帶進專業知識及技術、新的洞察力，及較具客觀性；而內部變革推動者則對組織的權力、組織的結構及運作狀況較為熟悉，故透過此種組合方式，可收相輔相成之效。但是不論如何，機關組織非培養及訓練自己的變革推動者不可。

參、機關組織內部變革推動者的角色

機關組織內部變革推動者在組織變革的過程中，究竟要扮演什麼樣的角色？大致上來說，他需要扮演多種的角色。根據 Manuel London 的看法，一位內部變革推動者必須扮演三種角色：一、領導者（leader）：發動變革並監督變革方案的執行過程；二、管理者（manager）：在變革過程中，負責工作設計、強化溝通及人際關係、改善工作環境，及促進工作團隊的良好互動；三、人力資源專家（human resource professional）：須具備變革活動所涉及之辦理調查、訓練、研習會等技巧，並擔任機關首長的變革顧問（Smither, Houston & McIntire, 1996: 76-77）。更具體的說，內部變革推動者至少應扮演以下的角色：

一、專家（expert）的角色

機關組織變革推動者必須具備相關的專業知識、技能及經驗，要有能力解決特定的問題。當組織內部單位需要解決問題、提供勞務或從事某項研究時，他們可以負責提供這種性質或功能的服務。換句話說，他們的角色在負責解決問題，並且為組織引進未來所需要的專業知識及技巧。

二、過程諮詢者（process consultant）的角色

這類變革推動者主要在協助機關組織內部單位尋覓，並決定哪些事項需要改變調整？並預測改變調整後會變成什麼樣子？他們主要是從下面這些組織運作過程要素的分析著手：溝通、成員角色與群體功能、群體問題解決與決策、群體規範與成長、領導與權威、群體間合作與競爭等。除此之外，還要幫助變革對象學習如何解決問題，使變革對象具有永久解決組織問題的能力。

三、觸媒者（catalyst）的角色

這類變革推動者就像進行化學實驗時，加入觸媒劑以加快其化學反應的速度一樣，他們激起變革對象產生反應並從事干預活動，使組織變革加速的發生。一般而言，他不一定要具備與專家或過程諮詢者相同的技術，只要他具有圓滑的溝通協調能力、良好的人際關係，及熱忱的工作態度即能勝任。

以上這三類變革推動者所扮演的角色，並不相互排斥，而是相輔相成的。所以機關組織可視實際需要，培訓若干可以同時扮演不同角色的變革推動者，以因應不同變革情況的需要。

肆、機關組織內部變革推動者應具備的條件

變革推動者如欲成功扮演上述不同角色，即應具備適當的條件，也就是應在許多方面具有特殊的技巧，茲具體臚列如下（吳定，2001：263-265）：

一、溝通技巧方面

(一) 應能夠以清晰、明確及具有說服力的技巧與他人溝通意見。
(二) 應能夠傾聽並了解他人的意思。
(三) 應具有接受批評而不強辯的雅量。
(四) 應能平等對待他人並回報他人。
(五) 應能從他人處發掘意見，並與他人共同討論。
(六) 應能有效的推銷自己的意見。

二、領導技巧方面

(一) 應具有競爭力、好勝心，並有把事情做得更好的決心。

(二) 應能以身作則，為人表率，指導他人工作方向及領導他人共赴事功。

(三) 應能在遭遇挑戰或緊急情況時，表現自信與果斷，贏得他人的信賴及支持。

(四) 應能有效的提出新方案或創新意見。

(五) 應能依靠自己的能力與判斷去處理事務。

(六) 應能在遇到抗拒或敵意時不須外援仍能有效的工作。

三、人際關係技巧方面

(一) 應能在遭遇任何狀況時，均能自然的表示自己的看法及作為。

(二) 應能充分知悉他人的感受及氣氛。

(三) 應能妥善處理衝突事務及憤怒的情緒。

(四) 應能嘗試新觀念及新事物、結交新朋友，從事新的活動。

(五) 應能不斷謀求改善人際關係，與朋友參與社交活動，付出關愛並接納他人的關愛。

(六) 應能與同仁和睦相處，並同心協力從事變革活動。

四、解決問題技巧方面

(一) 應能正確診斷問題，並盡可能找出解決問題的方法。

(二) 應能清晰且有條理的進行思考，以處理複雜或模糊不清的問題。

(三) 應能在開始採取行動前，妥慎規劃變革的方案。

(四) 應能激發別人的潛力，以解決他們自己及組織的問題。

(五) 應能有效評估變革方案，並選擇最佳的行動方案。

五、工作態度方面

(一) 應能照章行事，按適當的規則及程序辦事。

(二) 應能謹慎行事，具有完成變革使命、追求卓越的決心。

(三) 應能在遭遇困難工作時，詳細研訂解決困難的做法。

(四) 應具有高度的榮譽感，以順利推動變革達成目標為己任。

(五) 應能全心全意的投入變革工作。

(六) 應能對份內的工作不斷進行研究發展及創新。

伍、培訓機關組織內部變革推動者的做法

　　一位組織內部的變革推動者，既然要具備那麼多的條件，才能夠勝任工作，那麼應當如何去培養及訓練他們呢？大致上來說，可以從三方面齊頭並進：

一、在個人自我進修及努力方面

　　一般來說，機關組織內的變革推動者，通常來自於人力資源部門（人事部門）的成員及業務單位的主管，因此任何一位身在其中的人，如果想要成為成功的變革推動者，他就必須做如下自我調整、進修及努力：

　　(一) 健全個性發展，拓廣視野知識，充實管理知能，迎合變革推動者角色需求。

　　欲成為稱職的變革推動者，首先必須了解本身的個性、個人的優缺點及發展方向，並應修養自己具備如下的精神及能力：1. 創意與革新；2. 持續學習；3. 迅速察覺內外環境的變化；4. 彈性達觀；5. 服務熱忱；6. 策略性思考問題；7. 願景領導；8. 時間管理；9. 壓力管理；10. 堅苦卓絕。

　　此外，他還必須充實自己具備以下的核心能力：1. 政策轉換能力；2. 組織領導能力；3. 員工領導能力；4. 調和鼎鼐能力；5. 成果導向能力。

(二) 透過各種受訓或自修的方式，學習並熟悉組織變革的主要應用技術。

組織變革的應用技術事實上也就是「組織發展」（organization development）的應用技術。該等技術詳見表 38-1 所示。至於各項重要應用技術的意義、起源、內涵、優缺點、實施步驟及實施應注意事項等，可參閱吳定、鄭勝分、李盈盈等合著之《組織發展應用技術》（2005）一書。

表 38-1　組織發展應用技術總表

類別 技術 對象	個人本身（intrapersonal）	人際間（interpersonal）
個人	1. 實驗室訓練 （敏感性訓練法，T-Group） 2. 行為塑模（behavior modeling） 3. 生活與事業規劃法 （life and career planning activities） 4. 行為修正 5. 人際溝通技術 6. 教育與訓練法 7. 工作設計 8. 壓力管理與崩潰 9. 目標管理 10. 工作生活品質 11. 會心團體訓練法 12. 管理多樣化 13. 第三者干預法 14. 教導與輔導法 （coaching and mentoring） 15. 評鑑中心法	1. 實驗室訓練 （敏感性訓練法，T-Group） 2. 工作豐富化 3. 彈性工作時間制 4. 人際互動與對話 5. 個人風格法 6. 戶外體驗學習 7. 壓力管理與員工健康促進法 8. 壓力管理與崩潰 9. 目標管理 10. 工作生活品質 11. 格道組織（managerial grid 1） 12. 目標設定 13. 生物回饋（biofeedback）

類別 技術 對象	團體本身（intragroup）	團體間（intergroup）
團體	1.　團隊建立（team building） 2.　廣泛的團隊建立干預技術 3.　正式團體診斷會議 4.　正式團體團隊建立會議 5.　過程諮商干預技術 6.　完形途徑（Gestalt OD） 7.　角色分析法 8.　角色協商技術 　　（role negotiation） 9.　目標設定 10. 工作豐富化 11. 工作設計 12. 互賴演練法 　　（interdependency exercise） 13. 感知探查法 　　（appreciate inquiry, AI） 14. 讚賞與關心演習 　　（appreciations and concerns 　　exercises） 15. 責任圖法 　　（responsibility charting） 16. 創造願景法（visioning） 17. 力場分析理論 18. 衝突管理 19. 品管圈 20. 自我管理團隊 21. 品質控制 22. 第三人干預技術 23. 工作期望技術 24. 格道組織 2	1.　團體間團隊建立技術 2.　第三者媾和干預技術 　　（third-party peacemaking 　　activities） 3.　組織映象干預技術 　　（organization mirror） 4.　合夥技術（partnering） 5.　過程諮商干預技術 6.　團體間發展 　　（intergroup development） 7.　全面品質管理（TQM） 8.　格道組織 3 9.　目標設定 10. 工作豐富化 11. 工作設計

類別 技術 對象	結構的（structural）	功能的（functional）
組織	1. 社會技術系統（STS） 2. 自我管理團隊 　（self-managed teams） 3. 工作再設計 4. 目標管理與評鑑 5. 品管圈 6. 工作生活品質方案 　〔quality of work life (QWL) 　programs〕 7. 格道組織發展技術（Grid OD） 8. 跨組織發展法 　（transorganizational 　development, TD） 9. 全面品質管理（TQM） 10. 再造工程（reengineering） 11. 大規模變革與組織轉型 　（large-scale systems change） 12. 高績效組織 　（high-performan-ce systems） 13. 行動研究 14. 調查回饋 15. 李克特系統 4 　（Likert's system 4） 16. 格道組織 4,5,6 17. 目標設定（goal setting） 18. 組織學習 19. 結構設計技術 20. 精簡（downsizing） 21. 重新建構技術（組織再建構） 22. 高涉入組織 23. 組織與環境關係途徑 24. 開放系統規劃法 25. 組織學習 26. 文化變革	1. 聚集一堂集思廣益法 　（getting the whole system in the 　room） 2. 找尋及未來搜尋會議 　（search conferences and future 　search conferences） 3. 貝哈德面對面問題分析法 　（Beckhard's confrontation 　meeting） 4. 策略規劃／管理活動 　（strategic planning/management 　activities） 5. 雪恩文化分析 　（Schein's cultural analysis） 6. 系統 1-4T 技術（system 1-4T） 7. 平行組織 8. 實體布置法 9. 全面品質管理（TQM） 10. 再造工程 11. 大團體干預技術 12. 激勵途徑 13. 行動研究 14. 調查回饋法 15. 李克特系統 4 　（Likert's system 4） 16. 格道組織 4,5,6 17. 目標設定 18. 組織學習 19. 為技術與個人需要設計工作 20. 工作人力多樣化途徑 21. 組織再建構 22. 自我設計組織 23. 績效管理途徑 24. 報酬制度 25. 及時策略變革 　（real-time strategic change） 26. 趨勢分析（stream analysis）

資料來源：吳定、鄭勝分、李盈盈，組織發展應用技術（2005），頁 56-59。

二、在機關組織鼓勵員工從事進修活動方面

　　機關組織如欲培養員工成為內部變革推動者，應採各種獎勵措施，包括給予公假或公費補助，鼓勵或選送培養對象前往大學院校或專業顧問機構修習組織變革課程、技術及活動，接受專業性的教育。此種專業教育的養成，至少包括以下的課程：

（一）學術方面的課程

1. 組織心理學（organizational psychology）或組織行為學（organizational behavior）。
2. 群體動態學（group dynamics）。
3. 研究方法（research methods）。
4. 成人學習理論（adult learning theory）。
5. 事業發展（career development）。
6. 諮商與晤談（counseling and interviewing）。
7. 組織發展（organization development）。
8. 訓練與發展（training and development）。
9. 實作研究與諮詢（action research and consultation）。
10. 人力資源管理（human resource management）。
11. 過程諮詢（process consultation）。
12. 組織理論（organization theory）。

（二）非學術方面的課程

1. 基本實驗訓練方案（basic laboratory training program）。
2. 個人成長實驗室（personal growth laboratory）。
3. 訓練理論與實務（training theory and practice）。
4. 諮商技巧（consultation skill）。
5. 組織發展實驗室（organization development laboratory）。

6. 團隊建立方案（team building programs）。
7. 監督經驗（supervise dexperience）。
8. 作為大型組織內之顧問人員（internal consultant with large organization）。
9. 參加某專業性社團（professional associations）。
10. 進階專業發展方案（advanced programs for professional development）。

三、在機關組織實施訓練計畫方面

(一) 整個機關組織的訓練部門及各級主管，在推動變革方案前，都應接受必要的訓練，例如接受團隊解決問題、有效的團隊參與及建立、與小組會議管理等方面的訓練。

(二) 由已富經驗的外來及內部變革推動者，共同對被挑選出來的人力資源成員及業務部門主管，給予變革方面的學術及實務訓練課程，使他們成為合格的變革推動者。

(三) 由政府主管訓練的機關，如國家文官培訓所、公務人員人力發展中心及其他訓練機構等，特別開設「組織變革研習班」，安排相關課程；或在適當的訓練班別排入組織變革的相關課程，例如問題診斷與解決、衝突管理、變革與願景管理、變革技術演練、團隊建立技巧、溝通與諮商技巧、變革個案研討等，以培訓更多的組織內部變革推動者。

陸、結語

無論是政府機關、私人企業機構或第三部門非營利組織，在面臨內外環境快速變化、競爭激烈的情況下，若要維續生存及成長，就必須不斷從組織結構、運作過程、人際關係等方面進行變革。目前政府所正在大力推動的「政府改造」工作，就是在此理念下的組織變革活動。固然為了快

速獲得成效，政府也許可以聘請機關組織外的學者專家擔任外來變革推動者，負責整個變革工作，但是為了一勞永逸，也因為受制於法規及成本，各機關組織實有必要自行培訓內部的變革推動者，將他們視為組織的人力資產。在了解組織內部變革推動者應扮演的角色及應具備的條件後，機關組織內的相關人員本身及管理階層應分別採取各種做法，培訓自己的變革推動者，以便必要時，搭配外來變革推動者，組成變革推動團隊，共同順利的推動變革方案，有效的達成變革目標，讓機關組織日新又新，永續發展！

參考書目

1. 李再長編譯（2004），組織理論與管理，Richard L. Daft 原著，台北：華泰文化公司。

2. 吳定（2001），組織發展理論與技術，台北：天一圖書公司。

3. 吳定、鄭勝分、李盈盈（2005），組織發展應用技術，台北：智勝文化公司。

4. 楊仁壽、俞慧芸、許碧芬等合譯（2003），組織理論與管理，台北：雙葉書廊公司。

5. Cummings, Thomas G. & Christopher G. Worley (2001), *Organization Development and Change*, South-Western College Publishing.

6. Harvey, Donald F. & Donald R. Brown (1976), *An Experiential Approach to Organization Development*, NJ: Prentice-Hall Inc.

7. Milton, Charles R. (1982), *Human Behavior in Organization: The Three Levels of Behavior*，台北：華泰文化公司。

8. Smither, Robert D., John M. Houston & Sandra D. McIntire (1996), *Organization Development: Strategies for Changing Environments*, Harper Collins College Publishers.

39

組織映象干預技術
應用於公部門探討

壹、前言

長期以來，如何改造政府體質、促進公部門績效，一直是世界各國政府施政的重點之一，晚近尤以「師法企業」之政府再造理念最受重視。我國自從 2000 年政黨輪替後，為加速完成政府改造工程，提升國家整體競爭力，依據經濟發展諮詢委員會議共同意見，特別於總統府設立「政府改造委員會」，適時提供總統相關之諮詢與建議[1]。觀諸政府改造委員會所提重要建議，例如「中央政府機關組織基準法草案」及「中央政府機關總員額法草案」（2002.4.21 第四次委員會議報告事項），其主要目的在於打造「小而能」、「小而美」的政府，為達此一目的，先後採取民營化（privatization）、再造工程（reengineering）、組織精簡（downsizing）、「委外」（outsourcing）等手段，希望先達成「瘦身」，再將全面品質管理（total quality management）、高績效組織、組織學習等理念引入公部門，希望改變公部門體質，建構企業型政府，進而強化公部門的效能。就學理而言，前述改造方法其實都是屬於「組織發展」（organization development, OD）的重要干預技術（interventions）。

French 與 Bell（1999: 25-26）認為，組織發展乃是在高層支持下，長期性的努力改善組織願景、授能、學習及問題解決的過程，透過持續的、

---

1 參見 www.president.gov.tw/2_special/index.html。

同心協力的組織文化（尤其強調建立團隊文化），經由顧問協助並運用行為科學技術，進而改善組織績效。French、Bell 與 Zawacki（2000: 3）認為，組織發展係指一計畫性變革的過程，它試圖使組織（被視為社會技術系統）更能夠達成短期或長期的目標。總之，組織發展指組織在顧問或稱變革推動者（change agent）的協助下，透過問題診斷程序，推薦適當的干預技術，進而改進組織效能的過程。而組織發展干預技術則指一套由變革推動者與服務對象共同針對問題本質所選擇應用，藉以調整或改變服務對象之系統關係，增進服務對象績效的結構性活動。

組織發展的干預技術種類相當多，例如 Cummings 與 Worley（2001）認為，組織發展干預技術可以區分成四大類，包括人員過程干預技術（human process interventions）、技術結構干預技術（techno-structural interventions）、人力資源管理干預技術（human resources management interventions）及策略性干預技術（strategic interventions）；而 French 與 Bell（1999: 150-154）從干預的目的（objectives of the interventions）及干預的標的（targets of the interventions）兩個面向區分組織發展的干預技術，其中以干預的標的分類法較為明確，包含個人（individuals）、二人／三人間（dyads/triads）、團隊或群體（teams or groups）、群體間關係（intergroup relations）及整體組織（total organization）等五個標的。事實上，French 與 Bell 的分類可以簡化成個人、單位或群體，及組織三個層面，以往公部門推動政府再造往往以整體組織及個人績效為思考重點，對於單位或群體較缺乏應有之關注 [2]，因而使政府組織績效、單位或群體績效及個人績效三者間產生失落的聯結，進而影響政府再造之成效（鄭勝分，2001: 87-88）。而關於團隊或群體的研究已經相當普遍（如團隊建立、高績效團隊、自我管理團隊等），本文爰擬以群體間關係作為研究焦點。

從組織發展的角度，群體間關係研究重點在於如何透過干預技術，改善群體間衝突或不和諧的關係，進而增進群體績效。Harvey 與 Brown

---

[2] 例如行政院推動「績效待遇制度」後，才將單位或群體績效列入考慮。

（2001: 322）認為，群體間的衝突包含業務與幕僚、部門間及工會與管理者，雖然許多組織採取矩陣組織（matrix organizations）方式減少群體間的衝突，但結果並不成功。就公部門而言，群體間衝突包含相關業務單位之間，業務單位與幕僚單位之間，或同一單位內部次級單位之間，常因本位主義（parochialism）或協調不佳，發生嚴重衝突，進而影響組織績效；公部門常試圖透過上級領導或協調方式加以解決，然由於專業主義與法規限制，成效往往不彰，故如何解決上述單位間之衝突，成為改善公部門績效重要課題之一。

　　有關改善群體間干預技術相當多，French 與 Bell（1999）認為包括合夥法（partnering）、組織映象干預技術（organization mirror intervention）、過程諮商法（process consultation）、第三者媾和法（third-party peacemaking）、格道組織階段三（Grid OD phase 3）及調查回饋法（survey feedback），而每一種干預技術都有其獨特性。我們認為，機關組織的工作群體彼此間常具有相互依賴的關係，由於協調聯繫與接觸頻繁之故，難免發生摩擦衝突，有時候某一個工作群體可能與若干具有相互依賴關係的工作群體或是與其服務對象發生衝突，關係不佳，此時可應用組織映象干預技術協助該工作群體，改善它與其他群體間的關係，增進各相關群體間的工作效能。鑑於組織映象干預技術較少受到學者注意，相關研究與期刊論文並不多見，爰本文試以組織映象干預技術為研究主旨，冀探討其在公部門應用之可行性。

貳、組織映象干預技術內涵

　　組織映象干預技術係 1960 年代由美國航太及汽車科技集團 TRW 公司的組織發展工作人員所發展出來，代表學者如 Jack K. Fordyce 及 Raymond Weil（吳定，2001：92）。Fordyce 與 Weil 認為，組織映象干預技術乃是一種特殊的會議，它使得組織內的某一單位可自與其有關的若干組織內外的單位蒐集回饋資料，此會議以提出一張改進運作、產品或服務之特殊任

務的清單作為結束（Fordyce & Weil, 1971: 101；吳定，2001：192）。

The Conference Board [3]（1973: 67）認為，組織映象干預技術在許多方面與金魚缸會議 [4]（fishbowl meetings）非常相似，它允許一個部門或工作群體從許多關鍵組織或組織單位蒐集與其績效有關之資訊，一個既定的單位與組織內介面（interfacing）單位或供給者及顧客舉行會議，這些會議導致改善「主辦」（sponsoring）單位的產量、運作及服務一系列特定任務，因而得到回饋及評估。

French 與 Bell（1999: 186）則認為，組織映象干預技術是一套活動，在此套活動中，一個特殊的組織群體，稱為主群體（host group），從其他組織群體的代表獲取有關對該主群體想法與看法的資料。此干預技術是被設計去改善群體間的關係以增進群體間之工作效能，其不同於群體間團隊建立的干預技術，因其涉及了三個或更多的群體、與工作相關的群體代表參與而非全體成員參與，及其焦點在於協助召開此一會議的主群體。

Harvey 與 Brown（2001: 324-325）認為，組織映象干預技術係一種讓既定工作單位從組織其他單位或顧客得到對其觀點的技術，此干預技術被設計用以改善團隊關係及增進效能，它允許團隊從其他群體獲得工作內容回饋、界定關鍵問題，並尋求運作績效改善之道。一個工作團隊（可以是人事、工程、生產、會計、服務、企劃等不同性質的團隊）與其他工作團隊發生衝突問題時，由顧問或第三者以量化或面談方式，從與工作團隊每日接觸之組織內其他群體獲取特定資訊；此工作團隊（即主群體）利用會議獲得回饋。在會議中，最重要的是每一個接觸群體要派一、二位或數位發言人（spokespersons），採金魚缸會議方式，外圈的各群體代表或發言人與顧問討論從內圈蒐集到的資料。不論是從主群體「金魚缸」或從外部觀察所得，在會議進行中，主群體可要求澄清問題（例如：你為何這麼

---

[3] The Conference Board 是一個獨立、非營利的企業研究組織，研究領域在於企業經濟及企業管理。

[4] 金魚缸會議是一種涉及群體成員座次安排與談話順序的結構性會議方式，在這個會議方式中，處於內圈對話的人坐在椅子上，而外圈者則是坐著或站著的觀察者（本文係編著者與鄭勝分先生合著）。

說），但不得爭論或辯駁，主群體就在顧問協助下，討論資料以界定問題。主群體與其他各群體派來的觀察者組成若干小組，共同決定可以增加運作績效的特定改善方案。接著，全體會議參加者從每一個小組聽取摘要報告，並規劃完成特定工作指派。會議結束後，定期的成效追蹤會議應按期舉行。

由 Fordyce 與 Weil 的定義可知，組織映象干預技術可以協助組織的工作單位了解：何以它和其他工作單位接觸互動時，會發生困難或衝突？困難或衝突的本質及原因為何？而另由 French 與 Bell 的定義可知，組織映象干預技術就是組織內某一特定單位，因察覺在與其他工作單位接觸互動中，例如人事單位與其他三個業務單位，或一個業務科與其他三個業務科之間，有某種問題存在而不易相處，包括不和、誤解、摩擦等，影響組織運作績效，於是透過會議的方式，由這些相關工作單位各選派數位代表，對該特定工作單位說出他們的感覺、想法和看法等，使該特定工作單位的成員能了解不和諧關係產生的原因，進而予以化解，改善彼此的關係。

綜合言之，組織映象干預技術指組織中主群體與關係不佳之單位或群體，在外來顧問協助下，透過金魚缸會議，了解主群體與其他群體發生衝突的關鍵所在，進而提出改進策略的過程，它對於群體間關係之改善、績效之提升頗有助益。

參、組織映象干預技術的實施步驟

本文綜合 Fordyce 與 Weil（1971）、French 與 Bell（1999）、Harvey 與 Brown（2001）、吳定（2001）等人之觀點，將組織映象干預技術的實施步驟歸納如下：

一、會議舉行前的準備工作

一個與其他單位或群體難以相處的單位，也就是主群體，例如第一

科的成員與第二科、第三科、第四科的成員關係很壞，如果決定要改善彼此的關係，可以由上級單位或第一科本身邀請其他單位的重要人士或代表來參加會議，以得到有關他們如何看待主群體的回應。同時，必須聘請顧問公司的顧問，協助干預活動的進行。顧問通常在會議舉行前會先與參與人員會面（包括主群體成員及相關單位的代表），進行訪談，以獲得其對問題之看法，並規劃及模擬任何參與者所可能提出的問題，顧問還必須負責安排各單位參加會議的人員。一般的情況是，參加會議的各單位代表人數，最好與主群體的人數相等。例如主群體有六個人，希望從其他三個單位獲得回饋資料，則該三個單位就各派兩位代表參加。另外，還必須注意各單位代表的職位是否與主群體成員的職位相當。

二、舉行金魚缸會議討論相關資料

(一) 會議一開始，由主群體主管向全體與會人員說明：主群體竭誠歡迎各單位代表知無不言，言無不盡，說出他們對主群體的看法、想法，並指出此次會議的主要目的及活動方式。

(二) 在與主群體的管理者進行開放性討論後，顧問會將從會議前之面談所獲得之資料回饋給所有參與者。

(三) 進行金魚缸會議，首先由各單位代表坐在內圈，以自然及不受干擾的方式，討論有關主群體的事項，此時，主群體的所有成員均坐在外圈，只能觀察，不能發言，仔細聆聽並做筆記（就像人們在外面觀察金魚在缸內的動態一樣）。接著，內外圈的人員互相調換，由主群體成員坐在內圈討論剛才的所見所聞，並且可要求外圈代表澄清某些不清楚或不了解的事項，但不得爭論或辯駁，顧問應注意維持會場秩序；而各單位代表坐在外圈觀察、聆聽及回答問題。此步驟主要在蒐集相關資料，尚未討論所要解決的實質問題。

三、討論及確定須解決之問題

　　金魚缸會議結束後，所有參與會議者，集合一起討論並澄清有關的議題，及共同確定需要解決的主要問題。

四、組成問題解決小組

　　為了實際解決已經確認的問題，即將所有參與者組成若干問題解決小組，每一小組同時包含主群體和其他群體成員，每一小組被要求在「為了改善主群體的效能，所必須去做的最主要變革是什麼」的主軸下，就已確認的主要問題選擇數項，然後分別集會，討論解決此些問題的方案。

五、舉行參與者全體會議

　　在全體會議上，每一問題解決小組將其研究結果向全體會議報告，並由全體人員加以討論，對各項解決方案予以批准或修正。

六、擬訂詳細的行動計畫

　　各問題解決小組再次分別集合為建議的變革方案設計特殊的行動計畫。此次會議必須完成：(一) 對本小組的會議經過做摘要；(二) 對本小組的會議做檢視並完成評論；(三) 指定各小組每人對行動計畫所應做的事；(四) 小組每人協調同意完成工作的期限。此時組織映象會議宣告結束，各小組成員將結論帶回各工作單位實際執行。

七、舉行追蹤會議

　　在短時間內，若一個單位欲從其他單位獲得資料回饋，組織映象技術是可行的技術，但主群體及其他群體必須依照會議中所發展出來的行動計

畫確實執行。因此必須舉行定期的（如三個月或半年）追蹤會議，以檢查行動計畫的進度及成效，了解是否已確實改進主群體與其他相關群體間的關係。如有缺失，應做必要的修正。

肆、組織映象干預技術在公部門應用分析

作為增進群體間關係與工作效能的組織發展技術，組織映象干預技術已經被證明是一種有用的技術，例如 Fordyce 與 Weil（1971）的研究報告即是成功例證，它對於工作群體間有效溝通、將批評者轉化為協助者、由批評走向糾正行動，及增進整體工作效能，的確頗有助益。一般企業與公部門的工作單位間，常因為工作分工協調的關係，或堅持本身立場的結果，產生不和諧甚至衝突的現象，而且情況嚴重。如果能夠利用組織映象干預技術使相關而關係不佳的工作群體，坦誠的聚會一堂，交換意見、找出問題的癥結，設法解決，當可使群體間的關係獲得改善。

起源於私人企業運作經驗之組織映象干預技術，因為未涉及公部門基本價值的改變，基於師法企業良好經驗的立足點，在理論上當可應用於公部門。不過，鑑於組織映象干預技術在公部門應用缺乏實際運作經驗支持，它是否可以直接適用於公部門，必須從「生態性」因素考量，似不能一體適用。是以，以下擬從生態性角度分析組織映象干預技術在公部門應用之相關問題。

一、就應用範圍而言

組織映象干預技術在會議舉行前，由主辦單位（通常為主群體與相關群體的共同上級單位）自外面學術機構或顧問公司聘請一位顧問，擔任變革推動者，協助干預技術的順利推動。顧問必須邀請主群體與發生衝突的其他群體之重要人士或關鍵人士參與，以釐清造成群體間關係緊張的原因，然此階段在公部門應用上可能會遭遇公部門內部之抵制，而最大的阻

力可能就是機關首長與專業主義的作梗。

　　首先，就慣例而言，當公部門單位或群體間發生衝突時，其解決之道往往是由機關首長召開正式或非正式協調會議，機關首長在聽取雙方意見後，依據職權做出決定，基於公部門層級節制及上下服從機制，除非該決定明顯有瑕疵或違反法令，否則不論機關首長之決定是否公允或正確，所屬單位部屬往往只有默默接受（但效果如何，則難預料）。然而，組織映象干預技術中顧問的角色有可能會侵犯機關首長的權威，當機關首長感到權威受到挑戰時，通常會加以抵制（不論是積極的或消極的）。所以，此項變革技術如果不能得到高層首長全力支持時，則必然遭到失敗的命運。

　　為強化機關首長對組織映象干預技術的支持度，應設法使機關首長充分了解該項技術的本質。換言之，必須讓機關首長明瞭顧問僅止於扮演「協助者」的角色而已，因為這是他作為「變革推動者」的主要職責所在，並不會侵犯機關首長的領導權。一方面，機關首長由於「有限理性」的限制，可能無法透窺造成單位間衝突之問題全貌；另一方面，部屬礙於層級節制體系或其他理由，可能未提供正確的資訊，機關首長在資訊不充足情境下，可能因此而無法裁決，而造成「以會養會」之惡性循環。即使勉強做裁決，其所做的裁決亦可能會有所偏差。而透過組織映象干預技術，機關首長在顧問協助下，發掘組織內部單位間衝突之真正原因，不但更有機會獲得正確資訊，避免「以會養會」及誤判，進而可真正解決組織內部群體間之衝突。

　　其次，即使獲得機關首長的支持，組織映象干預技術也可能因各工作單位堅持專業主義的結果，而使此項問題診斷失焦，缺乏共識。公部門由於深受法規約制，且各單位各有專司，故專業主義往往是造成單位間或群體間衝突之主因。尤其「政府採購法」實施後更加明顯。例如對於一百萬元以上之招標案是否採取公開招標方式，業務單位與幕僚單位（主要為總務單位及會計單位）常常爭論不休。依政府採購法第十八條第一項之規定：「採購之招標方式，分為公開招標、選擇性招標及限制性招標。」該法第十九條亦規定：「機關辦理公告金額以上之採購，除依第二十條及第二十二條辦理者外，應公開招標。」在此，「公告金額」依行政院公共工

程委員會 88 年 4 月 2 日（88）工程企字第 8804490 號函說明二，工程、
財物及勞務採購為新台幣一百萬元。第二十條係指選擇性招標之規定，而
第二十二條則為限制性招標之條件；換言之，對於新台幣一百萬元以上之
招標案，依照政府採購法第二十及二十二條之規定，並不必然非以公開招
標方式不可；且觀諸第二十二條第九款之規定：「委託專業服務、技術服
務或資訊服務，經公開客觀評選為優勝者。」即可適用限制性招標。業務
單位基於行政便利性與彈性，希望法規能夠鬆綁；而幕僚單位為避免圖利
他人之嫌，常常採取嚴格解釋態度，堅持以公開招標方式進行，因而造成
某一幕僚單位與若干業務單位間之嚴重衝突。在此種因專業主義所造成之
單位或群體間衝突情況下，組織映象干預技術適用性，可能值得進一步探
究；或者，應用時可能須花較多時間，才能展現效果。

二、就會議流程而言

金魚缸會議的基本精神在透過公開討論的方式，使主群體得以了解
與其他若干群體發生衝突之原因所在。對於因溝通不良、協調不佳所造成
的誤解，金魚缸會議應有相當助益。然而，有人認為，如果群體間衝突係
因涉及專業主義所造成，則採此項會議方式，可能會陷入另一項爭議的漩
渦。因為協助會議進行的顧問，由於缺乏各單位的專業知識，可能很難從
專業的角度提供實際可行的建言，遂不易解決單位間因專業主義所造成的
衝突。而此結構性的困境，往往會使後續階段的活動難以順利進行。另一
方面，由於在進行金魚缸會議時，參與人員被要求坦誠的、充分的表達意
見，這種做法對機關組織內部小單位間衝突之解決較為可行；但對於人數
眾多的大單位（如人數超過二十五個人）與其他大單位間衝突的解決，此
項干預技術的採行，可能就比較困難。因為原則上，主群體的成員最好能
夠全部參加金魚缸會議，而其他數個小群體則合起來派出與主群體同等人
數的代表參加。如果主群體的成員人數太多而無法全員參加，則主群體的
出席者必須經過篩選，而篩選的結果，很可能會遺漏造成衝突的關鍵人
士，使金魚缸會議無法「對症下藥」；而如果主群體全員參與，加上同數

額的其他群體代表，會使參與會議者人數太多，導致整個會議過程費時冗長，難以收到預期的成效。

　　不過，我們認為，雖然顧問是否具備專業知識受到質疑，但是仍然可嘗試應用組織映象干預技術，以解決因專業主義所造成的衝突，一方面，公部門之所以會因專業主義造成衝突，其肇因大致來自於對法令不同的詮釋，例如政府採購法，對於相同條文規定，業務及幕僚單位常會有不同的見解，此時公部門常訴諸機關首長介入裁決，不過往往僅具治標效用，並未真正解決單位間衝突的原因，因為單位專業主義依然存在；而如果透過組織映象干預技術的實施，發生衝突之單位當事人，透過意見充分表達溝通，對於法規詮釋更有機會達成共識，當不同專業基於共識求同存異時，更易達成治本之效。另一方面，顧問是否具備單位所需專業知識與問題解決之間，並不具有顯著關係，因為顧問本來最主要的工作，就只是扮演變革推動者或「觸媒」（catalyst）的角色，順利執行干預技術而已，而非課以專業諮詢的責任。是以顧問若能堅守公正第三者角色，使金魚缸會議正常運作，既能避免陷入爭議漩渦之中，亦可達到解決群體間衝突的目的。

三、成功應用的關鍵

　　任何一項組織變革活動，如欲有效實施並獲得預期成效，機關首長的全力支持及熱心參與，是不可或缺的要件。所以機關首長對於所屬各單位間發生衝突現象，而難以透過內部層級節制體系強制息爭時，必須能夠放下身段，不怕家醜外揚，聘請機關外顧問公司的顧問，前來協助解決問題。換言之，要不要採用此種干預技術，乃是機關首長心態能否調整的問題。同樣的，發生衝突的各造（主群體與其他相關群體）的成員，也必須放棄家醜不可外揚的心態，將衝突事實攤開來共同謀求解決。總之，基於機關及群體效能的考慮，建立採取有效方法、誠心誠意解決問題的「組織文化」（organizational culture），應是成功採行組織映象干預技術的關鍵。此處組織文化指組織成員所共享的基本假定、價值觀、規範與人工產物的樣式（Cummings & Worley, 2001: 479）。

伍、結語

我們認為，組織映象干預技術主要在透過顧問人員結構化的控制，鼓勵衝突的群體彼此開誠布公的面對問題，坦誠的表示自己對主群體的看法、想法、不滿、疑惑等，並透過面對面的溝通，共同提出建設性的解決衝突建議，共同配合執行，以改善彼此的關係，增進整體組織的績效。其過程大致上是和諧、友善、積極、公開、信任的，不論會議所做的建議是否能達到預期結果，就過程本身而言，對群體間的互相了解與關係的增進，已具有極大的意義，頗值得我國公私部門參考。尤其是目前我國各級政府首長雖十分強調「團隊合作」（teamwork）的重要，但許多機關內部單位彼此間卻衝突不斷，本位主義濃厚，難以同心協力共赴事功，欲求政府機關發揮所謂團隊合作的功效，實憂憂乎難哉。在這種情況下，這項組織映象干預技術，或許是一項值得嘗試應用的技術。但必須注意的是，就實際運作而言，由前面生態性角度分析的結果可知，機關首長的全力支持與各單位對彼此專業的充分認知是影響組織映象干預技術在公部門應用之核心因素。因此，機關首長必須願意採用這項干預技術，而在技術實施過程中，顧問必須盡力尋求機關首長的高度支持，並設法化解各單位因專業主義所造成的隔閡與摩擦，組織映象干預技術才有成功的機會。在政府一再呼籲「向企業界取經」的聲浪下，本文特別簡介在企業界已有成功應用經驗的組織映象干預技術，就其內涵、實施步驟及在我國公部門應用的相關事項，做提綱挈領的探述，供政府部門參考，藉收拋磚引玉之效。

參考書目

1. 吳定（2001），組織發展：理論與技術（五版），台北：天一圖書公司（1984年初版）。

2. 鄭勝分（2001），「失落的聯結——公部門績效評估與激勵制度之研究」，研考雙月刊，第 25 卷第 5 期，頁 86-97。

3. Cummings, Thomas G. and Christopher G. Worley (200l), *Organization Development and Change*, Cincinnati, Ohio: South-Western College Publishing.

4. French, Wendell L. & Cecil H. Bell, Jr. (1999), *Organization Development: Behavioral Science Interventions for Organization Improvement* (6th), Upper Saddle River, NJ: Prentice-Hall, Inc.

5. French, Wendell L., Bell, Jr., Cecil H. and Robert A. Zawacki, eds. (2000), *Organization Development and Transformation: Managing Effective Change*, McGraw-Hill Company, Inc.

6. Fordyce, Jack K. & Weil, Raymond (1971), *Managing with People: A Manager's Handbook of Organization Development Methods*, Addison-Wesley Publishing Company.

7. Harvey, Don & Brown, Donald R. (2001), *An Experiential Approach to Organization Development* (6th), Prentice-Hall, Inc.

8. The Conference Board (1973), *Organization Development: A Reconnaissance*, The Conference Board, Inc. No. 605.

有效團隊成員的
角色與行為樣式

壹、前言

　　任何一個機關組織均希望它不僅是由一群人所組成的團體（group）而已，而且是成員能夠發揮團隊合作（teamwork）精神的團隊（team）。然則，團隊與團體有何不同呢？一個團隊成功運作的因素甚多，包括採取著名的「團隊建立法」（teambuilding method），以強化團隊的運作效能（French and Bell, 1999: 151）。但是基本上，一個有效的團隊成員（effective team-player）才是團隊成功運作的保證。而一位有效的團隊成員究竟應扮演何種角色（roles）與適當的行為樣式（behavioral styles）呢？機關組織的管理階層及團隊成員究竟應如何努力，才能促使成員扮演恰當的團隊角色與行為樣式呢？這些都是每一個機關組織所有人員應該注意了解的課題。是以本文將對這些課題做簡要的探述，以期對機關組織的運作有所助益。

貳、團體與團隊的差異

　　簡單的說，團體是人們因為共同的利益或關係結合而成的組織體（張潤書，民 89：257）。人們生活在社會中，為了生存、利益、興趣或其他目的，而參加了各式各樣具有互動關係的團體，包括正式的與非正式的團

體。至於我們一般人所說的「工作團體」（work group），依 Wendell L. French（1998: 11）的說法，是指若干人的組合，通常向一位共同的上司報告並具有某些面對面的互動，而在執行組織目標達成的工作時，具有某種程度的互依性。

團隊是團體的一種形式，不過它具有比一般團體更高程度的特性，包括對共同目標做較高的承諾，及具有較高程度的互相依賴性與互動。根據 Katzenbach 及 Smith（1993: 112）的說法，團隊指一小群人以互補的技能，承諾共同目的，設定績效目標，並就共同負責部分努力向前邁進之組織體。此一定義指出，團隊的成員具有緊密的團結關係，彼此互助合作、截長補短，同心協力為共同目標努力以赴。進一步言之，團隊與團體在以下特性方面均有顯著的不同：目標可否分割達成、互依程度高低、個人領導或分享領導、合作程度高低等。大致而言，團隊係由成員共同達成目標、互依程度極高、成員分享領導、合作程度極高。由此可知，團隊與團體的概念具有相當大的差異。基本上，任何一個機關組織欲求成功完成任務、達成目標，均應以建立「團隊」為職志。

參、團隊成員的角色

一般而論，團隊成員在工作時，欲達成團隊的目標及預期績效，至少應扮演四種不同的角色。不過，每位成員因本身個性及工作方式的關係，可能會偏重或擅長其中的某些角色而已。據 Parker（1996: 63-65）的看法，團隊成員的主要角色如下：

一、貢獻者的角色（contributor）

扮演此角色的團隊成員乃是任務取向者（task-oriented），他會向團隊提供良好的技術資訊及資料，做好自己份內的事，並敦促團隊設定高績效的標準及明智的使用資源。大部分的人認為「貢獻者」是可依賴的。

二、同心協力者的角色（collaborator）

　　扮演此角色的團隊成員乃是目標導向者（goal-directed），他將團隊的願景、使命或目標視為至高無上，但對新觀念具彈性的及開放的態度，他願意在本身特定角色外努力的工作，並能與其他團隊成員分享成功的光彩。大部分的人認為「同心協力者」是具有「大格局」觀點（big-picture）的人。

三、溝通者的角色（communicator）

　　扮演此角色的團隊成員乃是過程取向者（process-oriented），他是工作涉入、衝突解決、共識建立、回饋、非正式及輕鬆氣氛建立之有效傾聽者與促進者。大部分的人認為「溝通者」乃是積極活躍的人。

四、挑戰者的角色（challenger）

　　扮演此角色的團隊成員是一個質問取向者（question-oriented），他會質疑團隊的目標、方法及倫理觀，他也願意不同意領導者或較高的權威者，並鼓勵團隊去冒必要的風險。大部分的人非常欣賞「挑戰者」的坦白與開放作風。

肆、有效團隊成員的行為樣式

　　關於有效的團隊成員在行為上的主要樣式，可以從前述團隊成員所扮演之四大項角色加以說明。此處所說有效的團隊成員係指其所扮演的角色及行為樣式，能對團隊的運作及目標達成產生正面的及有利的影響。

一、有效團隊成員的「貢獻者」角色行為樣式

他們會對團隊提供有價值的技術性專業知識，促使團隊解決問題及達成目標。他們提供很容易就可被使用的資料，並時常作為其他團隊成員的訓練者及師傅。他們也協助團隊設定較高的標準，界定業務處理的優先順序，且使團隊能對有限的時間及資源做有效的使用。

對這種人的形容詞通常是：可依賴的、負責任的、有組織的、有效的、合乎邏輯的、清晰的、相關的、務實的、系統的、精練的。至於這種人的行為樣式可以歸納如下：

(一) 與其他團隊成員分享所有相關的資訊與意見。

(二) 協助團隊善用時間與資源。

(三) 促使團隊設立較高的績效標準，達到高水準的結果，並堅持生產具高品質的產品。

(四) 為完成團隊任務，會完成本身所有團隊指派的工作，及其他相關的準備工作。

(五) 接受作為一位團隊成員所有行動應負的責任。

(六) 完成本身業務範圍的所有工作，及所有其他團隊無關的任務。

(七) 在團隊會議上，對團隊提供清晰的、簡明的及有用的見解。

(八) 為其他團隊成員提供技術性的訓練，並擔任新團隊成員的師傅。

(九) 擁有一套清晰的優先處理項目。

二、有效團隊成員的「同心協力者」角色行為樣式

他們在各種互動場合中，總是將團隊的願景、目標或目前任務擺在最高位。他們不斷提醒團隊要擇善固執，並確保每件事均聚焦於標的，例如準時完成新產品的設計、符合工作進度的要求等。換言之，他們在確使團隊朝向目標前進及聚焦於達成該目標所需的步驟方面，扮演主要的角色。他們以身作則的將工作擴及團隊所規定的任務，並願意將團隊成功的聲譽向外傳播。他們願意為協助團隊其他成員而放下手上的所有工作。他們對

可能影響團隊努力的新觀念及回饋本身的表現，採取開放的態度。

對這種人的形容詞通常是：合作的、可信的、向前看的、概念性的、調適的、慷慨的、開放的、有願景的、有想像力的。至於這種人的行為樣式可歸納如下：

(一) 協助團隊建立長程目標及澄清眼前的目的或任務。

(二) 協助團隊了解團隊的工作如何切合整個組織的要求。

(三) 定時提醒團隊必須重新檢視其目標及行動計畫。

(四) 鼓勵團隊建立里程碑及適當任務指派的計畫。

(五) 努力幫助需要協助的其他團隊成員。

(六) 奮力工作達成團隊的目標與目前的任務，即使他並不同意此目標或任務。

(七) 避免談論其他團隊成員的是非，也不與非團隊成員分享團隊過程的負面評論。

(八) 對可能變更團隊目標的新觀念或資料，採取開放的態度。

(九) 時常在本身特定角色外，努力工作以助團隊達成目標。

(十) 願意與其他團隊成員分享成功的榮耀。

三、有效團隊成員的「溝通者」角色行為樣式

他們主要關心的是團隊運作過程的相關事項，即關心團隊如何完成其任務及達成目標。這種人是有效的傾聽者，並且是成員參與團隊、衝突解決、共識建立、回饋、非正式與輕鬆氣氛建立的促進者。

對這種人的形容詞通常是：支持的、鼓勵的、輕鬆的、圓滑的、助人的、友善的、耐心的、非正式的、體貼的、隨和的。至於這種人的行為樣式可歸納如下：

(一) 設法解決運作過程的問題，例如團隊成員間的衝突問題、某些成員缺乏投入問題等。

(二) 對所有的觀點仔細傾聽，暫不做判斷。

(三) 藉由說笑話、大笑及討論個人趣事的方式，協助團隊輕鬆愉快。

(四) 肯定並讚賞其他團隊成員的努力。

(五) 對團隊工作的急迫性熱心的進行溝通。

(六) 定期摘述某項決議的最新進展狀況，或提議可能的結果。

(七) 鼓勵其他團隊成員參與團隊的討論及決定。

(八) 協助團隊成員彼此認識，及了解每人所能貢獻的技能與資源。

(九) 對其他團隊成員進行描述的、特定的、意圖的、有幫助的回饋。

(十) 無須防衛性的從其他團隊成員接受回饋。

(十一) 提醒團隊定期花時間評量團隊的績效及改進的計畫。

以上所述是一位有效的團隊成員在扮演四種不同角色時的行為樣式，這些行為樣式本質上對團隊的順暢運作及高度績效是正面積極的，是根本關鍵的。因此，領導階層及團隊主管應透過各種方法，鼓勵成員採取這些行為樣式。

伍、如何激發有效團隊成員的行為樣式

團隊合作（teamwork）並非是偶然發生的，它是塑造出來的；人們並非天生就是一位有效的團隊成員，他是需要被激發或訓練的。任何一個機關組織如果希望其成員是有效的，首先就必須創造有利成員扮演正面的與適當的角色及行為樣式之「組織文化」（organizational culture）。組織文化指組織成員所共享的基本假定、價值觀、規範與人工產物之樣式（Cummings & Worley, 1997: 479）。如何塑造有利的組織文化呢？依Parker（1996: 146-147）的看法，機關組織管理階層應有的做法，可具體歸納如下：

一、由機關首長公開聲明團隊成員的重要，而非只強調團隊合作的重要。

二、機關首長及高階主管必須以身作則，作為團隊成員的模範。

三、對才能優異及團隊表現傑出者予以升遷，並適當的公開強調：升遷的重要因素在於他具備卓越的團隊工作技能。

四、對正面有效的團隊成員賦予重要的任務。

五、將團隊成員的行為表現併入績效評核制度中。

六、舉辦訓練研習會，增進成為有效團隊成員的技能。

七、對正面有效的團隊成員給予加薪。

八、設計誘因制度，以獎勵團隊合作的努力。

九、設計彈性待遇制度，適用於採團隊合作方式而具有貢獻的個人。

十、將有效團隊成員應具備的能力包含在管理人員的評量過程中。

十一、配合機關的激勵制度，設計一項「團隊獎」的方案。

十二、鼓勵各級主管使用可達內在激勵效果的各種非金錢的稱讚肯定方法。

十三、取消不利於團隊成員做貢獻的競爭性考核制度，與相關的績效評核制度。

一個團隊需要許多情況配合才能成功，而具備各式各樣行為樣式的團隊成員，就是有效團隊的一個重要面向。反過來說，一位團隊成員可透過許多方法對團隊的成功做出貢獻。因此，在團隊成員所扮演的四種角色中，無所謂何者較好或何者較差，只要能以正面的、積極的、建設性的心態，表現出適當的行為樣式，就是一位有效的團隊成員。因此，就團隊成員本身而言，應善用有利的組織文化，扮演適當的角色與行為樣式。其具體做法至少包含以下數項：

一、肯定自己所擅長的角色扮演及行為樣式、自己的長處、自己對團隊的貢獻，並且精益求精做得更好。

二、做一個最好的團隊貢獻者、同心協力者、溝通者及挑戰者。

三、承認自己具有對其他角色及行為樣式的優點，做更佳使用的能力。

四、如果延伸自己的團隊成員角色及行為樣式可增進本身效能時，可做必要的修正，以增強本身的能力。

五、一位最佳的團隊成員，也就是當情勢需要時，能夠運用全部四種角色及行為樣式優點的人；亦即他應採取權變觀點，因時、因地、因人、

因事之不同，而選擇不同的角色及行為樣式。

陸、結語

本文簡單說明團隊與團體之不同、團隊成員所扮演的四種主要角色、有效團隊成員的行為樣式、管理階層如何創造有利的組織文化，及團隊成員應有的做法等事項。此提綱挈領的說明，相信對每一個機關組織管理者與一般工作人員均具有極大的啟示：每一個機關、組織及單位均應竭力成為一個緊密團結、同心協力、共赴事功的團隊；每一位單位主管均應透過各種管理方法，營造有利成員扮演正面的及建設性的角色與行為樣式的組織文化；每一位成員均應就四種團隊成員角色（貢獻者、同心協力者、溝通者、挑戰者）中，發揮自己所擅長之角色與行為樣式的長處，並儘量學習及扮演其他的角色與行為樣式，而成為有效的團隊成員。在整個團隊的領導者與部屬共同努力下，庶幾可建立有效的團隊，完成既定的任務，達成預期的目標。

參考書目

1.　張潤書（2000），行政學，台北：三民書局。

2.　Cummings, Thomas G. and Christopher G. Worley (1997), *Organization Development and Change*, Cincinnati, Ohio: South-Western College Publishing.

3.　French, Wendell L. (1998), *Human Resources Management* (4th), ed., Boston: Houghton Mifflin.

4.　French, Wendell L. and Cecil H. Bell, Jr. (1999), *Organization Development: Behavioral Science Interventions for Organization*

Improvement, Upper Saddle River, NJ: Prentice-Hall Inc.

5. Katzenbach, John R. & Douglas K. Smith (1993), "The Discipline of teams," *Harvard Business Review*, 71, March-April.

6. Parker, Glenn M. (1996), *Team Players and Teamwork*, S. F., CA: Jossey-Bass Inc.

管理資訊與資訊科技

壹、前言

21 世紀的資訊科技產業，承襲了 20 世紀末期資訊科技突飛猛進的態勢，繼續精益求精、大幅挺進。在此種浪潮衝擊下，政府機關與私人企業的業務及公文、信函及報告處理等，也邁向資訊化。因此各級管理人員，包括公務管理人員，對於機關組織所面臨的龐雜資訊，必須擁有充分的了解與足夠的能力，以便妥善的管理。同時，對於管理資訊所涉及的資訊科技知識，也必須具有相當的認識，才能夠勝任管理工作。

本文旨在簡略介紹管理者與資訊的關係、資訊科技需求的決定因素、資訊系統的基本種類、如何管理資訊系統，與資訊系統對組織的影響等。

貳、管理者與資訊的關係

資訊一直是機關組織管理人員每天工作不可或缺的一部分。不過，資訊的重要性及必須加以妥善管理，則是與日俱增的事實。欲了解這項趨勢，我們可從以下三方面略做闡述：

一、資訊在管理人員工作中的角色

　　基本上，我們可以將管理（management）視為涉及資訊之接收、處理與傳布的一系列步驟性活動。因此，管理人員就在「資料」（data）與「資訊」（information）的不斷限制下，從事必要的對應行動。簡言之，管理人員就是資訊處理者（information processor），此由圖 41-1 可以明白得知。

　　在管理人員從事一連串處理資訊的活動中，首先必須區別「資料」與「資訊」的不同。資料是指反映某項「現實」（reality）之單一層面的原始數字與事實。例如，某機關擁有三十部機器，每部機器每天可生產一千個單位的產品；顧客每天的需求量是二萬六千個單位的產品；操作這些機器的熟練工人，每個月工資需要四萬元新台幣等等事實，都是資料。至於資訊是指以具有意義（meaning）的方式所呈現出來的資料。因此，將前述例子中的四項資料整合起來，便可提供資訊——這個機關每天的產能是三萬個單位產品，超過顧客需求四千個單位。此項資訊對機關管理人員頗具意義，他可考慮採取行動，出售三部機器而保留一部備用，並將四個工

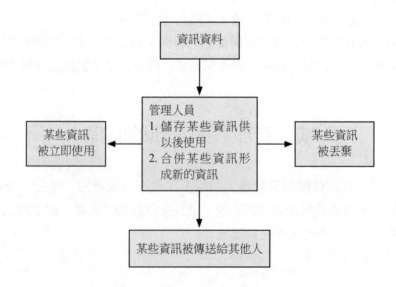

圖 41-1　管理人員即資訊處理者

人調至其他部門工作。另外，我們還必須了解一個相關的名詞──資訊科技（information technology），它指組織管理資訊以實現其任務所使用的資源，包括電腦、電腦網路、電話、周邊設施，及其他硬體與軟體設備等。

二、有用資訊的特徵

如何獲知哪些資訊有用？哪些資訊無用？一般言之，視以下四項標準而定，具備以下四項標準者，為有用的資訊：

1. 資訊是正確的（**accurate**）：資訊正確性，指資訊必須對「現實」提供有效（valid）且可靠的（reliable）反映（reflection）。
2. 資訊是及時的（**timely**）：資訊及時性，指在採取適當管理行動時，可以及時獲得所需要的資訊。
3. 資訊是完整的（**complete**）：有用的資訊必須能夠對管理人員提供完整的事實；資訊如果不夠完整，將會使管理人員得到不正確或扭曲的事實面貌。
4. 資訊是相關的（**relevant**）：對管理人員有用的資訊必須具有相關性。資訊的相關性與及時性一樣，是根據特定管理人員的需求與環境而界定的，例如業務經理需要有關成本與產量的資訊；人力資源經理需要有關僱用需求與離職率的資訊等。

三、資訊管理為管制的機制

管理人員也必須了解資訊在管制中的角色，即將資訊管理視為組織管制過程的重大部分。如前所述，管理人員常常收到遠超過他需要使用的資料及資訊，因此，決定如何處理每一件資料及資訊，就涉及到「管制」方式的問題，包括如何對資料與資訊做初步管制、過濾管制與事後管制等。

參、資訊科技需求的決定因素

　　哪些因素決定一個機關組織是否需要建構資訊系統，及這些因素如何協助界定機關組織之資訊科技的需求？大致言之，決定這些需求的主要因素可分成一般決定因素（general determinants）與特定決定因素（specific determinants）兩大類，如圖 41-2 所示。

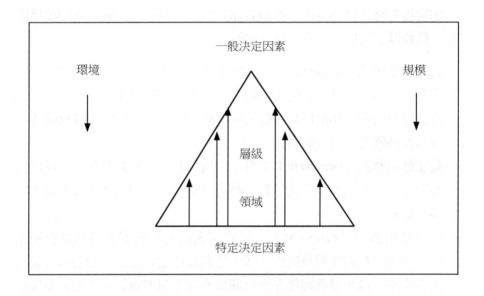

圖 41-2　組織資訊處理需求的決定因素

一、一般決定因素

　　兩項一般因素界定了機關組織的資訊科技需求：環境（environment）與組織的規模（size）。

1. **環境**：一般言之，一個機關組織的環境愈不確定及愈複雜，就愈需要正式的管理資訊，例如跨國性或全球性的公司即然。
2. **規模**：假定其他的條件均一樣，基本上，機關組織的規模愈大，則愈

需要系統化的管理其資訊。例如美國通用公司（General Motors）就比它的子公司凱迪拉克汽車部門（Cadillac division）要具有更大的資訊科技需求。

二、特定決定因素

界定機關組織是否需要資訊科技的另外兩項因素，是該機關組織的功能領域（area）及層級（level）。

1. 領域：此處領域指機關組織的基本功能領域，例如財務、業務、行銷或人力資源功能等。這些領域的每一項功能均有其獨特的資訊科技需求。例如人力資源部門所需要的是有關現有員工的人口統計變項、工作等級的資訊等。值得注意的是，各不同功能領域的資訊科技系統，應考慮整合及協調問題。
2. 層級：機關組織的層級也有助決定需要何種資訊科技，例如組織中的高階主管所需要的是跨越各時段的一般性資訊，以協助從事策略規劃；中階主管所需要的則是較短時間幅度的更詳細資訊。

肆、資訊系統的基本種類

採用資訊系統的機關組織，特別是大型的組織，通常需要擁有不同的資訊系統，以便有效的管理其資訊。大致言之，有以下六種資訊系統可供選擇採用：

一、轉換處理系統（transaction-processing systems）

轉換處理系統乃是許多機關組織所採用的第一種電腦化資訊系統的形式，它是為處理日常及重複性業務而設計的系統。例如威士卡公司（VISA）就透過轉換處理系統，以計算每位簽帳者的消費金額，並且按

月寄發繳費通知單。通常當一個機關組織具有大量類似的業務需要處理時，如顧客帳單、銀行客戶往來狀況等，此種系統最為有用。此外，它對於低階主管的管理工作最有幫助。

二、基本管理資訊系統（basic management information system）

　　資訊管理演進的第二步就是管理資訊系統的創用，此系統可蒐集更廣泛的資料，並將它們以對功能部門管理者最具價值的方式，組織起來並摘述要點，然後提供這些管理者工作所需要的資訊。基本管理資訊系統的內涵可由圖 41-3 獲知。

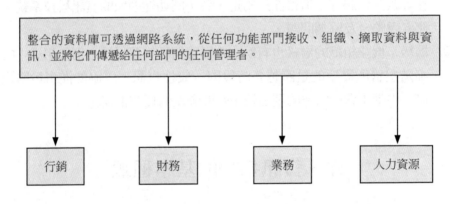

圖 41-3　基本管理資訊系統

　　由圖 41-3 可知，基本管理資訊系統依賴一項整合的資料庫。各功能領域中的管理者，可透過資料庫獲得他們做決策所需要的資料。例如，業務部門主管可利用此系統，去決定由行銷部門主管所提供的銷售量預測等。

三、決策支援系統（decision support systems）

　　一項日漸普遍的資訊系統稱為決策支援系統，它兼具精巧與有力的特

性。此種系統可自動搜尋管理人員做特定決策所需要的資訊，並可操控及摘要這些資訊。它比傳統的管理資訊系統更具彈性，並可協助處理非例行性的問題與決策。

一位管理人員也許有興趣了解，公司出售的特殊產品，如提高售價，究竟會產生何種影響。於是，他可透過決策支援系統去決定產品價格提高百分之五、七或十，可能產生的結果。因為決策支援系統知道產品的價格歷史、競爭對手所訂的價格、最近的價格變動情形、價格變動對銷售量的影響、需要與價格的季節性變動狀況、通貨膨脹率，及任何其他必要的相關資訊；它能夠計算預估的銷售量、市場占有率、價格提高後的可能獲利狀況，及提供這些資訊給管理人員。不過，決策支援系統相當複雜，它需要相當多的時間及資源去維持，還需要更多的時間及資源去教導管理人員如何使用該系統。

四、主管資訊系統（executive information system）

主管資訊系統是最新出現的資訊系統形式，它是為迎合高階主管處理特殊資訊所設計的。由於許多高階主管缺乏基本電腦技能，及由於他們無法從組織中的傳統資訊系統獲得所需的高度專業性資訊，因此許多高階主管不太願意使用組織的資訊系統。

主管資訊系統通常以對使用者相當友善的方式予以建構，易言之，對使用者來說，技術知識的具備並不必要。相反的，此種資訊系統一般是使用圖像及符號，而只需要很少的指令即可。這種系統所提供的資訊，使管理者可以繞過瑣碎事務，而直接處理可能影響其策略性決策的整體趨勢與樣式。主管資訊系統可以為管理者摘取所需的資訊，但並不提供特別詳細的資訊。

五、內部網路系統（intranets）

目前許多較大的機關組織已經發展出內部網路系統，該系統類似網際

網路系統（Internets），只不過它是在單一機關組織內部運作而已。此種系統使機關組織內部的每一個單位或部門，可以將資訊整合起來，並使其員工均可善加利用。特定功能團體可以建構一項內部網路系統作為溝通的機制，例如人力資源部門可利用此系統將求才通告放在網路上，其他人事資料也可經由內部網路進行溝通。

六、專家系統（expert systems）

專家系統也變得愈來愈普遍，它是一種創造來複製、或至少模仿人類思考過程的資訊系統。建構此類系統的起點是先確定某種特定情境的所有相關「如果……，則」（if...then）的權變關係，這些權變關係構成此資訊系統的知識基礎。表 41-1 所示者為某一假定性公司定價政策的知識基礎摘要：

表 41-1　某公司定價政策之知識基礎例示

事實知識（factual knowledge）
售價為 50 美元
成本為 45 美元
需求為 1,121 件
邊際利潤為售價減去成本
過程知識（process knowledge）
1. 如果邊際利潤高而需求弱時，則價格政策為降低售價。
2. 如果邊際利潤正常而需求穩定時，則價格政策為維持原售價。
3. 如果邊際利潤低而需求強時，則價格政策為提高售價。
4. 如果邊際利潤大於 25 美元，則邊際利潤高。
5. 如果邊際利潤小於 10 美元，則邊際利潤低。
6. 如果邊際利潤不高也不低，則邊際利潤正常。
7. 如果需求大於 1,100 件，則需求強。
8. 如果需求小於 900 件，則需求弱。
9. 如果需求不強也不弱，則需求穩定。

根據表 41-1 所顯示的資訊，管理人員可以透過專家系統詢問如下的問題：「價格政策應如何？」該系統將回答：「價格政策為提高售價。」管理人員接著會問：「為何要提高售價？」該系統的回答是：「因為需求強而邊際利潤低，所以要提高售價。」

伍、如何管理資訊系統

有關如何發展各種資訊系統，及如何每日正常的使用它們，大致上可從以下數方面加以了解：

一、如何建立資訊系統

建立資訊系統是一項複雜的程序，管理人員必須了解，機關組織的資訊管理需求會隨時間改變，因此在建構系統的過程中，某些步驟未來也許還須重新檢討修正。一般言之，建立資訊系統可採取如下的步驟：

1. 決定資訊需求與建立系統的目標。
2. 發展資料庫、決定硬體設備需求與獲取設備、決定軟體需求與獲得作業系統。
3. 整合資料庫、硬體設備及作業系統；建立管制機制。
4. 發展系統運作的文件並訓練使用者。
5. 測試系統並做適當的修正。
6. 監測系統有效的運作並做適當的修正。

二、如何整合資訊系統

在非常巨大及複雜的機關組織中，各項資訊系統必須整合起來。此項整合工作，可能涉及同一機關之不同資訊間的聯結，或是不同機關間資訊的聯結。例如，組織中的行銷系統與業務系統彼此就必須溝通整合。

將各種系統整合聯結起來，看似容易做起來卻不簡單。某家公司起先可能利用 Sun System 在業務部門建立了資訊系統，但兩三年後，又決定在行銷部門建立一個資訊系統，卻改用 IBM 的設備。當稍後決定要將兩者整合時，就面臨了技術上的困難。克服此類困難的做法之一，是立即建立每一項系統，不過此舉既昂貴又不切實際；另一種做法是一開始就採用標準型的資訊系統，但受制於資訊科技的突飛猛進，可能會有過時不適用之

風險；此外，網際網路的發展與應用，多少有助於各種資訊系統之整合或聯結（linkages）。

三、如何使用資訊系統

對資訊系統價值的真正考驗是該系統如何能夠被使用。理想上，一項資訊系統應當可以很簡單的被使用，並且應當是非技術性的（nontechnical），亦即使用者不必是一位電腦專家。在理論上，一位管理人員應當能夠藉由打開電腦，並能按某些鍵以回應電腦的指示，而使用某項現代資訊系統。管理人員應當能夠鍵入適當的新資料，或向電腦要求某種資訊，該被要求的資訊將先出現在電腦螢幕上或其他螢幕上。當管理人員對所要求的資訊感到滿意後，即可由標準列印機上將資訊列印出來，或將資訊儲存在系統中，以供日後使用或供他人使用。

陸、資訊系統對機關組織的影響

很明顯的，資訊系統乃是最現代化機關組織的一個重要部分，它們的影響顯示在許多方面。諸如資訊系統對績效（performance）的影響、對機關組織本身的影響，及對機關組織中人員的影響等。不過，資訊系統也有其限制存在，茲分別簡述之。

一、對績效的影響

機關組織建立資訊系統的主要理由是它們可使機關組織更有效能及更有效率。例如，在 1980 年代，美國公司所有資本支出之百分之四十是屬於資訊系統科技。自 1990 年之後，美國公司在資訊科技方面的支出已超過了資本設備的支出。而某些專家相信，21 世紀的初期幾年，對資訊科技投資的成長將更為快速。這些支出，究竟值得嗎？有些專家說是的，另

外有些專家則表示懷疑。問題是雖然資訊系統可以加速機關組織處理數字及製造文件的能力，但是卻很難回答：究竟速度增進的利益是否大過所投進去的巨大成本。儘管如此，看起來大家似乎已有共識，機關組織的資訊系統就較長期眼光來看，的確具有增進績效的功用。

二、對機關組織的影響

資訊系統影響了機關組織的基本結構與設計。這些影響通常以兩種方式發生：第一，大部分機關組織決定成立一個獨立的單位，以處理資訊管理系統，有些甚至為此創設一個新的高階管理職位，通常稱為「主資訊官」（chief information officer），此管理者及其幕僚共同負責維持資訊系統的運作，將系統適當的升級，找尋新的使用方法，及訓練使用者。第二，資訊系統的建立可促使機關組織減少管理體系的層級，此乃因資訊系統可使管理人員與為數眾多的部屬保持聯繫，故可消除層級節制管制的需要。有些專家認為，未來的管理人員可以同時與多達兩百位部屬進行協調。

三、對人員行為的影響

資訊系統的建立會影響機關組織員工的行為，有些影響是正面的，有些則是負面的。就正面影響而言，資訊系統通常可以增進個人的工作效率。有些人因為使用新科技感到好玩，而對工作更覺得愉快。另外，布告電腦化及電子郵件盛行的結果，也使跨機關組織的團體得以成立。就負面影響而言，因為資訊系統可使員工獲得他們工作所需要的所有資訊，所以不必與他人互動，而導致「孤立」（isolation）的現象。管理人員因可在家中工作，使需要他的其他人無法接近他，或使管理人員被排除在社會系統的重要部分之外。此外，電腦化的工作安排，也比採用其他方法更缺少人性，因此，目前許多研究人員已開始研究資訊系統對員工行為與態度的影響狀況。

柒、資訊系統所受的限制

機關組織建構資訊系統的確具有甚多優點，但應注意的是，它仍有許多的限制，其主要限制如下：

一、發展資訊系統相當昂貴及困難，因此有些機關組織可能以分段的方式建構系統，因而會使其效能性受到影響。

二、資訊系統並不適用於某些工作或問題的處理。複雜問題需要人類從事判斷，而無法委由系統處理。資訊系統常常是管理人員的有用工具，可是它無法取代管理人員。管理人員可能會太過於依賴資訊系統，以致會無法與他應關心的真正世界的問題保持聯繫。

三、資訊可能不像它所顯現的那麼準確、及時、完整及相關。一般人強烈的認為，由於利用電腦執行計算的工作，所以答案應當是不會錯的，特別是，如果答案是經由計算好幾位小數點的資料而得到的，更是如此。不過，我們都知道，如果起初投進去的資訊是錯誤的，則利用這些資訊做後續的計算，其答案也可能是錯誤的。

四、管理人員對於資訊系統所能達成的結果，常懷有不切實際的期望。他們可能以為，當資訊系統剛開始執行的第一個階段，就認為它可以開花結果。不過，當管理人員發現此系統產生錯誤及受到限制時，他可能會感到失望，結果就不會有效的去使用該系統。

五、資訊系統可能會被人蓄意破壞，或電腦中毒、當機，以致機關組織如過度依賴電腦化的資訊系統，可能會導致全盤癱瘓的狀況。

（本文主要取材自 Ricky W. Griffin (1999), *Management* (6th), ed., Houghton Mifflin Inc., Chapter 22）。

42

美國公務人力資源
管理的內涵

壹、前言

　　任何一位行政首長常常需要向他人尋求協助，以處理員工的相關問題，例如：員工的工作應如何分派？如何達到同工同酬（equal pay for equal work）的目的？如何進用適當的人才？如何對員工進行績效評量，並予以升遷等。這些活動均屬於人力資源管理的範疇。本文擬簡略介紹美國公務人力資源管理的幾個面向：公務人事制度的結構、公務人事制度的基本功用、人力資源管理（human resources management）的主要系絡因素等。基本上，美國公務人力資源管理的架構，可從附圖知其梗概。圖中顯示，人力資源管理由各不同面向所組成。首先是，人們進入政府機關工作可經由以下四種人事制度之一：一、政治任命者（即政務官）（political appointees）；二、一般文官（general service）；三、永業制度進用者（career systems）；四、集體協商制度進用者（collective systems）。其次是，人力資源管理包含五項主要的功能：一、用人（staffing）；二、分類與待遇（classification and compensation）；三、訓練與管理發展（training and management development）；四、升遷（advancement）；五、懲戒與申訴（discipline and grievances）。再其次為影響五項人力資源管理功能運作的系絡因素：組織文化（organizational culture）及法律制度（legal systems）。茲分別簡述之。

貳、公務人事制度的結構

依據美國著名人事行政學者 Frederick C. Mosher 的看法,美國的公務員可以分成四類:政治任命者、一般文官、永業制度進用者與集體協商制度進用者。茲分別簡述之:

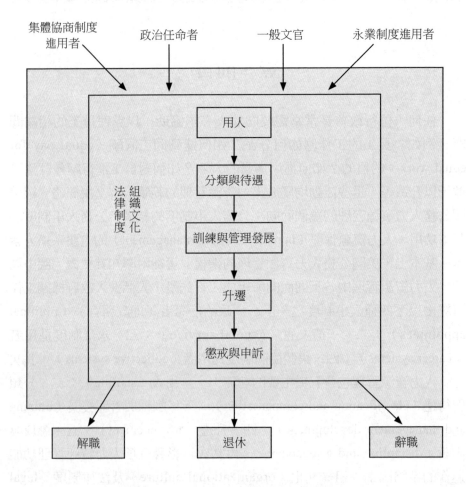

圖 42-1　分析人力資源管理架構圖

一、政治任命者

政治任命者指非永久受僱、具有決策權、在文官系統之外被任命為官員者。在行政部門，總統有權任命大約五千人擔任高階職位，其範圍包括內閣閣員以至機要秘書。至於州政府及地方政府層次，因文官法規與實務差異甚大，故政治任命者的數目也就極不相同。

二、一般文官

在聯邦政府層級，一般文官是由具永久受僱性質的白領階級文官所構成，大部分並非是專業性人員。他們必須受到傳統文官法規及實務所規範，例如：1883 年所通過的 Pendleton Act 及 1978 年所修正通過的 Civil Service Reform Act 等。他們接受「功績制」（merit system）的管理，經由公開競爭考試的方式而錄用，考試內容著重實務而非學識。

三、永業制度進用者

美國許多行政機關各自發展出不同的文官制度，被任用者一般而言是專業性人員，他們可受永業保障，但職位可能有所更動。下面這些人員就是典型的例子：軍人、外交人員、公共衛生服務人員、聯邦調查局人員、中央情報局人員，及為數不多的聯邦主任外科醫師（不執行開刀業務，而是做公共衛生方面的政策勸告，及領導全國五千五百位公共衛生服務專業人員的工作）。依永業制度所進用者，所強調的是個人的資格而非職位的要求，即採「品位制」而非「職位分類制」。

四、集體協商制度進用者

此類人員主要包括由工會（union）或協會（association）與政府當局協商工作條件與薪資之白領階級員工。至於聯邦政府機關則因需要更多的

高度技能與受過技術訓練的員工，以致具備較低技能的藍領階級工人逐漸的消失。

參、公務人事制度的功能

一、用人功能

「用人」（staffing）這個字指基於員工相關能力、知識與技能，而從事招募、選用與升遷的過程。

依功績制原則招募員工非僅指將考試用人的消息張貼於布告欄而已，主其事者應竭盡所能讓市場上有資格申請者均知悉此事。在招募工作完成後，雇主通常會有幾位合格的申請人在手中，而鑑別此些申請人的適用方法是申請表、晤談法及紙筆測驗法，人力資源管理人員可合併其中數種方法，以有效預測這些申請人未來的工作表現及績效。

一旦完成競爭性的考試，隨即依據考試結果選擇成績最高者若干人列為候選人，提供任用官員作為選人的根據，此稱為「及格認證」（certification）。依功績制原則，只有少數限定名額之錄取者始能被認證。

美國的公務人員制度通常採用「三名規則」（rule of three），即允許任用官員從錄取名單中的前三名擇一任用，不必依名次順序選用。為何如此？理由之一是此舉可彌補反對筆試取才者的問題。他們認為，考試無法充分評鑑個性方面的因素，有些人在學識上可能夠格，但個人卻有許多嚴重問題存在。理由之二為讓任用官員在整個選用過程中，具有更多的參與權。

二、分類與待遇功能

美國各級政府人事制度的基礎是「職位分類制」（position

classification）。該種分類制涉及確認一個機關中各個職位的職務與責任，然後依其相似性，將職位予以歸類，一項好的制度可協助行政首長對職責與其他人事制度面向之關係，做良好的決策。畢竟，合理的待遇計畫必須要了解每個職位的職務與責任（為達同工同酬的目的）；有效的考試與招募工作，需要知道機關要考什麼試及為何要招募人才，及決定執行工作所需的資格條件，必須對每項工作所涉及之面向有所了解。

就某些機關性質而言，職位分類有時並不適用，它們所採取的是「品位分類制」（rank-in-person approach or rank classification）。品位分類制利用個人的能力與經驗作為各種人事決策的基礎，採用此種制度的機關包括軍事機關及大學院校的教員。

正如同職位分類一樣，公務員的待遇也是一項非常重要、且常引發相當大爭議的課題。在人事制度中，適當且公平的待遇制度是不可或缺的，如果員工認為待遇制度不合理，則衝突便在所難免。

三、訓練與管理發展功能

對公務員來說，訓練之重要是不言可喻的。首先，適當的訓練可提供員工改進本身的機會；特殊的訓練及發展計畫，有助於減少機關中無法處理業務的數量。而減低這些業務之數量及提供升遷機會，很顯然的，對員工士氣的提升極有助益。進一步言之，訓練方案可補救許多少數族群所面臨的就業困境，即缺乏工作所需的技能，難以進入政府機關工作。最後，訓練有助於有志之士做好進入工作性質獨特之政府機關工作的準備。當科技愈進步而社會變化愈快速之時，政府工作的性質就愈增其獨特性，也就愈需要對員工進行必要的訓練。因此，各級主管應採取各種有效的訓練與發展做法，並鼓勵員工積極參與，包括「在職訓練」（on-the-job-training）、「工作輪調」（job rotation）及「評鑑中心法」（Assessment Center）等。一般言之，公務部門實施管理發展方案的主要目的，是要延長高階主管的工作壽命，防止過早落伍情況的發生；並使具高度發展潛能的中階主管能在過去優異的表現下，維繫發揮高度的管理功能。

四、升遷功能

　　大部分政府機關都對其新進員工提供一定期限的「實習」（probation），通常是半年。在實習期間，該員主管會對他做必要的教導、督促及考核，並做必要的工作調整。在理論上，實習是整個考選工作的最後一個階段。此時如果實習不及格，該員無權抗爭申訴。不過，就實務言之，很少有實習者會被取消任用資格的，因為在功績制保護下，很少主管願意冒「訴訟風險」而取消實習者的任用資格。永業性的公務員制度必須提供員工晉升的機會，不過那並不是說，機關不可以從其他政府機關或從外界進用適當人才，以填補初任者以上的職缺。

五、懲戒與申訴功能

　　人力資源管理兩項更具敏感性的措施是對員工施以懲戒與聽取員工的抱怨。口頭警告、休職、降級、調職及撤職等，對員工具有極大的負面影響。因此，主管往往不太願意面對採取這類懲戒的做法。可是納稅人認為，欲提高公務服務績效，就必須對公務員做必要的懲戒。申訴適用於當受不利人事決定時，當事人如認為有不公情事，可表達抱怨的意見。即使行政首長非常得意採取「門戶開放政策」（open-door policy）做人事決策，然而一旦有人對決策不滿而抱怨時，沒有幾個人會感到愉快。因為就某種程度來說，有人對人事措施提出抱怨時，就表示行政首長的做法是失敗的。因此，任何主管在對員工進行懲戒或其他人事措施時，應特別謹慎，且應把握公平、公正、公開的原則。

肆、影響人力資源管理功能的主要系絡因素

一、組織文化

　　由分析人力資源管理架構圖中可知，前述人力資源管理的五項功能深

受「組織文化」的影響。組織文化可簡單界定為某一組織的「主流價值系統」（predominant value system）。當一個組織的基本價值與信念為其成員所內化時，可獲得某些好處：可使溝通方便與經濟；可便利組織的決策與控制；可產生高水準的合作與承諾感。簡言之，組織文化可藉由灌輸成員的團結感及建立共同目標，而克服許多官僚組織與生俱來的弊端。在美國的公部門，組織文化與組織目標契合得最成功的組織是美國森林服務部門（U.S. Forest Service）及美國陸戰隊（U.S. Marine Corps）。

二、外在環境因素

另外一項對形塑組織文化最具影響力的是「外在環境因素」。組織文化必須蘊涵可在環境中成功運作的事項在內：如果外在環境需要組織做特殊的顧客服務，組織文化就必須要鼓勵員工提供良好的服務；如果外在環境要求組織小心的做技術性的決策，組織文化的價值觀就必須強化管理階層的決策。

美國學者 Kolter 與 Heskett 兩人於 1992 年將組織文化與外在環境的重大關係分成四種型態：

(一) 強烈文化型（**strong cultures**）：例如森林服務部門與陸戰隊，如組織文化鼓勵對環境做健全的適應，則可確保效能的獲得。

(二) 適應的文化型（**adaptive cultures**）：管理者深切關心組織績效的所有利害關係者，他們深信人們及過程可創造有用的變革。

(三) 非適應的文化型（**unadaptive cultures**）：管理者主要是關心他們自己、他們的直接工作團體，及與其工作團體有關的服務或技藝。因此，管理者並不迅速改變其策略，以適應環境的需要。

(四) 文化差距型（**culture gap**）：組織文化不一定都能使其需要與環境完全吻合，文化價值可能反映的是過去的工作狀況。期望的文化價值及規範與實際規範及價值間的差異，稱為文化差距。

目前在法律環境方面，影響美國公務人力資源管理的十大法律或案件，簡列如下：

1. 1978 年文官改革法（Civil Service Reform Act of 1978）。

2. 1964 年民權法（Civil Rights Act of 1964）。

3. 1912 年羅伊德 ― 拉佛列特法（Lloyd-LaFollete Act of 1912）。

4. 1959 年赫奇法（The Hatch Act of 1959），也稱為「政治活動法」（The Political Activities Act）。

5. 1985 年賈西亞告聖安東尼奧都會捷運局案（Garcia vs. San Antonio Metropolitan Transit Authority, 1985）。

6. 1989 年美國人殘障法（Americans with Disabilities Act）――禁止歧視殘障工作者。

7. 1970 年府際人事法（Intergovernmental Personnel Act of 1970）――為改善州及地方政府的管理實務。

8. 1987 年歐康諾對奧堤加案（O'Conner vs. Ortega, 1987）――涉及員工隱私權問題。

9. 1975 年年齡歧視法（Age Discrimination Act of 1975）。

10. 1963 年同酬法（Equal Pay Act of 1963）――確保男女同工同酬原則。

（本文主要取材自 Grover Starling (1998), *Managing the Public Sector* (5th), ed., Harcourt Barce, Chapter 10）。

公共政策與行政短論篇

1 要「目標錯置」還是要「主動服務」？

前一陣子有一篇新聞報導，標題是：「破公務員三不，幫民討回身障補助」。內容指出，屏東市湯姓男子於民國98年身障補助費突然被取消，市公所承辦人員只丟下一句：「你太太很有錢」，直到99年8月，他才發現是所得無端多出八萬四千多元利息所造成，於是找上南區國稅局屏東分局，在分局長林啟智積極奔走，幫忙寫陳情書，經過兩個月的努力下，查明真相，原來是國稅局認知及處理不當的結果，終於追回二十個月六萬元的身障補助金。林局長表示，他積極主動服務民眾，目的在打破不少公務人員僵硬的死守法令規章的規定（即使事實認定有誤），抱持「不准、不可、不合規定」的三不原則，拒絕民眾的申請案，結案了事；而不問青紅皂白，事實真相如何，也不管民眾的權益是否因此受損。另外，也許你也知道，就在不久之前，有一部電影叫做：「不能沒有你」，也同樣訴說著幾個機關公務人員，以「三不原則」、「目標錯置」、「本位主義」的態度，互踢皮球，拒絕當事人的申請案，迫使當事人攜女跳橋自殺的真實故事。

上面所說的公務人員以「三不」原則處理公務的心態，就是美國芝加哥大學教授墨頓（Robert Merton）所說的「目標錯置」（Goal Displacement）之寫照。意思是說，公務人員遵守法令規章及工作程序辦理公務，原本只是達成為民服務之目標的手段而已，但許多公務人員卻反過來，把手段當成目標本身，只是一味嚴守法令規章及工作程序，不論規定是否合情合理、事實是否正確無誤，只求個人辦事時不違法或不圖利他人就好，而不管民眾的權益是否受損。其實，法令規章之內亦不外乎人情，在許多情況下，如果公務人員能夠「設身處地」（empathy）的為對方著想，也就是「將心比心」的話，積極主動的為民眾指點迷津、解決問題，提供服務，必定可以贏得民眾熱烈的掌聲。南區國稅局屏東分局林分局長的做法，不就是改變公務人員「目標錯置」的錯誤觀念，而趨向「主動服務」做法的一個值得學習的典範嗎？（台灣新生報空大專版，2011年6月7日）

② 他為什麼不繳社區管理費？

　　目前許許多多的社區及大廈，都成立了社區或大廈管理委員會，負責處理社區或大廈住戶的共同事項，例如安全、照明、內外環境整理及清潔、停車等問題。而「管理委員會」如要順暢的運作，就必須要有充分的經費來源，這項來源就是所有住戶所繳交的管理費。相信大家都聽過「使用者付費」這一句話，所以住戶繳交管理費不就是「天經地義」的事嗎？可是，我們卻常常在報紙上或電視報導中發現，很多社區住戶硬是不肯繳交管理費，而與管理委員會打官司對簿公堂。他們為什麼不繳管理費呢？理由是：他們並不需要管委會幫他們提供安全、清潔或其他方面的服務，因為他們自己可以提供，所以「理直氣壯」的拒絕繳交管理費。但事實上，他們雖不繳費卻享受與其他住戶一樣的好處，這叫做「不勞而獲」！他們就是所謂免費「搭便車的人」（Free Riders）！

　　搭便車問題（Free Riding Problem）最容易發生在「公共財」（Public Goods）的製造及使用上。所謂公共財是指當某種財貨製造後，除非法令限制，否則每一個人都可以享用該財貨，而且如管理得宜，該財貨的供給數量及品質，不會因大家都在享用而降低。常見的公共財，例如國防、外交、治安、公共建設、空氣、淨水、清潔環境等。一般來說，公共財具有四大特性：1. 非敵對性：某人對公共財的享用，不會減少其他人享用的數量。2. 非排他性：非依法令規定，不得排除他人享用。3. 擁擠性：公共財供給數量如果固定，而享用者增加，則該公共財的提供將無以為繼。4. 不可分割性：公共財通常是整體性的，很難分割給個人享用。從公共財特性的說明，我們可以了解，社區及大廈管理委員會所提供的服務，就是所有住戶共有的公共財，基本上它是不可分割的，同時，如果大家都想免費搭車而不繳交管理費的話，管委會就無法運作，公共財也就沒有辦法提供了，這就是為什麼大家都應該繳交管理費的道理。因此，你不覺得那些不繳管理費的人，實在是「強詞奪理」嗎？實在是「不足取」嗎？（台灣新生報空大專版，2011 年 6 月 14 日）

③ 集思廣益或「集體盲思」？

　　相信大家都感覺得到，「開會」已經成為現代人不可或缺的一種日常生活方式。假日要到哪裡去玩，一家大小先開個「家庭會議」再說；公司行號要不要擴大投資、擴充業務，當然非開會決定不可；至於政府機關每天開會次數之多，那就不在話下了。究竟開會的目的何在？你也許可以朗朗上口的說出一大堆目的，例如為了要溝通協調啦！為了促進團結啦！或是為了「集思廣益」（Group Think）啦等等。其中的集思廣益，可能是大家講得最多也是最具「正當性」的一項功能，而在實務上，開會的確可以藉由參與者腦力激盪、知無不言言無不盡的方式，收到集思廣益的效果，作出良好的團體決策。可是，你有沒有碰到過，有些會其實被少數人操控，他們已經有了預設立場或結論。在開會過程中，根本不可能讓大家自由且充分的發言及討論，他們一再強調團結和諧的重要性，不要提出不同的看法或建議，最好按照他們的建議通過，於是如此這般，錯誤的團體決策就因此出現了，這就是所謂「集體盲思」（Groupthink）的現象！

　　各位看官！你有沒有發現，集思廣益的英文是 Group Think，兩個英文字中間是分開的，可能是象徵「保持距離，以策安全」吧！而集體盲思的英文是 Groupthink，兩個英文字連在一起，具有負面的意義，可能是象徵「團體成員太強調團結一致，不見得是好事」吧！所以我們不妨對集體盲思的內涵稍作了解。所謂集體盲思是指一個團體或機關組織因具有高度凝聚力，非常強調團結一致的重要性，因此在開會討論問題時，壓抑了個人獨立思考及判斷的能力，放棄提出不同意見的機會，牽就團體（其實是少數強勢者）的意見，因而產生錯誤或不當的團體決策。集體盲思最典型的一個例子，就是 1961 年 4 月 17 日美國訓諫並協助古巴流亡份子一千五百人，登陸古巴西南部海岸的豬玀灣，企圖推翻卡斯楚共產政府而大敗的案例，一般稱為「豬玀灣事件」。在開會決定要不要協助流亡份子登陸古巴時，中央情報局強勢主導大局，提供過分樂觀、誇張、不實的情報，力主應該立即採取攻擊行動，計畫一定會成功。其他與會者毫無置喙

的餘地，於是向剛上任九十天的美國甘迺迪總統，提出錯誤的進攻建議，終導致一千一百人被俘的大敗結果。所以，各位看官！當我們為解決問題或作重大決策而開會研商時，究竟要集思廣益，還是要集體盲思？應該不難選擇吧！（台灣新生報空大專版，2011 年 6 月 21 日）

「鄰避情結」有藥可醫嗎？

　　曾經喧騰多時、擾嚷不休的國光石化工廠在彰化芳苑濕地開發案，在馬英九總統於 2011 年 4 月宣布因環評等問題，決定暫緩開發後，爭議暫時落幕，但類似問題的爭論，過去既層出不窮，未來仍將不斷的發生。此次國光石化工廠開發案的主要反對者，是環保團體、學者專家、部分政治人物及工廠預定地（芳苑、大城）附近之部分居民。其中居民的反對理由除環保外，主要是認為該工廠是高耗水、高耗電、高碳排放、高污染性的工廠，可能對附近居民造成嚴重的生命財產損失，因此堅決反對到底，這就是「鄰避情結」（Not In My Back Yard, NIMBY）的具體表現。所謂鄰避情結就是主張所有的鄰避設施，都「不要建在我家後院」的意思。什麼是鄰避設施呢？它指凡是被當事人認為對他的心理、生理、生命財產等方面，具有傷害威脅的任何公共或私人設施，一律在反對之列，例如石化工廠、發電廠、垃圾焚化廠、殯葬場、變電所等。基本上，鄰避情結是一種主觀認知後的情緒反應，非常不容易消除。那麼，鄰避情結難道就無藥可醫了嗎？

　　政府機關或企業主欲完全消除當事人的鄰避情結是很困難的，只能夠多管齊下、同時多用幾帖藥方，以減輕他們心中的疑慮與不滿。這些藥方包括：1. 了解當事人產生鄰避情結的真正原因，以便「對症下藥」：是因政治人物的推波助瀾嗎？是因生命財產可能受害而要求更多的補償回饋金嗎？是因「犧牲小我，完成大我」的不公平感受嗎？是因對政府的承諾不具信心嗎？2. 增加利害關係人參與政策或計畫的規劃過程，早期進行溝通：在規劃階段，應辦理民意調查、公聽會、說明會，聽取反對者的意見；必要時，可採取「吸納」（cooptation）的策略，將反對的意見領袖納入規劃委員會、諮詢委員會或決策委員會，以集思廣益並減少阻力。3. 各項開發計畫案應切實周詳妥善的規劃及作好可行性分析，尤其應完善各項配套措施。以上這些只是舉舉大者幾項而已，主其事者若能從「同理心」（empathy）出發，誠心誠意且耐心的與當事人溝通，化解當事人心中的

不滿情緒與疑慮，則庶幾有助於減輕鄰避情結所造成之負面結果也。（台灣新生報空大專版，2011 年 6 月 28 日）

⑤ 要「最好的」還是要「滿意的」？

各位看官！有道是：「一種米養百樣人」，真是一點也不錯！就拿一般人尋找結婚對象來說吧！有些人的行事風格是一定要找到「最好的」，否則就「寧缺勿濫」；有些人是決定找一個「滿意的」對象就好，因為「知足常樂」；另外有的人則是只要任何異性願意點頭就加以接受，因為「聊勝於無」嘛！總比目前孤家寡人的情況要好吧！請問：你贊成哪一種做法？上面這個例子，雖涉及稀鬆平常的三種個人決策行為，但卻蘊含著三個富有學理的決策途徑，且讓在下為你說分明。

第一，「寧缺勿濫」代表的是「理性廣博的決策途徑」（rational-comprehensive decision-making approach）。決策者認為人類是經濟人（economic man），一定要追求最大的經濟利益，所以要找到所有可能的結婚對象（一個都不能漏掉），然後依各項標準將所有結婚對象評估比較後排出優先順序，最後選擇第一優先的（也就是最佳的）對象。各位看官！採用這個途徑選擇結婚對象，恐怕要打一輩子光棍吧？

第二，「知足常樂」代表的是「滿意決策途徑」（satisficing decision-making approach），提倡者是賽蒙（H. A. Simon）教授。說來也許你不相信，早在 1969 年 3 月，在下就和賽蒙教授有過書信來往，他還送了在下一本書呢！他認為人類是行政人（administrative man），因為受到各種限制，所以只追求「滿意的」或「足夠好的」決策。因此，挑對象時，先設立一位滿意的結婚對象所需的條件，例如身高、體重、教育程度、職業、個性等，然後尋找並接受第一個符合此些滿意條件的對象。各位看官！這個途徑看起來還不賴吧！

第三，「聊勝於無」代表的是「漸進決策途徑」（incremental decision-making approach），提倡者是林布隆（Charles E. Lindblom）教授。他曾於 1981 年 8 月來台訪問並發表演講，在下曾聆聽其演講並陪他去拜會當時的內政部長邱創煥先生。他認為決策通常是相關人員討價還價、交換取捨的結果。所以作決策時，通常是從目前狀況去找尋替代的方案，凡

是比現狀好的方案都可考慮接受，未來如有更好的方案，可不斷取而代之。以這個途徑選擇結婚對象，固然可暫時解決光棍問題，但是因為不斷的「漸進更換對象」，恐怕會後患無窮吧！

　　其實沒有哪一個途徑是絕對的對，或絕對的錯，決策途徑的適用場合，端視個案、決策者個人因素及特定時空環境狀況而定，你說對嗎？（台灣新生報空大專版，2011 年 7 月 12 日）

⑥ 「胡蘿蔔與棍子」，哪一項工具有效？

　　長久以來，新聞時常報導，國中國小老師基於「愛之深，責之切」以及「不打不成器」的認知，對學生進行體罰以致不斷發生爭議。類似情事也常常在機關組織中的上司與部屬之間上演著。有關如何糾正學生或部屬的不當行為，涉及究竟使用胡蘿蔔（carrot）的獎勵做法較有效呢？還是使用棍子（stick）的懲罰措施較有效？或是如何「恩威並重」、兼採二者的問題。同時，它還涉及對人性的假定及激勵理論（motivation theory）的問題。

　　麥克葛里果（Douglas McGregor, 1906-1964）的 X 理論及 Y 理論，可以說是「胡蘿蔔與棍子」論點的應用基礎。管理者或老師基於不同的人性假定，就會偏重不同的管理方式。X 理論乃是我國荀子所主張的「人性本惡論」，基本上把人看成是「壞人」。它假定人類天生好逸惡勞、不喜工作、被動消極、逃避責任等等，因此，管理者或老師只好拿著「棍子」在後面鞭策，採取嚴厲監督、控制、命令、懲罰、威脅的管教方式。經驗顯示，其效果正負互見。

　　相反的，Y 理論就是我國孟子所主張的「人性本善論」，基本上把人視為「好人」。假定在適當環境下，人類樂於學習、工作、自我控制、勇於負責等等，所以管理者或老師，不應一味的採取強制及懲罰措施去管教員工或學生。而應設法塑造有利的學習及工作環境，以「胡蘿蔔」作為誘因，積極鼓勵他們努力達成目標。此種以「獎勵」為主的管理方式，同樣獲得利弊參半的評價。

　　說了大半天，你不禁會問：那麼胡蘿蔔與棍子，究竟哪一項管教工具比較有效呢？我個人的看法是：兩者都有效。因為就人類本質來說，每個人不可能是百分之百的「壞人」，也不可能是百分之百的「好人」，大概都處於由「壞人」到「好人」之連續體的某一點上。所以管理者或老師就不能完全採用「胡蘿蔔」的獎勵工具、或完全採用「棍子」的懲罰工具進

行整體性的管教，而應依各種狀況將兩種工具作最適當的結合運用。換言之，兩種管理工具都有效，問題在管理者如何採取權變的觀點，因人、因時、因地、因事的不同，而作最佳判斷，決定該採取哪一種管理工具。由此可知，管理（管教）不只是一種科學（science），它還是一種「藝術」（art），運用之妙存乎一心！你的看法如何呢？（台灣新生報空大專版，2011 年 7 月 19 日）

「政策行銷」知多少？

　　朋友！一看到本文的題目，你也許會說，我又不是公務員，政策行銷（policy marketing）跟我有什麼關係？我認為它跟任何人都有關係。根據新聞報導，南韓總統李明博親率龐大的「行銷團」，遠赴在南非德班舉行的第 123 屆國際奧會全體會員大會上，強力行銷「申奧」活動，充分發揮「元首效應」，終於在 2011 年 7 月 6 日，成功的為南韓平昌市爭取到 2018 年冬季奧林匹克運動會主辦權（此為第三次申請），舉國為之普天同慶；不禁讓我們回想到在 2011 年 4 月 25 日圓滿落幕的「2010 台北國際花卉博覽會」，也在主辦單位努力「行銷」下，使入場人次達到八百九十五萬，遠超過八百萬人次的預定目標，令國人同感驕傲。此外，最近以來，從中央到地方政府無不卯足勁，「行銷」台灣及各地方之觀光特色及美食，爭取觀光客，刺激經濟發展，到處呈現「強強滾」的模樣！如果我們用庶民語言來解釋政策行銷的話，它指：「政府處理一件公共事務時，透過各種方法，將政府決定不作為、作為、及如何作為的資訊，傳遞給相關人員，以爭取支持的過程。」則所有這些例子都是廣義的政策行銷。因為行銷結果都同樣牽動每一個人的神經，都與每一個人的日常生活息息相關！由此看來，我們有充分的理由關心政策行銷的成敗吧！尤其是目前我國正積極爭取加入各種國際組織，及主辦各種國際重大賽會或展覽會，所有國人更應對成功的政策行銷盡一份心力！

　　那麼，如何才能使政策行銷成功呢？依經驗顯示，成功的政策行銷至少應具備以下的條件：第一，必須擬訂周詳的行銷計畫及策略。第二，機關首長必須全力支持及親身參與行銷活動。第三，機關組織全體人員必須形成有力的行銷團隊。第四，必須具有優秀稱職的行銷人員。第五，必須採取各種具體有效的行銷方法。第六，必須儘量採取「合夥行銷」（partnership marketing）的做法，包含「府際合夥行銷」及「公私部門合夥行銷」等。第七，政策、活動或產品本身必須卓越引人。第八，必須對民意代表、傳播媒體及學者專家三者作好公共關係，藉以協助行銷活動。

第九，在政治、經濟、社會及文化層面上，必須能充分的配合。朋友！讓我們一起 push 各級政府及各機關設法完備這些條件，使立意良善、規劃完美、福國利民的政策或活動，都能順利「行銷」並執行成功！（台灣新生報空大專版，2011 年 7 月 26 日）

⑧ 公私部門怎麼「合夥」？

　　請問你搭乘過台灣高速鐵路嗎？如果有的話，你的感覺如何？是不是覺得它又快速又舒適？因為搭高鐵從台北到高雄只要一個多小時而已，實在有夠方便。但是你可知道這一條鐵路是怎麼建起來的嗎？你也許會笑著說：這個問題很簡單！它是 BOT 的產物嘛！不錯！答案正確！那麼，BOT 又是什麼東西？告訴你，它就是公部門（政府）與私部門（民間）合夥關係的一種方式。現在就說明一下某些相關的概念。

　　所謂公私合夥關係（public-private partnership）也稱為「公私夥伴關係」，就是公部門（政府機關）與私部門（包括工商企業界及非營利組織）透過簽約方式，基於互賴、互信、互利的共識，建立夥伴的關係，共同辦理某些賽會、展覽會、節慶活動（例如童玩節等）或共同興建、經營某些公共設施。這種合夥關係對政府的好處是：第一，節省政府經費支出；第二，節省政府人力；第三，提升營運績效。下面就為大家說明一下公私合夥興建或經營公共設施的類型。

　　根據「促進民間參與公共建設法」的規定，公私合夥興建或經營公共設施的類型有以下四種：1. 興建－營運－移轉（Build-Operate-Transfer, BOT）：由私部門投資興建、私部門營運、私部門將興建物移轉給公部門擁有，例如台灣高速鐵路興建營運案。2. 興建－移轉－營運（Build-Transfer-Operate, BTO）：由私部門投資興建、將興建物移轉政府擁有、交由私部門營運，例如馬祖南竿海水淡化廠案。3. 擴建－營運－移轉（Rehabilitate-Operate-Transfer, ROT）：由私部投資擴建、私部門營運、將產權移轉政府擁有，例如富源森林遊樂區、棲蘭及明池森林遊樂區、國立竹北高中游泳池整建營運案。4. 公有民營，營運－移轉（Operate-Transfer, OT）：公部門投資興建、由私部門營運後交回政府擁有，例如新北市八里垃圾焚化場案、宜蘭國立傳統藝術中心等。現在你對公私合夥關係應當有一些 idea 了吧！

　　政府與民間合夥舉辦各種活動或興建並經營公共設施，通常是採取簽

約外包（contract out）的方式進行，雙方依據契約履行各項權利及義務，希望最後能夠達到「雙贏」的目標。不過，我們要注意，這種公私合夥關係並非是解決所有政府因財政困難、人力不足、績效不佳而無法獨自興建並經營公共設施問題的「萬靈丹」（panacea）。我們不是常常在媒體報導中，發現有些 BOT 案的得標廠商因故「半途而廢」而產生諸多糾紛嗎？所以，政府在「合夥」過程中，必須扮演好「協助者」、「監督者」以及「管制者」的角色，使公私合夥關係最後能獲致「三贏」（政府、民間企業或團體、民眾三者均贏）的結果！我想這是我們大家最期盼的事，不是嗎？（台灣新生報空大專版，2011 年 8 月 2 日）

⑨ 當心，「危機」就在你身邊！

俗話說：「人無遠慮，必有近憂。」又說：「天有不測風雲，人有旦夕禍福。」這些話明白的提醒我們，人們在日常生活中，隨時隨地都有可能遭遇「危機」或「災難」的情況，所以平時就要有「未雨綢繆」的準備，個人是如此，政府也是這樣。就拿此次「塑化劑危機事件」來說吧！2011年5月一場由政府揭發、全球首例的不肖廠商違法添加毒性塑化劑在食品中的事件，引起民眾對食品安全的極大疑慮與恐慌，三個多月來，可說人人談「塑」色變、惶惶不可終日！大家心中不禁懷疑，究竟過去吃下了多少的塑化劑？是否已危害到健康？現在究竟還有什麼東西能吃、什麼東西不能吃？幾乎每個人都陷入了危機處理的情境。同樣的，政府相關機關也馬上啟動危機處理的機制。持平而論，政府對此事件的處理可說相當的賣力，但仍然受到諸多批評，原因何在？

一般研究危機管理（crisis management）者，通常依其過程分成三個階段加以探討分析：危機預防階段、危機處理階段，以及危機復原階段。我們不妨依此三階段檢視一下政府機關的做法及缺失。1. 預防階段：政府機關除了事先缺乏危機意識外，在法律規範及管理做法上均有不足之處，以致無法預防此事件的發生。2. 處理階段：事件發生後，政府雖立即成立危機處理小組，並進行各項損害控管作為，但因未能善用危機溝通管道，明確說明塑化劑的影響範圍及因應方式，來安定民心，以致引起民眾的恐懼與不滿。3. 復原階段：目前可說正處於此階段，「亡羊補牢猶未晚」，主管機關如果能從以下幾個面向努力的話，應當可使此事件的損害減至最低：1. 確實執行銷燬污染物作業，避免造成二次環境污染。2. 建立食品安全危機標準作業程序。3. 研議後續賠償機制，協助受害者向廠商求償。

以上三階段式的危機管理模式，同樣可應用在我們個人的危機事件方面。首先，每個人平常就要具有危機意識，警覺危機可能隨時在身邊發生，所以必須從感情、家庭、健康、事業、財務、意外事故等各方面，設法防止或減少危機事件發生的可能性。其次，當危機發生時，例如患了重

病，切勿「怨天尤人」，消極應對，而應積極採取各種有效措施，解決問題，化解危機。最後，當危機完善處理後，除了記取「前車之鑑」的教訓，避免再度發生類似危機事件外，就不要再把此事件掛在心上，成為揮之不去的夢魘，而應回復到正常的生活，因為它也許是人生另一高峰的轉捩點。後面這兩個階段的活動，也就是聖嚴法師所開釋的；「面對它，接受它，處理它，放下它。」的人生哲學。朋友！危機誠可怕，預防價最高，處理若得宜，災難變轉機！你說有沒有道理？（台灣新生報空大專版，2011 年 8 月 9 日）

⑩ 「全球暖化」怎麼辦？

　　最近以來，各種傳播媒體不斷報導，北極冰山每天融化掉三個台灣面積的冰層，速度驚人，追究其罪魁禍首認為是「全球暖化」（global warming）惹的禍。而前陣子令人觸目驚心的影片，「不願面對的真相」及「正負2℃」地球浩劫，也把矛頭指向全球暖化、氣溫升高的結果。首先，請問，你相信全球暖化的情況真的很嚴重嗎？就我個人而言，因為「眼見為憑」，所以我相信是真的。幾年前我曾去加拿大洛磯山脈的「哥倫比亞冰原」遊覽，我站在冰原上，腳底冰川快速的融化，令人印象深刻；三年前，我搭遊輪前往北半球的阿拉斯加，與「哈伯冰河」（北美第一大冰河）前緣正面接觸，眼看每兩三分鐘就有幾公尺高的冰層崩落在水面上，場面十分令人震撼；兩年前，我前往南半球的紐西蘭時，也前去觀看「福斯冰河」融化退縮的情形，這些景象讓我確信全球暖化是真的！在此前提下，接著讓我們來探討一下全球暖化的前因後果。

　　根據我個人的理解，全球暖化前因後果的順序，似乎可以如此排列：工業發達、碳排放量激增→溫室效應、氣溫上升→全球暖化、冰山融解→聖嬰及反聖嬰現象頻率增加→反常的暴雨及乾旱造成地球生態環境破壞，動植物面臨空前浩劫。其中聖嬰現象係指本來不太會下雨的地方，會下暴雨；本來會下雨的地方，卻遭遇嚴重的乾旱。反聖嬰現象則指本來會下雨的地方，變本加厲下得更多；本來乾旱的地方，會變得更為乾旱。由以上的分析可知，造成全球暖化的元凶就是人類過度開發、排放難以估計的二氧化碳等氣體所致，所以當務之急就是要從「節能減碳」下手。本人認為，此項工作可從三方面齊頭並進。第一，全球性做法；透過全球治理（global governance）的模式，由將於2011年12月在南非舉行的第17屆「聯合國氣候變遷綱要公約締約國大會」，達成世界各國減少碳排放量數量的協議並確實執行。第二，國家性做法：由世界各國自行訂定節能減碳目標，並透過政策工具的運用予以達成，例如我國就訂有「國家節能減碳計畫」，有關機關正採取各種政策工具，以獎勵及懲罰的方式，從各層面

全力推動加以落實。第三，個人性做法：由每個人在日常生活中的小處作起，處處都有節能減碳的機會。為此，行政院還訂頒「節能減碳十大宣言」，告訴國人從哪些地方以及如何進行節能減碳，大家不妨去看看它的內容，努力配合。各位朋友！全球暖化的情況真的愈來愈嚴重，它對我們人類生存的威脅也愈來愈厲害。全世界的人類已到了必須拋棄本位主義、群策群力、共同減緩全球暖化的關鍵時刻了。為了加速全球節能減碳目標的達成，我看我們乾脆一同發起一項世界性的「拯救地球運動」（Saving Earth Movement）吧！你認為如何？（台灣新生報空大專版，2011 年 8 月 16 日）

⑪ 走一趟「藍色公路」吧！

　　朋友！你工作很忙，壓力很大嗎？你心情鬱卒，很難紓解嗎？你一家大小不知道假日何處去嗎？我建議你，不妨去走一趟現在很流行的「藍色公路」之旅。根據媒體報導，目前台灣有好幾條河流及海域，開闢了藍色公路的航線，例如自台北市大稻埕至淡水漁人碼頭的淡水河遊艇航線、基隆河大佳公園的遊艇航線、淡水河左岸巴里的渡輪、花蓮的近海巡遊及宜蘭烏石港的賞鯨之旅等等，均提供了遊客賞心悅目的旅遊行程。報導又說，徜徉在藍色公路上，你可以飽覽淡水河及基隆河沿岸的山光水秀與夕照；可以在烏石港賞鯨及登龜山島；可以在花蓮海域撈飛魚、釣魷魚及抓蝦等。看起來非常不錯，對不對？我想心動不如行動，趕快去走一趟吧！我個人已經有過巡禮淡水河及基隆河藍色公路的經驗，的確令人心曠神怡，所以特別在此「野人獻曝」一番！

　　不過，本人之所以談論這個題目，除了要「提倡觀光旅遊、促進經濟發展」（口氣很大）之外，主要是藍色公路的營運，至少涉及了幾項行政學及公共政策領域中的學理或概念，值得我們注意。第一，如何暢順府際關係（intergovernmental relations）問題：以淡水河藍色公路為例，它涉及中央政府、台北市政府與新北市政府三者之間，如何共同合作整治淡水河、如何共同整建兩岸建築及風景名勝、如何共同經營藍色公路事業，以媲美韓國的漢江與巴黎的塞納河（這兩個地方本人都曾經去遊歷過）。事實上，我一直認為，無論是就河面寬窄、距離遠近或兩岸自然風光（不談古老建築）而言，淡水河均遠勝於塞納河，因此，只要府際關係能夠暢順運作，同心協力好好規劃，發展淡水河觀光產業的話，淡水河的「藍色公路」事業，一定有機會超越塞納河。第二，如何作好處理跨域管理（cross-boundary management）問題：每一條藍色公路的開發營運，均涉及幾個不同政府或機關的共同管轄或監督的問題，但究竟誰管轄哪一部分，往往不是很清楚，以致造成權責分散、互相推諉，「三個和尚沒水喝」的窘境。改善跨域管理問題的做法包括：1. 建立長期互動關係。2. 暢

通良好溝通管道。3. 善用非正式組織（informal organization）。4. 強化各級領導功能。5. 積極培養跨域管理者。第三，如何進行政策行銷（policy marketing）問題：對於藍色公路的開發過程及營運狀況，如何透過府際合夥行銷及公私部門合夥行銷的方式，加強行銷，廣為周知，吸引國內外遊客共襄盛舉，活絡地方觀光產業，促進地方經濟發展，實為主其事者應特別努力之處。朋友！你是否覺得筆者太煞風景了，談旅遊也就算了，竟然說了一大堆的道理，似乎有點「傳教」的樣子，到底目的何在？其實，別誤會！我沒有什麼惡意，只不過是在高談遊山玩水之餘，順便來個「機會教育」罷了！（台灣新生報空大專版，2011 年 8 月 23 日）

12 打破「白京生定律」魔咒

　　朋友！如果你對行政學稍有涉獵的話，你也許會發現，在行政學領域中，有許多所謂「定律」的論題，包括：白京生定律（Parkinson's Law）、寡頭鐵律（Iron Law of Oligarchy）、墨菲定律（Murphy's Law）、邁爾斯定律（Miles' Law）及不稀罕效應（BOHICA Effect）等，它們是國家考試的熱門試題。其中以白京生定律最為大家所知，因此，現在就對該定律的由來、內容及打破「定律」魔咒之道等稍加說明。

　　一、白京生定律的由來：英國歷史學者白京生（C. Northcote Parkinson）於 1950 年應聘擔任當時剛在新加坡成立之馬來亞大學教授之後，經常在經濟學人（The Economist）及哈潑雜誌（Harpers Magazine）發表有關行政問題的諷刺性文章。後來在 1957 年時，將所發表的文章結集成書，書名為「白京生定律及其他有關行政的研究」（Parkinson's Law and Other Studies in Administration）。他把普遍存在的行政組織病象稱為「定律」，具有反諷批判的意味，認為此些定律實在不應該存在才對。

　　二、白京生定律的主要內涵：白京生基於對英國系統之官僚制度的研究，在書中提出了多項膾炙人口的所謂「定律」，認為幾乎所有行政組織都會出現這些病態現象，就像被一道魔咒罩住一樣，沒有一個組織可以倖免。其中較重要的「定律」，包括以下數項：1. 機關首長為擴張權勢，喜歡藉著相互製造工作機會而增加部屬的數目。2. 機關首長喜歡任用不如自己者，避免製造職位競爭者，以致機關年代愈久，成員素質愈低。3. 機關開會時間長短，與議題重要性及所涉經費多寡成反比，即議題較不重要或所涉經費較少者，開會時間較久。4. 機關成立「委員會」的情況愈來愈普遍，且委員的數目也愈來愈多。5. 機關行政效率日趨低落，但建築及辦公廳舍卻日趨華麗。6. 機關通常會儘量將收入（預算）全部用完。7. 機關工作人員在退休前三年（R-3，R 代表退休年齡）就呈現工作無效率、等待退休的狀態。

　　三、打破「白京生定律」魔咒之道：各機關組織真的一定會受到魔

咒的箝制，出現上述的行政病象嗎？如何打破此魔咒？我想每個人都有不同的看法及建議。我個人認為，這些行政病象均屬於機關組織運作方式及機關首長心態方面的問題，所以打破魔咒的良方，可能是進行組織文化（organizational culture）的變革。組織文化指組織中，成員彼此間互動時共同分享的、可能影響成員態度與行為的各種價值觀、規範、假定、工作方式、目標等所有有形或無形的事物。而根據研究，各級主管就是組織文化的主要形塑者及傳遞者。簡言之，有什麼樣的首長及各級主管、就會產生什麼樣的組織文化。如果他們具有正確健全的心態及行為樣式，那麼前述行政病象應可大大減少。所以，根本解決之道，恐怕還是要求各機關首長及各級主管從事一場「心智革命」（mental revolution）吧！你贊成嗎？（台灣新生報空大專版，2011 年 8 月 30 日）

⑬ 都是「行政文化」惹的禍

　　各位看官！你是否注意到傳播媒體三不五時就會報導，說某一個政府機關的公務人員，在為民服務處理公務時，發生了「推諉塞責、互踢皮球」的情況？你也可能聽說，某一個機關流行「紅包文化」、「關說文化」。要不然就聽說，又有哪些公務人員發生貪污或收賄的弊端。為什麼許多公務人員的服務態度及操守常為一般民眾所詬病？原因固然很多，但筆者認為，根本原因可能出在「行政文化」（administrative culture）的取向上。明白的說，上述現象大多是不良行政文化所造成的結果。那麼，什麼是行政文化呢？

　　行政文化泛指政府機關的公務人員在執行公務的過程中，彼此間及與民眾間進行互動時，形成一種共同享有的價值觀、信念、規範、態度、工作方法等的行為樣式。由這個定義來看，「行政文化」這個名詞是中立性的，它可能是正面的文化，例如機關充滿著公務人員團結合作、奉公守法、廉潔自愛、積極服務、依法行事、設身處地的工作氛圍；但是它也可能呈現負面的行政文化，就像前面所說的，機關人員對彼此間爭權奪利、徇私舞弊、本位主義、敷衍應付、收受臭包的不良風氣，見怪不怪，習以為常。要特別強調的是，行政文化主要是機關成員經由創造、學習、傳承的過程逐漸形成的。因此，要健全政府機關的行政文化，可以從許多方面著手：1.行政環境方面；2.社會價值觀方面；3.首長作風方面；4.制度規範方面；5.互動網絡方面。不過筆者認為，行政文化之良窳，應負最大責任的，應該是行政首長及各級主管。為什麼呢？

　　記得曾國藩在〈原道〉一文中，曾明白指出：夫風俗厚薄奚自乎？自乎一、二人心之所嚮而已。一個社會風俗的好壞，取決於少數居上位者是否真正有心引導民眾去形塑良好的風俗。同樣道理，一個機關行政文化的好壞，也端視首長及各級主管是否能夠「以身作則」？是否能塑造良好的行政風氣，並收「上行下效」的效果？是否有能力「移風易俗」，導正不良的行政文化？古人說過，居上位者，其身正，不令而行，其身不正，雖

令不從。由此看來,官位愈高者,對改善不良的行政文化,就應負起更大的責任!各位高官!大家勉乎哉!各位看官!你同意在下的看法嗎?(台灣新生報空大專版,2011 年 9 月 13 日)

14 「本位主義」有什麼不好？

　　朋友！不知道你有沒有聽過下面這一則笑話？從前從前，某一市政府鑑於鼠患肆虐，嚴重影響市民的健康，於是由負責屋內衛生業務的衛生局，和負責屋外環境維護業務的環保局共同執行一項「滅鼠計畫」，全面撲殺老鼠。行動開始後，幾乎所有的老鼠都嚇得到處亂躲，不敢出現。唯獨一隻老鼠「老神在在」，遊哉悠哉的在屋裡屋外逛來逛去，一點都「沒在怕」。當環保局人員前來捉鼠時，老鼠趕快跑進屋內，環保局人員見狀，認為屋外已無老鼠，遂「完成任務」的離開。而衛生局人員前來滅鼠時，老鼠則立刻從屋內跑到屋外，衛生局人員眼看老鼠已跑到屋外，屋內衛生無虞，屋外捉鼠非其職責，也認為已完成「份內工作」，揚長而去。老鼠就在如此這般情況下，得以來去自如，安然無恙。朋友！這代表什麼意思？它不就是機關或單位在共同執行某項業務時，只重「本位主義」（parochialism），而不重團隊合作的寫照嗎？類似因本位主義作祟而無法圓滿達成目標的情事，可謂屢見不鮮，乃是世界各國的行政通病之一。

　　所謂本位主義，也可以稱為偏狹主義，從行政學的觀點來說，它指各行政機關或單位，常以本身的立場或利害狀況，作為決策或執行業務的主要依據。在此情況下，本身就缺乏與其他單位或人員合作的意願；就會將有利於己的資源或事務控制在手上，而將不利於己的事務推給別人或別的單位。儘管公務人員以許多理由為本位主義辯護，但是社會大眾對它罵聲連連，大肆抨擊，則是不爭的事實。究竟本位主義好不好？我們不妨來分析一下。第一，就單位內的個人而言，本位主義只有利自己，不利他人及所屬單位，故不足取。第二，就單位本身而言，成員基於單位利益而抱持本位主義立場，可能有利於單位內部的團結合作，完成任務，但卻不利於其他單位及高一層次的組織。第三，就整個機關而言，所屬各單位如堅持本位主義，絕不利整個機關目標的達成，故應儘量避免。

　　總而言之，如果一個機關各單位或人員本位主義觀念濃厚的話，將導致各單位我行我素、互不配合、爭權奪利、整體績效不彰的狀況。所以，

機關首長應極力設法消除各單位及人員本位主義的觀念及作風,其做法相當多,至少包括:1. 機關首長以身作則。2. 對成員進行訓練及教育。3. 進行充分溝通與協調。4. 利用獎懲機制。5. 實施輪調制度。本位主義既然是行政病態,也被社會大眾認為會嚴重影響為民服務的效果而要求檢討改進。那麼,為民服務的公務員們,你們豈可再固步自封,繼續抱持本位主義,不思改進乎?(台灣新生報空大專版,2011 年 9 月 20 日)

15 哪一種領導方式比較有效？

　　朋友！你是否常看到傳播媒體報導說，某些家長因管教不當，導致孩子離家出走，為非作歹？某些教師因體罰學生過當，導致師生關係惡劣，甚至對簿公堂？某些大公司行號老闆因管理員工不善，導致頻傳員工跳樓輕生？這些情況在在說明了「領導」（leadership）的重要性。是的！如果領導方式使用不當，可能產生各種糾紛、衝突、甚至發生悲劇的情形；相反的，如果領導方式運用得宜，則組織可能獲得關係和諧、圓滿達成目標、創造高度利潤的效果。因此，關鍵就在於領導者是否採取有效的領導方式？

　　其實，如果我們將領導廣義的界定為：「在某一種特定情境下，某人行使各種影響力，促使他人按照自己的意思去行動的過程」的話，那麼，每個人一生下來，就注定要被別人領導以及領導別人，因為每個人一生中，必定擁有各種不同的影響力，例如名位、權力、財富、專業等。換言之，領導就是影響力相互作用的結果。所以，領導是否有效，問題似乎就在：影響力的行使，也就是領導的方式，究竟應該專斷權威一點好？還是民主參與一點好？或者是完全自由放任好？

　　我們必須了解，領導不只是一種科學，它也是一種藝術，甚至藝術的成分比重多一些。所謂藝術，就是「運用之妙存乎一心」。所以儘管學校的辯論比賽題目常常是：「究竟是英雄造時勢對？還是時勢造英雄對？」我個人的看法是，兩者都對，也都不對，它要看許多情況而定。明白的說，我們必須採取「權變領導理論」（The contingency theory of leadership）的觀點，來討論哪一種領導方式比較有效。什麼叫「權變」呢？簡單的說，就是「通權達變」的意思，也就是「見人講人話，見鬼講鬼話；出門看天色，進門看臉色」。因此，領導者應該因人、因時、因地、因事之不同，而採取不同的領導方式，不能一概而論，才能有效的領導別人。舉例來說，如果你所領導的是一群具有高學歷、技術專精、積極主動、績效良好、從事研究發展工作的員工，你最好採取民主的、參與

的、關懷的、體諒的領導方式，大致上會比較有效；反過來說，如果你所
領導的是一群學識及技術較不足、消極被動、績效較差、從事例行性及重
複性的業務，則以採取專斷的、權威的、教導的、照章行事的、嚴格要求
的領導方式，可能會收到較好的效果。

　　目前有關權變領導的理論很多，其中最有名的包括以下二者：1. 費德
勒（Fred. E. Fiedler）的權變領導理論。2. 赫賽（P. Hersey）與布蘭查（K. H.
Blanchard）的情境領導理論。各位如果想多了解如何進行權變領導的話，
可以去看看他們是怎麼說的，相信對各位會有很大的幫助。朋友！本文的
主要目的是在打破「天下存在唯一最佳領導方式」的迷思（myth），強調
領導者必須綜合審度情勢、了解部屬個性、工作特質等因素，隨時變換不
同的領導方式，才能成為一位成功的領導者。朋友！你想有效的管教子女
嗎？你想贏得部屬或他人的尊敬與支持嗎？不妨來試一試「權變領導論」
的魔力吧！（台灣新生報空大專版，2011 年 9 月 27 日）

16 「以腳投票」的錯誤示範

　　據前些天傳播媒體報導說，位於雲林縣麥寮鄉的台塑公司第六座輕油裂解廠，準備對鄉民發放回饋金，每人每年新台幣七千兩百元，聽說在知道這項「好康」的消息後，有數千人準備把戶籍遷到麥寮去（不實際居住），預備分一杯羹。這項報導令人感慨萬分，有道是：「君子愛財、取之有道」。曾幾何時，某些國人只為區區數千元，就會產生如此貪婪的心態！其實這種情形跟選舉的時候，為了支持某位候選人，把戶籍遷到該選區，但實際上未入住，成為「幽靈人口」，而取得「對價關係」的情形如出一轍，基本上都是不合理、不合情、不合法的行為！它應當是一個已開發國家、具高度文明素養的國民，不屑為之的事情。不幸的是，這種情況卻一再的出現在我們這個社會裡。

　　依據公共選擇理論（public choice theory）的說法，人類是自利的、理性的及利益最大化的動物，所以在有比目前狀況更好的選擇時，他便可能捨棄目前的情況，而選擇獲利更多的另一種情況，也就是可能發生「以腳投票」（voting with foot）的行為。在一個民主且地方分權的國家中，各個地方政府會儘量為居民提供各種社會福利、衛生醫療服務及租稅優惠等措施，以爭取居民的認同與支持。各地方政府間既然具有相互競爭的關係，而因民主國家的人民具有自由遷徙的權利，所以他們在進行比較之後，便會用腳投票，隨時遷往最能提供及滿足他們需求的地方去居住，這是一種正常且合法的行為。透過這種方式，可以促使地方政府進行相互良性的競爭與進步。古典經濟學家將市場供需法則決定價格的機制，稱為「一隻看不見的手」（an invisible hand）。那麼，我們不妨將自利的民眾，以腳投票，「擇較佳地方居住」的做法，稱之為「一隻看不見的腳」（an invisible foot）。朋友！「人不為己，天誅地滅」，以合法、合情、合理的方式爭取本身的權益，乃是天經地義、無可厚非的事。但是如果像某些人那樣，聽到台塑六輕廠準備發放回饋金，才趕快想要把戶籍遷過去的做法，尤其是根本不住在那裡的話，恐怕就相當不足取了，可以說是「以腳

投票」最錯誤的示範。如何抵擋「不義之財」的誘惑，我看國人的道德水準，恐怕有待進一步提升了。你說對不對？（台灣新生報空大專版，2011年 10 月 11 日）

17 為什麼國會總是吵吵鬧鬧？

　　前些時我們的立法院，也就是一般人所說的國會，又爆發了立法委員與行政官員嚴重的針鋒相對及口角衝突。不過持平而論，這項衝突比起以前動不動就打群架、拔麥克風、摔東西的情況，可以說是「小巫見大巫」，還不算頂嚴重的事呢！你可知道，我們國會過去時常發生打架的情事，可真是遠近聞名，大概世界許多國家都知道這些事。話說有一次，筆者前往北歐瑞典參觀首都斯德哥爾摩的市議會，導覽小姐說，她們的市議員大致上議事理性，過程相當平和，真想不透台灣的國會為什麼會常常發生打群架而導致某些立委掛彩的不幸事件。我問她如何知道台灣國會發生打架的事情，她說是從電視不斷報導獲知的。大家也許很想知道，為什麼國會總是吵吵鬧鬧？

　　全世界每一個國家，不論是專制極權國家或是民主政治國家，大概都有「國會」的設置，由國會議員代表人民監督政府的施政，為人民及國家謀取最大的福祉，同時，它也是「政策合法化」（通過法案）的最重要機關。在台灣，既然立法委員的職務是在審議法案，是在監督政府，是在為人民及國家服務，那麼，因為個人動機、立場、黨派、看法、利益不同，於是在立法院質詢或審議法案時，意見分歧、唇槍舌戰，理性辯論，應當是自然而然且合理的事。但是有些人卻是基於特殊目的而不理性問政，故意擴大爭議，挑起事端，甚至大打出手，引起媒體特別注意及報導。這些立委基本上包括以下幾類型：1. 為打開個人的知名度。2. 為博取媒體版面，向選民交代，表示他有在為選民「做事」。3. 為利益團體或財團擔任「馬前卒」。4. 捍衛黨團利益，受命「搏命演出」。5. 因意識型態作祟，為反對而反對。6. 基於公益及理想，奮不顧身，力爭到底。筆者認為，除了第 6 類型的立委之外，其他類型的立委在國會殿堂故意藉機滋生事端，製造國會亂象的心態，是不是皆有可議之處？有待公評。

　　總結而言，國會議員諸公在審議法案及政策合法化過程中扮演著舉足輕重的角色，有時候激情演出，造成國會擾攘不休、吵吵鬧鬧，乃是世

界各國普遍發生的現象。但是如果國會議員紛擾的程度超過臨界點，嚴重
影響國會運作及議事績效，則恐怕「全民皆可群起而攻之」！你贊成嗎？
（台灣新生報空大專版，2011 年 10 月 18 日）

18 機關「權責分散」誰倒霉？

　　傳播媒體不只一次報導，某些非法居留的外籍女士，其非婚生子女無法申請身分證，以致她本人及子女不能在台居留，又無法遣送出境，孩子遂成為國際「人球」，引起侵犯「人權」話題。政府相關機關，如移民署、戶政機關、警察機關等均表示，礙於法令規定，它們也「愛莫能助」。又曾經有人抱怨說，一條河流由山上流入大海、幾個機關對該河流均具有管轄權，但分別管理上游、中游及下游的水土保持及水質污染防治工作。然而河川整治及污染防治的績效，卻相當不如理想。再如政府有很多機關，都在辦理職業訓練及就業輔導的工作，可是失業率仍然居高不下，許多人依舊找不到工作。這些例子可能反映了一項事實，那就是政府機關「權責分散化」（authority fragmentation）的結果，倒霉的是直接受服務的小老百姓！

　　權責分散化是指一項政策、計畫或業務的規劃、執行、評估，或整個政策運作過程，同時由幾個不同的機關或單位負責，於是形成權責分散、事權不統一、責任不明確的情況，使計畫或業務無法順利有效的推動，也使「標的人口」（服務對象）深深蒙受其害。俗話說的：「三個和尚沒水喝」，就是這種權責分散化結果的最佳寫照。其實，此種情況在外國也屢見不鮮，例如在美國，因為社會福利的相關計畫非常龐大，而國會又因政治考量的緣故，所以將計畫分由聯邦政府十幾個部門共同執行，以致弊端叢生，績效不彰，各界詬病甚多。

　　那麼究竟應如何避免或減少這種權責分散的行政缺失呢？筆者認為，我們至少可以從兩方面努力：第一，調整機關組織結構，使各項業務事權統一、責有專司，避免產生比較行政學者雷格斯（Fred Riggs）所說的，業務主管機關「重疊」（overlapping）的缺陷。我國行政院自2012年1月1日起所施行的新組織架構，其調整的部分理由就是基於此種理念。調整後的行政院組織架構是；14部、8委員會、3獨立機關、2總處、中央銀行及國立故宮博物院，共29個機關（構）。第二，強化相關機關溝通

協調的功能：對於相互依賴性、順序性、交切性、模糊性的事務，遇有爭議或事權不明時，相關機關或單位應立即進行坦誠的溝通與協調，拋棄本位主義，共同合作，務求迅速為當事人解決問題。政府官員們！請多為當事人的權益設想一下，畢竟「官員的小事」，卻是「民眾的大事」！豈能不特別注意「權責分散」的問題乎？（台灣新生報空大專版，2011 年 10 月 25 日）

19 官員不能沒有「政治敏感性」！

　　朋友！你還記得 2009 年 8 月 8 日莫拉克颱風所造成的小林村滅村事件嗎？當時有一位政府官員因為缺乏「政治敏感性」（political sensitivity），向電視台「叩應」（call in）澄清批評時說，「當晚沒有坐鎮救災中心，乃是因為與家人及友人一起吃一頓父親節的飯而已，難道這算過分嗎？」這一席話立刻遭到民眾的撻伐，認為颱風肆虐，沒有苦民所苦，於是他的烏紗帽被摘掉了！同時，引起了一場政治風暴。2011 年 3 月 11 日，日本發生 9.0 強烈地震引起大海嘯及核電廠爆炸，人命傷亡慘重，日本政府高官也因缺乏政治敏感性，反應遲鈍，救災不力，民眾怨聲載道，要求首相下台謝罪。長久以來，國內外類似的案例不勝枚舉。目前最常見的是政府高級官員在立法機關答詢時或向媒體發表談話時，因為政治敏感度不夠，時常講錯話，或用詞不當，或態度不夠誠懇，以致引起民眾對政府的誤解或不滿，大大損害政府的形象。此種情況難道不能改善嗎？我認為可以！

　　首先，每一位政府官員，尤其是政務官，在災難或事件可能發生前，就應繃緊神經，提高政治敏感度，隨時準備採取應變措施。所謂「高政治敏感度」是指對災難或事件的性質要具有高度的判斷力及警覺性，預測該等議題如處理不當，在政治上會產生何種重大的影響。基於行政一體的觀念，任何天災人禍的處理，都是所有政府官員共同的責任，不能以「非主管事務」為藉口而置身事外，因為當災害發生時，民眾所依靠的、所想到的是整個「政府」而非個別的官員，所以每位官員都要進入「備戰」狀態，因為大家都是政府的一員。其次，任何重大災害發生時，行政首長及主管部門官員應設法在第一時間就趕往現場處理，以「設身處地」的心態，誠懇的救助並慰問災民。在面對媒體時，尤其要注意用語、表情、態度、肢體動作等細節問題，因為發言人的一言一行、一舉一動都是媒體注視的焦點，稍有不慎，媒體負面的報導，將使政府一切努力付諸流水。第三，各級政府官員應加強危機管理、媒體互動、民意代表互動、學者專家互動等

課題的訓練，以提升官員的政治敏感度、應變力及妥善處理議題的能力。官員必須了解，媒體、民意代表及學者專家三者對於政府的所作所為，「成事」也許不足，但「敗事」卻絕對有餘，故不能不謹慎應對。以上所提建言，只不過是因筆者「同情」各級官員常被社會各界批評得體無完膚所作的「野人獻曝」，不知政府官員們，你們認為如何？（台灣新生報空大專版，2011 年 11 月 8 日）

20 「相對剝奪感」的煩惱

有道是：「人比人，氣死人！」可是，偏偏就有許多人喜歡比較來比較去，手上有了一個 Coach 名牌包，還不滿足，總想要擁有像別人手上更名貴的 LV 名牌包；有了公寓住還不滿意，總是羨慕人家有錢住豪宅；住在鄉下，衣食無缺，原本不覺得有什麼不好，怡然自得，一旦到城市一遊時，發現許多城市人的衣著看起來比他們漂亮，住得比他們舒適，飲食也比他們美味得多，於是就興起「鄉村不如城市」的感嘆！凡此種種，都是「相對剝奪感」（relative deprivation）所引起的不滿足的需求，這種需求就叫做「比較性需求」（comparative need）！而這種需求也就是造成個人與政府煩惱的一項根源。

就個人來說，相對剝奪感就像刀刃之兩面，對他可能具有正面作用，也可能具有負面作用，端看當事人如何看待它。有人在認知自己的情況不如別人時，也許會激起「有為者亦若是」的積極奮發向上的鬥志，努力改善現狀力求縮短與別人的差距，甚至超越他人，這在學理上稱為「標竿學習」（benchmarking learning）；但是另一方面，有些人發現別人的情況比自己好太多時，可能心裡會非常不滿。情形嚴重者，也許因此「懷憂喪志」、自暴自棄、不求上進，結果更強化了本身的比較性需求」，處境更糟。而情形更嚴重者，可能就會憤世嫉俗，覺得別人、社會及國家都對不起他，於是偷、搶、騙、殺等壞事，無惡不作，企圖藉此弭平心中的憤恨而鑄下大錯。對於具有相對剝奪感的個人，一般人大多以「知足常樂」、「惜福，感恩」、「比上不足比下有餘」等話語互相勸勉。不過，有些人聽得進去，有些人則未必。我們知道，這個社會如果大家都沒有很多錢，也許問題不嚴重，偏偏就是有些人太有錢，有些人卻是赤貧，那麼問題就嚴重了，真是「不患寡而患不均」啊！筆者以為，除了消極勸那些具強烈相對剝奪感者不要無止境的往上比較外，更可從積極面鼓舞其鬥志，以「見賢思齊」的志氣，力爭上游，讓自己成為被別人羨慕及比較的對象！

　　至於社會結構或族群如普遍存在相對剝奪感時,則恐怕不再是「珍惜現狀」、「少作比較」等「道德勸說」所能了結的了!我們常常聽到「城鄉差距」、「南北差距」、「貧富差距」、「數位落差」等不平的呼聲,就是不同地域、族群對現狀進行比較後的結果。例如 2011 年 9 月至 11 月在美國發生所謂貧窮的百分之九十人口,向富有的百分之十人口及政府強烈抗議貧富不均,而占領紐約華爾街的運動,引起了全世界數百個城市群起響應。這對各國當政者都是一項重大的警訊,我國也不例外。因此,我們政府對目前社會上所存在的各種差距狀況,還能夠視而不見、聽而不聞嗎?筆者認為,政府你該對此有些作為了(You got to do something)!(台灣新生報空大專版,2011 年 11 月 15 日)

㉑ 「溝通」為什麼會失靈？

你有沒有發現，當我們翻開報紙或打開電視的時候，常常會出現許多社會上因人際溝通失靈（communication failure）而造成的不幸事件，諸如：父母孩子關係破裂、夫妻反目成仇離婚收場、兄弟鬩牆大打出手、師生衝突暴力相向、上司部屬關係惡劣、官員民眾對罵不休等等，真令人不勝唏噓！這些情況都是溝通失靈的例子。我們知道，自有人類以來，溝通一直是人們相處的主要工具之一，此項工具如果運用不當，遺憾事件就會層出不窮。

一般來說，溝通（communication）指溝通發動者透過各種方法，將訊息傳送給溝通接受者，並由接受者將訊息回饋給發動者的過程。由這個定義可知，溝通過程涉及幾項要素：溝通發動者、溝通方法、溝通內容、溝通時機、溝通接受者、溝通回饋等。這些要素構成了溝通過程的各個環節，其中任何一個環節如果出了問題，就可能造成溝通中斷、衝突、失靈的情形。例如溝通發動者及接受者彼此不了解、不信任、不肯聆聽對方意見、情緒性反應、使用不適當的溝通方法、欠缺坦誠溝通的胸懷、堅持己見不肯讓步、溝通內容認知不同、以權威或權力逼使對方就範、溝通時機不恰當等等。所有這些狀況，都稱為「溝通障礙」（communication barriers）。

我們應如何克服溝通障礙、避免溝通失靈呢？在學理上對此問題的論述極多，筆者在此謹提出幾點供大家參考。第一，溝通前對溝通要素應詳加了解，作好準備工作，也就是「知己知彼，百戰不殆」的意思。第二，妥慎選擇溝通方法，即針對臨場狀況，使用恰當的語言、文字、電話、網路、視訊、肢體語言等各種方法進行溝通。第三，儘量以「設身處地」（empathy）的胸襟溝通，亦即站在對方立場思考溝通內容及方式。第四，在溝通過程中，應多聽對方講話，少搶著發言，以避免「言多必失」及「情緒失控」而造成憾事。例如多聽孩子的心聲、多聽部屬的意見、多聽民眾的看法等。有什麼證據可證明我們應該「多聽少講」嗎？有！上帝

不是為我們每個人製造了一個嘴巴兩個耳朵嗎？就是要我們多聽少講！第五，如果你願意花點時間的話，不妨去看一下「人際溝通分析技術」（Transactional Analysis）所論述的人際溝通技巧。當兩個人進行溝通時，依父母、成人、兒童三種「自我狀態」（ego state）的互動情形，彼此儘量採取有效的「互補溝通方式」（complementary communications），避免採取衝突的「交錯溝通方式」（crossed communications），減少採取語帶雙關容易引起誤會的「曖昧溝通方式」（ulterior communications）。總結而言，人類相處互動，成也溝通，敗也溝通，大家能不謹慎為之乎！（台灣新生報空大專版，2011 年 11 月 22 日）

22 「朝令」可以「夕改」嗎？

據 2011 年 11 月 18 日各大報紙報導，有關如何增加老農津貼的爭議，在馬英九總統接見弱勢團體代表聽取意見，並經過府院黨會議研商後，決定推翻十多天前所通過的原行政院版本（即老農津貼每月提高三百六十一元並設定排富條款），而改為每月提高一千元，即調漲為每月七千元，並於一年內訂出排富條款、其他八大弱勢團體社會福利津貼亦隨之等比調高。對於政府此項決策，有人質疑，政府怎麼可以「朝令夕改」？有人則認為「朝令」如果錯誤或不當，「夕改」又何妨？又有人批評說，這樣做是不是為了選舉的考量？不同看法者則以為，政府施政以民意為依歸，當事人既然排山倒海、勢如破竹的反對老農津貼每月只提高三百六十一元，顯見政策規劃頗為不當，自須順應民意，立即修正此不當政策，此舉不一定要跟選舉畫上等號。

公共政策的決策途徑有好幾種類型，其中之一是「理性廣博決策途徑」（rational-comprehensive decision-making approach），即盡可能蒐集相關資料、統計分析、理性的、客觀的規劃解決問題的方案。基本上，此途徑立意良善，但太過理想化不切實際，往往行不通。此次有關老農津貼調漲幅度議題，行政院就是採取此種決策途徑：為了建立制度，決定依物價指數變動狀況進行理性分析而調漲老農津貼三百六十一元；同時為了公平正義起見，設立排富條款。乍看之下，此項政策非常合理且具正當性。殊不知，在一個民主多元的社會，愈理性、客觀、周延規劃的政策，愈難為各方所接受。因為在這種社會中，政策制定大致上是一個充滿著各黨各派、各利害關係人間，彼此討價還價、交換取捨（trade-off）的過程，而最終的政策乃是各方「妥協」的產物。因此，太過理想化的政策，注定是要失敗的。換言之，比較適合採取「政治性決策途徑」或「漸進決策途徑」。

另一方面，政策規劃必須進行謹慎周詳的可行性分析（feasibility analysis），至少要考慮在七方面的可行性如何：政治、法律、行政、經

濟、技術、環境、時間。此次提高老農津貼方案之所以被迫改弦更張，也許要歸咎當初規劃者缺乏「政治敏感性」，沒有仔細作好「政治可行性」分析，沒有充分考慮到只調高區區三百六十一元，會不會引起「標的人口」（老農）的反彈？會不會為民意代表所接受？合不合乎社會的期望？適不適合當前的政治環境？尤其是在選舉期間，任何大小事情都可能被從政治層面炒作而變成重大的政治議題。就此案例而論，原先津貼方案的規劃過程既有瑕疵，方案內容又遭到當事人強烈的反彈，自然應該馬上想辦法改正才是正途。是以，朝令夕改應屬無可厚非。如果明知政策錯誤或不當，而堅不改正，那才是大大不可原諒！不過，我們絕不希望「朝令夕改」的情況一再發生，否則終究會「失信於民」、「失去民心」！各位看官！你說是不是？（台灣新生報空大專版，2011 年 11 月 29 日）

23 多活幾年的秘訣──授權

　　「分層負責、充分授權」這句話大家都能朗朗上口，但是有多少人做得到？筆者有一位朋友，他三十幾年前的夢想，如今已經實現。他擁有並經營一座一百多甲的大型休閒農場，該農場經營得有聲有色，國內外遠近聞名。這幾十年來，他早起晚睡，兢兢業業，指揮七十幾位員工種植一草一木、布置一桌一椅。現在總算事業有成且年過七十，總該「交棒」享享清福了吧！可是，雖然已把農場交給兒子負責經營，他照樣起早趕晚，忙進忙出，事必躬親，不得休息。我勸他為了健康、為了多活幾年，還是放手讓兒子去主導、授權讓員工去發揮潛力吧！他回答說：「我也知道授權，可是要授給誰啊？沒有一個人是我可以完全信賴的，任何事情必須我親自看了才放心，我這是勞碌命啊！」事實上，許多人的「勞碌命」都是自找的：父母不放心孩子，不敢放手讓他獨立（孩子永遠長不大）；長官不放心部屬，不敢授權讓他自主辦事（部屬永遠唯唯諾諾）；老闆不信任伙計，不敢授權讓他去收帳（伙計永遠只能打雜），結果在上位者自己累得半死，卻沒有幾個人「感激」他！

　　什麼叫做授權（delegation）？簡單的說，就是擁有廣泛權力之居上位者（如父母、上司、老闆等）將決策或執行權力及責任授給下位者（如子女、部屬、伙計等）的做法。就此定義來看，被授權者同時也承擔了成敗的責任，於是產生了授權的「兩難」問題，而這個問題的根源就在能否建立「互信」（mutual trust）的基礎。授權如欲有效實施，首要條件是，上位者願意把權責授出去，並相信被授權者有能力好好的運用此項授權，不會因運用不當而使自己被拖累；另一方面，居下位者必須有自信願意接受授權，也勇於承擔授權後的責任。

　　就機關組織而言，主管之所以不願意授權，除了因為對部屬不信任外，有些人是因為害怕被架空，認為權力下授後，自己會變得「無權威可言」，「無事可做」，會貶損自己的地位及威望，因此寧可大小事情一把抓，忙碌不堪，甚至累壞了身體也在所不惜，如同諸葛亮一樣，「事必躬

親」、「鞠躬盡瘁，死而後已」！各位看官！你說這樣做值得嗎？其實根據現代管理理論的說法，主管對部屬不但要「授權」，還要進一步的「賦權」（empowerment），同時主張「當責」（accountability）與「賦權」具有密不可分的關係。「賦權」比「授權」更強調責任的授予及結果的要求。什麼是賦權？有的人把它比喻為主管的「加持」，是指主管要儘量把權責下授給部屬，同時要協助並發展部屬的能力，使他能夠獨當一面、發揮所長、完成工作、達成目標。在這種情況下，主管可以把執行工作「賦權」出去，空出來的時間，可做更重要的決策工作，也不必日以繼夜的勞心勞力，生活及工作將因此可輕鬆自如，自然可以多活好幾年了。各位看官！不管授權或賦權，你不妨現在就去試試看！（台灣新生報空大專版，2011 年 12 月 6 日）

24　未接受「訓練」有關係嗎？

　　各位看官！如果你現在是職場上的朋友（不論是公部門或私部門），請問，這三年來，你接受過任何訓練沒有？如果有的話，受訓幾次？哪一種類型的訓練？假如都沒受過訓的話，那不只是一個「遜」字了得，它還可能影響你的升遷前途哦！你聽過「彼得原理」（The Peter Principle）嗎？那是美國教授 Laurence J. Peter 在 1960 年的一項研習會上首次提出來的。意思是：在任何公私機關組織中，一位員工會因為他本身所具備的特質及專業技能，使他只能晉升到某一定的職位，如果繼續往高一層級的職位晉升，他便無法勝任工作，除非他事先接受訓練或進修，充實必要的知能，而如果他未獲升遷，一直留任原來的職位，將會變成機關組織的冗員，並將成為優先辭退的對象。由此可知，接受訓練是你獲得升遷的踏腳石，有時候它還是一項升遷的必要條件呢！

　　就以公務人員的訓練來說吧！依據我國現行公務人員訓練進修法的規定，公務人員由委任晉升薦任官等，及由薦任晉升簡任官等，除了通過升等考試外（不一定每年都舉辦升等考試，錄取名額又很少），就必須通過升官等訓練，否則無法晉升。據筆者所知，這兩項升官等訓練愈來愈嚴格，淘汰率也愈來愈高，看來公務人員保障暨培訓委員會的國家文官學院對公務人員的訓練是「玩真的」了！但是即使如此，許多公務人員還是盡量爭取受訓的機會。一方面是因為「受訓」是升官等、升職等、或升主管的必要條件；另一方面是受到彼得原理的刺激，如果不受訓的話，現有的知能及技術，便無法勝任高一層職位的工作，也就沒有升遷的機會。的確！目前是一個資訊爆炸而環境變化又非常快速的時代，很多剛剛學到的新知或技術，一兩年後就變得落伍不管用了。所以必須透過訓練與進修，不斷充實新知及技能，以承擔更高層次、更重要的職務。因此，各階層的公務人員都應隨時接受「專業性訓練」或「發展性訓練」（包括管理、領導、決策三層級的訓練），以便隨時可獲升遷、榮膺重任！尤其是高階文官因大多負責決策工作，晉升機會較多，因此更需要接受訓練。遺憾的

是，統計資料顯示，與中低階文官相比，高階文官接受訓練的次數及時數，都明顯的偏低很多，而這也是負責公務人員培訓工作的機關，目前正竭力規劃培訓方案，謀求補救的當急之務！各位看官！透過以上的說明，相信你已經知道訓練的重要性及必要性了吧！為了勝任工作、為了往上升遷、為了不成為機關組織的冗員，我建議你，從此之後，不但不要排斥受訓，反而要積極爭取參加各種訓練的機會。你贊成我的建議嗎？（台灣新生報空大專版，2011 年 12 月 13 日）

25 「蝴蝶效應」告訴我們什麼？

　　最近幾年來，一連串在地球某個地方發生的小事，最後卻變成全球性且幾乎難以收拾的巨大災難。例如，SARS（嚴重急性呼吸道症候群）及H1N1禽流感的全球蔓延、美國次級房貸所引起的全球金融風暴、歐洲國家債務危機所造成的全球股災，乃至於北極冰山融化導致全球暖化及氣候反常造成生態環境破壞等事件，可以說都是所謂「蝴蝶效應」（Butterfly Effect）的寫照。蝴蝶效應一詞是由 E. Lorenz 在 1979 年所提出的，它的意思是說：「一隻蝴蝶在巴西振動翅膀，可能會在美國德州引起一場龍捲風。」後來管理界加以引申指出，在一個複雜的系統中，當初情況非常微小的變化，如未妥善處理，在不斷擴大後，可能對未來的情況，產生重大的影響。這項蝴蝶效應的隱喻，給了我們什麼樣的啟示呢？

　　從系統理論（systems theory）的觀點來說，一個系統是由許多支系統所構成的，而且彼此之間具有相互依賴的關係。任何一個支系統如果發生問題，其他支系統及整個系統都可能發生問題，這就是所謂「牽一髮而動全身」的意思，就像只是一隻蝴蝶翅膀的振動，就可能引起其他系統重大變化一樣。因此之故，對每一個人而言，在日常生活及工作中，應特別注意謹言慎行，千萬不要「因小失大」，切勿因貪小便宜而斷送一生前途；勿對小病不加理會而釀成致命的重病。對政府官員來說，應體認「行政一體」的本質，各部會密切相關，任何一個部會發生問題，整個政府可能就因此瓦解，故每一個部會都不能有任何差錯；同時必須了解「星星之火會燎原」的道理。某一地方的民怨，如果不妥善處理，可能會造成到處民怨沸騰，抗爭連連，難以善後的結果。例如幾個月前在非洲某個國家所發生的「茉莉花運動」，影響所及，使全世界許多國家也掀起了茉莉花運動的浪潮；再如幾個月前，由美國所謂百分之九十的貧窮者所發起之占領紐約華爾街運動，很快就引起世界各國好幾百個城市的響應，造成世人及各國主政者莫大的震撼。的確，在「全球村」的趨勢下，每個國家、地區、個人都是地球村的一份子，都具有生死與共、休戚相關的互依關係。因此，

政府官員應當隨時注意世界各地方在各方面的變化狀況。因為其他地方發生的小問題，可能會導致我們國家發生非常嚴重的問題。總而言之，在蝴蝶效應的啟示下，大家必須具有「天涯若比鄰」的全球化眼光、「未雨綢繆」的前瞻性思維、「人無遠慮，必有近憂」的危機意識、「不以事小而忽視」的積極態度，去面對並處理千變萬化的環境所帶來的各種問題！（台灣新生報空大專版，2011 年 12 月 20 日）

26 如何兼具「專才」與「通才」？

　　俗話說：三百六十行，行行出狀元。這句話一點也不錯！你看！最近幾年來，我們台灣有不少年輕人，在各行各業努力打拼的結果，紛紛出人頭地，頭角崢嶸，在國際上的各種比賽中獨占鰲頭；或是在專業領域上一枝獨秀，成為世界的翹楚。例如在麵包製作、服裝設計、網球、高爾夫球、棒球、撞球、研究發明競賽等方面，均有傑出卓越的表現。可見只要專心努力、鑽研專業知能，一定會有成功的一天，成為某一行業的「專才」（specialist）！而在目前日新月異的環境下，行業早就不止三百六十行，因此年輕人要成為各行的專才，機會就更多了。所謂專才是指在各特殊領域中具有專業知識、能力、技術的人，也就是孫中山先生所說的「專門家」。不過，就個人表現的層次來說，一位專才只要本身兢兢業業的努力工作，可能就有傑出的成就。但是如果想要邀集他人從事集體合作的事業，或者從純技術性職位升遷為主管職位，則除了要有專業知能技術外，還必須具備領導、組織、溝通、協調、整合、判斷、分析的管理知能，而這些管理知能，就是一位「通才」（generalist）所應具備的條件。雖然有的人說，通才是「領導者」，專才則是「被領導者」，不過，根據筆者觀察，一位大家所公認的成功者，通常是「專才」與「通才」同時具備者。

　　「專才」與「通才」之所以應當兼備，主要是為避免僅具其一者可能造成的偏差。專才如缺乏通才的訓練與修養，為人處世可能會產生「見樹不見林」、「以偏概全」的弊端；同樣的，通才如果不具任何專才的知能，則會導致「見林不見樹」、「只看整體不知細部」的謬誤。因此兩者應當兼具，而職位愈高的話，通才特質所占的比重就應更多。那麼，如何才能兼具專才與通才之條件及素養呢？基本上，兩者均需經由教育、訓練、進修、實作等方式，不斷精進始克為功。同時，應當先設法充實自己，先成為一位學有專精、技術超群的專才；然後透過工作歷練及訓練進修的方式，逐漸成為一位具領導能力的通才。放眼當代台灣的成功企業家，例如王永慶、郭台銘、張忠謀、戴勝益等人莫不如此；再就受人敬重的政治人

物如徐柏園、李國鼎、孫運璿、趙耀東等人，也是先求「專」再求「通」的例證。必須進一步說明的是，要成為一位專才，所需教育及訓練的時間，通常比較短暫，也比較容易養成，而要成為通才，則需經過長時期的主管職位歷練、接受必要的訓練，進行思維及人格的陶冶，才能循序漸進的成為真正的通才。講了這麼一大堆道理，主要用意就在告訴青年朋友，各位不妨把自己的目標訂為：將來要成為一位具有某一特殊領域專業知能技術的「通才」！其具體步驟是先求「專」再求「通」！而不論是求專或求通，其共同做法都是不斷學習、訓練、進修！（台灣新生報空大專版，2011 年 12 月 27 日）

27 選擇「自我實現」或是「自我打敗」？

朋友！請你回想一下，你過去在學校考試成績不太理想的時候，你的父母親或家中長輩怎麼說你？你在工作上表現不如長官的意時，他又是怎麼說你的？現在換個立場來說，當你的孩子不用功以致考試成績太差時，你的反應如何？當你的部屬工作作不好時，你是怎麼說他的？基本上，除了不理不睬、不聞不問外，一般人不外乎採取以下兩種對應的做法：第一，給予「自我打敗的預言」（self-defeating prophecy）；第二，給予「自我實現的預言」（self-fulfilling prophecy）。這兩種對應方式本質上不同，所以所造成的結果也就不一樣。前者指某一權威人士對某一件事或現象，作了未來「會變得更壞」的預言，結果該件事或現象果然變得更壞。例如諾貝爾獎經濟學家預言，半年後全球股票市場可能會崩盤，於是引起持股人恐慌，紛紛拋售股票，結果到時候全球股票市場果然崩盤。後者指某一權威人士對某一件事或現象，作了未來「會變更好」的預言，結果該件事或現象果然變得更好。例如幾位世界權威的未來趨勢預測家強烈預言，半年後世界景氣一定會復甦，於是各國紛紛提出對策，到時候全球景氣果然復甦。

讓我們拿管教孩子來說！假定有一位孩子第一次國語段考得到55分，他的父親氣急敗壞的罵了他一頓：「你怎麼這麼笨！考得這麼差，沒想到我這麼聰明的老爸竟然生出你這個笨傢伙，我看你沒什麼希望了，下次段考大概考不到50分了！」孩子在遭受這一番責罵後，認為爸爸既然覺得他很笨，下一次考得更差是在爸爸的預料中，於是自暴自棄不再努力用功，第二次段考的成績，果然只有45分，這是「自我打敗預言」的例子。另一種情況是，父親採取鼓勵的語氣告訴孩子說：「孩子！你這次的段考成績不太理想，但是有一句話說：有其父必有其子（Like father like son）。這次段考你大概是玩電腦多花了一點時間，沒有好好準備考試對不對？沒關係！只要你努力用功，相信下次段考一定會在70分以上！」孩子在受到鼓勵而非責罵後，收起貪玩的心，用功念書，第二段考的成績

竟然進步到 80 分以上，這是一個「自我實現預言」的例子。這兩種不同的孩子管教方式，產生兩種不同的結果。朋友！你要選擇哪一種管教孩子的方式？此種「自我實現預言」、「自我打敗預言」的概念，同樣適用於長官對待部屬的情況上。所謂「天生我材必有用！」每個人的聰明才智雖有不同，但大致上都是「孺子可教」！部屬做錯事或事情做得不好時，如果長官一味責罵他笨手笨腳、愈做愈差、無可救藥，則部屬擔心動輒挨罵，不敢有所作為，表現就如長官所預言的愈來愈差！如果長官能夠發揮愛心及耐心、因勢利導，以鼓勵代替責罵，認為他會有進步的空間，則部屬在受長官諒解及肯定之餘，應當會加倍努力，力求進步，以實現長官的預言！朋友！我建議你不妨採取「自我實現預言」的方式與他人進行互動，相信會收到意想不到的效果！（台灣新生報空大專版，2012 年 1 月 3 日）

28 「共同的悲劇」如何發生？

　　從前有一個村莊，在村莊的不遠處，有一處廣大的公共牧場。村莊每戶人家如果在牧場內放養一條牛，每條牛都有足夠的青草可吃，牛隻可正常健壯成長，大家都可將成牛出售獲利。但是因為在牧場內放養牛隻並不需要繳交任何費用，同時也沒有人硬性規定每戶只能放養一條牛，於是村人基於自利的考慮，競相放養一條以上的牛隻，不多時整片牧場就擠滿了牛隻，青草很快被吃光，而青草來不及長出來供牛群食用，因此牛群最後都餓死了，村人的生計也都受到嚴重的影響！這個故事說明了一個重要的概念，那就是「共同的悲劇」（The tragedy of the commons），也稱為「公有物的悲劇」，或是「公有地的悲劇」。這個概念是由 Garrett Hardin 所提出的。

　　基本上，凡是具有「公共財」（public goods）性質的事物，例如公共設施、道路橋樑、公園綠地、青山綠水等，都可能發生「共同的悲劇」的情形。因為公共財具有四項特性：非排他性、非敵對性、擁擠性、不可分割性，所以任何人都可以享用該項公共財。而在缺乏有效管理、不須付費的情況下，每個人大概都會儘量使用該項公共財，而不管是否會因此對他人的權益造成傷害。如果每個人都這樣做的話，公共財便可能因此耗損殆盡或不堪使用，結果就發生共同的悲劇，大家「同蒙其害」！由此可知，共同悲劇發生的主要原因，不在於公有物具有公共財的本質，而在於缺乏一套有效的規範機制。換言之，如果有了適當的規範機制的話，發生共同悲劇的情事就可大幅減少。那麼，可以從哪些層面規範民眾漫無限制濫用公共財呢？筆者認為，我們至少可從以下四方面努力：第一，提升個人道德水準。即透過每個人道德良知的覺醒，改正對公共財抱持「反正不必花錢，不用白不用」的錯誤觀念，一起愛惜公物及公共資源；第二，發揮團體壓力作用。即透過團體壓力（group pressure）的制裁力量，糾正不知自愛者濫用或浪費公共財的情況；第三，強化社會教育功能。即經由家庭、學校、社會教育機構的教化機制，教育民眾正確使用公共財的觀念，及如

何發揮公德心與如何遵循使用公共財的管理規範;第四,落實法規制度運作。即健全公共財使用的相關法規及制度,以適當的「政策工具」(policy instruments),有效規範公共財的永續使用,例如付費才可使用高速公路。以上所述,乃是避免或減少「共同的悲劇」發生的一些例示做法,但基本關鍵還在於每個人能否充分發揮公共道德的良知良能,以「大公無私」的胸懷,共同善待「公共財」。各位朋友!不知你的看法如何?(台灣新生報空大專版,2012 年 1 月 10 日)

29 進入「公門」如何修行？

　　眾所周知，台灣每年總有好幾十萬人參加各種國家考試，爭取進入政府機關服務的機會，成為許多人羨慕的公務人員。但是因為僧多粥少，每項考試平均錄取率只有百分之五左右，導致甚多應考者只好「屢敗屢戰」、「再接再厲」繼續奮鬥！此種鍥而不捨的奮戰精神，實在令人敬佩！而能夠獲得金榜題名者，真可謂是菁英中的菁英，的確值得恭喜！每一位想要進入「公門」服務的年輕人，可能是基於不同的動機與目的，例如有的人是基於公務人員工作比較輕鬆、穩定，待遇還算不錯，可以一輩子衣食無缺；有的人則認為，當公務人員可以一展長才，實現為民服務的崇高理想等等。只要動機不是為了要把握機會貪贓枉法，不當圖利自己，筆者認為，任何理由都有它的正當性。不過，不管如何，當公務人員，實在是人生非常難得的服務人群的際遇，所有公務人員豈能不好自為之！

　　俗話說：「進入公門好修行」！意思是說，想發財的就不要當公務人員，一旦當了公務人員，就要盡心盡力，善盡本職，為民眾、為社會、為國家作出最大的貢獻。但是究竟要如何「修行」，才能修得貢獻良多、令人感激又能全身而退的「正果」呢？筆者認為，只要能夠「打通任督二脈」，應當可以使公務人員服務修行的筋脈暢通無阻，行事無往不利。首先，公務人員應先打通流經人體正面而主「血」的「任脈」，也就是應從積極面的「興利」著手：主動、誠懇、積極、設身處地的為民眾服務，解決民眾的問題，滿足民眾的需求，興辦有利民眾的事務，累積本身的「功德」。其次，一定要打通流經人體背面而主「氣」的「督脈」，也就是要進行消極面的「防弊」作為：公務人員應謹守本分，不應違法亂紀，欺壓民眾，圖利自己。宋太宗在「戒石銘」上刻著十六字箴言：「爾俸爾祿，民脂民膏，下民易虐，上天難欺！」要求進入公門服務、領取俸祿來自人民血汗錢的官吏，必須廉潔自愛，不可貪污舞弊，欺壓百姓容易，但天理不容，官吏必須時時刻刻記住人民的付託，應當為他們謀取最大的福祉。說真的，自古至今，許多進入政府機關服務者，可能主要是為了求取「功

名利祿」。所以，如今的公務人員追求功名利祿，只要動機純正、手段正
當，倒也無可厚非。但是，大家是否可以把格局放大？讓我們共同勉勵：
「計利應計天下利，求名當求萬世名！」朋友！你以為如何？（台灣新生
報空大專版，2012 年 1 月 17 日）

國家圖書館出版品預行編目資料

公共政策／吳定著. ――二版.――臺北市：
　　五南圖書出版股份有限公司, 2017.06
　　面；　公分
　　ISBN 978-957-11-9191-1（平裝）

1.公共政策　2.文集

572.907　　　　　　　　　　106007784

1PT2

公共政策

作　　者 ― 吳　定（58）

發 行 人 ― 楊榮川

總 經 理 ― 楊士清

總 編 輯 ― 楊秀麗

副總編輯 ― 劉靜芬

責任編輯 ― 吳肇恩、許珍珍

封面設計 ― P.Design視覺企劃

出 版 者 ― 五南圖書出版股份有限公司

地　　址：106台北市大安區和平東路二段339號4樓

電　　話：(02)2705-5066　　傳　　真：(02)2706-6100

網　　址：https://www.wunan.com.tw

電子郵件：wunan@wunan.com.tw

劃撥帳號：01068953

戶　　名：五南圖書出版股份有限公司

法律顧問　林勝安律師事務所　林勝安律師

出版日期　2008年2月初版一刷
　　　　　2013年3月初版五刷
　　　　　2017年6月二版一刷
　　　　　2022年3月二版二刷

定　　價　新臺幣550元

經典永恆·名著常在

五十週年的獻禮——經典名著文庫

五南，五十年了，半個世紀，人生旅程的一大半，走過來了。
思索著，邁向百年的未來歷程，能為知識界、文化學術界作些什麼？
在速食文化的生態下，有什麼值得讓人雋永品味的？

歷代經典·當今名著，經過時間的洗禮，千錘百鍊，流傳至今，光芒耀人；
不僅使我們能領悟前人的智慧，同時也增深加廣我們思考的深度與視野。
我們決心投入巨資，有計畫的系統梳選，成立「經典名著文庫」，
希望收入古今中外思想性的、充滿睿智與獨見的經典、名著。
這是一項理想性的、永續性的巨大出版工程。
不在意讀者的眾寡，只考慮它的學術價值，力求完整展現先哲思想的軌跡；
為知識界開啟一片智慧之窗，營造一座百花綻放的世界文明公園，
任君遨遊、取菁吸蜜、嘉惠學子！